Edition Inn

Die Bücher der Edition Innovative Verwaltung bieten praxisorientierte Fachinformation für Führungskräfte und Verantwortungsträger im öffentlichen Sektor. Die AutorInnen sind erfahrene PraktikerInnen aus der Kommunal-, Landes- und Bundes-Verwaltung sowie BeraterInnen und WissenschaftlerInnen. Sie teilen ihre Expertise, formulieren Empfehlungen, bieten Praxisleitfäden und geben Orientierung für eine erfolgreiche Öffentliche Verwaltung in der Zukunft. Das Themenspektrum spannt sich über die neuesten Herausforderungen in der Digitalen Verwaltung und Organisations- und Prozessthemen bis hin zu Führung und Leadership.

Andreas Schmid

eGovernment in Deutschland—eine unvermutete Erfolgsgeschichte

Vom sich selbst im Weg stehen und wie die digitale Transformation doch noch gelingen kann

Springer Gabler

Andreas Schmid
Hochschule Hannover
Hannover, Niedersachsen, Deutschland

ISSN 2662-5202 ISSN 2662-5210 (electronic)
Edition Innovative Verwaltung
ISBN 978-3-658-44633-8 ISBN 978-3-658-44634-5 (eBook)
https://doi.org/10.1007/978-3-658-44634-5

Die Deutsche Nationalbibliothek verzeichnet diese Publikation in der Deutschen Nationalbibliografie; detaillierte bibliografische Daten sind im Internet über https://portal.dnb.de abrufbar.

Planung/Lektorat: Rolf-Guenther Hobbeling
Springer Gabler ist ein Imprint der eingetragenen Gesellschaft Springer Fachmedien Wiesbaden GmbH und ist ein Teil von Springer Nature.
Die Anschrift der Gesellschaft ist: Abraham-Lincoln-Str. 46, 65189 Wiesbaden, Germany

Geleitwort

Der Bund und die Länder haben in den vergangenen Jahren enorme Anstrengungen unternommen, um die Digitalisierung von Staat und Verwaltung in Deutschland maßgeblich voranzubringen. Auch wenn die Ziele des Onlinezugangsgesetzes nicht vollständig erreicht worden sind und viele Schritte in Richtung einer digitalen Verwaltung noch ausstehen, hat sich doch viel bewegt und es ist einiges erreicht worden. So sind beispielsweise die zahlreichen singulären Initiativen auf Ebene der Gebietskörperschaften gebündelt und strukturiert worden. Voraussetzung hierfür war die Einführung von Artikel 91c in das Grundgesetz, der ein sinnvolles Zusammenwirken von Bund und Ländern auf dem Gebiet der Informationstechnologie erst ermöglichte. Die Digitalisierungsaktivitäten unterliegen einer engen Abstimmung über den IT-Planungsrat, der erheblich an Schlagkraft gewonnen hat und die unterschiedlichen Interessen bündelt. Sinnbildlich steht hierfür das „Einer-für-Alle"-Prinzip (EfA). Jedes Bundesland digitalisiert politikfeldbezogene Leistungen, die von den anderen Ländern nachgenutzt werden können. Das Land Niedersachsen ist für den Bereich „Gesundheit" verantwortlich und hat in diesem Zusammenhang bereits zahlreiche Onlinedienste realisiert und zur Nachnutzung bereitgestellt. Das EfA-Prinzip ist ein Paradigmenwechsel in der Zusammenarbeit zwischen Bund, Ländern und Kommunen und trägt dazu bei, einheitliche Standards in der Digitalisierung zu schaffen.

Staat und Verwaltung haben trotz aller vorzeigbarer Ergebnisse bisher nur einen Teil des Weges zurückgelegt. Mit Blick auf die Entwicklungen in der Informationstechnologie werden sich stetig neue Herausforderungen stellen. Beispiele sind der Einsatz von Cloud-Lösungen, Künstlicher Intelligenz, eine

End-to-End-Digitalisierung und die Realisierung des Once-Only-Prinzips. Sicher erscheint lediglich, dass wir noch vor zahlreichen Herausforderungen stehen. Daher stellen sich zum einen dahingehend Fragen, was wir aus den Fehlern der Vergangenheit lernen können. Zum anderen weist das Politische System in Deutschland Besonderheiten auf, die uns bei der Umsetzung von (digitalen) Initiativen unmittelbar tangieren – und die wir in der Vergangenheit oft zu spüren bekommen haben. Hierzu zählen beispielsweise der bundesdeutsche Föderalismus oder die Organisation unserer Verwaltungen, deren Aufbau und Strukturen noch immer von den Lehren eines Max Weber bestimmt werden.

Die Digitalisierung wird zu einer disruptiven Veränderung der Verwaltungsstrukturen und der Art des Verwaltungshandelns führen. Behördliche Grenzen werden im digitalen Raum überwunden und für die Kunden nicht mehr sichtbar. Neue Formen der Zusammenarbeit werden sich entwickeln. Durch die KI wird ein Ausmaß an Automatisierung eintreten, das heutige Berufsinhalte von vielen Verwaltungsbeschäftigen fundamental verändern wird. Der Fachkräftemangel im öffentlichen Dienst wird einen massiven Druck zur Umsetzung von Veränderungen ausüben. Der einzige bislang erkennbare Ansatz zur Aufrechterhaltung der Leistungsfähigkeit der Verwaltungen ist eine umfassende Digitalisierung und Automatisierung. Eine Entbürokratisierung oder die Abschaffung von öffentlichen Aufgaben wird die Politik nicht leisten. Auch die Schaffung digitaltauglicher Gesetze wird keine Erfolgsgeschichte. Der detaillierte Regelungswille liegt in der deutschen DNA.

Diese Veröffentlichung passt in den Kontext. Es ist mir daher eine Freude, dieses Vorwort zu verfassen. Zunächst habe ich bei der Überschrift eine kognitive Dissonanz verspürt. Die deutsche Digitalisierung als Erfolgsgeschichte zu bezeichnen ist sehr mutig, da die Kritik an unserem Entwicklungsstand immer lauter wird. Nach der Lektüre muss ich Prof. Schmid aber Recht geben. Meine Antwort auf ähnliche Fragen lautete bisher auch immer: „Unter den gegebenen Rahmenbedingungen sind wir wirklich erfolgreich". Prof. Schmid und ich kennen und schätzen uns seit vielen Jahren. Er verantwortet den Studiengang „Verwaltungsdigitalisierung", der vom Land Niedersachsen vorausschauend bereits im Jahr 2017 etabliert worden ist, um dem Fachkräftemangel in den MINT-Fächern ein Stück weit zu begegnen. Viele Absolventen haben seither ihre berufliche Heimat in der Landesverwaltung und in den Kommunen des Landes gefunden.

Im Rahmen eines Forschungssemesters ist Prof. Schmid der Frage nachgegangen, ob wir uns in Deutschland bei der Digitalisierung nicht ein Stück weit selbst im Wege stehen. Meine persönlichen Erfahrungen sprechen für diese These – nachfolgend finden sich Antworten auf die hiermit verbundenen Fragestellungen. Die Ergebnisse sind einerseits ernüchternd und andererseits ermunternd. Ernüchternd sind sie dahingehend, dass wir im internationalen Vergleich unnötigerweise immer noch nicht da sind, wo wir sein sollten, nämlich in der Spitzengruppe. Die Ergebnisse sind andererseits ermunternd, da sie zeigen, dass wir nicht auf dem Holzweg sind und auch viele Eigenschaften des deutschen Staates eine informationstechnische Modernisierung unterstützen. Die herausgearbeiteten Verbesserungspotenziale sollten uns motivieren, den eingeschlagenen Weg weiter zu beschreiten. Hierdurch besteht die Chance, der erfolgreichen deutschen Verwaltungsgeschichte ein neues Kapitel hinzuzufügen.

Dr. Horst Baier
CIO des Landes Niedersachsen

Inhaltsverzeichnis

Über den Autor

Dr. Andreas Schmid ist Professor für Public Management und Verwaltungshandeln an der Hochschule Hannover und verantwortet den Studiengang „Verwaltungsinformatik". Er ist seit mehr als 20 Jahre als Managementberater tätig und hat zahlreiche eGovernment- und Digitalisierungsprojekte begleitet. Als Gutachter und Auditor beschäftigt er sich vor allem mit IT-Projekten im öffentlichen Sektor.

1 Hintergrund

Zusammenfassung Die Digitalisierung von Staat und Verwaltung ist bekanntermaßen ein großes Aufgabenfeld. Spätestens die Covid19-Pandemie hat den Bürgerinnen und Bürgern in Deutschland deutlich vor Augen geführt, dass es mit der Digitalisierung der Verwaltungen wohl nicht so weit her ist. Es stellt sich daher die Frage, warum ein Land wie Deutschland auf diesem Gebiet rückständig sein kann. In der Öffentlichkeit werden verschiedene Mutmaßungen angestellt. Sie reichen von einer unfähigen Verwaltung bis zum Föderalismus. Wissenschaftliche Belege finden sich nur wenige. Es ist im Vergleich zu anderen Staaten offensichtlich, dass wir uns an vielen Stellen selbst im Wege stehen.

Ist es Zufall, dass der estnische Parlamentspräsident Jüri Ratsas den zweiten Platz in einer TV-Tanzshow belegen konnte (vgl. dpa, 2022)? Wäre es in Deutschland denkbar, dass ein Politiker an einer mehrwöchigen Tanzshow teilnimmt, die als Quotenhit die Zuschauer begeistert? Letzteres ist für Deutschland deutlich zu verneinen. Aber was hat das Tanzshow-Ergebnis mit dem eGovernment eines Staates zu tun? Ich behaupte: Sehr viel. Estland liegt in vielen internationalen Rankings zum eGovernment und der Digitalisierung vor Deutschland. Dies zeigt sich auch daran, dass deutsche Politiker gefühlt Dauerbesuch im „heiligen" Digitalisierungsland Estland sind (vgl. z. B. dpa-infocom, 2023).

Welches politische Selbstverständnis und welche Erwartungen an die Politik haben Bürgerinnen und Bürger, wenn ihr zweithöchster Staatsdiener beim Tanzen im Fernsehen bejubelt wird? Ohne ins Detail gehen zu wollen,

A. Schmid, *eGovernment in Deutschland – eine unvermutete Erfolgsgeschichte,* Edition Innovative Verwaltung, https://doi.org/10.1007/978-3-658-44634-5_1

unterscheiden wir uns wohl deutlich von der estnischen Bevölkerung. Hierin liegt meines Erachtens ein maßgeblicher Grund, warum Deutschland im eGovernment und der Digitalisierung nicht so weit ist, wie es sein sollte. Aber genau zu beschreiben, woran es liegt, es in Worte zu fassen und zu belegen, gestaltet sich schwierig. Die Tagespresse ist in typisch deutscher Tradition voll von Negativnachrichten und Selbstkasteiung. Dabei hat sich abseits der Öffentlichkeit viel bewegt, wie sich beispielsweise am prämierten eGovernment-Projekt „Cash-BA" zeigen lässt Abschn. 14.7.

Wenn ich mit Kollegen und Experten aus Wissenschaft und Praxis spreche, dann gibt es eine klare Meinung: Es liegt nicht am fehlenden Geld und auch nicht an unfähigen Beschäftigten in den Verwaltungen. Es sind sehr wahrscheinlich multiple Zusammenhänge, die Deutschland selbst blockieren. Im Rahmen eines Forschungssemesters an der Hochschule Hannover wollte ich etwas Licht in das Dunkel bringen.

Ein Forschungsprojekt soll dazu beitragen, Forschungslücken zu schließen. Die Digitalisierung von Staat und Verwaltung ist in diesem Zusammenhang ein großes Arbeitsfeld. Die Covid19-Pandemie hat den Bürgerinnen und Bürgern in Deutschland deutlich aufgezeigt, dass es mit der Digitalisierung der Verwaltungen wohl nicht so weit her ist. Kontaktverfolgungen wurden persönlich durchgeführt, die Gesundheitsämter telefonierten und benutzten Faxgeräte. Vielen erging es wahrscheinlich wie mir selbst: Aufgrund einer Covid19-Infektion erhielt ich einen Brief mit Anweisungen zur Einhaltung der Quarantäne, der mir aber erst Tage nachdem ich bereits wieder negativ getestet war, zugestellt wurde.

Die Pandemie wirkt bis heute in vielen Bereichen als digitaler „Positiv-Beschleuniger" nach. Homeoffice, Videokonferenzen etc. sind aus dem Berufs- und Privatleben kaum mehr wegzudenken. Diese erfreulichen Entwicklungen dürfen aber nicht darüber hinwegtäuschen, dass die Pandemie auch gezeigt hat, wie wenig die Deutschen ihrem Staat und ihren Verwaltungen vertrauen. In kaum einem anderen Land auf der Welt gab es so laute Proteste gegen die Maßnahmen der Regierung und in kaum einem anderen Land wurden die Impfungen so deutlich abgelehnt. Es führt u. a. dazu, dass es das eGovernment in Deutschland deutlich schwerer hat als in anderen Staaten Kap. 13.

Manche Kritiker setzten die Maßnahmen der Legislative sogar mit Methoden aus dem Dritten Reich gleich. Es zeugt – zumindest in Teilen der Gesellschaft – von einem tiefen Misstrauen gegenüber dem Staat und seinen Autoritäten. Selbstredend kann diese Kultur auch positiv gedeutet werden: In Deutschland konnte und durfte jeder selbst in Krisenzeiten seine Meinung frei äußern. Gleichwohl ist es naheliegend, dass es staatliche (Online-)

Angebote in einer von Misstrauen geprägten Gesellschaft schwer haben dürften. Es handelt sich daher aus naheliegenden Gründen sehr wahrscheinlich um Besonderheiten, die vor allem auf unsere Geschichte zurückzuführen sind. Sie an dieser Stelle aufzugreifen und zu beschreiben, steht mir zum einen nicht zu, und zum anderen haben es viele andere mit deutlich mehr Fachkenntnis schon getan. Interessant für diese Veröffentlichung ist aber, wie es sich auf das eGovernment auszuwirken vermag. „…die Demokratie der Bundesrepublik Deutschland weist (Anmerkung des Autors) neben mehrheitsdemokratischen auch starke freiheits- und minderheitsschützende Züge … auf (Anmerkung des Autors), mit der Folge einer verhandlungsdemokratischen Prägung“ (Rudzio, 2019, S. 288). Hieraus lässt sich schließen, dass es eGovernment-Angebote in Deutschland konstitutionell schwerer haben dürften als anderswo. Es ist ein Erklärungsfaktor dafür, warum Deutschland im internationalen Vergleich hinterherhinken muss.

Zum Zeitpunkt der Erstellung dieser Veröffentlichung im Jahr 2023 herrscht Krieg in der Ukraine und Israel wurde vom Gaza-Streifen aus angegriffen. Deutschland konnte sich diesen Entwicklungen nicht entziehen. Die weltweiten Krisen in Verbindung mit hoher Inflation und der Angst der Menschen vor weiterer Migration werden zum Lackmustest für die Gesellschaft. Deutschland trägt aufgrund seiner Historie eine besondere Verantwortung. Die Demonstrationen auf den Straßen zeigen, dass wir zum einen eine sehr erfolgreiche Demokratie sind. Zum anderen zeigt sich, dass es mit dem Vertrauen in den deutschen Staat nicht so weit her sein kann. Das staatliche Handeln wird von unterschiedlichen politischen Lagern und Strömungen unter einen Generalverdacht gestellt. Unter diesen Bedingungen stehen alle staatlichen Maßnahmen unter keinem guten Stern. Entwickelt der Staat nun technische Lösungen zur Abwicklung von Geschäftsprozessen, leistet es der Misstrauenskultur auch noch zusätzlich Vorschub. Zum einen ist Technik für viele Bürgerinnen und Bürger eine Black-box. Dies gilt im Besonderen für Deutschland Abschn. 14.5. Es verwundert daher nicht, dass sich nahezu die Hälfte der Deutschen in Umfragen weiterhin für persönliche Behördenkontakte ausspricht (vgl. Jahn, et al., 2022, S. 3). Zum anderen führen technische Lösungen zu einer Anonymität. Das „Gegenüber“ ist nicht mehr menschlich, persönlich etc. Der Kontakt zum Staat wird entpersonalisiert, was eine Misstrauenskultur zusätzlich unterstützt.

Die Schuld für das Scheitern von eGovernment-Angeboten in Deutschland allein im Misstrauen der Bürgerinnen und Bürger zu suchen, greift natürlich zu kurz. Vieles ist systemisch bedingt, selbstverschuldet und vieles zu bürokratisch Kap. 8. Deutschlands Verwaltung ist weiterhin von formalen Abläufen und hierarchischen Strukturen geprägt Abschn. 5.1 was ihr Verwaltungshandeln realitätsfern erscheinen lässt und technische Lösungen verkompliziert. Viele Antragsverfahren sind umfangreich, nicht selbsterklärend und technische Lösungen kaum intuitiv bedienbar. Exemplarisch steht hierfür der Versuch, eine „Digitale Identität" in Deutschland zu etablieren. Dieses Online-Zugangstor für digitale Verwaltungsleistungen ist für die Akzeptanz und die Inanspruchnahme entscheidend und ein wichtiger imagebildender Faktor. Bereits seit 2010 existiert der „neue" Personalausweis in Scheckkartengröße, der mit einem RFID-Chip ausgestattet wurde. Um sich mit diesem authentifizieren zu können, bedurfte es eines kostenpflichtigen Kartenlesegerätes. Es ist daher kaum verwunderlich, dass die Nutzung dieses Verfahrens verschwindend gering war. Es wurde sogar darüber sinniert, ob das Verschenken des Lesegeräts an die Bürgerinnen und Bürger diese dazu motivieren würde, sich stärker auf Online-Angebote des Staates einzulassen. Allein dieser Gedanke zeigt, dass man die Lebensrealitäten der Menschen kaum zur Kenntnis nimmt Abschn. 14.8. Die Verwaltung meint zu wissen, was gut für ihre Kunden ist – was an Absurdität natürlich nicht zu überbieten ist. Jedes Unternehmen, was versucht hat, es besser als die Kunden zu wissen, ist gescheitert und die Liste der Gescheiterten ist lang. Bekannte Beispiele sind Blackberry und Quelle. Daraus leitet sich ein Kern des Problems ab: Unsere Verwaltung sieht die Bürgerinnen und Bürger nicht als Kunden. Dass diese Einstellung ein Problem darstellt, ist schon lange bekannt. Die Reformbewegung des New Public Management fußte auf der Idee einer bürgerorientierten Verwaltung, die nicht realisiert werden konnte.

Im Jahr 2023 sind wir tatsächlich ein Stück weitergekommen. Mit einer App und dem Personalausweis kann man sich jetzt authentifizieren Abschn. 14.3. Gleichwohl ist der erstmalige Anmeldeprozess nur etwas für versierte Anwender, was wieder zur Frage nach der Kundenorientierung der Verwaltung führt. In diesem Zusammenhang ist es unverständlich, dass uns andere Staaten Subsidiarität, die eigentlich das deutsche Staatswesen bestimmen sollte, erfolgreich vorleben. In Schweden werden die Stammdaten, die die Bürgerinnen und Bürger bei ihrer Bank hinterlegen, auch vom Staat genutzt. An der Datenqualität haben Banken und Kunden ein hohes Eigeninteresse. Dieses Verfahren ist bereits etabliert, deutlich einfacher, kostengünstiger und besticht durch hohe Sicherheitsstandards. Das Grundgesetz verlangt keine staatliche Authentifizierung. Es liegt daher der Verdacht nahe, dass es der deutsche Staat einfach nicht lassen kann, sich in zu viele Lebensbereiche der Menschen einzumischen Abschn. 14.7.

Die hier in aller Kürze skizzierten Aspekte sind nur die Spitze eines Eisbergs, den Experten schon länger erkannt und beschrieben haben. Es liegt deshalb in Deutschland nicht an unfähigen Verwaltungsbeschäftigten oder fehlenden Ressourcen für eine Digitalisierung von Staat und Verwaltung, die diesen Namen auch wirklich verdient. Es liegt an uns selbst, an den deutschen Besonderheiten, an unserer Gründlichkeit, an unserem „Juristenstaat" Abschn. 5.2 usw.

Die genannten Aspekte nehmen Einfluss auf die Ausgestaltung von eGovernment-Angeboten. In den für diese Forschungsarbeit herangezogenen Rankings werden „nur" Tabellenplätze vergeben. Sie können aber nicht erklären, warum Deutschland nicht das ist, wo es sein sollte. Diesen Fragestellungen wollte ich auf den Grund gehen. Nicht nur, um im wissenschaftlichen Sinne neue Erkenntnisse zu gewinnen oder zumindest Beiträge für eine weitere Diskussion anzustoßen, sondern auch um dem Narrativ der unfähigen und faulen Verwaltung ein Stück weit zu begegnen. Denn im Vergleich zu anderen Ländern ist die deutsche Verwaltung (immer noch) sehr leistungsfähig. Wer daran Zweifel hat, der sollte sich die Praxis in anderen Staaten vor Ort einmal anschauen – hierbei reicht schon ein Blick auf die Mitglieder der Europäischen Union.

Man kann sich diesen grundsätzlichen Fragen nicht temporär neben dem normalen „Geschäftsbetrieb" einer Hochschule widmen. Daher konnte ich ein Forschungssemester für die Untersuchungen nutzen, um zunächst die Inhalte zu sortieren und das Forschungsdesign zu gestalten. Nicht untypisch für solche Arbeiten ist es, dass sie sich in andere Richtungen entwickeln als ursprünglich geplant. Der Forschungsansatz, Hypothesen mit Experten aus anderen Ländern zu verproben, musste bereits zu Beginn verworfen werden Kap. 4. Die Anzahl belastbarer Rückläufer wäre beschränkt gewesen und es bestanden Zweifel an der Belastbarkeit der Ergebnisse, die für die Qualität einer jeden Forschungsarbeit entscheidend ist. Daher musste das Forschungsdesign geändert werden. Diese Arbeit besteht daher aus falsifizierbaren Hypothesen, die mittels statistischer Methoden geprüft worden sind Kap. 7 bis 13. Aus den Interpretationen leiten sich schließlich Empfehlungen Kap. 14 dahingehend ab, wie die digitale Transformation der Verwaltung doch noch gelingen kann.

Zu Beginn meiner Überlegungen ging ich davon aus, relativ einfache Antworten auf die Frage zu finden, warum das eGovernment in Deutschland einen schweren Stand hat. Hierzu zählten naheliegende Vermutungen, wie z. B. die Besonderheiten des deutschen Föderalismus Kap. 8, die von vielen Beobachtern als der Kern des Problems ausgemacht werden (vgl. z. B. Mohl, 2016. Es zeigte sich allerdings schnell, dass es nicht ganz so einfach werden würde. Die Analysen und Untersuchungen haben neue Fragen aufgeworfen und Ideen generiert, denen ich in der Folge nachgegangen bin. Hierzu gehört z. B. die Hypothese über den Entwicklungsgrad eines Staates Kap. 12, die erst im Laufe der Erarbeitung entstanden ist. Erfreulicherweise stieß ich auch auf viele positive Eigenschaften des deutschen Staates Kap. 6, die mit dem Erfolg des eGovernments korrelieren und zu Recht für Zuversicht sorgen Kap. 15. Sie werden von der deutschen Öffentlichkeit und den Bürgerinnen und Bürger kaum zur Kenntnis genommen werden, weil wir es, wie vieles in der digitalen Welt, als selbstverständlich erachten.

Im Ergebnis habe ich Hinweise und Belege dafür gefunden und zusammengetragen, die zeigen, dass wir uns offensichtlich selbst im Wege stehen Abschn. 14.7. Zusammenfassend betrachtet muss man daher zu dem provokant wirkenden Titel dieser Veröffentlichung kommen: Unter den Bedingungen, unter denen wir agieren, ist es erstaunlich, wie weit wir gekommen sind. Zugespitzt und zusammengefasst finden sich die Argumente in Kap. 15. Was hoffnungsfroh stimmt, ist, dass wir in Deutschland viele Voraussetzungen erfüllen, um eine „Digitale-Kehrtwende" einzuleiten. Nachfolgend können Sie sich davon selbst überzeugen.

Literatur

dpa. (28. 11 2022). Estnischer Parlamentspräsident belegt zweiten Platz bei TV-Tanzshow. Frankfurter Allgemeine Zeitung.

dpa-infocom. (25. 05 2023). Weil sieht Estland als Vorbild bei Digitalisierung. Süddeutsche Zeitung, siehe https://www.sueddeutsche.de/politik/international-tallinn-weil-sieht-estland-als-vorbild-bei-digitalisierung-dpa.urn-newsml-dpa-com-20090101-230525-99-817504.

Rudzio, W. (2019). *Das politische System der Bundesrepublik Deutschland.* Springer VS.

Jahn, S., Türkay, S., Krcmar, H., Hein, A., Daßler, L., Paul, L., & Pleger, S. (2022). *eGovernment Monitor 2022.* Initiative D21

Mohl, A. (18. Februar 2016). E-Government: Experten fordern mehr Zentralismus. Der Neue Kämmerer, siehe https://www.derneuekaemmerer.de/digitalisierung/digitale-verwaltung/e-government-experten-fordern-mehr-zentralismus-8192/.

2 Ausgangslage

Zusammenfassung Deutschland liegt in verschiedenen Rankings zum eGovernment und zur Digitalisierung nicht in der Spitzengruppe. Die Nutzung der entsprechenden Angebote ist darüber hinaus in Deutschland überschaubar. Es zeigt sich, dass es nicht nur an der Qualität der Angebote liegt. Ein Teil der Bevölkerung kann oder will Online-Angebote nicht in Anspruch nehmen. Die Ziele der Onlinezugangsgesetzes konnten in diesem Zusammenhang nicht erreicht werden, was auf unterschiedliche Gründe zurückgeführt werden kann. Es zeigt sich summarisch betrachtet, dass Deutschlands Eigenschaften eine zentrale Rolle bei der Frage spielen, warum das Land im internationalen Vergleich nicht da sind, wo es sein sollte.

Spätestens die Covid19-Pandemie hat den meisten Bürgerinnen und Bürgern vor Augen geführt, dass der Staat und die Verwaltungen in Deutschland bei digitalen Angeboten hinterherhinken. Dieser Befund verwundert nicht, da die Nutzung von eGovernment in Deutschland schon seit über einem Jahrzehnt kaum von der Stelle kommt. Im deutschsprachigen Raum ist die bekannteste Untersuchung der jährlich „E-Government Monitor", der von der Initiative „D21", der Technischen Universität München und dem Marktforschungsunternehmen „Kantar" inhaltlich verantwortet wird. In der Ausgabe aus dem Jahr 2021 antworteten repräsentativ ausgewählte Teilnehmer auf die Frage „Haben Sie in den letzten 12 Monaten E-Government-Angebote genutzt?" in Deutschland 52 %, in der Schweiz 60 % und in Österreich 76 % mit „ja" (vgl. Jahn, et al., 2021, S. 16). In Deutschland handelt es sich hierbei im Unterschied zu 2012 lediglich um einen Zuwachs

A. Schmid, *eGovernment in Deutschland – eine unvermutete Erfolgsgeschichte,* Edition Innovative Verwaltung, https://doi.org/10.1007/978-3-658-44634-5_2

von 7 % – und gleichzeitig um einen Rückgang gegenüber dem Jahr 2020 um 2 %. Die Nachfolgeuntersuchungen bestätigen die Ergebnisse.

Im „E-Government Development Index“ der Vereinten Nationen liegt Deutschland auf Rang 22 von 193 untersuchten Staaten (vgl. United Nations, 2022). Die ersten vier Plätze belegen Dänemark, Finnland, Südkorea und Neu-Seeland (vgl. Anhang 1: E-Government Development Index (EGDI) 2022). Platz 22 klingt in einem Ranking von 193 Staaten nicht schlecht – kann aber nicht der Anspruch Deutschlands sein. Dies gilt im Besonderen, wenn man sich die vor uns liegenden Staaten vor Augen hält und zudem berücksichtigt, über welche wirtschaftliche Potenz die Bundesrepublik Deutschland verfügt.

In der Einleitung wurde die Vermutung geäußert, dass es in Deutschland ein bewusstes oder unbewusstes Ablehnen staatlicher Maßnahmen gibt, was es dem eGovernment in Deutschland schwer macht. Dies ist aber nur einer von vielen Aspekten, die es zu berücksichtigen gilt. Im Jahr 2022 gab es in Deutschland 3,4 Mio. „Offliner“, d. h. Menschen, die noch nie das Internet benutzt haben (vgl. Behördenspiegel, 2023). Deutschland liegt hier in etwa auf dem EU-weiten Durchschnitt von 7 %. Interessant ist bei genauer Betrachtung der Zahlen, dass Offliner in den Niederlanden und in skandinavischen Staaten deutlich seltener zu finden sind als bei uns. Diese Staaten liegen auch im EGDI deutlich vor Deutschland und bilden die Spitzengruppe im Ranking. Hieraus lässt sich schlussfolgern, dass die Bereitschaft und die Möglichkeit, Online-Angebote zu nutzen, bereits einen positiven Effekt auf den Einsatz von eGovernment-Lösungen haben dürfte. Oder anders ausgedrückt: Der Staat kann machen, was er will, wenn seine Kunden Online-Leistungen nicht in Anspruch nehmen wollen oder können, dann nehmen sie diese einfach nicht in Anspruch.

In diesem Zusammenhang ist ein anderer interessanter Aspekt, dass Dänemark nicht nur im EGDI an erster Stelle steht. Die Bürgerinnen und Bürger gelten nach der am meisten beachteten Umfrage, dem „World Happiness Report“ (vgl. Sustainable Development Solutions Network, 2023) schon seit Jahren als die weltweit Glücklichsten. Das Land gilt als Vorbild im Bereich der sozialen Sicherung, welches durch hohe Steuern finanziert wird. Solche Systeme und Entscheidungen bedingen einen gesellschaftlichen Konsens, der in der Folge zu entsprechenden politischen Entscheidungen führt. Hierfür ist das Vertrauen der Bürgerinnen und Bürger in ihr Staatswesen unabdingbar. Unter solchen Bedingungen sind die Bürgerinnen und Bürger nicht nur bereit, eGovernment-Angebote zu nutzen, sondern fordern sie auch ein, damit ihr Staatswesen leistungsfähig bleibt. Diese beispielhaften Ausführungen zeigen bereits deutliche Unterschiede zur deutschen Realität.

Rankings sind sicherlich ein geeignetes Instrument, um Vergleiche anzustellen. Es lassen sich u. a. Verbesserungspotenziale durch ein Benchmarking ableiten. Aber es geht natürlich um viel mehr, als sich in einem Ranking zu positionieren. Damit eine Volkswirtschaft erfolgreich sein kann, muss der Staat seinen Aufgaben effizient und effektiv nachkommen. Deutschland hat auf diesem Gebiet das Optimum sicher noch lange nicht erreicht. Es verwundert daher auch nicht, dass kaum ein Tag vergeht, an dem sich kritische Stimmen in der Öffentlichkeit zu Wort melden. Die Frankfurter Allgemeine Zeitung titelte beispielsweise am 22. März 2021 „Industrie fordert einen ‚radikalen Wandel' in Amtsstuben", da der Wirtschaftsstandort Deutschland durch die Nachlässigkeiten der Verwaltungen im Rahmen der Digitalisierung gefährdet sei (vgl. Frankfurter Allgemeine Zeitung, 2021). Solche „Hilferufe" sollten die Verantwortlichen aufschrecken, da der gesellschaftliche Wohlstand von den Unternehmen generiert wird. Auch weitere Anspruchs- und Interessensgruppen der öffentlichen Verwaltung, wie z. B. die Bürgerinnen und Bürger oder Non-Profit-Organisationen, verlangen nach einer produktiveren, flexibleren und transparenteren Verwaltung und nach einer Erhöhung des Anteils online bereitgestellter Dienstleistungen (vgl. Wirtz & Daiser, 2018, S. 981). Die Verwaltung fungiert für sie alle als Dienstleister. Ihre Leistungserbringung ist für den Erfolg der Stakeholder entscheidend.

Es ist wichtig zu verstehen, dass eine digitale Verwaltung einer der wichtigsten Hebel zum Bürokratieabbau sein kann. „Staatliche Leistungen online zu beantragen, Nachweise auf einfache Art zu erbringen oder gesetzlichen Dokumentations- und Meldepflichten elektronisch nachzukommen, erspart den Betroffenen nicht nur Wege- und Wartezeiten sowie Kosten, sondern erleichtert es in der Regel auch, den richtigen Ansprechpartner zu finden oder Formulare korrekt auszufüllen" (Nationaler Normenkontrollrat, 2022, S. 31). Da die Politik offensichtlich unfähig und unwillig ist, Bürokratie zu bekämpfen Abschn. 14.6, kommt es umso mehr auf technische Unterstützungssysteme an, die die Erbringung von Bürokratiepflichten zumindest deutlich erleichtern.

Die Nutzenpotenziale sind unbestritten und können zudem einen Beitrag dazu leisten, dem Arbeitskräftemangel zu begegnen und die Kosten für die Verwaltung in Deutschland erheblich zu senken. Die Kostenvorteile ergeben sich, vereinfachend ausgedrückt, dadurch, dass es zu einem Wechsel von Offline- zur Online-Leistungserbringung kommt (vgl. Wirtz & Daiser, 2018, S. 992). Durch eGovernment werden die Bürgerinnen und Bürger immer mehr zum Co-Produzenten staatlicher Leistungserbringung. Es wirkt arbeitsentlastend auf die Verwaltung, wie es sich am elektronischen Einreichen der Steuererklärung mittels des ELSTER-Verfahrens veranschaulichen lässt.

Führt man diesen Gedanken konsequent fort, dann bedarf es in Zukunft nicht einmal mehr eines Bürgerbüros, weil ein persönlicher Kontakt obsolet wird. In diesen Kontext passen die sogenannten „Dresdner Forderungen" des Deutschen Städtetags (vgl. Deutscher Städtetag, 2022). Gegenstand sind fünf zentrale Anliegen, die für eine erfolgreiche Digitalisierung von Staat und Verwaltung, aus Sicht der Kommunen, umgesetzt werden sollten. Ein zentrales Element ist die Verringerung der Komplexität der Zusammenarbeit zwischen den Gebietskörperschaften, die automatisch zu einer Entbürokratisierung führen würde. Es wird eine Neujustierung von Aufgabenzuschnitten zwischen Kommunen und Bund/Ländern angeregt, was einer Revolution bei den Zuständigkeiten gleichkäme. Bei den fünf Forderungen handelt sich um Lehren aus der Vergangenheit. Es erscheint naheliegend, dass man zunächst mal die Aufgaben richtig sortieren und zuordnen sollte, um erst danach eine technische Lösung zu entwickeln. Hieraus lässt sich ableiten, dass die Digitalisierung als große Chance für eine nachhaltige Verwaltungsmodernisierung angesehen werden kann. Frühere Versuche, wie z. B. durch das New Public Management, sind zwar nicht gänzlich gescheitert, konnten ihre großen Versprechen aber nicht einlösen. Die Situation ist heute gänzlich anders als zu Zeiten der New Public Management-Reformen in den 1990er- bzw. den 2000er-Jahren. Die Informationstechnik hat sich in allen Lebensbereichen durchgesetzt und setzt von sich aus Standards. Für eine Digitalisierung, die diesen Namen auch verdient, müssen alle Geschäftsprozesse auf den Prüfstand gestellt und zumeist neugestaltet werden. Es führt zu Grundsatzfragen der Aufgabenwahrnehmung, der Organisationsgestaltung, der Hierarchien etc. Es stellen sich daher Fragen, die zuvor nie gestellt wurden. Die Chancen auf eine weitreichende Aufgabenkritik standen noch nie besser als heute. Es bestehen allerdings Zweifel daran, dass sie gewollt ist.

Das eGovernment bietet darüber hinaus viele Vorteile, da es zu einer Umstellung von offline auf online kommt. Die Potenziale kennen die meisten Bürgerinnen und Bürger auch aus dem privaten Bereich, wenn sie beispielsweise soziale Medien nutzen. Diese Erwartungshaltungen übertragen sich auf den öffentlichen Sektor: „Vor dem Hintergrund der veränderten Informationsbedürfnisse und der Vorteilspotentiale hat E-Government eine besondere Bedeutung erfahren. Diese Bedeutung ist zum einen an der intensiven Behandlung von E-Government im wissenschaftlichen Schrifttum zu erkennen. Zum anderen wird dem E-Government aus der Perspektive der Nachfrager, insbesondere von Bürgerinnen und Bürgern, eine hohe Wichtigkeit beigemessen" (Wirtz & Daiser, 2018, S. 984).

Die Digitalisierung der Verwaltung geht mit einer erheblichen Vereinfachung für alle Anspruchsgruppen einher, da das Suchen von Informationen entfallen kann, da digitale Formulare zu einer Arbeitserleichterung führen und damit die Datenqualität für den Empfänger steigt. Vor allem Letzteres hat sich als Seiteneffekt in vielen Digitalisierungsprojekten der öffentlichen Verwaltung gezeigt und führt in der Praxis zu deutlich geringerem Arbeitsaufwand. Letzteres ist für die Zukunft der öffentlichen Daseinsvorsorge in Deutschland entscheidend, da ein ausreichendes Arbeitskräftepotenzial in absehbarer Zeit nicht zu erkennen ist.

Deutschland ist von einer digitalen Verwaltung, die diesen Namen verdient, noch weit entfernt. Das mit großen Ambitionen verbundene Onlinezugangsgesetz (OZG) ist mehr oder weniger gescheitert Abschn. 5.1. Es war ursprünglich geplant, bis zum Jahr 2022 575 Leistungen des Staates online anzubieten. Der Erfolg stellte sich nur bedingt ein. Der Tagesspiegel titelte in seiner Ausgabe vom 21. Februar 2022 beispielsweise: „Nur 128 von 575 Verwaltungsleistungen sind online verfügbar" (vgl. Kiesel, 2022). Der Nationale Normenkontrollrat fasst es wie folgt zusammen: „Im fünften Jahr seiner Umsetzung und mit Auslaufen der gesetzten Frist, bis Ende 2022 alle relevanten Verwaltungsleistungen flächendeckend und nutzerfreundlich digitalisiert zu haben, zeigt sich, dass die Verwaltungsdigitalisierung in Deutschland noch nicht merklich vorangekommen ist – und das trotz gesetzlicher Pflicht, trotz erheblicher Anstrengungen in allen Verwaltungen und trotz üppiger Gelder vom Bund" (Nationaler Normenkontrollrat, 2022, S. 31). Das ernüchternde Fazit führt zur Forschungsfrage dieser Untersuchung: „Warum liegt Deutschland im internationalen Vergleich beim eGovernment zurück?" Kap. 3.

Um Antworten zu finden, muss der Blick auf die Umstände in Deutschland gerichtet werden, denn „Die nationalen und internationalen Erfahrungen mit Verwaltungsreformen lassen sich nüchtern zusammenfassen: Hohe Erwartungen in technologische und strukturelle Lösungen scheitern an den Problemen der alltäglichen Verwaltung sowie an den ganz speziellen politischen Herausforderungen einer Verwaltungsreform" (Lodge & Wegerich, 2023). Richten wir in diesem Zusammenhang den Blick auf Deutschland, dann sagt ein Bild mehr als tausend Worte (vgl. Abb. 2.1):

Das sogenannte „Wimmelbild" des Normenkontrollrats, zeigt die bundesdeutschen Komplexitäten im Rahmen der OZG-Umsetzung. Im Zentrum stehen die 575 Leistungen, die bis 2022 hätten umgesetzt werden sollen. Ohne auf die Details der Zusammenhänge einzugehen, wird deutlich, dass wir es in Deutschland mit hohen Komplexitäten zu tun haben. Ein solches System produziert Veto-Positionen, was im Rahmen von Modernisierungsvorhaben fatal ist. Aus diesem Grund befasst sich u. a. eine Hypothese dieser

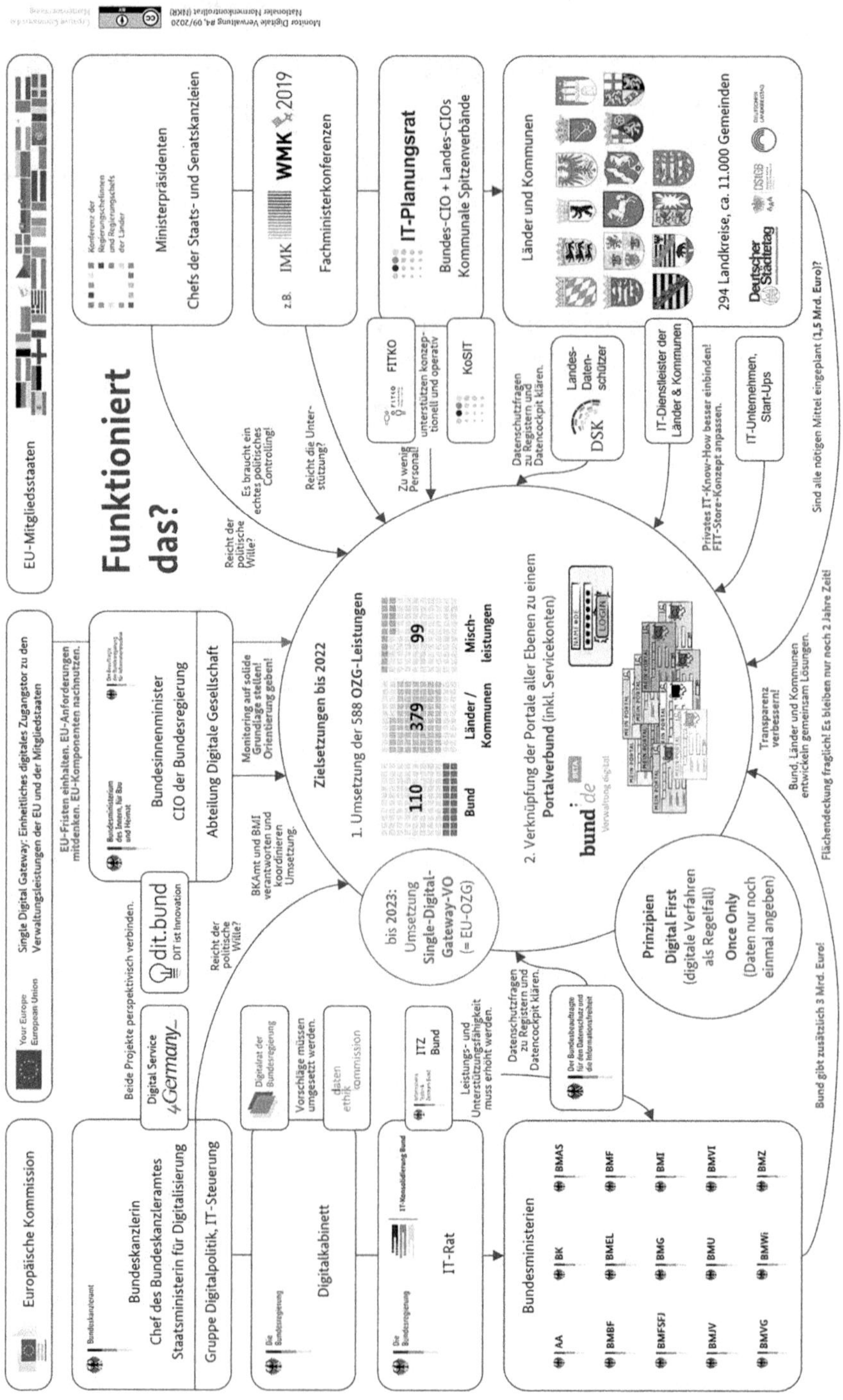

Abb. 2.1 „Wimmelbild" des Normenkontrollrats (Normenkontrollrat, 2023)

Untersuchung auch mit der Frage, ob der Föderalismus ein hemmender Faktor für das eGovernment sein könnte Kap. 8.

Von den Kritikern werden zudem die Visions- und Ziellosigkeit der beteiligten Gruppen adressiert, die ein gemeinsames Handeln erst gar nicht ermöglichen. Die fehlende Ausrichtung der Vorhaben zieht sich durch die Analysen der Rechnungshöfe. Der niedersächsische Landesrechnungshof spricht beispielsweise folgende Empfehlung aus: „Eine weitergehende Analyse der Organisationsstruktur des Programms DVN (Anmerkung Autor: Digitale Verwaltung Niedersachsen) ist dringend erforderlich…" (Niedersächsischer Landesrechnungshof, 2021, S. 5). Fehlende strategische Orientierung führt zu einer schlechten Organisation. Ersteres ist nachgewiesenermaßen eine Grundschwäche der deutschen Verwaltung (vgl. z. B. Deckert, 2019). Die Gründe hierfür sind vielschichtig und liegen vor allem in der juristischen Prägung der deutschen Verwaltung sowie dem fehlenden betriebswirtschaftlichen Verständnis, das eigentlich durch das New Public Management hätte in den Amtsstuben Einzug halten sollen.

Die Probleme des eGovernments sind in Deutschland nach herrschender Meinung ausdrücklich nicht auf fehlende Finanzmittel zurückzuführen. Es mangelt vor allem an IT-Fachpersonal in den Verwaltungen und bei externen Dienstleistern, sowie ausreichender Projektmanagementkompetenz in den Verwaltungen. Dieser Befund stützt sich auf zahlreiche Untersuchungen der Rechnungshöfe (vgl. z. B. Bundesrechnungshof, 2022). Viele Bundesländer haben diese Herausforderungen erkannt und u. a. Verwaltungsinformatikstudiengänge, wie z. B. in Niedersachsen und in Bremen, eingerichtet oder durch ein Beamtenanwärtermodell gestärkt, wie z. B. in Berlin. Die Initiativen sind notwendig und richtig, werden aber das strukturelle Defizit an IT-Personal nicht beheben können. Dieser nicht nur temporäre Engpass wird die Weiterentwicklung des eGovernments in Deutschland negativ beeinflussen.

Summarisch betrachtet machen die bisherigen Ausführungen deutlich, dass Deutschlands Eigenschaften eine zentrale Rolle bei der Frage spielen, warum wir im internationalen Vergleich nicht da sind, wo wir sein sollten. Auf Basis dieser Ausgangslage sind zunächst die Zielsetzungen abzuleiten und zu beschreiben Kap. 3. Um wissenschaftlichen Ansprüchen genügen zu können, wird nachfolgend die Methodik hergeleitet Kap. 4, die ab Kap. 5 den weiteren Gang der Forschungsarbeit bestimmt. Zuvor sind die grundlegenden Begriffe zu klären Kap. 5, um die Inhalte und Aussagen richtig einordnen zu können.

Literatur

Jahn, S., Kaste, S., Krcmar, H., Hein, A., Daßler, L., Paul, L., & Pleger, S. (2021). *eGovernment Monitor 2021*. Initiative D21

United Nations. (01. 03 2022). https://publicadministration.un.org/egovkb/en-us/Data-Center. Von https://publicadministration.un.org/egovkb/en-us/Data-Center.

Behördenspiegel. (13. 04 2023). *3,4 Millionen Offliner. Behördenspiegel Digitaler Staat und Cyber Security*, S. 1.

Sustainable Development Solutions Network. (20. 07 2023). World happiness report. https://worldhappiness.report/data/.

Frankfurter Allgemeine Zeitung. (2021). Industrie fordert „radikalen Wandel" in Amtsstuben. Frankfurter Allgemeine Zeitung, https://www.faz.net/aktuell/wirtschaft/digitalisierung-industrie-fordert-radikalen-wandel-fuer-behoerden-17257693.html?service=printPreview.

Wirtz, B., & Daiser, P. (2018). E-Government. In R. Voigt (Hrsg.), *Handbuch Stat* (S. 981–995). Springer VS.

Normenkontrollrat, N. (2022). *Bürokratieabbau in der Zeitenwende*. Nationaler Normenkontrollrat.

Städtetag, D. (2022). *Dresdner Forderungen*. Deutscher Städtetag.

Kiesel, R. (2022). Nur 128 von 575 Verwaltungsleistungen sind online verfügbar. Tagesspiegel, https://www.tagesspiegel.de/berlin/berlin-verfehlt-ziele-der-digitalisierung-nur-128-von-575-verwaltungsleistungen-sind-online-verfuegbar/28087744.html.

Lodge, M., & Wegerich, K. (18. 01 2023). *Gute Verwaltung – Radikale Reformen helfen nur Beratern und nicht den Bürgern. Tagesspiegel*, S. B24

Niedersächsischer Landesrechnungshof. (2021). *Verwaltungsdigitalisierung, Beratende Äußerung gem. §88 Abs. 2 LHO*. Niedersächsischer Landesrechnungshof.

Deckert, R. (2019). Strategielücken als Digitalisierungshindernis in der öffentlichen Verwaltung? In A. Schmid (Hrsg.), *Verwaltung, eGovernment und Digitalisierung* (S. 89–99). Springer Vieweg.

Bundesrechnungshof. (2022). *Bericht nach § 88 Absatz 2 BHO – Information ü ber die Entwicklung des Einzelplans 08*. Bundesrechnungshof.

3

Zielsetzungen

Zusammenfassung Verschiedene Voraussetzungen müssen erfüllt werden, um bei der Digitalisierung und beim eGovernment erfolgreich sein zu können. Hierzu gehören z. B. der Politische Wettbewerb, das Vertrauen der Bürgerinnen und Bürger in ihren Staat und die Steuerungsfähigkeit der Verwaltungen. Zieht man diese Maßstäbe heran, dann stellt sich für Deutschland die Frage, warum es im internationalen Vergleich zurückliegt.

Die bisher beschriebenen Aspekte wurden bisher noch nicht strukturiert analysiert und bewertet, um die Frage zu beantworten, warum Deutschland im internationalen Vergleich unbefriedigend abschneidet. Übergreifende Zielsetzung dieser Arbeit ist es, zumindest einen Beitrag zur Diskussion beizusteuern.

Das „Handbuch digitale Verwaltung" (vgl. Lühr et al., 2019) gilt als eines der wichtigsten Quellen für die Herausforderungen der Verwaltungsdigitalisierung in Deutschland. Es wurde u. a. vom mehrfach als CIO ausgezeichneten Staatsrat der Hansestadt Bremen, Henning Lühr, herausgegeben. Es

A. Schmid, *eGovernment in Deutschland – eine unvermutete Erfolgsgeschichte,* Edition Innovative Verwaltung, https://doi.org/10.1007/978-3-658-44634-5_3

umfasst zahlreichen Beiträge bekannter Wissenschaftler und hat einen Umfang von über 500 Seiten. Einige Beiträge knüpfen unmittelbar an die in der Ausgangslage beschriebenen Sachverhalte an.

Bezogen auf die Vorreiterländer des „E-Government Development Index" der Vereinten Nationen wird unter u. a. Folgendes ausgeführt: „Diese exemplarisch genannten Verfahren stehen für Best practice-Lösungen der österreichischen Bundesverwaltung, die zeigen, wohin sich die digitale Verwaltung entwickeln muss. Da ist einerseits das Thema User-Zentrierung: E-Government-Verfahren können nur erfolgreich sein, wenn sie in der Bevölkerung breit akzeptiert werden. Das heißt, dass die staatliche Verwaltung bei ihren Verfahren auf bereits gelerntem digitalem Verhalten der Bevölkerung aufbauen muss" (Popp et al., 2019, S. 94). Wie eingangs skizziert, stehen Teile der deutschen Bevölkerung staatlichen Maßnahmen eher kritisch gegenüber, was der Akzeptanz von eGovernment-Lösungen abträglich sein dürfte. Es kommt hinzu, dass es mit der digitalen Kompetenz der Deutschen nicht weit her ist. Eine Studie aus dem Jahr 2021 der Initiative D21, gefördert vom Bundesministerium für Wirtschaft und Energie, kommt zu dem Ergebnis, dass es den Deutschen vor allem an Verständniskompetenz fehlt (vgl. Initiative D21, 2021). Wenn es also am Willen und am Können der deutschen Bevölkerung liegen sollte, dann müssen eGovernment-Angebote vielleicht gänzlich anders gedacht und entwickelt werden, um sie erfolgreich werden lassen zu können.

Eine viel zitierte Studie des amerikanischen Wissenschaftlers Aroon P. Manoharan und des niederländischen Wissenschaftlers Alex Ingrams (vgl. Manoharan & Ingrams, 2018) wirft ein besonderes Schlaglicht auf die Eigenschaften Deutschlands. Sie führten eine Analyse von vorhandenen Studien und vorliegender Literatur durch, um herauszufinden, unter welchen Bedingungen Verwaltungen IT-Innovationen vorantreiben. In Kurzform zusammengefasst sind es drei wesentliche Bedingungen, die erfüllt werden müssen: „Politischer Wettbewerb" (1), „Erwartungen der Bürgerinnen und Bürger" (2) und „Wirtschaftlichkeits- und Steuerungsziele" (3). Die ersten beiden Bedingungen wirken von außen auf die Verwaltungen ein, die dritte wird von ihr selbst beeinflusst. Alle drei Bedingungen können in Deutschland zumindest als beeinträchtigt angesehen werden:

1. „Politischer Wettbewerb": In Deutschland gilt das Verhältniswahlrecht, was zu Parteikoalitionen auf Regierungsebene führt. Das Durchsetzen von Reformen, egal welcher Natur, ist bei Koalitionsregierungen deutlich erschwert. Mithin kann der fehlende politische Wettbewerb in Deutsch-

land als ein Hindernis für die Durchsetzung von eGovernment diskutiert werden.

2. „Erwartungen der Bürgerinnen und Bürger“: Die Erwartungshaltungen der Bürgerinnen und Bürger sind zwar hoch, die Zufriedenheit mit den Dienstleistungen der Verwaltungen ist aber eher gering, wie verschiedene Studien zeigen (vgl. z. B. Stern, et al., 2018). Hierdurch kann davon ausgegangen werden, dass eGovernment-Angebote der Verwaltung in der Bevölkerung auf eine gewisse Skepsis stoßen. Es könnte ein Erklärungsfaktor dafür sein, warum die Nutzungsbereitschaft in Deutschland eher überschaubar ist.
3. „Wirtschaftlichkeits- und Steuerungsziele“: Wirtschaftlichkeits- und Steuerungsziele setzen voraus, dass eine Verwaltung weiß, wohin sie sich entwickeln muss bzw. möchte. Deutsche Verwaltungen zeichnen sich aber gerade dadurch aus, dass sie über keine oder eine bestenfalls unzureichende Strategie verfügen (vgl. z. B. Deckert, 2019). Man spricht in der Literatur im deutschen Kontext auch von einem „Juristenstaat“ Abschn. 5.2. Hintergrund ist die Ausrichtung des Verwaltungsaufbaus auf die notwendige Rechtstaatlichkeit nach dem Zweiten Weltkrieg: „Tatsächlich begann die frühe Bundesrepublik im Politisch-administrativen Bereich mit einer neuen demokratischen Führungsschicht. Entstanden in einer Art ‚artificial revolution‘ der Besatzungsmächte …“ (Rudzio, 2019, S. 443). Die meisten Verwaltungen werden in Deutschland bis heute von Juristen geführt. Daher steht ein Management der Verwaltungen über Ziele nicht im Fokus der Führungskräfte.

Die an dieser Stelle nur kurz angerissenen Aspekte werden in konzeptionelle Überlegungen überführt. Sie begründen die Hypothesen und leiten die jeweiligen Kapitel ein. Es kann bereits an dieser Stelle als gesichert gelten, dass bestimmte Einflussfaktoren den Erfolg des eGovernments in Deutschland zumindest tangieren. Es ist das Ziel dieser Untersuchung, sie zu identifizieren bzw. zumindest einzugrenzen. Hierdurch wird es möglich, Lösungen zu skizzieren. Es stellt sich die Frage, an welchen Stellschrauben gedreht werden sollte, um erfolgreicher agieren zu können. Um diese Stellschrauben zu identifizieren, ist vorab zu klären, woran es konkret liegt. Hieraus leitet sich die Forschungsfrage dieser Untersuchung ab: **„Warum liegt Deutschland im internationalen Vergleich beim eGovernment zurück?“**

Literatur

Lühr, H., Jabkowski, R., & Smentek, S. (2019). *Handbuch Digitale Verwaltung*. Kommunal- und Schul-Verlag.

Popp, G., Sommer, I., & Skak-Nørskov, L. (2019). Ein Blick zu den europäischen Nachbarn – Österreich und Dänemerk als Vorbilder. In H. Lühr, R. Jabkowski, & S. Smentek (Hrsg.), *Handbuch Digitale Verwaltung* (S. 93–110). Kommunal- und Schul-Verlag.

Initiative D21. (2021). *Digital Skills Gap – So (unterschiedlich) digital kompetent ist die deutsche Bevölkerung*. Initiative D21

Manoharan, A. P., & Ingrams, A. (2018). Conceptualizing E-Government from Local Government Perspectives. *State and Local Government Review, 50*(1), 56–66. https://doi.org/10.1177/0160323X18763964

Stern, S., Klier, J., Weber, T., Fanderl, H., Roggenhofer, S., Tesfu, S., & Wagner, J. (2018). *Der Bürger im Mittelpunkt: Mehr Vertrauen in Behörden durch ein besseres Bürgererlebnis*. McKinsey&Company.

Deckert, R. (2019). Strategielücken als Digitalisierungshindernis in der öffentlichen Verwaltung? In A. Schmid (Hrsg.), *Verwaltung, eGovernment und Digitalisierung* (S. 89–99). Springer Vieweg.

Rudzio, W. (2019). *Das politische System der Bundesrepublik Deutschland*. Springer VS.

4 Methodik

Zusammenfassung Die Anwendung der richtigen Methodik verhindert zwar kein Scheitern eines Forschungsvorhabens, lässt aber die Wahrscheinlichkeit steigen, dass die Ergebnisse einen zumindest interpretierbaren Wert haben. Um Transparenz über das Vorhaben herzustellen und möglichst methodische Fehler zu vermeiden, wird in diesem Kapitel auf die Hintergründe der Vorgehensweise im Detail eingegangen.

„Gibt man einen kleinen Jungen einen Hammer, dann wird er zunächst Nägel einschlagen. Gehen ihm die Nägel aus, wird er ersatzweise versuchen, Schrauben einzuhämmern. Mit einer einmal erlernten und für begrenzte Anwendungen durchaus zweckmäßigen Methode werden alle Probleme <erschlagen>. Sinnvoller ist dagegen, vor dem Griff in die Werkzeugkiste genau zu prüfen, welche Methode(n) sich bei dem ins Auge gefassten Untersuchungsziel am besten geeignet erweisen“ (Diekmann, 2010, S. 19).

Die Anwendung der richtigen Methodik verhindert zwar kein Scheitern des Forschungsvorhabens, lässt aber die Wahrscheinlichkeit steigen, dass die Ergebnisse einen zumindest interpretierbaren Wert haben. Um Transparenz über das Vorhaben herzustellen und möglichst methodische Fehler zu vermeiden, wird nachfolgend auf die Hintergründe der Vorgehensweise im Detail eingegangen. Hierdurch wird zudem sichergestellt, dass die erzielten Ergebnisse reproduzierbar sind.

Die methodische Vorgehensweise der vorliegenden Untersuchung orientiert sich an den fünf Hauptphasen einer empirischen Studie in Anlehnung an Diekmann (vgl. Diekmann, 2010, S. 187 ff.). Es wird zwischen der

A. Schmid, *eGovernment in Deutschland – eine unvermutete Erfolgsgeschichte,* Edition Innovative Verwaltung, https://doi.org/10.1007/978-3-658-44634-5_4

Formulierung des Forschungsproblems, der Planung und Vorbereitung der Erhebung, der Datenerhebung, der Datenauswertung und der Berichterstattung unterschieden.

Die Formulierung des Forschungsproblems erfolgte in der Einleitung, der Ausgangslage Kap. 2 und der Zielsetzung Kap. 3. Diese Überlegungen führen zur Formulierung von Hypothesen, um die unklaren inhaltlichen Gegenstände greifbar zu machen. Im Rahmen ihrer notwendigen Beschreibung stößt man, wie bei fast allen hypothesengetriebenen Untersuchungen, auf weitere Fragestellungen, die zu zusätzlichen Hypothesen führen. Aufgrund des inhaltlichen Gegenstands „eGovernment" war es im Rahmen dieser Untersuchung besonders erfolgskritisch, die Hypothesen klar zu formulieren und ihre Herleitung nachvollziehbar zu dokumentieren. Andernfalls kann eine Interpretation nicht sinnvoll und überprüfbar erfolgen.

Im Rahmen der Planung und Vorbereitung der Erhebung wurde zunächst der Ansatz verfolgt, eine schriftliche Befragung in den Ländern durchzuführen, die im EGDI vor Deutschland liegen. Hierfür sprachen verschiedene Aspekte. So finden Befragungen in der empirischen Politikfeldforschung typischerweise Anwendung (vgl. z. B. Schubert, 1991, S. 43) und die in dieser Arbeit angesprochenen Aspekte weisen Bezüge zu politischen Entscheidungen auf Kap. 2. Darüber hinaus hätte sich vermutlich ein ausreichender Kandidatenkreis für die Befragung finden lassen. Die Adressierung von Fragen und die Bearbeitung der Rückläufer wären mittels eines standardisierten Fragebogens relativ einfach leistbar gewesen.

Es hätte eine wie auch immer geartete E-Survey durchgeführt werden können, um die Ansprechpartner in den verschiedenen Ländern zu adressieren. Ein Kritikpunkt, vor allem an E-Surveys, sind unvollständige Adressatenlisten (vgl. Schnell et al., 2008, S. 381). In diesem Zusammenhang war die Grundsatzfrage zu klären: Welcher Adressatenkreis würde für Aussagen über das eGovernment überhaupt infrage kommen können? Es war naheliegend, dass dieser Personenkreis überschaubar sein würde. Der Begriff „Experte" ist in diesem Kontext das Schlüsselwort. Es handelt sich um eine Person, die sich im Themenfeld durch überdurchschnittliches Wissen auszeichnet. Sie ist damit in der Lage, bei einer Befragung eine Wertzuweisung vornehmen zu können (vgl. z. B. Kromrey, 2009, S. 237–239). Damit diese Wertzuweisung durch den Experten als gültig anerkennt werden kann, sind bestimmte Voraussetzungen zu erfüllen (vgl. Kormrey, 2009, S. 238):

1. Der „Gegenstand" (das Objekt) der Beurteilung ist eindeutig definiert und das zu messende „Merkmal" (Variable) ist eindeutig definiert und operationalisiert.

Diese Voraussetzungen wären durch die exakte Beschreibung der Eigenschaften des eGovernments, der Hypothesen und der zugehörigen Variablen erfüllbar gewesen.

2. Eine „Mess-Skala“ (Vergleichsmaßstab) existiert und ist eindeutig definiert.

Durch die Konstruktion eines entsprechenden Fragebogens, z. B. auf Basis einer Likert-Skala, hätte sich die Voraussetzung erfüllen lassen.

3. Die Befragten sind in der Lage, den „Gegenstand“ intersubjektiv übereinstimmend zu identifizieren, das zu messende „Merkmal“ übereinstimmend zu erkennen und die „Mess-Skala“ in übereinstimmender Weise darauf anzuwenden.

An der Erfüllung der letzten Anforderung kamen im Rahmen des Forschungsvorhabens grundlegende Zweifel auf. Befragungsdesigns sind generell kritisch zu beurteilen, wenn die Position/Person/Rolle des Adressaten von Bedeutung ist. Darüber hinaus kann die persönliche Betroffenheit die Wertzuweisung beeinflussen, was das Ergebnis als Ganzes infrage stellt. Befragt man z. B. eine Führungskraft aus dem Politisch-administrativen System eines Staates, dann ist aus naheliegenden Gründen davon auszugehen, dass eine Wertzuweisung nicht unbefangen erfolgt bzw. erfolgen kann. Die befragte Person könnte z. B. versucht sein, die eigenen eGovernment-Erfolge zu überhöhen.

Ein weiterer Aspekt sprach gegen eine Befragung von Experten aus dem Ausland. Die Staaten, die im EGDI vor Deutschland liegen, sind sehr unterschiedlich. Dänemark und Australien unterscheiden sich durch zahlreiche Eigenschaften wie z. B. die Größe des Landes, die Bevölkerungsanzahl, die Geografie, die Bevölkerungsdichte usw. Letztere ist u. a. Gegenstand dieser Untersuchung Kap. 11, da eGovernment seine Stärken u. a. dann ausspielen könnte, wenn Menschen aus geografischen Gründen ein persönlicher Zugang zur Verwaltung erschwert ist. Eine in belastbarer Weise durchgeführte Befragung war aus den genannten Gründen nicht unbedingt zu erwarten. Hinzu kamen die staatlichen Besonderheiten, die Einfluss auf die Befragungsergebnisse hätten nehmen können. Eine Prüfung, ob eine Eliminierung möglich wäre, blieb leider erfolglos.

Eine große Herausforderung bestand des Weiteren darin, dass potenziellen Experten unterschiedliche Rollen zugefallen wären, wie z. B. Entscheider und/oder Betroffener und/oder Nutzer. Doppel- bzw. Mehrfachrollen bzw.

Funktionen bedingen unterschiedliche Perspektiven auf die potenziellen Fragestellungen. Eine vergleichbare Beantwortung ist dann aufgrund fehlender Homogenität der Befragungsgruppe nicht zu erwarten. Viele Befragungsergebnisse leiden darunter, dass die Teilnehmer völlig unterschiedliche Blickwinkel auf den inhaltlichen Gegenstand haben. Es kam hinzu, dass die Unabhängigkeit der Befragungsteilnehmer nicht sichergestellt werden konnte. Im vorliegenden Fall verschärfte sich dies dadurch, dass Staatsgrenzen überschritten worden und Sprachbarrieren vorhanden gewesen wären. Ein englischsprachiger Fragebogen wirkt auf die verschiedenen Nicht- Muttersprachler unterschiedlich – allein das wäre bereits ein Grund, mögliche Ergebnisse in Zweifel zu ziehen.

Bereits die vorgenannten Herausforderungen erschienen wenig beherrschbar. Im Rahmen weiterer Analysen kamen zudem Zweifel daran auf, ob die notwendige Anzahl an Rückläufern hätte erreicht werden können. Bei der Anwendung einfacher „Wenn-Dann-Hypothesen" können 100–300 Rückläufer für ein valides Ergebnis ausreichend sein (vgl. Diekmann, 2010, S. 219). Vor Deutschland liegen 21 Staaten im EGDI-Ranking. Hieraus folgt, dass etwa 5 belastbare Rückläufer aus den vor Deutschland liegenden Staaten vorliegen sollten, um eine lokale Übergewichtung zu vermeiden und die Hypothesen belastbar zu verifizieren/zu falsifizieren. Im Rahmen einer Analyse potenzieller Experten in den einzelnen Staaten wurde deutlich, dass dieses Vorhaben wenig realistisch war.

Wenn in einem Forschungsdesign bereits zu erkennen ist, dass die Ergebnisse nicht vergleichbar bzw. belastbar sein werden, dann muss die Methode ausscheiden. Daher wurde die Befragung von Auslandsexperten nicht weiterverfolgt. Diese Entscheidung hatte erheblichen Einfluss auf die Gesamtuntersuchung und war von großer Tragweite, aber unvermeidlich. Daher mussten alternative Untersuchungsmethoden identifiziert und bewertet werden.

Die Planung und Vorbereitung der Erhebung mussten neu konzipiert werden. Eine Falsifizierung/Verifizierung von Hypothesen kann auch ohne Expertenbefragung erfolgen. Hierfür kommen verschiedene Optionen infrage. Eine Beobachtung scheidet im Kontext der Themenstellung aus, da kein Verhalten zu untersuchen ist. Eine qualitative Inhaltsanalyse ist abwegig, weil eGovernment nicht hinreichend bestimmt werden kann Abschn. 5.3 und die initiale Forschungsfrage nicht auf spezifischen Inhalten basiert.

Das EGDI-Ranking sollte weiterhin im Zentrum der Untersuchung stehen, um durch einen Vergleich herausarbeiten zu können, warum Deutschland einen unbefriedigenden Platz im Ranking einnimmt Kap. 3. Zielführend erschien hierfür, Ansatzpunkte zu identifizieren, die Deutschland von anderen

Staaten unterscheidet, um nachweisen zu können, dass die deutschen Besonderheiten einen Einfluss auf das eGovernment ausüben.

Es wurden zunächst aktuelle Studien und Veröffentlichungen herangezogen, um potenzielle Unterschiede herausarbeiten zu können. Lenz und Hartleb kommen im Vergleich mit Estland u. a. zu dem Ergebnis, dass es 1. an der Dateninfrastruktur, 2. an einer digitalen Identität und 3. an einem geeigneten Bürgerkonto in Deutschland fehlt (vgl. Hartleb & Lenz, 2021, S. 37). Auf das Zutreffen dieser Aussagen muss an dieser Stelle nicht näher eingegangen werden, denn die Befunde spiegeln sich auch in den Ergebnissen anderer Untersuchungen wider und sind allgemein anerkannt. Es handelt sich hierbei aber ausschließlich um eine Beschreibung der Ergebnisprobleme („keine Dateninfrastruktur", „keine digitale Identität", „keine Bürgerkonto").

Für Deutschland muss im Sinne der Forschungsfrage hingegen herausgefunden werden, warum die Ergebnisse nicht vorliegen. Hierdurch können Verbesserungspotenziale identifiziert und die Forschungsfrage letztlich konkret beantwortet werden. Es bedurfte daher tieferer Analysen, um einzelne Hypothesen ableiten und konkret beschreiben zu können. Eine wichtige Ausgangsbasis sind die das Thema betreffenden konstituierenden Eigenschaften, die in Kap. 5 beschrieben sind, wie z. B. der föderale Staatsaufbau Deutschlands (vgl. zugehörige Hypothese Kap. 8). Letzterer wird oft als wesentlicher Grund für das schlechte eGovernment in Deutschland angeführt. Befasst man sich in diesem Zusammenhang mit der einschlägigen Literatur, Zeitungsartikeln und den Aussagen von Entscheidern, wird schnell deutlich, dass es keine Bereitschaft und damit auch keine Durchschlagskraft für föderale Strukturveränderungen gibt. Folgendes Zitat steht hierfür sinnbildlich: „Die historisch entstandene Heterogenität der bestehenden Lösungen hat dabei die bisherigen Anforderungen konsequent abgebildet. Das gilt für die Bundes-, Länder- und die kommunale Ebene. Wenn aber künftig ein einheitlicher Online-Zugang zu elektronischen Verwaltungsleistungen für Bürgerinnen und Bürger sowie Handel, Industrie und Gewerbe, unabhängig von Ort und Zeit, möglich sein soll, dann ist es zunächst zielführend, das bereits Bestehende als Ausgangspunkt zu nehmen und gemeinsam einen Weg zu entwickeln, wie die Vision einer digitalen Verwaltung erreicht werden kann" (Deutscher Landkreistag, 2020). Diese beispielhafte Aussage verdeutlicht, wie es zu den konzeptionellen Grundlagen der Hypothesen gekommen ist. Aus dem Auswerten von Quellen entwickelte sich ein Forschungsprozess, an dessen Ende die jeweiligen Hypothesen standen. Sie zielen nicht auf die Ergebnisprobleme ab, die viele Bürgerinnen und Bürger durch die Covid19-Pandemie in den Gesundheitsämtern selbst erlebt haben, sondern auf die dahinterliegenden Herausforderungen. Nur aus ihnen können sinnvolle Empfehlungen gewonnen werden Kap. 14.

Zur Konstruktion eines Erhebungsinstruments gehört in einem ersten Schritt, die in den Forschungshypothesen verwendeten Begriffe zu erläutern bzw. zu operationalisieren (vgl. z. B. Diekmann, 2010, S. 193). Diese Begriffsklärungen schließen sich diesen methodischen Ausführungen unmittelbar in Kap. 5 an. Es wurde hierbei versucht, sich auf die wichtigsten Inhalte zu konzentrieren. Für die meisten Begriffe existiert nicht die eine „richtige" Definition. Die Quellenlage ist umfangreich, was zu zahlreichen Interpretationen führt, die von verschiedenen Blickwinkeln gespeist werden. Sie mussten hinreichend gewürdigt werden, um einen vollständigen Überblick über die Themenstellungen zu erhalten, ohne sich dabei zu sehr im Detail zu verlieren. Am Ende der jeweiligen Abschnitte werden die Ergebnisse zusammengefasst, um sie hierdurch zu verdichten und die definitorischen Grundlagen für diese Arbeit zu schaffen.

Die Datenerhebung, die Datenauswertung und die Berichterstattung (vgl. Diekmann, 2010, S. 187) erfolgen in den jeweiligen Kapiteln der Hypothesen. Sie werden mit Grundüberlegungen eingeführt, um die Motivation zur Formulierung der Hypothesen darzulegen und sie durch Quellen zu untermauern. Die weiteren Inhalte der Hypothesenkapitel folgen einer einheitlichen Untergliederung: „Datenbasis" (Ziffer X.1), „Prüfung der Hypothese" (Ziffer X.2) und „Interpretation des Ergebnisses" (Ziffer X.3).

Die „Datenbasis" beschreibt die unabhängige Variable, die für eine Messung operationalisiert werden musste. Für die Hypothesen wurden die letztverfügbaren Daten der verschiedenen Indizes herangezogen. Sie werden zu unterschiedlichen Zeitpunkten veröffentlicht. Dies erklärt, warum die Vergleichsjahre variieren.

Die Ergebnisse des EGDI bestimmten die abhängige Variable (nachfolgend: „eGovernment unterentwickelt", Kap. 6. Letztere wird für alle Hypothesen herangezogen. Hierdurch können die inhaltlichen Annahmen (unabhängige Variable) in einen Zusammenhang mit dem eGovernment (EGDI, abhängige Variable) gestellt und die Korrelationen ermittelt werden. Es ist die Grundlage, um potenzielle Einflussfaktoren auf das eGovernment in Deutschland abzuleiten.

Für die Hypothese 2 „Föderalismus" Kap. 8 lag keine ausreichende Grundgesamtheit für die Ermittlung einer Korrelation vor. Es war dem Umstand geschuldet, dass die Anzahl föderaler Staaten auf der Welt eingeschränkt ist. Hierfür musste das Untersuchungsdesign geringfügig angepasst werden. Gleichwohl wurde die Struktur des Kapitels im Vergleich zu den weiteren Hypothesen beibehalten, um die Lesbarkeit und Nachvollziehbarkeit zu vereinfachen.

In jedem Unterabschnitt eines Hypothesenkapitels („Prüfung der Hypothese“) werden die vorhandenen Daten einer Messung zugeführt. Wenn eine ausreichende Anzahl an Datensätzen vorlag, wurden statistische Analysen durchgeführt. Im Mittelpunkt steht hierbei die Ermittlung und Dokumentation der Korrelationen nach Pearson (KorP), wie es bei intervallskalierten Variablen bzw. metrischen Messniveaus in der sozialwissenschaftlichen Praxis üblich ist (vgl. z. B. Kromrey, 2009, S. 479). Die zugehörigen zweiseitigen Signifikanztests (p) wurden in diesem Kontext ebenfalls durchgeführt und dokumentiert. Hierbei wurde auf die in den sozialwissenschaftlichen geltenden Standards zurückgegriffen. Gleichwohl gibt es bekanntermaßen bei empirischen Untersuchungen immer Interpretationsspielräume und Diskussionen. Während sich die Literatur und Praxis bei den Signifikanztests dahingehend einig ist, dass sie unter 0,05 liegen müssen (vgl. z. B. Diekmann, 2010, S. 706), wird über Korrelationsergebnisse unterschiedlich diskutiert (vgl. z. B. Schnell et al., 2008, S. 231 bzw. 446). Dementsprechend finden sich in den letzten Abschnitten der Hypothesenkapitel zugehörige Erläuterungen.

Neben der reinen statistischen Analyse liefern die Rückläufer in grafischer Form einen plastischen Ergebniseindruck. Für die dieser Arbeit zugrunde liegenden „Wenn-Dann-Hypothesen“ können Kreuztabellen verwendet werden (vgl. z. B. Diekmann, 2010, S. 126). Die Kreuztabellen umfassen die jeweiligen Rückläufer und eine lineare Trendlinie, die unmittelbar einen Hinweis auf die potenzielle Korrelation der Variablen liefert. Merkmale mit denselben Ergebnissen können sich in den Abbildungen überlagern, was dazu führen kann, dass nur ein Merkmal visuell dargestellt wird. Dies steht der Aussagekraft der Abbildung aber nicht entgegen. Die Kreuztabellen sind darauf ausgelegt, einen Eindruck über die Verteilung aller Merkmale auf den ersten Blick zu ermöglichen. Sie sind nicht für Detailanalysen gedacht. Das visuelle Ergebnis wird dementsprechend nicht nur von den statistischen Auswertungen begleitet, sondern auch zugehörig erläutert.

In der deskriptiven Statistik werden Kennzahlen u. a. für die Häufigkeiten der Werte, die Lage der Daten (wie z. B. dem Mittelwert), deren Verteilungsbreite (z. B. der Standardabweichung) und Symmetrie dieser Verteilungen verwendet. Sie hat das Ziel, die in den Datensätzen enthaltenen Informationen möglichst übersichtlich darzustellen, um die wesentlichsten Erkenntnisse zu vermitteln (vgl. z. B. Kromrey, 2009, S. 198). Es kommen typischerweise Boxplots und Histogramme zur Anwendung, die Standardformate zur Darstellung der statistischen Häufigkeitsverteilung sind.

Eine deskriptive Analyse, wie sie hier nur in aller Kürze dargestellt wurde, war für diese Forschungsarbeit nicht erforderlich. Das wesentlichee Ziel der deskriptiven Statistik ist es herauszufinden, ob Ergebnisse, oft Befragungsergebnisse, zufällig zustande gekommen sind. Die dieser Arbeit zugrunde liegenden Datenbasen gehen auf statistische Informationen, qualitätsgesicherte Daten oder eigenermittelte Werte zurück. Sie brauchen bzw. können keiner deskriptiven Analyse zugeführt werden. Gleichwohl wurde im Rahmen der Ergebnisermittlung und Ergebnisinterpretation auf Auffälligkeiten geachtet. Hierbei fielen vor allem kleine Inselstaaten auf vgl. z. B. Abschn. 10.2. In unterschiedlichen Kontexten zeigen diese Staaten untypische Ergebnisse. Ob es sich tatsächlich um Ausreißer handelt, die klassischerweise aus den Datensätzen zu eliminieren wären, bleibt unklar. Es kann einfach an den Besonderheiten kleiner Inselstaaten liegen. Da die Ergebnisse die jeweiligen Korrelationsergebnisse zudem bestenfalls marginal beeinflusst hätten, wurden sie in den Grundgesamtheiten belassen.

Für die Hypothesenprüfung mussten zunächst die notwendigen Daten ermittelt bzw. aufbereitet werden, was mit einem unerwarteten Arbeitsaufwand einherging. Die Daten für die abhängige Variable (EGDI) standen für die einzelnen Länder fest. Für die abhängige Variable durften nur dieselben Staaten herangezogen werden, da eine Korrelationsberechnung sonst nicht möglich gewesen wäre. Aus verschiedenen Gründen bestanden Abweichungen zwischen dem EGDI und den vorliegenden Daten für die abhängige Variable. Kleine Staaten waren für die unabhängige oder die abhängige Variable nicht vorhanden, wie z. B. für Monaco. Des Weiteren lagen aus naheliegenden Gründen keine Daten für einzelne Staaten vor, wie z. B. für Nordkorea. Die Ergebnisse einzelner Indizes basierten darüber hinaus auf absoluten Zahlen, die dementsprechend in eine Rangfolge überführt werden mussten. Bei Einzelergebnissen lagen Länder gleichauf, was für die Aufbereitung der Daten zur Korrelationsberechnung herausfordernd war. Erschwerend kam hinzu, dass viele Indizes aus englischsprachigen Quellen stammen. Die Schreibweise einzelner Staaten unterschied sich nicht nur zwischen Deutsch und Englisch, sondern auch zwischen den englischen Quellen, wie z. B. „Democratic Republic of the Congo" versus „Congo, Democratic Republic of the Congo“). Auf die Unterschiede zwischen den Grundgesamtheiten wird zu Beginn der Hypothesenprüfung (im jeweiligen Kapitel die Ziffer 2 „Prüfung der Hypothese“) im Detail eingegangen. Die wesentlichen Datenquellen sind im Anhang dokumentiert, was eine Prüfung der Quellen und eine Nachvollziehbarkeit der Berechnungen ermöglicht.

Die letzte Phase einer empirischen Studie nach Diekmann umfasst die „Berichterstattung“. Sie befindet sich im letzten Abschnitt der Hypothesenkapitel unter der Überschrift „Interpretation des Ergebnisses“. Bei einer Interpretation handelt es sich immer um eine individuelle Deutung. Um diese nachvollziehbar zu gestalten, wurde zum einen ein unmittelbarer Zusammenhang mit den statistisch erzielten Ergebnissen hergestellt. Zum anderen sind die Ausführungen sehr konzentriert, um eine Beliebigkeit der Ausführungen zu vermeiden. Sie wurden durch Quellen/Literatur ergänzt und unterlegt, um die Belastbarkeit der Aussagen abzusichern.

Zusammenfassend erklären die Ausführungen den Aufbau dieser Arbeit. Es werden zunächst die grundlegenden Begriffe erläutert Kap. 5 und die abhängige Variable beschrieben Kap. 6. In der Folge finden sich die Hypothese Kap. 7–13. Hieran schließt sich das Kap. 14 an, indem die Empfehlungen enthalten sind. Sie beschreiben, wie die digitale Transformation gelingen kann. Auf die methodischen Hintergründe und die Ableitung der Empfehlungen aus den Ergebnissen dieser Arbeit wird zu Beginn des Kapitels eingegangen. Im vorletzten Kapitel Kap. 15) wird die Forschungsfrage beantwortet, die auch erklärt, warum eGovernment in Deutschland eine unvermutete Erfolgsgeschichte ist. Abschließend findet sich eine Reflexion. Sie ist summarisch betrachtet gar nicht so pessimistisch und damit anders, als es zu Beginn dieser Forschungsarbeit vermutet wurde.

Literatur

Diekmann, A. (2010). *Empirische Sozialforschung*. Rowohlt.

Schubert, K. (1991). *Politikfeldanalyse*. Leske + Budrich

Schnell, R., Hill, P., & Esser, E. (2008). *Methoden der empirischen Sozialforschung*. Oldenbourg.

Kromrey, H. (2009). *Empirische Sozialforschung*. Lucius & Lucius.

Hartleb, F., & Lenz, J. (2021). *X-ROAD für Deutschland – Lehren aus der estnischen Verwaltungsdigitalisierung*. Friedrich-Naumann-Stiftung für die Freiheit.

Landkreistag, D. (2020). *Positionspapier zur Konzeption und Umsetzung einer föderalen Digitalisierungsarchitektur*. Deutscher Landkreistag.

5 Klärung grundlegender Begriffe

Zusammenfassung Die Klärung grundlegender Begriffe ist für jede wissenschaftliche Arbeit unabdingbar. In diesem Kapitel werden daher die wichtigen Definitionen herausgearbeitet. Durch den inhaltlichen Kontext geht es vor allem um die Begriffe Verwaltung, Bürokratie, eGovernment und Digitalisierung. Da die Eigenschaften des deutschen Staates zum Verstehen der Problemzusammenhänge eine wichtige Rolle spielen, wird auf die Besonderheiten eingegangen, die das eGovernment in Deutschland tangieren.

Die Klärung grundlegender Begriffe ist für jede wissenschaftliche Arbeit unabdingbar (vgl. z. B. Berger-Grabner, 2022, S. 15). In diesem Kapitel werden daher im Folgenden die wichtigen Definitionen herausgearbeitet. Dies erfolgt entlang der beschriebenen Zielsetzungen der Arbeit Kap. 3. Es wird sich dabei auf die Begriffsklärungen und Sachverhalte konzentriert, die für den Gesamtkontext erforderlich sind. Es geht bei den Ausführungen um die Frage, warum Deutschland im internationalen Vergleich beim eGovernment zurück liegt.

5.1 Bundesrepublik Deutschland

Die Bundesrepublik Deutschland ist ein Bundesstaat in Mitteleuropa. Sie besteht aus 16 Bundesländern und hat rd. 84 Mio. Einwohner (vgl. Deutsches Statistisches Bundesamt, 2023a, b, c). Das Land gehört zu den dicht besiedelten Staaten der Welt, worauf im Weiteren noch eingegangen wird

A. Schmid, *eGovernment in Deutschland – eine unvermutete Erfolgsgeschichte,* Edition Innovative Verwaltung, https://doi.org/10.1007/978-3-658-44634-5_5

Kap. 11. Mit einem Bruttoinlandsprodukt von rund 3,7 Billionen Euro (vgl. International Monedary Fund, 2023) gehört das Land zu einem der größten Volkswirtschaften der Welt. Es ist damit auf ein effektives und effizientes Verwaltungshandeln angewiesen, um den Wohlstand in der Gesellschaft zu sichern. Das eGovernment ist hierfür ein wesentlicher Schlüssel Abschn. 5.3.

Die konstituierenden Eigenschaften eines Staates bestimmen die Rahmenbedingungen für das eGovernment. Hierbei geht es vor allem um den Staatsaufbau, sein Rechtssystem und das Staatsverständnis.

Der Staatsaufbau in Deutschland ist föderal organisiert. Der Föderalismus (von lateinisch „foedus", in etwa „Bund" oder „Bündnis") ist das Organisationsprinzip eines Staats, dessen Idee sich bis in die Antike zurückverfolgen lässt (vgl. Krumm, 2015, S. 52). Der Begriff „Staat" muss an dieser Stelle nicht erschöpfend behandelt werden. Nach der bekannten Drei-Elementen-Lehre nach Georg Jellinek besteht ein Staat aus einem abgegrenzten Staatsgebiet, einem Staatsvolk und einer legitimen Machtausübung (Staatsgewalt). Damit ein Staat als Föderalstaat gelten kann, muss seine Verfassung die notwendigen Regelungen enthalten. Diese führen zu einem Bundesstaat, der aus Teilstaaten besteht, die bestimmte staatsrechtliche Kompetenzen ausüben. In der wissenschaftlichen Literatur werden auch Grenzfälle diskutiert, die sich zwar durch Gliedstaaten auszeichnen, aber nur geringe eigene Herrschaftsgewalt ausüben können, wie es sich z. B. in Russland zeigt (vgl. z. B. Bundeszentrale für politische Bildung, 2022).

Die Siegermächte hatten nach dem Zweiten Weltkrieg ein großes Interesse daran, Westdeutschland nur als föderalen Staat in seine Eigenständigkeit zu entlassen (vgl. z. B. Rudzio, 2019, S. 27). Hintergrund war die Befürchtung, dass sonst, wie im dritten Reich, ein starker Nationalstaat entstehen könnte. Das Prinzip des föderalen Bundesstaates wurde zu Beginn der 1990er-Jahre auch auf Ostdeutschland übertragen.

Formale Grundlage des Föderalismus ist das Grundgesetz. Es geht grundsätzlich von einer Zuständigkeit der Bundesländer aus (vgl. z. B. Artikel 70 GG). Der deutsche Föderalismus sichert daher den Bundesländern die politische Selbständigkeit sowie viele Machtbefugnisse und Hoheitsrechte (vgl. Hitschold, 2007, S. 117). Die Bundesländer üben eine eigene, originäre Hoheitsgewalt über die Bevölkerung in ihrem Territorium aus. Sie sind für viele Bereiche des täglichen Lebens der Menschen verantwortlich, wie z. B. das Bildungswesen oder die innere Sicherheit.

Unterhalb der Ebene der Bundesländer finden sich die Kommunen, mit Ausnahme der flächenmäßig kleinen Stadtstaaten Berlin, Hamburg und Bremen, die zusätzlich zu ihrer staatlichen Funktion auch kommunale Aufgaben übernehmen. Zu den Kommunen gehören Landkreise, Städte und Gemeinden, deren Zuständigkeiten sich auf ihre Gebietsgrenzen beschränken (vgl. Bundeszentrale für politische Bildung, 2021, S. 132). Sie haben im Staatsaufbau eine starke Stellung, weil sie alle Angelegenheiten der örtlichen Gemeinschaft im Rahmen der Gesetze in eigener Verantwortung regeln (vgl. Artikel 28, Abs. 2 GG). Konkrete Entscheidungen führen die zugehörigen Vertretungskörperschaften herbei. Es handelt sich um die Vertretung der Bürgerinnen und Bürger als Hauptorgan einer kommunalen Gebietskörperschaft (für Kreise und Landkreise der „Kreistag", für Städte der „Stadtrat" und für Gemeinden der „Gemeinderat" sowie in den Stadtstaaten die „Bezirksversammlung").

Eine Rechtsordnung wird immer auch von Traditionen und historischen Entwicklungen bestimmt. Artikel 28, Abs. 2 GG, wird auch als „Subsidiäre Allzuständigkeit" bezeichnet. Subsidiär bedeutet in diesem Zusammenhang eine Nachrangigkeit, weil es Hoheitsrechte des Bundes und der Länder gibt. Es ist ein wichtiges Prinzip, da es maßgeblich das Handeln des Staates und Deutschlands Rechtsordnung beeinflusst. Das sogenannte „Subsidiaritätsprinzip" entstammt der katholischen Soziallehre und besagt, dass „… jeweils die kleinstmögliche gesellschaftliche Einheit ihr gemäße Aufgaben übernehmen soll. Wo Hilfe und Beistand der größeren und umfassenderen Einrichtung notwendig sind, soll dadurch die Eigenständigkeit und Selbständigkeit der kleineren Gruppe nicht aufgehoben werden … erst wenn diese überfordert ist, darf der Staat eingreifen …" (Böhret et al., 1988, S. 156). Diese Staatsauffassung setzte sich in Deutschland im 18. und 19. Jahrhundert durch und war auch für die Konstitution der Europäischen Union entscheidend, weil die Nationalstaaten weitgehende Eigenständigkeiten behalten wollten (vgl. z. B. Artikel 5 des EG-Vertrags).

Das Subsidiaritätsprinzip geht grundsätzlich von der Hilfe zur Selbsthilfe aus. In den deutschen Gesetzen finden sich zahlreichen Konkretisierungen wie z. B. in § 65 der Bundeshaushaltsordnung, der besagt „Der Bunds soll sich … an der Gründung eines Unternehmens in einer Rechtsform des privaten Rechts oder an einem bestehenden Unternehmen in einer solchen Rechtsform nur beteiligen, wenn … sich der vom Bund angestrebte Zweck nicht besser und wirtschaftlicher auf andere Weise erreichen lässt …".

In Deutschland gibt es rund 11.000 Gemeinden (vgl. Deutsches Statistisches Bundesamt, 2022). Allein diese Anzahl verdeutlicht die Heterogenität der staatlichen Strukturen. In Verbindung mit der eigenen Staatlichkeit der Bundesländer und den Zuständigkeiten des Bundes wird nachvollziehbar, warum gemeinsame Vorgehensweisen kaum zu erwarten sind. Bezogen auf IT-technische Unterstützungssysteme hat das skizzierte System zur Folge, dass kaum einheitliche und durchgängige Lösungen existieren. Unter den gegebenen Rahmenbedingungen ist es zudem sehr herausfordernd, IT-Standards durchzusetzen. Zahlreiche Gutachten von Rechnungshöfen bestätigten diesen Befund. Der Versuch einer Konsolidierung der IT-Systeme „nur" auf Bundesebene kann inzwischen als gescheitert angesehen werden, da das Vorhaben seine gesetzten Ziele nicht erreichen wird (vgl. Bundesrechnungshof, 2022).

Im Grundgesetz finden sich weitere wichtige Elemente, die die Staatlichkeit Deutschlands bestimmen. So regelt Artikel 20, Abs. 3, die Gewaltenteilung aus Gesetzgebung (Legislative), vollziehender Gewalt (Exekutive) und Rechtsprechung (Judikative). Auch hieraus leiten sich Konsequenzen für die IT-technische Unterstützung ab. Ein Beispiel hierfür sind die Landtagsverwaltungen. Sie organisieren alles, um den Betrieb eines Landtags sicherzustellen. Die Aufgaben reichen von organisatorischen Fragestellungen hin zur IT-Ausstattung. Die Landtagsverwaltungen sind der Legislative zuzurechnen, da sie mit der Gesetzgebung in Verbindung stehen (vgl. Herz, 2008). Die Bundesländer betreiben aufgrund von Skaleneffekten sinnvollerweise eigene IT-Dienstleister, wie z. B. in Niedersachsen IT.N, in Baden-Württemberg BITBW oder in Sachsen den Staatsbetrieb für Sächsische Informatik Dienste. Es werden Aufgaben gebündelt, Fachverfahren betrieben und IT-Beschaffungen durchgeführt etc. Einzelne Behörden eines Bundeslandes könnten diese Aufgaben nur mit einem sehr viel höherem Ressourceneinsatz erfüllen. Da die Landtagsverwaltungen aber nicht zur Exekutive gehören, organisieren sie für die Legislative alles selbst. Ähnliches zeigt sich im Bereich der Justiz. Sie bedient sich aufgrund der verfassungsrechtlichen Stellung eigener IT-Landesbetriebe. Aus verfassungsrechtlicher Sicht sind diese Trennungen unabdingbar. Aus IT-praktischer Sicht und aufgrund von Effizienz- und Effektivitätsverlusten natürlich nicht. Die Entwicklung und der Aufbau einheitlicher IT-Strukturen sind unter diesen Bedingungen nur schwer möglich bzw. an einigen Stellen unmöglich. Es kommt hinzu, dass selbst bei politischem Willen und ausreichenden Ressourcen es kaum gelingt, eine IT-Konsolidierung durchzusetzen, wie das Beispiel der IT-Konsolidierung des Bundes anschaulich gezeigt hat. Auch auf Landesebene sind die Erfahrungen nicht unbedingt besser (vgl. Niedersächsischer Landesrechnungshof, 2019). Hierbei spielen Beharrungskräfte über Jahrzehnte gewachsener Organisationen eine wichtige Rolle. Beim Abtreten möglicher IT-Aufgaben an andere Behörden bedeutet dies einen Ressourcen- und Machverlust, an dem kein Interesse besteht.

Die Herausforderungen des Politischen Systems in Deutschland sind vielfältig und wirken sich unmittelbar auf die Potenziale des eGovernments aus.

Vom Begriff des Politischen Systems ist der des Politisch-Administrativen Systems zu unterscheiden. Es handelt sich um die Zusammenfassung aller Führungs-, Entscheidungs- und Verantwortungsfunktionen politischer Entscheider und die zugehörigen Umsetzungs- und Durchführungsfunktionen. Letztere werden von den Verwaltungen wahrgenommen. Der Begriff umfasst daher Elemente der Legislative und der Exekutive.

Zu den deutschen Besonderheiten gesellt sich die Europäische Union. „Bezieht man den ohnehin hohen Komplexitätsgrad des deutschen politischen Systems mit seinen bisher schon drei politischen Ebenen sowie Checks and Balances in die Betrachtung ein, so ergibt sich mit der zusätzlichen europäischen Ebene in der Sicht des Durchschnittsbürgers eine unübersichtliche Überkomplexität des deutsch-europäischen Mehrebensystems, intransparent und zunehmend weniger gezielt beeinflussbar" (Rudzio, 2019, S. 527). Auch diese Besonderheiten vertragen sich im Einzelnen nicht mit dem eGovernment in Deutschland. Es müssen zusätzliche Anforderungen der Europäischen Union realisiert werden, die teilweise mit erheblichen, auch positiven, Auswirkungen auf das eGovernment verbunden sind, wie z. B. die EU-Dienstleistungsrichtlinie (Richtlinie 2006/123/EG über Dienstleistungen im Binnenmarkt).

Politiktheoretisch liegt es vor allem daran, dass eine politische Steuerung in Deutschland aufgrund der Besonderheiten besonders herausfordernd ist (vgl. z. B. Rudzio, 2019, S. 229). Über die Gründe hierfür existieren zahlreiche Veröffentlichungen, die an dieser Stelle nicht wieder aufgegriffen werden müssen. Ein unbestrittener Aspekt sind die Folgen des föderalen Systems. Sobald ein Staat sich in unterschiedliche Ebenen unterteilt, dann entstehen Schnittstellen, die nie ganz reibungsfrei sein können. Man spricht in diesem Zusammenhang von „Mehrebenensystemen". Zwar sind verfassungsrechtlich die Zuständigkeiten geklärt, die Praxis erfordert aber die Zusammenarbeit zwischen den Ebenen, was man unter dem Begriff „Politikverflechtung" subsumiert. Wenn z. B. der Regelsatz des Bürgergelds erhöht werden soll, dann betrifft das auch die Länder und die Kommunen, wie es sich exemplarisch an den Änderungen zum 1. Januar 2023 gezeigt hat (vgl. z. B. Jaeger, 2022). Wenn eine Ebene einen Einspruch einlegen kann, der aufschiebende oder blockierende Wirkung entfaltet, dann spricht man von „Veto-Positionen". Im deutschen Kontext spricht die Politikwissenschaft von „Veto-Spielern", wenn sie z. B. vom Bundesrat, dem Bundesverfassungsgericht oder der Europäischen Union spricht. Die Art und Anzahl von Veto-Positionen sind dementsprechend abhängig vom vorherrschenden politischen System und damit individuell ausgeprägt (vgl. Tsebelis, 2002, S. 2). Umso größer die Anzahl möglicher Veto-Positionen ist, umso wahrscheinlicher werden langwierige

Abstimmungsschleifen für das Finden von Kompromissen zwischen den Beteiligten.

In Deutschland kommt ein symbiotischer Aspekt in der Beziehung zwischen Bundesstaat und seinen Gliedstaaten hinzu. Der Artikel 74 GG enthält die sogenannte konkurrierende Gesetzgebung. Hierunter wird allgemein verstanden, dass in einem föderalen Staat sowohl der Staat selbst als auch seine Gliedstaaten, über Gesetzgebungskompetenzen auf denselben Rechtsgebieten verfügen. Daher gilt grundsätzlich folgendes: „Föderalismus bedeutet sowohl Trennung wie Zusammenarbeit zwischen Zentralstaat und Gliedstaaten" (Rudzio, 2006, S. 315). Es ist naheliegend, dass eine konkurrierende Gesetzgebung kaum effizient sein kann.

Für Deutschland ist positiv hervorzuheben, dass die Mehrebenenproblematik und die Politikverflechtung im IT-Kontext erkannt worden sind. Es wurde den Entscheidern bewusst, dass bei diesem Thema eine Zusammenarbeit zwingend erforderlich sein würde. Durch die Einführung des Artikel 91c („Bund und Länder können bei der Planung, der Errichtung und dem Betrieb der für ihre Aufgabenerfüllung benötigten informationstechnischen Systeme zusammenwirken") in das Grundgesetz sind zunächst die Voraussetzungen für eine Zusammenarbeit geschaffen worden, die unter den bis dato geltenden Regelungen des föderalen Staates nicht möglich gewesen wäre. Fast zeitgleich wurde das sogenannte Onlinezugangsgesetz verabschiedet, welches vom Grundsatz her vorsah, die Verwaltungsleistungen bis Ende des Jahrs 2022 online über Verwaltungsportale anzubieten. Hierfür ist es zum einen notwendig, die einzelnen Leistungen in ein digitales Format zu übertragen. Zum anderen müssen die erforderlichen Infrastrukturen geschaffen werden.

Für die politische Koordination und Überwachung der Umsetzung des OZG wurde der sogenannte IT-Planungsrat etabliert. Auf Basis eines Staatsvertrags kümmert er sich um die Koordination und die Zusammenarbeit von Bund und Ländern bei Fragen der Informationstechnik und der Digitalisierung auf Basis von Art. 91c GG. Der Vorsitz des IT-Planungsrats wechselt turnusmäßig. Es finden in regelmäßigen Abständen Sitzungen statt, in denen gemeinsame Grundsatzentscheidungen getroffen werden. Die Aktivitäten des IT-Planungsrats sind der Öffentlichkeit zugänglich (vgl. Föderale IT-Kooperation) und zeugen davon, dass in vielen Bereichen eine gemeinsame Zusammenarbeit auch tatsächlich gewollt ist.

Für die Umsetzung wurde u. a. auf das sogenannte „EfA"-Prinzip gesetzt. „Einer für Alle" bedeutet, dass ein Bundesland oder eine Allianz aus mehreren Bundesländern eine Online-Leistung zentral entwickelt und betreibt (vgl. z. B. Bundesministerium des Innern & für Heimat, 2023). Andere

Bundesländer und Kommunen können diese Leistungen gegen eine Gebühr nachnutzen. Hierdurch lassen sich Skaleneffekte erzielen und Ressourcen einsparen. Das Vorgehen kommt den föderalen Strukturen Deutschlands entgegen und ist daher zweckmäßig. In der Praxis zeigen sich jedoch auch Schwächen. Zum einen existiert kein Kontrahierungszwang. Es besteht seitens der Bundesländer bzw. Kommunen kein Abnahmezwang einer zentral entwickelten Onlinelösung. Skaleneffekte lassen sich damit kaum erzielen. Zum anderen sind Eigeninteressen der Beteiligten zu beobachten. Es kommt zur Ablehnung von zentral entwickelten Lösungen, weil diese angeblich zu teuer oder die eigene Lösung besser sei.

Bei einzelnen Leistungen sind unterschiedliche Lösungen aufgrund des Staatsaufbaus unvermeidlich. Große Bundesländer wie z. B. Hessen, Baden-Württemberg, Bayern und Nordrhein-Westfalen greifen auf Regierungsbezirke zurück, die es in anderen Bundesländern nicht gibt. Es handelt sich allerdings um Ausnahmen und nur einen kleinen Teil der Online-Leistungen. Ein Kontrahierungszwang ließe sich daher trotzdem rechtfertigen.

Die Ziele des OZG konnten nicht vollumgänglich erreicht werden, was das verantwortliche Bundesministerium des Innern und für Heimat selbst bestätigt (vgl. Bundesministerium des Innern & für Heimat, 2023). Ein Scheitern zeichnete sich bereits frühzeitig ab (vgl. Bundesrechnungshof, 2019). Derzeit befindet sich ein Folgegesetz in Planung, welches wohl nicht vor 2024 in Kraft treten wird (vgl. Behörden Spiegel, 2023).

Zur Wahrheit gehört aber auch, dass durch das OZG viel erreicht worden ist. Erstmalig gab es eine föderale grenzenüberschreitende Zusammenarbeit, die zu nachweisbaren Ergebnissen geführt hat. Die eine oder andere Kritik ist daher sicherlich übertrieben, wie z. B. „Das OZG ist kläglich gescheitert" (dpa, 2023). Selbst die Europäische Union konstatiert in diesem Zusammenhang Folgendes: „In den vergangenen fünf Jahren (2017–2022) hat das Land relativ gute Fortschritte erzielt" (Europäische Union, 2022, S. 3).

5.2 Verwaltung und Bürokratie

Viele Begriffe in den Sozialwissenschaften können nicht eindeutig definiert werden. Aufgrund ihrer Mehrdeutigkeit werden sie beschrieben bzw. charakterisiert. Dies gilt auch für den Begriff der „Verwaltung". Es ist zunächst grundsätzlich zwischen öffentlicher und staatlicher Verwaltung zu unterscheiden, denn letztere ist nicht kommunal (vgl. Mayntz, 1985, S. 1–2). In dieser Arbeit wird immer von „der Verwaltung" gesprochen und nicht spezifisch unterschieden. Grund hierfür ist, dass die Probleme des eGovernments in Deutschland sich auf alle Verwaltungen und Gebietskörperschaften gleichermaßen beziehen.

Die deutsche Verwaltung wird dem sogenannten rational-instrumentellen Verwaltungsmodell zugerechnet (vgl. Rudzio, 2019, S. 346). Hiermit geht u. a. eine präzise Ausführung von Rechtsakten und ein hierarchischer Ämteraufbau einher. Eine inhaltlich übergreifende Aufgabe der Verwaltung ist der Vollzug von Gesetzen mit den daraus resultierenden Folgeaktivitäten. Organisatorisch wird die Verwaltung in Deutschland von den föderalen Zuständigkeiten geprägt Abschn. 5.1. Auf weitere Organisationen, die an den Grenzen zur klassischen öffentlichen Verwaltung agieren, wie z. B. den Industrie- und Handelskammern, muss an dieser Stelle nicht weiter eingegangen werden. Sie sind keine Treiber des eGovernments und der Verwaltungsdigitalisierung.

Die Verwaltung als Ganzes ist ein organisatorisches Makrosystem, welches aus einzelbehördlichen Organisationen besteht (vgl. Mayntz, 1985, S. 85). Es handelt sich um eine Summe von „… Einrichtungen und organisierter Wirkungszusammenhänge, die vom Staat, den Gemeinden und den von ihnen geschaffenen öffentlich-rechtlichen Körperschaften zur Erledigung öffentlicher Aufgaben unterhalten werden und für die ein Rechtsrahmen gilt, der über das für alle Bürger geltende Recht hinausgeht“ (Hesse & Ellwein, 2004, S. 312). Letzteres ist wichtig zu verstehen, da hierdurch u. a. das Gewaltmonopol des Staates durchgesetzt werden kann. Das politische System eines Staates ist darauf angewiesen, dass seine Entscheidungen auch tatsächlich durchgesetzt werden (vgl. Rudzio, 2006, S. 361). Diese Funktion übernimmt die Verwaltung als Instrument der politisch legitimierten Spitze. Die Verwaltung ist daher eng mit der Politik verbunden. Man spricht in diesem Zusammenhang u. a. von einer „Politischen Verwaltung“, wenn ihr eine große gestalterische Macht zufällt, wie z. B. im Bau-, Straßen- oder Wohnungswesen und vor allem in der Politikvorbereitung.

Das Verhältnis von Politik und Verwaltung wird von der Gewaltenteilung bestimmt. Die Rolle der Verwaltung wird mittels Vorgaben, Aufgaben und Handlungsspielräumen maßgeblich durch die Politik gestaltet (vgl. Böhret, 2005, S. 44) und damit auch ihr Handeln konkretisiert. Gleichwohl ist die Politik auf die Verwaltung angewiesen, damit ihre Entscheidungen tatsächlich durchgesetzt werden. Dieses Innenverhältnis zwischen Politik und Verwaltung wird von historischen Entwicklungen beeinflusst bzw. bestimmt. Für Deutschland war der Aufbau von stehenden Heeren in Preußen, für die erstmals eine funktionierende Militärverwaltung vonnöten war, kennzeichnend. Die deutsche Verwaltung galt von Beginn an als modern und zeitgemäß (vgl.

Hesse & Ellwein, 2004, S. 314) und ist in dieser Form bis heute international anerkannt.

Nach dem Zweiten Weltkrieg konzentrierte man sich vor allem auf das Tilgen unrechtmäßiger nationalsozialistischer Vorschriften (vgl. z. B. Fisch, 2002, S. 11). Dies drückt sich insbesondere im Artikel 20 Abs. 3 des Grundgesetzes aus. Hierdurch ist die gesamte Tätigkeit der öffentlichen Hand an Gesetze gebunden. In Verbindung mit dem Staatsaufbau und dem damit einhergehenden Föderalismus wurden Weichen gestellt, die das Agieren der deutschen Verwaltung bis heute prägen und erklären. Die konstitutiven Eigenschaften einer Verwaltung sind damit auch entscheidend für den Erfolg von eGovernment und für den Grad der Bürokratie Kap. 9. Mit dem Begriff bezeichnete der französische Philosoph Vincent de Gournay bereits im 18. Jahrhundert die Herrschaft einer unabhängigen und fachkundigen Elite, die Zugriff auf staatliche Machtinstrumente besitzt (vgl. Benz, 2001, S. 129). Sie wurde notwendig, um die Effizienz und Effektivität des Staates zu steigern, die bis dahin vor allem durch monarchische Vertreter zumeist autoritär und eigennutzorientiert ausgeübt wurde. Die Verwaltung erlangte eine gewisse Unabhängigkeit und gewann aufgrund ihrer Fachkunde und ihres Informationsvorsprungs gegenüber anderen Stellen eine eigene Machtbasis. Letztere wurde zum eigenen Vorteil ausgenutzt, wodurch der Begriff „Bürokratie" von Beginn an negativ assoziiert wurde. Diese Wahrnehmung hat bis heute aus unterschiedlichen Gründen Bestand, auf die in dieser Forschungsarbeit nicht näher eingegangen werden muss.

Mit der Bürokratisierung ging jedoch eine Entwicklung einher, die für ein erfolgreiches Staatswesen unabdingbar ist. Nur wenn das Verwaltungshandeln nachvollzogen werden kann, ist es beispielsweise durch die Justiz überprüfbar. Das Staatswesen an sich hängt damit von einer funktionierenden Bürokratie ab, auch wenn viele Bürgerinnen und Bürger zumeist nur die Schattenseiten vor Augen haben. Die Bürokratisierung war die Voraussetzung für die Modernisierung des Staates und die Entwicklung zu einem modernen Wohlfahrtsstaat heutiger Prägung (vgl. Benz, 2001, S. 130–131). Ohne auf das Wesen der Bürokratie im Detail einzugehen, ist der Grad der Bürokratisierung für den Erfolg des eGovernments von Bedeutung. Existieren beispielsweise umfangreiche Regelwerke aufgrund der Bürokratie, dann müssen sie in der Folge IT-technisch berücksichtigt werden. Aus naheliegenden Gründen steigen in der Folge die Komplexität und der Aufwand einer Umsetzung. Die negativen Auswirkungen sind vielfältig und in der Praxis zu beobachten. Aus informationstechnischer Sicht sinkt z. B. die für die Akzeptanz wichtige „User-Experience". Der Begriff steht nach DIN-Norm ISO 9241 für das Erlebnis eines Benutzers. Es umfasst verschiedene Aspekte, darunter Benutzerfreundlichkeit, Zugänglichkeit, Funktionalität sowie die Gesamtzufriedenheit. Der Erfolg einer Lösung wird daher maßgeblich von der User Experience bestimmt. Um sie ist es bei den eGovernment-Lösungen in Deutschland nicht sonderlich gut bestellt, wie es im alljährlich erscheinenden eGovernment-Monitor zum Ausdruck kommt (vgl. z. B. Jahn, et al., 2022). Neben bürokratischen Hürden liegt es auch daran, dass die Kundenbedürfnisse nur unzureichend zur Kenntnis genommen werden Abschn. 14.8.

Nicht erst mit dem zunehmenden Wohlstand in der Bundesrepublik existierte in Deutschland ein ausgeprägter Verwaltungsapparat, gleichwohl erfuhr er einen weiteren deutlichen Aufschwung. Exemplarisch lässt es sich an der Differenzierung nach zusätzlichen Politikfeldern zeigen. Ein Symbol hierfür ist die „Umweltpolitik", die erst in den 1970er Jahren überhaupt eine Existenzberechtigung erlangte. Der deutsche Staat kümmert sich um viele Bereiche des täglichen Lebens. Deutschland gilt daher auch als „Verwaltungsstaat" (vgl. z. B. Hesse & Ellwein, 2004, S. 308). Es muss eine große Anzahl an Gesetzen vollzogen werden. Die Ausführungs- und Regelungsgewalt liegt dabei in den Händen der Verwaltungen.

Die Verwaltung ist in Deutschland hierarchisch organisiert und die Zuständigkeitsverteilung ist streng geregelt (vgl. Hesse & Ellwein, 2004, S. 314). Ihre Prinzipien basieren bis heute auf den Überlegungen des deutschen Soziologen Max Weber. Sein klassischer Bürokratieansatz basiert u. a. auf einer strengen Arbeitsteilung, einer Amtshierarchie, einem System von Regeln und Normen zur Aufgabenerfüllung und zur Aktenmäßigkeit des Verwaltungshandelns (vgl. Schulte-Zurhausen, 1994, S. 6). Diese Überlegungen resultierten aus der historischen Notwendigkeit der rechtlichen Integration einer Gesellschaft, die über Jahrhunderte aus vielen vollkommen unabhängigen Staaten bestand und daher sehr deutlich bis heute die deutsche Verwaltungsorganisation bestimmt (vgl. Stark, 2019, S. 272). Das Verständnis von maximaler Rechtsschutzeffektivität vor allem nach dem Zweiten Weltkrieg führte zu einem „Juristenstaat", der die Wirtschaftlichkeit des Verwaltungshandelns eher hintenanstellte (vgl. Gröpl, 2001, S. 356).

Mit den in aller Kürze beschriebenen Prinzipien von Max Weber geht ein Verwaltungshandeln einher, welches u. a. von Arbeitsteilung und von Schnittstellen geprägt ist. Diese Prinzipien vertragen sich schlecht mit einer IT-technischen Umsetzung, was sich negativ auf das eGovernment auswirken muss.

Für den Erfolg von eGovernment ist es mitentscheidend, ob und wie die Verwaltung ihrer Aufgabenwahrnehmung kostengünstig und kundenfreundlich nachkommen kann. Hierfür ist zunächst zu klären, wie sie zu ihren konkreten Aufgaben kommt. Dabei lassen sich die in einem Staat vorherrschenden Rahmenbedingungen Abschn. 5.1 aus naheliegenden Gründen nicht von der Aufgabenwahrnehmung trennen. Nach Helmut Brede sind es die Rechtsordnung, das Subsidiaritätsprinzip und die exogenen Ziele und Aufgaben, die schließlich zu den endogenen, konkreten Aufgaben der deutschen Verwaltung führen (vgl. Brede, 2005, S. 7–23). Der Zusammenhang ist nachfolgend dargestellt (vgl. Abb. 5.1):

Die Rechtsordnung und das Subsidiaritätsprinzip bestimmen den Handlungsrahmen des Gesetzgebers. Auf Ebene der Vertretungskörperschaften werden Beschlüsse gefasst, die den politischen Willen ausdrücken. Diese obersten Ziele sind in der Praxis aber nicht so formuliert, dass sie unmittelbar ausgeführt werden könnten. Daher kommt es zu einer Konkretisierung als öffentliche Aufgabe, die schließlich in einem Auftrag mündet. Dieser Prozess wirkt von außen auf die Verwaltung ein. Es handelt sich damit um exogene Ziele und Aufgaben. Sie haben für die Verwaltungen einen verbindlichen Charakter. Die Aufgabenwahrnehmung ist ihre wahre Existenzberechtigung. Auf der Ebene der endogenen Ziele und Aufgaben „übersetzt" die Verwaltung den öffentlichen Auftrag in die konkrete eigene Aufgabenwahrnehmung. Hierbei ist sie an das Verwaltungsverfahrensgesetz gebunden, welches alle Regeln für die öffentlich-rechtliche Verwaltungstätigkeit enthält und bundesweite Gültigkeit besitzt.

Der Verwaltung kommt die Ausführung der Aufgaben zu, mit all den hieraus resultierenden Konsequenzen und einer umfassenden Verantwortung zur

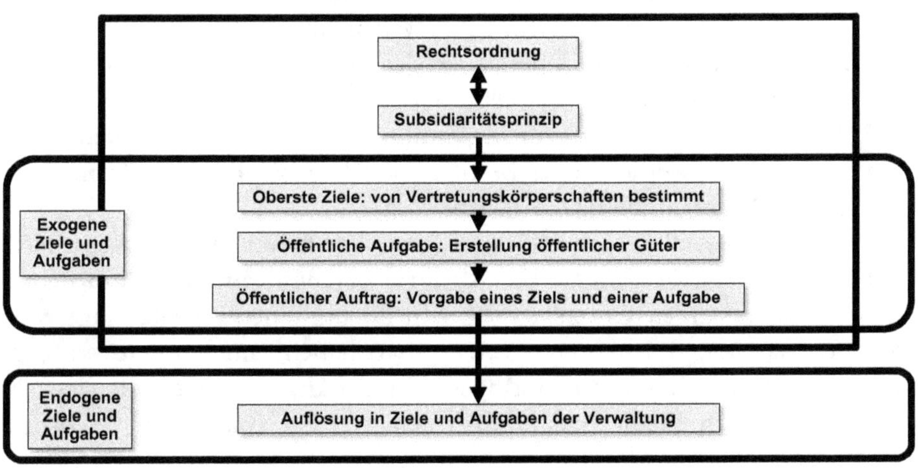

Abb. 5.1 Exogene und endogene Ziele der Verwaltung nach Brede. (Eigene Darstellung)

Umsetzung. Im Rahmen der Umsetzung des eGovernments sind die Handlungsspielräume für die Verwaltungen eingeschränkt, da sie ausführen müssen. Je komplexer und umfangreicher die Aufgaben sind, umso herausfordernder wird die Konzeption und Implementierung von eGovernment-Angeboten. Deutschland liegt mit meiner Staatsquote, dem Verhältnis von Staatsausgaben zum Bruttoinlandsprodukt, von rund 50 % im oberen Viertel aller Staaten auf der Welt. Der Anteil der Staatstätigkeit an der Volkswirtschaft ist hoch. eGovernment ist in Deutschland daher eine wichtige Aufgabe für das Funktionieren und den Erfolg der Volkswirtschaft. Geringere Staatsquoten könnten mit besseren Umsetzungschancen für das eGovernment verbunden sein, da es nur einen kleineren Teil der volkswirtschaftlichen Aktivitäten abdecken müsste. Die hier im Ansatz aufgezeigten Zusammenhänge deuten darauf hin, dass bei unbefriedigenden eGovernment-Ergebnissen die Schuldigen nicht unbedingt in den Verwaltungen zu suchen sind Abschn. 14.1.

Mit einer hohen Staatsquote müsste auch ein hoher Personalbestand im öffentlichen Sektor einhergehen. In Deutschland waren zum Stichtag 30. Juni 2022 rund 5,2 Mio. Menschen im öffentlichen Dienst beschäftigt, was etwa 11 % aller Erwerbstätigen in Deutschland bedeutet (vgl. Deutsches Statistisches Bundesamt, 2023a, b, c). Bei einer Staatsquote von rd. 50 % erscheint der Wert von 11 % der Erwerbstätigen im öffentlichen Dienst gering. Die meisten Deutschen würden die Quote vermutlich deutlich höher schätzen. Im internationalen Vergleich schneidet Deutschland nachweislich unterdurchschnittlich ab (vgl. z. B. Jerzy, 2022). Bei der Interpretation der Ergebnisse ist allerdings Vorsicht geboten. Die untersuchten Staaten unterscheiden sich teilweise deutlich. Es bleibt beispielsweise unklar, was der privaten oder der öffentlichen Aufgabenwahrnehmung zuzurechnen ist. Es gibt z. B. Unterschiede in den Bereichen der Energieversorgung und der Bereitstellung von Wohnraum. Vor allem Deutschland verfügt über eine große Anzahl von Trägern öffentlicher Aufgaben, die dem öffentlichen Dienst aber nicht zugerechnet werden. Dies betrifft vor allem die Betreiber von Krankenhäusern, Altenheimen oder Kindergärten.

Interessanter als die Frage nach der Quote der Erwerbstätigen des öffentlichen Dienstes ist der Aspekt Altersstruktur der Beschäftigten. Bezogen auf den Gegenstand dieser Untersuchung geht es zum einen um die Frage, welche Potenziale die Beschäftigten vorzuweisen haben, um das eGovernment in Deutschland weiter voranzubringen. Zum anderen müssen die sich abzeichnenden Personalabgänge kompensiert werden, was durch eGovernment-Lösungen zumindest zum Teil erfolgen kann.

Zum Zeitpunkt der Erstellung dieser Veröffentlichung zeichnet sich in vielen Bereichen des öffentlichen Dienstes ab, dass personeller Ersatzbedarf zumindest im vollen Umfang nicht zur Verfügung stehen wird. „Die Arbeitgeber und Dienstherrn aus Bund, Ländern und Kommunen müssen sich darauf einstellen, dass die Zahl der Erwerbstätigen künftig sinkt, während zugleich der Anteil der älteren Erwerbstätigen bis zum erwarteten Generationenwechsel durch das Ausscheiden der sogenannten ‚Babyboomer' in den nächsten zehn Jahren weiter steigen wird. Diese Herausforderungen verstärken sich aufgrund der besonderen Altersstrukturen mit einem verhältnismäßig hohen Durchschnittsalter der Beschäftigten im öffentlichen Dienst" (Deutscher Bundestag, 2020, S. 1). Diesen Aussagen sind eindeutig und lassen sich statistisch untermauern (vgl. Abb. 5.2):

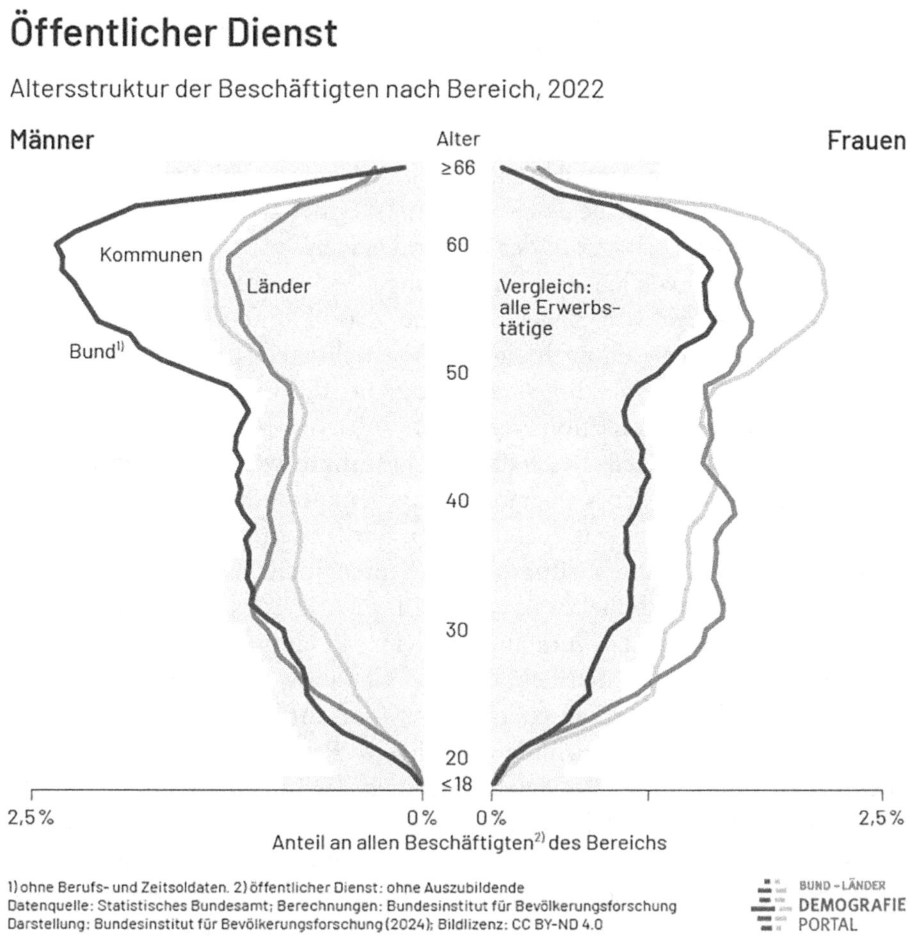

Abb. 5.2 Altersstruktur im öffentlichen Dienst 2020. (Quelle: Demografieportal Bund-Länder)

Geschlechterübergreifend verfügt der öffentliche Dienst im Vergleich zur Privatwirtschaft über wenige junge und viele alte Beschäftigte, die in den kommenden Jahren in den Ruhestand gehen werden. Es unterstreicht die Wahrscheinlichkeit, dass nicht alle Beschäftigten ersetzt werden können. Bereits heute fehlen bundesweit beispielsweise rund 25.000 Lehrkräfte (vgl. z. B. Deutschlandfunk, 2023) und mehrere hunderttausend Pflegekräfte (vgl. z. B. aerzteblatt, 2021). Die zahlreichen Lücken allein durch Neueinstellungen zu schließen, ist zumindest derzeit ausgeschlossen. Der Arbeitsmarkt bietet aufgrund des demografischen Wandels nicht genug junge Menschen. Die Verwaltungen konkurrieren zudem mit der privaten Wirtschaft, die in der Regel bessere Konditionen bietet. Um irgendwie mithalten zu können, setzt der Staat wieder vermehrt auf die Karte des Berufsbeamtentums. Von 1991 bis 2015 sank die Zahl der Berufsbeamten, um seitdem wieder kontinuierlich anzusteigen (vgl. Deutsches Statistisches Bundesamt, 2023a, b, c). Vor allem die Lehren des New Public Managements haben dazu geführt, sich vom Berufsbeamtentum zu verabschieden. Derzeit sieht man eine gegenläufige Entwicklung, die auf den Personalmangel zurückgeführt werden kann. Ob die Rechnung im Wettbewerb mit der Privatwirtschaft aufgeht, wird sich erst in der Zukunft zeigen.

Neben dem Finanziellen sind für die junge Generation heutzutage weitere Rahmenbedingungen von Bedeutung wie z. B. Home-Office-Regelungen, selbstbestimmtes Arbeiten nach eigenen Vorstellungen, persönliche Freiheit. Es handelt sich nicht unbedingt um Merkmale, die sich gut mit der weberschen Verwaltungsorganisation vertragen Abschn. 14.6, deren Geschicke derzeit von lebensälteren Beschäftigten bestimmt werden. Strukturveränderungen, die der jungen Generation entgegenkommen könnten, wie z. B. eine größere Durchlässigkeit zwischen den Tarifstufen, werden nicht mal in Ansätzen diskutiert. Die Tarifparteien scheinen nicht erkennen zu wollen, dass die Einkommenshöhe zwar weiterhin wichtig ist, es aber neuer Konzepte und Lösungen bedarf, um am Arbeitsmarkt einigermaßen konkurrenzfähig zu bleiben. Es wird deutlich, dass das Gemeinwohl in Deutschland nur mit attraktiven Arbeitsplätzen gesichert werden kann.

Es entsteht aber nicht nur eine quantitative Personallücke, sondern auch eine qualitativ-inhaltliche. In vielen Bereichen der Informationstechnik fehlt bereits heute qualifiziertes Personal. In speziellen Themengebieten, wie z. B. der IT-Forensik, die vor allem für Sicherheits- und Steuerbehörden wichtig ist, ist die Lage dramatisch. Es stellte sich daher die Frage, woher die Spezialqualifikationen kommen sollen, die im öffentlichen Dienst der Zukunft gebraucht werden (vgl. z. B. Kühn et al., 2018, S. 3). Die öffentliche Verwaltung versucht auf diesen Gebieten durch spezielle Ausbildungsangebote dem Fachkräftemangel etwas entgegenzusetzen. Diese Bemühungen werden aber nicht ausreichen (vgl. z. B. Landesrechnungshof Niedersachsen, 2021). Es wird daher kein Weg daran vorbeiführen, zu vereinfachen, zu digitalisieren und zu automatisieren, denn ohne einen Modernisierungsschub wird dem allgegenwärtigen Fach- und Arbeitskräftemangel kaum begegnet werden können (vgl. Nationaler Normenkontrollrat, 2023, S. 4). eGovernment muss eine wichtige Rolle im Rahmen der Problemlösung spielen, da es sonst zu Einschränkungen im Rahmen der Leistungserbringung des öffentlichen Dienstes kommen wird. Es verwundert daher auch nicht, dass in einer Befragung von Behördenleitungen zu den zentralen Herausforderungen der Zukunft die Themen „Weiterentwicklung E-Government und Maßnahmen der Digitalisierung" (74,8 % der Befragten) und „Demografieorientierte Personalpolitik" (43,4 % der Befragten) mit weitem Abstand die ersten zwei Plätze belegten (vgl. Hammerschmid et al., 2019, S. 5).

Zusammenfassend lässt sich für Deutschland festhalten, dass die Verwaltung auf Basis des weberschen Bürokratieprinzips hierarchisch und formal organisiert ist, was dem Prinzip der rational-instrumentellen Verwaltung entspricht. Dieses Verwaltungssystem führt auf Basis eines „Verwaltungsstaates" zu einer ausgeprägten Bürokratie. Sie kann für das Funktionieren eines Staates angezeigt sein. An dieser Stelle steht der Begriff nicht stellvertretend für negatives oder unwirtschaftliches Verwaltungshandeln. Die Verwaltung übernimmt in Deutschland viele Aufgaben in der Volkswirtschaft, die in Summe in den letzten Jahrzehnten weiter zugenommen haben. Durch das umfangreiche und komplexe Aufgabenportfolio sind eGovernment-Lösungen in Deutschland nicht so einfach umzusetzen wie in anderen Staaten.

Die Verwaltungen werden ihren Personalbedarf in Zukunft nicht mehr decken können. Dies betrifft sowohl die Quantität als auch die Qualität. Das Problem der Quantität kann beherrscht werden, wenn eGovernment-Lösungen vor allem die interne Verwaltung von einfachen, repetitiven Tätigkeiten entlasten Abschn. 14.10. Bezogen auf die Qualität bedarf es weiterer Anstrengungen, die auch mit den Verwaltungskompetenzen insgesamt in Verbindung stehen Abschn. 14.9.

5.3 eGovernment

„E-Government wird in der deutschen verwaltungswissenschaftlichen Forschung und Lehre, und insbesondere in den Sozialwissenschaften, bisher zu wenig wahrgenommen, reflektiert und problematisiert. Damit droht sich die problematische Entwicklung der achtziger Jahre zu wiederholen, als der

Modernisierungsdiskurs weitgehend der managerialistischen Bewegung des New Public Management überlassen wurde, nur dass es diesmal eher Techniker und nicht Betriebswirte sind, die die Richtung vorgeben" (Bogumil & Jann, 2020, S. 50). Das Zitat von Jörg Bogumil und Werner Jann, die als profilierteste Experten auf diesem Gebiet im deutschsprachigen Raum gelten, zeigt auf, warum das eGovernment das zentrale Element der Verwaltungsreformbemühungen ist. Diese Arbeit soll einen inhaltlichen Beitrag zur Diskussion, abseits aller technischer Fragen, leisten. Hierfür muss zunächst der Gegenstand „Electronic Government" (eGovernment) inhaltlich geklärt werden.

Allgemein ausgedrückt ist eGovernment ein interdisziplinäres Forschungsfeld, das sich auf Gegenstände aus verschiedenen Bereichen stützt wie z. B. aus den Wirtschaftswissenschaften, der Informationstechnik und, wie der Name schon sagt, der öffentlichen Verwaltung. Das eGovernment selbst ist der Verwaltungsinformatik zuzuordnen, die ihrerseits als Teilgebiet der Wirtschaftsinformatik angesehen wird und im Wesentlichen auf die Informationssysteme der öffentlichen Verwaltung abzielt (vgl. z. B. Disterer, 2019, S. 41). Die unterschiedlichen Einflüsse führen dazu, dass im Schrifttum ein divergentes Verständnis über das eGovernment zu finden ist (vgl. Wirtz & Daiser, 2018, S. 986). „Bei der Verwendung des Begriffs E-Government wird oft nicht deutlich, was darunter zu verstehen ist und welche Chancen sich daraus ergeben. Viele betrachten es nur als weiteres Schlagwort des Computerzeitalters, andere sehen darin den nächsten logischen Schritt der Verwaltungsinformatik oder die elektronische Ausprägung der bisherigen Bemühungen zur Verwaltungsreform" (Bundesministerium des Innern, 2003, S. 37). Dieses Zitat aus dem Jahr 2003 hat heute keine inhaltliche Berechtigung mehr, da sich mit den technologischen und praktischen Entwicklungen immer konkretere Vorstellungen von eGovernment in der wissenschaftlichen Literatur und in der Praxis ergeben haben, auf die nachfolgend aus unterschiedlichen Perspektiven eingegangen wird. Hierdurch wird es möglich, den Gegenstand von eGovernment für den Kontext der Untersuchung richtig einzuordnen.

Die Gesellschaft für Informatik e. V. ist die bedeutendste Informatikfachvertretung im deutschsprachigen Raum und hat sich seit 1969 der Förderung der Informatik in Forschung, Lehre und Anwendung verschrieben. Ihr zugehöriger Fachausschuss „Verwaltungsinformatik" hat im Jahr 2000 eGovernment wie folgt beschrieben:

„Electronic Government ist ein neues Konzept, welches vielfach noch zu eng verstanden wird. Es beschränkt sich nicht auf die Verbesserung der Beziehungen zwischen Bürger und Verwaltung über neue Zugangswege. Wenn man es, wie es vielfach geschieht, mit Betonung auf den Kommunikationsbeziehungen definiert, dann geht es um mehr als nur reine Internetkontakte zwischen Bürgern, Wirtschaft und Verwaltung. Es geht um alle wechselseitigen Beziehungen zwischen Bürgern, Wirtschaftsunternehmen, Einrichtungen im Non-Profit-Sektor, Politik, Regierung und Verwaltung. Es sind völlig neue Strukturen zu schaffen“ (Fachausschuss Verwaltungsinformatik, 2000, S. 2).

Die Definition verdeutlicht, dass man von den Möglichkeiten der Digitalisierung noch weit entfernt war. Es wird vor allem der elektronische Austausch angesprochen, von Anwendungen ist noch keine Rede. Dies gilt auch für weitere Veröffentlichungen aus dieser Zeit. Gleichwohl hat der letzte Satz, dass neue Strukturen geschaffen werden müssen, bis heute seine Gültigkeit. Der Organisationsentwicklungsprozess rund um das eGovernment ist noch lange nicht abgeschlossen (vgl. z. B. Schmid, 2022a, b).

Die im deutschsprachigen Raum vermutlich am weitesten verbreitete Definition geht auf Jörn von Lucke und Heinrich Reinermann zurück:

> „Unter Electronic Government verstehen wir die Abwicklung geschäftlicher Prozesse im Zusammenhang mit Regieren und Verwalten (Government) mit Hilfe von Informations- und Kommunikationstechniken über elektronische Medien“ (von Lucke & Reinermann, 2000, S. 1).

Diese Formulierungen sind allgemein gehalten. Die Betonung liegt auf der Abwicklung von Prozessen auf Basis elektronischer Medien. Im Kern gilt dies bis heute und umfasst auch die Prinzipien der Digitalisierung, die daher als Instrument zur Realisierung von eGovernment angesehen werden können. Die Definition der beiden Autoren ist im deutschsprachigen Umfeld deshalb so weit verbreitet, weil sie im Rahmen eines Forschungsprojekts an der Deutschen Universität für Verwaltungswissenschaften in Speyer entstanden ist. Es handelt sich um die einzige Universität dieser Art in Deutschland, daher werden die Veröffentlichungen in der verwaltungswissenschaftlichen Community stark wahrgenommen.

Drei Jahre nach der „Speyrer Definition von Electronic Government“ formuliert das Bundesministerium bezüglich des eGovernments folgendes:

> „...umfasst Electronic Government alle Prozesse der Entscheidungsfindung und Leistungserstellung in Politik, Staat und Verwaltung, soweit diese unter weitestgehender Nutzung von Informations- und Kommunikationstechnologien stattfinden. Dabei sind die Nutzungsmöglichkeiten sehr vielfältig. Sie fangen an bei der Verwaltungsmodernisierung durch elektronische Vorgangsbearbeitung, reichen über die Bereitstellung von Verwaltungsinformationen auf Behörden-Portalen im Internet bis hin zu den komplexen Transaktionen und interaktiven elektronischen Bürgerdiensten im Netz“ (Bundesministerium des Innern, 2003, S. 37).

Diese Definition von eGovernment ist konkreter als die Speyrer. Es wird von komplexen Transaktionen und interaktiven elektronischen Bürgerdiensten gesprochen. Diese Formulierungen sind bis heute handlungsleitend, um z. B. den Bürgerinnen und Bürgern den Besuch in den Ämtern zu ersparen und die Effizienz des Verwaltungshandelns zu steigern.

Die Definition des Ministeriums ist auch ein Stück weit auf den Politikwechsel durch die Bundestagswahl 1998 zurückzuführen. Unter der neuen sozialdemokratischen Regierungsführung wurden zahlreiche Initiativen angestoßen. Hierzu gehörte u. a. „Bund Online 2005", die mit dem bekannten Zitat von Gerhard Schöder „Die Daten müssen laufen, nicht die Bürger" einherging (vgl. z. B. Der Spiegel, 2022). „Bund Online 2005" sollte, wie viele andere Vorhaben nach der langen Zeit der Regierungen unter Helmut Kohl, für einen neuen Aufbruch stehen. Blick man heute kritisch zurück, dann sie die Ziele, die man sich zu Beginn des Jahrtausends gesetzt hat, bis heute nicht erreicht worden. Hierzu zählen z. B. das Online-Beantragen von Personalausweisen oder von Führerscheinen. Dieser Befund verdeutlicht die Problemlagen, die Deutschland bis heute begleiten und daher wesentlicher Bestandteil der Forschungshypothesen sind Kap. 7 – 13.

Spirakis et al. konzentrieren sich in ihrer Definition stärker auf die Beteiligungsmöglichkeiten der Bürgerinnen und Bürger. Dieser Aspekt findet sich in unterschiedlicher Form auch in weiteren Veröffentlichungen. Diese Blickwinkel sind stärker politikwissenschaftlich geprägt. In diesem Zusammenhang wird oft der Begriff „e-democracy" verwendet. Es geht vor allem um die neuen Partizipationsmöglichkeiten durch Informationstechnik:

> „Electronic government is the use of Information and Communication Technology in the transformation of government; primarily aiming to the improvement of accessibility, effectiveness and responsibility. It is based on the diffusion of the information and the information policy development. Electronic government guides to increasing citizens' participation and active citizens' development affecting the mechanisms of democracy. Electronic democracy (e-democracy) includes technological innovations that allow improvement and empowerment of democratic institutions with or without the use of internet" (Spirakis et al., 2010, S. 75).

Ohne auf die eGovernment-Umsetzungsstände weltweit im Detail eingehen zu können, lässt sich konstatieren, dass „e-democracy" kein Schwerpunkt der Umsetzungsvorhaben war und ist. In Deutschland stehen praktische Anwendungen für Antragsverfahren im Vordergrund, „e-democracy" spielt nur in der Theorie eine Rolle. In der Literatur werden heutzutage mögliche

Anwendungsfälle für Elemente einer „e-democracy" (vgl. z. B. Fromm & Schreiner, 2021) diskutiert. Umfassende Analysen oder Evaluationen zum Themengebiet finden sich in der Literatur kaum und praktische Beispiele oder Projekte sind zumindest in Deutschland nicht bekannt. Der Schwerpunkt des eGovernments liegt bis heute in den Bereichen, in denen die Wirtschaftlichkeit und die Wirksamkeit des Verwaltungshandelns gesteigert werden kann. Hierdurch lassen sich Investitionen auch einfacher legitimieren und konkrete Ergebnisse liefern.

Die nachfolgende Definition und Beschreibung von eGovernment geht zwar auf das Jahr 2004 zurück. Sie hat trotzdem immer noch einen zukunftsweisenden und innovativen Charakter. Es wird u. a. von einer tiefgreifenden Transformation des Verwaltungshandelns gesprochen, von Online-Beschaffungen und von Online-Portalen zur Befriedigung der Kundenbedarfe. Von diesen Merkmalen ist das eGovernment in Deutschland noch weit entfernt. Es handelt sich um ein positives Szenario, welches handlungsleitend sein sollte:

> „The promise of e-government is not, as some suppose, putting existing paper-based processes of bureaucracy into digital form. Rather, the promise is really nothing less than a profound transformation of the way the government does business. E-government advocates envision a future in which citizens have 24 h, 7 days a week interactive access to all important government bureaus; where online transactions with government can be conducted from the comfort of home; where government officials make all purchases online; where there are one-stop web portals for businesses seeking to deal with regulatory requirements, students seeking assistance, and ordinary citizens seeking tourist information" (Garson, 2004, S. 2–3).

Garsons Definition bzw. Beschreibung fasst in wenigen Sätzen zusammen, was sich vermutlich alle Bürgerinnen und Bürger, Unternehmen, Verantwortlichen etc. als Zielbild wünschen. Es setzt daher die Maßstäbe, an denen die erzielten Ergebnisse des eGovernments in Deutschland gemessen werden können.

Zusammenfassend betrachtet finden sich über den Zeitablauf unterschiedliche Einschätzungen zum eGovernment, die den jeweiligen Kontexten geschuldet sind. Sie alle verbindet, vereinfachend formuliert, eine „Elektrifizierung" des Verwaltungshandelns. Durch die Nutzung neuer technischer Möglichkeiten, kann effizienter und effektiver gearbeitet werden. Es bieten sich unzählige Vorteile für Bürgerinnen und Bürger sowie Verwaltung, die in zahlreichen Veröffentlichungen beschrieben worden sind (vgl. z. B. Gourmelon et al., 2011, S. 230). Es eröffnen sich darüber hinaus Potenziale einer neuen gesellschaftlichen Kollaboration. Hieran zeigt sich, dass man trotz aller Bemühungen und Ergebnisse erst ganz am Anfang steht. Durch die Möglichkeiten der Digitalisierung hat das eGovernment ein ganz anderes Niveau erreicht, als es sich z. B. Lucke & Reinermann zu Beginn des Jahrtausends überhaupt vorstellen konnten.

Der Übergang von einer Industriegesellschaft zu einer Informationsgesellschaft ist in vollem Gange. Er muss sich vollziehen, um als Staat handlungsfähig zu bleiben. Das Heben der Wertschöpfungspotenziale aus der Digitalisierung sind für alle Volkswirtschaften erfolgskritisch. Der Staat muss die Bedürfnisse der gesellschaftlichen Akteure befriedigen, da er sonst infrage gestellt wird. „Der öffentliche Sektor muss sich heute auf ein verändertes Verhalten der öffentlichen Stakeholder einstellen und seine Leistungen in einer Art und Weise erbringen, die deren Anforderungen und Bedürfnissen gerecht wird (Wirtz & Daiser, 2018, S. 992).

5.4 Digitalisierung

Es gibt zahllose Veröffentlichungen bzw. Aussagen zum Begriff der „Digitalisierung“. Er wird meist nicht eindeutig definiert und in unterschiedlichen Zusammenhängen verwendet (vgl. Piesold, 2021, S. 9). Als wohl einfachste Beschreibung wird zumeist angeführt, dass analoge Daten/Werte/Informationen/Formate etc. in eine digitale Form übertragen werden. Durch diese Transformation werden sie anders nutz- bzw. anwendbar. Die Schallplatte, die aufgrund ihrer einmaligen Charakteristik im Zusammenspiel mit dem Plattenspieler ein spezifisches Hörerlebnis bietet, steht sinnbildlich für die Digitalisierung. Wird das Musikstück hingegen auf einem digitalen Medium gespeichert, wie z. B. einer Festplatte oder einem mobilen Datenträger, hat es im Gegensatz zum analogen Format immer dieselbe Klangqualität. Hierin besteht der wesentliche Unterschied zwischen „analog“ und „digital“, mit seinen zugehörigen Folgewirkungen, wie z. B. der einfachen Weitergabe digitaler Formate oder, dass die Schallplatte als physisches Objekt überflüssig wird. Aus diesem Grund hat die Digitalisierung oftmals unterschiedliche Bedeutungen: „Er kann auf die digitale Umwandlung und Darstellung bzw. Durchführung von Information und Kommunikation oder die digitale Modifikation von Instrumenten, Geräten und Fahrzeugen ebenso zielen wie auf die digitale Revolution, die auch als dritte Revolution bekannt ist“ (Bendel, 2019, S. 62).

Digitale Medien haben sich durchgesetzt, um analoge Signale zu sichern und diese einfach wiederzuverwenden. Sinnbildlich steht hierfür die „CD-ROM“ (Compact Disc – Read Only Memory), die zu Beginn der 1980er

Jahre die Schallplatte verdrängte. Digitalisierung ist in diesem Sinne also kein neues Phänomen. Was neu ist, ist die evolutionäre Entwicklung der Informationstechnik in den letzten rund 30 Jahren. Sie bietet nahezu unbegrenzte Möglichkeiten der Datenverarbeitung, Datenspeicherung und Datenauswertung. Der entscheidende Vorteil der Digitalisierung ist, dass digitale Formate beliebig kopierbar sind und schnittstellenfrei übertragen werden können.

In einer Marktwirtschaft mit Wettbewerbsdruck kommen die Unternehmen nicht umhin, permanent ihre Prozesse zu verbessern und ihre Produktionsfaktoren optimal zu kombinieren. Sie laufen sonst Gefahr, ihre Wettbewerbsfähigkeit zu verlieren und ihre Existenz zu gefährden. Die Potenziale der Digitalisierung müssen daher gehoben werden. Die Folge ist, dass alles digitalisiert wird, was digitalisiert werden kann. Alle Bevölkerungsgruppen sind hiervon betroffen, wenn man z. B. an das Online-Banking oder den Einsatz von Chat-Bots denkt.

Die Ergebnisse dieses Handelns lassen sich in den entwickelten Volkswirtschaften beobachten. Maschinen übernehmen Aufgaben, für die zuvor menschliche Arbeitskraft vonnöten war, aus Papierdokumenten werden digitale Dateien oder der Kontakt zu einem Unternehmen ist nur noch elektronisch möglich. Hierdurch verändern sich nicht nur die Wertschöpfungsketten in den Unternehmen, sondern auch im Zusammenspiel mit den Kunden und Lieferanten. „Digitalisierung ermöglicht den Austausch von Leistungen zwischen Marktteilnehmern zur Erbringung einer Wertschöpfung und zur Organisation einer Gesellschaft, indem Geschäftsmodelle, Prozesse, Produkte, Projekte und Dienstleistungen implementiert werden, die auf Software-Lösungen basieren“ (Barton et al., 2018, S. 4). Hieraus resultiert eine Veränderung der Organisationsstrukturen. Die klassische Organisation auf Basis von Funktionen wird durch eine Organisation auf Basis von Prozessen abgelöst. Dies verlangt den Organisationsmitgliedern viel ab, da sie technische Unterstützungssysteme nutzen müssen und sich ihre täglichen Arbeitsroutinen verändern. Dieser Entwicklung kann sich niemand entziehen, wenn er seine Existenzberechtigung in der digitalisierten Arbeitswelt nicht auf das Spiel setzen möchte. Die Beschäftigten aller Branchen sind hiervon unmittelbar betroffen. Das Eingeben von Rechnungen in der Buchhaltung wird beispielsweise durch den elektronischen Rechnungseingang ersetzt. Gleichwohl braucht es die Buchhaltungskraft, um die elektronischen Transaktionen zu überwachen. Auf weiteren Auswirkungen der Digitalisierung, wie z. B. der Verödung von Innenstädten durch Online-Bestellungen oder die Ängste um den Verlust des Arbeitsplatzes wird an dieser Stelle nicht weiter eingegangen, da sie in keinem Zusammenhang mit dem inhaltlichen Gegenstand dieser Untersuchung stehen.

Die angesprochene Motivation der Unternehmen zur Anwendung der Digitalisierung liegt in der Rationalisierung, d. h. dem Einsparen von Ressourcen. Es kommt zu Steigerungen der Kapitalproduktivität, d. h. eine Maschine kann mehr leisten, und der Arbeitsproduktivität, d. h. ein Mensch kann mehr leisten (vgl. z. B. Schmid, 2022a, b, S. 7–14). Es wird davon ausgegangen, dass wir uns im derzeit letzten Kondratjew-Zyklus (nach dem russischen Wissenschaftler Nikolai Kondratjew) der „Information- und Kommunikationstechnik" befinden (vgl. z. B. Piesold, 2021, S. 9). Es wird massiv in neue und innovative Techniken investiert. Bei einer abnehmenden Investitionsbereitschaft kommt es, zumindest der Theorie nach, zu einem Wirtschaftsabschwung. Betrachtet man die letzten rund 30 Jahre und die zum Zeitpunkt der Erstellung dieser Monografie herrschende Investitionstätigkeit, z. B. in die Künstliche Intelligenz, dann befindet sich die Welt tatsächlich im letzten Kondratjew-Zyklus mit derzeit nicht erkennbarem Ende.

Für Deutschland wird von Acatech eine Erhöhung der Produktivität um 30 % bis zum Jahr 2025 als Ergebnis der Digitalisierung prognostiziert (vgl. Acatech, 2015). In Behörden und Verwaltungen gehen verschiedene Studien von einem Einsparpotenzial von bis zu 50 % aus. Unabhängig von den konkreten Werten, die niemand exakt beziffert kann, liegen die Potenziale der Digitalisierung unmittelbar auf der Hand. Eine wissenschaftlich fundierte und berufsbezogene Ermittlung von Automatisierungspotenzialen hat das Institut für Arbeitsmarkt- und Berufsforschung mit dem sogenannten „Job-Futuromat" (vgl. https://job-futuromat.iab.de/) entwickelt. Für jeden Beruf und sogar seine spezifischen Ausprägungen wird aufgezeigt, wie sie sich durch die Automatisierung verändern. Die Ergebnisse sind um statistische Informationen angereichert, wie z. B. die Arbeitsmarktentwicklung und die Verdienstmöglichkeiten. Hierdurch entsteht ein umfassendes Bild über die einzelnen Berufe und ihre Zukunftspotenziale unter den Bedingungen der Digitalisierung.

Besonders greifbar werden die Kostenersparnisse aufgrund der Digitalisierung am Beispiel der Grenzkosten. Unter Grenzkosten versteht man allgemein gesprochen die Kosten für die nächste produzierte Einheit, d. h. es erfolgt eine Division der veränderten Gesamtkosten zu der veränderten Produktionsmenge. Die Grenzkosten sinken z. B., wenn fixe Kosten sich auf eine größere Ausbringungsmenge verteilen. Es handelt sich hierbei um das Prinzip des Skaleneffekts, der vor allem in der Automobilproduktion von großer Bedeutung ist. Umso höher die Stückzahlen, umso stärker sinken z. B. die Forschungs- und Entwicklungskosten je Fahrzeug.

Die Digitalisierung beschleunigt das Prinzip sinkender Grenzkosten. Unter den Bedingungen der Digitalisierung entstehen unter bestimmten Bedingungen keine Fixkosten und/oder die variablen Kosten sinken bzw. entstehen erst gar nicht. Die E-Books sind hierfür ein gutes Beispiel. Fixe Kosten entstehen nicht, weil z. B. keine Druckmaschine benutzt werden muss. Da auch kein Papier benötigt wird, entfallen die variablen Kosten. Modellhaft betrachtet entwickeln sich daher die Grenzkosten unter den Bedingungen der Digitalisierung Richtung null.

Die Vorteile der Digitalisierung liegen auf der Hand und sind für jeden spürbar, der z. B. Online bestellt oder seine Bankgeschäfte abwickelt. Es stellt sich daher die Frage, warum sich Verwaltungen mit der Digitalisierung so schwertun. Zieht man den Unternehmensvergleich heran, dann fehlt den Verwaltungen der Wettbewerbsdruck, da sie an keinem Markt agieren müssen. Das Geschäftsmodell der Verwaltungen kann daher durch die Digitalisierung nicht in Gefahr geraten. Erzielt ein Unternehmer eine Rendite durch die Digitalisierung, dann fällt sie ihm persönlich bzw. dem Unternehmen zu. Das ist in Verwaltungen anders. Die Rendite kommt bestenfalls der Verwaltung zugute, zumeist aber einer übergeordneten Instanz, wenn z. B. Stellen gekürzt werden können. Aufgrund fehlender Anreizsysteme und dem öffentlichen Tarifrecht kommt eine mögliche Rendite keinesfalls dem erfolgreichen Digitalisierungsmanager in der Verwaltung zugute. Das System belohnt niemanden, der sich innovativ den neuen technischen Möglichkeiten verschreibt. Ganz im Gegenteil, es besteht die latente Gefahr des Scheiterns. Hierfür werden in Verwaltungen affektartig zunächst Schuldige gesucht. Diese kurzen Ausführungen erklären zumindest in Ansätzen die überschaubare Bereitschaft von Beschäftigten des öffentlichen Sektors, sich an Digitalisierungsvorhaben aktiv zu beteiligen. Hinzu treten die Prinzipien der weberschen Verwaltungsorganisation Abschn. 5.2. Sie sind innovativen Problemlösungen nicht zuträglich.

Unabhängig von der Bereitschaft der Verwaltungen, Digitalisierungspotenziale zu heben, erschließen sich ihr auch nicht alle Potenziale. Dies gilt z. B. bei der Individualisierung von Produkten, da alle Antragsteller gleichbehandelt werden müssen. Da Verwaltungen vor allem Dienstleistungen erbringen, fallen weitere Anwendungsfälle, wie z. B. der 3-D-Druck, weg. Des Weiteren sind neue Produkte oder Geschäftsmodelle auf Basis der Digitalisierung schwer vorstellbar, weil am Ende immer noch der Gesetzgeber über das Leitungsangebot der Verwaltungen entscheidet. Potenziale lassen sich vor allem in den Bereichen erschließen, in denen die Verwaltungen über eigene Daten oder Informationen verfügen. Diese kann sie entweder selbst vermarkten oder dem Markt zur Entwicklung von Geschäftsmodellen zur

Verfügung stellen. Letzteres entspräche dem Prinzip der Subsidiarität Abschn. 5.1 und würde damit den konstituierenden Eigenschaften des deutschen Staates entgegenkommen. Ein Beispiel hierfür ist das Thema „Open Data". Hierunter wird allgemein verstanden, dass Daten frei von jedem, für jeden Zweck genutzt, angepasst und weitergegeben werden können (vgl. z. B. Węcel, 2022, S. 7). Die Europäische Union konkretisiert den Begriff und gibt Empfehlungen zur Offenlegung der Daten durch die Mitgliedsstaaten: „Das Konzept ‚offene Daten' (Open Data) bezeichnet nach dem allgemeinen Verständnis Daten in einem offenen Format, die von allen zu jedem Zweck frei verwendet, weiterverwendet und weitergegeben werden können. Eine Politik der Förderung offener Daten, die eine breite Verfügbarkeit und Weiterverwendung von Informationen des öffentlichen Sektors zu privaten oder kommerziellen Zwecken mit minimalen oder keinen rechtlichen, technischen oder finanziellen Beschränkungen unterstützt und die die Verbreitung von Informationen nicht nur für Wirtschaftsakteure, sondern vor allem für die Öffentlichkeit fördert, kann eine wichtige Rolle spielen, wenn es darum geht, soziales Engagement zu fördern, und die Entwicklung neuer Dienstleistungen, die solche Informationen auf neuartige Weise kombinieren und nutzen, anzustoßen und zu fördern" (Europäisches Parlament & Europäischer Rat, 2019, S. 57).

Die Formulierungen zielen darauf ab, dass die Mitgliedsstaaten vorhandene Daten bereitstellen sollen, um hieraus zusätzliche Wertschöpfungspotenziale zu generieren bzw. generieren zu lassen. Es deckt sich mit der „Open Data"-Strategie der Bundesregierung. Sie sieht „Open Data" als wichtigen Erfolgsfaktor für die Innovationskraft der Bundesrepublik Deutschland an (vgl. Bundesministerium des Innern, für Bau und Heimat, 2021, S. 7). Dass es ernst gemeint ist, zeigt sich u. a. daran, dass „Open Data" im § 12a des E-Government-Gesetzes des Bundes verankert wurde.

Das Thema „Offene Daten" wird in diesem Abschnitt besonders hervorgehoben. Dies hat vor allem zwei Gründe. Es handelt sich zum einen um eine Monopolressource des Staates. Er hat die alleinige Hoheit und es eröffnet ihm ein großes Nutzungspotenzial. Zum anderen zeichnet sich ab, dass offene Daten der Schlüssel für eine digital getriebene Verwaltungsreform sein können Abschn. 14.6. Staatliche Institutionen verfügen über Unmengen an Daten wie z. B. Geodaten oder Statistikdaten. Moderne Software kann Semantik interpretieren, bisher unbekannte Zusammenhänge in Datensätzen erkennen, Vorhersagen treffen etc. Hieraus können zum einen neue Geschäftsmodelle mit zusätzlicher Wertschöpfung entwickelt werden. Die Konrad-Adenauer-Stiftung kommt in einer Studie zu dem Ergebnis, dass das volkswirtschaftliche Potenzial bei mehreren 10.000 Arbeitsplätzen und bis zu rund 130 Mrd.

Euro liegt (vgl. Dapp et al., 2016, S. 10). Zum anderen übernehmen diese Systeme Aufgaben, die zuvor der Mensch bearbeitet hat. „Bei der Digitalisierung spielen die Daten von und die Interaktion mit Marktteilnehmern eine herausragende Rolle. Die Gestaltung von Gesellschaft und Arbeitswelt sowie der Schutz von Privatheit und die Sicherheit von Anwendungen sind die Herausforderungen der Digitalisierung“ (Barton et al., 2018, S. 4).

Die Ausführungen unterstreichen, wie schnell sich die Digitalisierung in den letzten Jahren weiterentwickelt hat. Die Definition von Digitalisierung auf „analog versus digital“ einzuengen, entspricht dem inhaltlichen Gegenstand kaum noch. Vielversprechender ist folgender Ansatz:„Wir sprechen von Digitalisierung, wenn analoge Leistungserbringung durch Leistungserbringung in einem digitalen, computerhandhabbaren Modell ganz oder teilweise ersetzt wird“ (Wolf & Strohschen, 2018, S. 58). Eine Automatisierung durch Informationstechnologie zur Sicherung kompetitiver Vorteile gegenüber anderen wird möglich. Es geht in der Zukunft um eine autonome Produktion, die auf den Produktionsfaktor Menschen zunehmend verzichten kann. Digitalisierung beschreibt daher auch einen Entwicklungsprozess, in dem gesellschaftliche Vorgänge auf digitale Kommunikation und Informationsvermittlung sowie auf die Nutzung digitaler Medien umgestellt und dadurch zunehmend automatisiert werden (vgl. Klenk et al., 2020, S. 6).

Für den Staat und die Verwaltung folgen aus den Ausführungen zur Digitalisierung verschiedene Schlüsse. Ihre Eigenschaften sind für die Digitalisierung nur bedingt geeignet. Die Gewaltenteilung, die Politikverflechtung, das Mehrebenensystem und der Föderalismus zielen beispielsweise in keiner Form auf die Effizienz von Prozessen ab, wie man sie bei der Digitalisierung in den Unternehmen beobachten kann. Die Webersche-Verwaltungsorganisation hat Politik und Verwaltung grundlegend geprägt. Beharrungskräfte und Widerstände sind sachlogische Folgen, die in allen Verwaltungen in Deutschland praktisch besichtigt werden können. Diese Prinzipien zu verändern, hatten sich bereits die Betriebswirte mit dem Neuen Steuerungsmodell auf die Fahnen geschrieben. Sie sind damit nahezu gescheitert, wie die empirischen Untersuchungen mehr oder weniger deutlich zeigen. Die Situation ist heute aber eine gänzlich andere. Die Potenziale der Digitalisierung zwingen alle Organisationen zu einem Umdenken, da man sich den Entwicklungen nicht entziehen kann. Eine durch Informationstechnik getriebene Verwaltungsreform ist denkbar und böte große Chancen, die weberschen Prinzipien zu überwinden und deutlich effizienter und effektiver zu agieren.

Zusammenfassend wird auch deutlich, warum zwischen eGovernment und Digitalisierung ein Unterschied besteht. Einen bisher schriftlichen Antrag in ein Online-Formular zu überführen ist, es etwas ganz anderes, als die in diesem Abschnitt skizzierte Digitalisierung. Sie eröffnet das Potenzial für neue Geschäftsmodelle, rüttelt an den Grundfesten der Organisation, substituiert menschliche Arbeitskraft etc. Es handelt sich um Herausforderungen, denen sich die Unternehmen jeden Tag stellen müssen. Das gilt für den Staat und seine Institutionen nicht. Daher wird nachfolgend auf die Unterschiede und Zusammenhänge zwischen eGovernment und Digitalisierung noch näher eingegangen.

5.5 eGovernment, Digitalisierung und Informationstechnik

An dieser Stelle soll definiert und abgegrenzt werden, was eGovernment und Digitalisierung verbindet bzw. unterscheidet. Zunächst gilt es festzuhalten, dass beide auf der Informationstechnologie basieren. Ihr Zeitalter begann nach herrschender Meinung im Jahr 1941, in dem Konrad Zuse den ersten vollautomatischen und programmgesteuerten Computer der Welt entwickelte. Allgemein werden unter der Informationstechnologie die Nutzung, Entwicklung und Verwaltung von Technologien zur Verarbeitung und Übertragung von Informationen verstanden. Konkret geht es um eine wieder interpretierbare Darstellung von Information in formalisierter Art, geeignet zur Kommunikation, Interpretation und Verarbeitung (vgl. Kubicek et al., 2020, S. 31). In der Gesellschaft wird die Informationstechnologie zumeist mit dem Einsatz von Computern und weiterer Hardware, wie z. B. einem Mobiltelefon oder einem Tablet, gleichgesetzt.

Am Ende von Abschn. 5.4 wurde darauf eingegangen, warum eine Unterscheidung zwischen eGovernment und Digitalisierung erforderlich ist. Vereinfachend formuliert ist das eGovernment ein Kind der Verwaltung durch die aufkommende Informationstechnik und die Digitalisierung ein Kind technischer Innovationen, die bis heute nicht abgeschlossen sind. Der zeitliche Abstand und die Motivationslagen unterscheiden sich daher zwischen dem eGovernment und der Digitalisierung grundlegend (vgl. Schmid, 2019). Als man Begann sich mit dem eGovernment zu beschäftigen, kannte man den Begriff der Digitalisierung noch gar nicht.

Das eGovernment fiel in Deutschland Mitte der 1990er Jahre mit der Verwaltungsreform des Neuen Steuerungsmodells zusammen (vgl. z. B. Kaczorowski et al., 2003). Das war kein Zufall. Zum einen hatte sich die Informationstechnik bis zu diesem Zeitpunkt in der Wirtschaft so weit durchgesetzt, dass sie auch vor den Amtsstuben keinen Halt mehr machen konnte.

Es herrschte zu dieser Zeit ein allgemein bekannter informationstechnischer Modernisierungsstau, der sich nicht nur zwischen den Gebietskörperschaften, sondern auch zwischen den Verwaltungen sehr unterschiedlich gestaltete. Zum anderen war nach der Wendeeuphorie in Deutschland Ernüchterung eingekehrt. Die staatlichen Kassen waren leer und der Personalbestand, vor allem aufgrund der Wiedervereinigung, unverhältnismäßig hoch.[1] Es musste sich etwas verändern, um die staatliche Steuerungsfähigkeit zu erhalten und die knappen Ressourcen bestmöglich zu allokieren. In dieser Zeit schwappte der neoliberale Mainstream vor allem aus Großbritannien (Margret Thatcher) und den USA (Ronald Reagan) auf Deutschland in Form des New Public Management über, das die Richtung der Verwaltungsreform bestimmte.

Die ersten eGovernment-Initiativen waren beeinflusst von der fast zeitgleichen Umsetzung des Neuen Steuerungsmodells, der deutschen Version des New Public Managements. Es ging im Vergleich zu heute um sehr einfache Lösungen, wie z. B. den Aufbau einer Internetpräsenz oder die Kommunikation über E-Mail (vgl. z. B. von Lucke & Reinermann, 2002). Neben der elektronischen Verbindung zwischen den Verwaltungen und den Verwaltungen und ihren Kunden verlangten auch die Konzepte des Neuen Steuerungsmodells nach technischen Lösungen. Durch die Einführung von Kosten- und Leistungsrechnung, einer staatlichen kaufmännischen Buchführung etc. mussten neue Anforderungen umgesetzt werden, die den Verwaltungen bis dato unbekannt waren. Diese Herausforderungen wurden durch den Investitionsstau weiter verkompliziert. Viele Verwaltungen mussten sich angesichts der neuen technischen Möglichkeiten dieser Zeit und den Anforderungen des Neuen Steuerungsmodells mit der Frage befassen, welche Informationstechnik sie in Zukunft einsetzen sollten. Es schlug die Stunde der ERP-Lösungen. ERP steht für Enterprise Resource Planning. Eine ERP-Lösung ist ein Softwaresystem, das zentrale Geschäftsprozesse und -funktionen in der gesamten Organisation integriert und verwaltet, ein Novum für die öffentliche Verwaltung der damaligen Zeit. Hintergrund der

[1] Im Jahr 1991 gab es rund 6,7 Mio. Beschäftigte im öffentlichen Dienst. Hiervon müssen, um die Zahlen mit den Folgeperioden vergleichen zu können, rund 0,6 Mio. Beschäftigte der Deutschen Post abgezogen werden. Im Jahr 1991 waren damit rund 6,1 Mio. und im Jahr 1995 5,4 Mio. Personen im öffentlichen Dienst beschäftigt. Diese Entwicklung setzte sich bis zum Jahr 2008 fort, in dem es zu einem Tiefstand von 4,5 Mio. kam. Danach setzte eine Gegenentwicklung ein, die im Jahr 2022 zu rund 5,2 Mio. Beschäftigten führte. Berücksichtigt man die zahlreichen neuen Gesetze und Aufgaben, die der Staat seit 1995 übernommen hat, dann erscheint es, allerdings ohne tiefergehende analytische Auseinandersetzung, positiv zu sein, dass die Beschäftigtenzahl im Jahr 2022 unter der von 1995 liegt (Datenquelle: Institut für Arbeit und Qualifikation, 2023).

ERP-Lösungen waren die Erfahrungen aus Produktionsbetrieben. Es wird ein System bereitgestellt, das einen Datenfluss durch das gesamte Unternehmen ermöglicht.

Beseelt von den Lehren des New Public Managements, die von einer Überlegenheit des Marktes ausgingen, setzte man vorwiegend auf Lösungen aus der Privatwirtschaft. Die Bedenken der sich in der Unterzahl befindenden Skeptiker wurden beiseitegeschoben. Die Ergebnisse sind heute bekannt. Das Scheitern vieler Projekte ist bis heute Legende. Der Vorreiterstadtstaat Hamburg musste beispielsweise sein neues SAP-System zweimal aufsetzen, Mitte bis Ende der 1990er Jahre und zu Beginn der 2000er Jahre. Der Landesrechnungshof kommt im Jahr 2004 zu folgendem Ergebnis: „Der Rechnungshof hat festgestellt, dass der IuK-Einsatz in der hamburgischen Verwaltung den Erwartungen an eine Steigerung von Effizienz und Effektivität der Aufgabenerfüllung bislang nur eingeschränkt gerecht wird. Die Potenziale zur Steigerung der Wirtschaftlichkeit werden noch nicht vollständig ausgeschöpft…" (vgl. Rechnungshof der Freien und Hansestadt Hamburg, 2004, S. 49). Es muss betont werden, dass die Stadt Hamburg eine Vorreiterrolle übernommen hatte und daher Lehrgeld bezahlten musste. Viele Verwaltungen nach ihr haben von den Erfahrungen profitiert. Es ist daher auch kein Zufall, dass die Firma SAP Anfang des neuen Jahrtausends ein eigenes Modul für den öffentlichen Sektor entwickelte, weil auch sie erkannte, dass sich Verwaltungen wohl doch von der Privatwirtschaft unterscheiden. Die Softwareanbieter haben viel gelernt und es gründeten sich erfolgreiche Spezialanbieter. Über die Software der MACH AG aus Lübeck laufen nach eigener Aussage rd. 50 % der Auszahlungen des Bundes (vgl. MACH AG, 2022). Solche Entwicklungen sind positiv, da sie das Angebot erhöhen und den Wettbewerb fördern. Es lassen sich in diesem Zusammenhang auch Hinweise darauf finden, dass sich die Vielfalt und Vielzahl von Technologieanbietern in Deutschland positiv auf das eGovernment auswirken Abschn. 8.3. Hierbei spielt der deutsche Föderalismus eine Rolle. Er verhindert Lösungen, die von einer Zentralregierung vorgegeben werden.

Viele technische Lösungen aus der Privatwirtschaft konnten nicht auf die Verwaltungen übertragen werden. So sind beispielsweise die Vorschriften zur Inventarisierung von Vermögensgegenständen im klassischen Haushaltsrecht strenger als im Rahmen der Bilanzierung nach Handelsgesetzbuch. Aus Sicht der Steuerzahler sind enge Grenzen für das Verwaltungshandeln wünschenswert. Die kaum zu überbrückenden Gegensätze zwischen klassischem Verwaltungshandeln und dem Neuem Steuerungsmodell zeigten sich in der Folge immer deutlicher. In einem Bundesland weigerte sich beispielsweise ein Bürgermeister, den Vorschriften des Innenministeriums Folge zu leisten und sein Rathaus zum Verkehrswert zu bilanzieren. Aus seiner Sicht hatte es keinen Verkehrswert, weil er es zum einen gar nicht veräußern könne. Zum anderen fände sich auch kein Käufer für die Immobilie. Die Reformvorstellungen und die Realitäten trafen mit Wucht aufeinander und legten die zahlreichen Sollbruchstellen schonungslos offen (vgl. z. B. Walter & Hagen, 2009). Die Einstiegsphase des eGovernments, zeitgleich mit dem Neuen Steuerungsmodell, war daher sehr herausfordernd. Die bestenfalls überschaubaren Ergebnisse waren auch diesen besonderen Umständen geschuldet.

Neben dem Einsatz von Standardsoftware spielen für die Verwaltungen die „Fachverfahren" eine wesentlich größere Rolle. Bei einem „Fachverfahren" handelt es sich um eine spezielle Softwareanwendung oder ein System, das auf eine bestimmte Problemlösung zugeschnitten ist. Die Berechnung des Bürgergeldes oder der Rentenansprüche sind auf Basis der deutschen Gesetzgebung einmalig. Hierfür gibt es nur maßgeschneiderte Lösungen, die individuell entwickelt werden müssen. Aufgrund des großen Aufgabenumfangs und der föderalen Strukturen geht man für Deutschland von einer Anzahl von mehreren 10.000 Fachverfahren aus Abschn. 14.11.

Das Gespräch mit einem Arbeitsuchenden, die Betreuung im Kindergarten oder die Behandlung durch den Arzt werden über Fachverfahren abgebildet. Auf Basis der weberschen Verwaltungsorganisation sind sie funktionsorientiert, d. h. auf die Abbildung der Aufgabenerfüllung ausgerichtet. Diese IT-Architektur steht nicht im Einklang mit der Digitalisierung, die prozessorientiert sein muss. Es verwundert daher kaum, dass viele Fachverfahren nicht digitalisierungsfähig sind bzw. nur mit sehr hohem Aufwand angepasst werden können. Der Landesrechnungshof Niedersachsen schätzt nur für das Bundesland den Investitionsstau „...zurückhaltend auf über 100 Mio. Euro" (Landesrechnungshof Niedersachsen, 2021, S. 14). Die Herausforderungen der Fachverfahrenslandschaft sind bekannt. Es wird daher der Lösungsansatz verfolgt, den Output von Fachverfahren über Portale bereitzustellen. Hierdurch sind Anpassungsaufwände zwar nicht immer vermeidbar, mit Sicherheit aber deutlich geringer als beim Versuch, Fachverfahren vollständig digitalisierbar zu machen.

Die Phase zwischen ca. Mitte der 1990er Jahre bis 2005 lässt sich als Einstieg in das eGovernment verstehen. Zu dieser Zeit war von einer „Digitalisierung" noch keine Rede. Die Gründe für die vielen mit großen Erwartungen verbundenen und in Enttäuschungen endenden Projekten lagen vor allem im Modernisierungsrückstand der Verwaltungen. Die infrastrukturelle Ausgangslage war überschaubar. Das Know-how der Beschäftigten basierte auf den werberschen Prinzipien und damit auf einem klassischen Verwaltungshandeln, welches mit der Effizienzorientierung des Neuen Steuerungsmodells fremdeln musste. Die strukturellen Eigenheiten der öffentlichen Verwaltung wurden negiert, was zu Problemen führen musste. „Vom Staat und seiner Verwaltung her sollte gedacht werden, nicht von einem Technikangebot, für das es verkaufsfördernde Anwendungen zu identifizieren gilt" (Lenk, 2018, S. 219–220). Bis heute existieren Lösungen und Zahlen, wie z. B. aus der Kosten- und Leistungsrechnung, die keinen Steuerungseffekt erzielen. Es dominieren weiterhin der Stellen- und der Haushaltsplan. Letztlich legitimieren sie bis heute ausgabentechnisch die Ressourcen des Staates. Eine andere „Denke", die man sich durch das Neue Steuerungsmodell versprach, kann bis heute in Politik und Verwaltung nicht ausgemacht werden. Hieraus resultieren Folgeprobleme, die sich negativ auf das eGovernment auswirken Abschn. 14.1.

Die Digitalisierung nahm aufgrund der technologischen Entwicklungen ab ca. 2005 richtig Fahrt auf. In diese Zeit fiel die Gründung von Facebook, die Erfindung von „In-Memory-Datenbanken" und es zeichnete sich am Horizont bereits das Cloud-Computing ab. All diese Entwicklungen sind bis heute nicht abgeschlossen, wie es sich beispielsweise an der Künstlichen Intelligenz zeigt. Die Digitalisierung basiert daher auf technischen Entwicklungen, die zu Beginn des eGovernment-Zeitalters noch gar nicht existierten. Gleichwohl waren die damaligen Investitionen wichtige Voraussetzungen dafür, dass heutzutage die Digitalisierung in den Verwaltungen vorangetrieben werden kann. Viele Behörden setzen als Kernsysteme ERP-Lösungen ein. Es ist eine wichtige Voraussetzung für die Digitalisierung, da die Prozesse und Daten im System einer klar vorgegebenen Struktur folgen müssen.

Versteht man unter Digitalisierung den Ersatz von analoger durch digitale Leistungserbringung Abschn. 5.4, dann wird deutlich, dass eine einfache Übertragung aus der Privatwirtschaft auf die Verwaltungen kaum gelingen kann. Hier ähneln sich die heutigen Entwicklungen mit denen aus den 1990er Jahren. Die eGovernment-Definitionen fokussieren sich auf die Abwicklung geschäftlicher Prozesse durch Einsatz von Informations- und Kommunikationstechnik Abschn. 5.3, die Digitalisierungsdefinitionen auf eine digitale Wertschöpfung Abschn. 5.4. Letzteres zielt auf die Substitution menschlicher Arbeit durch Maschinen ab, um den Unternehmen kompetitive Vorteile zu generieren. Diese Aspekte waren keine Zielsetzungen des eGovernments. Es ging um eine „Elektrifizierung" der Verwaltung, um die Beteiligung der Bürgerinnen und Bürger, um Transparenz des Verwaltungshandelns etc. Abschn. 5.3.

In der öffentlichen Verwaltung wird Gemeinwohl für die Gesellschaft „produziert". Es entzieht sich einer klassischen betriebswirtschaftlichen „Bemessung" über Preise oder Outputgrößen. Die Unternehmen verfolgen vor allem Ziele wie die Gewinn- oder Umsatzsteigerung, auch wenn in der Allgemeinen Betriebswirtschaftslehre in den letzten Jahren ein Umdenken stattgefunden hat. Sie benötigen eine betriebswirtschaftliche „Bemessung" ihrer Ressourcenallokation, um überhaupt handlungsfähig sein zu können.

Das eGovernment muss im Gegensatz zur Digitalisierung die Gemeinwohlorientierung des staatlichen Handelns unterstützen. Die Digitalisierung wird vornehmlich zur Automatisierung eingesetzt, um kompetitive Vorteile zu erzielen. Die kompetitive Komponente trifft auf die Verwaltungen nicht zu, da das Regulativ des Marktes fehlt. Die Zielrichtungen sind zwischen dem eGovernment und der Digitalisierung daher unterschiedlich. Ein erfolgreicher Einsatz von Digitalisierung ist folglich im öffentlichen Sektor dort möglich, wo Automatisierungen zur Gemeinwohlsteigerung beitragen können Abschn. 14.10. Durch die sogenannte Dunkelverarbeitung bzw. „Robotic Process Automation", kann auch die Verwaltung von der Digitalisierung profitieren. Es kommt zu Effizienzsteigerungen, die einen Beitrag dazu leisten, dass der Staat ein Mehr an Gemeinwohl erzeugen kann. Wenn beispielsweise Arbeitslosengeldanträge automatisiert bearbeitet werden können, dann hat die Sachbearbeitung mehr Zeit, um sich persönlich um den Einzelfall zu kümmern. Die Steigerung der Effizienz des Verwaltungshandelns ist für einen Staat daher existenziell, da Ressourcen knapp sind. Es geht nicht nur um die Steigerung der innerstaatlichen Verwaltungseffizienz zur Gemeinwohlsteigerung für eine Gesellschaft. Die Staaten stehen auch untereinander in einem Wettbewerb um Investitionen. Unternehmerische Investitionsentscheidungen hängen stark davon ab, wie verlässlich die staatlichen Strukturen sind und wie leistungsfähig eine Verwaltung ist.

Die Automatisierung ist in der deutschen Verwaltung aber kein Selbstläufer, was vor allem den gesetzlichen Regelungen geschuldet ist. Sobald beispielsweise Ermessensentscheidungen getroffen werden müssen, gerät die Automatisierung an ihre Grenzen. In vielen Fällen haben Behörden in Deutschland einen Ermessensspielraum, um flexibel auf individuelle Umstände reagieren zu können. Hierfür existieren Rechtsgrundlagen, die die Grenzen des Ermessens setzen. Die Würdigung eines individuellen Falls durch Ermessen entzieht sich der Automatisierung. Sie benötigt klare Regeln für die Bearbeitung eines Falls. Die große Anzahl von Ermessensentscheidungen erschweren es daher dem eGovernment in Deutschland Abschn. 14.7.

Die Ausführungen legen nahe, dass Digitalisierungsprojekte in der öffentlichen Verwaltung vornehmlich an den Eigenschaften bzw. den Besonderheiten des Staates scheitern. Wenn Technik ohne Strukturierung der Situation eingeführt wird, dann sind Misserfolge zu erwarten (vgl. Lenk, 2018, S. 222). Durch den fehlenden Markt, das webersche Organisationsmodell, starre Hierarchien, fehlende Innovationskraft etc. muss zunächst die Wahrnehmung der Verwaltungsaufgaben vor einer Digitalisierung neu gedacht werden. Es müssten disruptive Lösungen entwickelt werden, damit die Digitalisierung ihre Stärken ausspielen kann. Vereinfachend ausgedrückt handelt es sich bei Disruption um technologische Veränderungen, die existierende Produkte grundsätzlich infrage stellen (vgl. Christensen et al., 2011, S. IX). Ein disruptives Verwaltungsprodukt könnte günstiger, bequemer bzw. in gänzlich anderer Form bereitgestellt werden und würde für alle Stakeholder Nutzen stiften können. An anderer Stelle wird auf ein solches Leuchtturmprojekt in der Verwaltung eingegangen Abschn. 14.8.

In der Praxis lässt sich kein Disruptionstrend in den Verwaltungen erkennen. Die Gründe hierfür liegen auf der Hand. Der Markt und der Wettbewerb fehlen, die Organisationsstrukturen und institutionellen Voraussetzungen hemmen usw. Disruptive Verwaltungsprodukte hätten u. a. zur Folge, dass bestehende Prozesse, Organisationen, Funktionen, Personalprofile etc. infrage gestellt werden. Ein Unternehmer würde genauso handeln und es würde dem öffentlichen Sektor in Deutschland guttun. „Beamte als Entrepreneure" verlangte Jann bereits 2005 im Rahmen des neuen Steuerungsmodells (vgl. Jann, 2005, S. 81). Daraus ist offensichtlich nichts geworden. Die Forderung hat vor allem im digitalen Zeitalter nichts an ihrer Berechtigung verloren.

Da sich Entscheidungsträger in Politik und Verwaltung kaum für grundlegende Veränderungen begeistern lassen, fokussiert man sich im Rahmen der Digitalisierung auf die falschen Schwerpunkte. Es wird vorwiegend die technische Machbarkeit in den Mittelpunkt gestellt (vgl. z. B. Lenk, 2018). Hierdurch „stolpern" Verwaltungen aufgrund fehlender konzeptioneller Grundlagen und unzureichender Strategien in die Digitalisierung hinein (vgl. Schmid, 2019, S. 17).

Mit zunehmender Bedeutung der Datennutzung mittels Anwendungen der Künstlichen Intelligenz braucht es eigene Teilstrategien, wie z. B. einer speziellen Datenstrategie (vgl. Evers-Wölk et al. 2022, S. 120). Sie wurde im September 2023 von der Bundesregierung auf ihrer Kabinettsklausur in Meseberg beschlossen (vgl. Behördenspiegel, 2023). Dieser Beschluss ist ein Schritt in die richtige Richtung. Für den digitalen Wandel in Staat und Verwaltung braucht es allerdings eine strategische Gesamtausrichtung unter einem gemeinsamen Dach, denn nur das bringt den Bürgerinnen und Bürgern und den Unternehmen Reformen aus einem Guss, die alle Akteure im Politisch-administrativen System mittragen (vgl. Beck, et al., 2017, S. 25).

Zusammenfassend betrachtet lässt sich festhalten, dass die Digitalisierung ein Instrument zur Umsetzung der eGovernment-Ziele ist. eGovernment ist viel mehr als eine Technisierung des Verwaltungshandelns, eine optimale

Ressourcenallokation oder eine Rationalisierung durch Automatisierung. Es geht übergreifend um die Abwicklung geschäftlicher Prozesse im Zusammenhang mit dem Regieren und Verwalten (vgl. von Lucke & Reinermann, 2000, S. 1). Die Digitalisierung kann als Teil des eGovernments einen wichtigen Beitrag zu dessen Umsetzung leisten.

Die Chancen für nachhaltige Veränderungen stehen heute deutlich besser als in den 1990er Jahren. Zu dieser Zeit wurde das Neue Steuerungsmodell umgesetzt und gleichzeitig die Informationstechnik erneuert. Es konnte ohne Druck von außen vieles entwickelt werden. Wenn Zeitpläne nicht eingehalten worden sind, wie z. B. in allen Bundesländern bei der Einführung der kaufmännischen Buchführung auf kommunaler Ebene, dann hatte es keine Konsequenzen. Die Termine wurden einfach großzügig nach hinten verschoben. Das ist heute anders. Die Digitalisierung treibt die Verwaltungen vor sich her. Die Bürgerinnen und Bürger sowie die Unternehmen erwarten elektronische Verwaltungsleistungen, die mit denen aus der Wirtschaft vergleichbar sind. Die Menschen haben sich an Amazon und Co. gewöhnt.

Da die technischen Entwicklungen noch lange nicht abgeschlossen sind, ist davon auszugehen, dass die Digitalisierung von Staat und Verwaltung ein Prozess ist, dessen Ende nicht abzusehen ist. Deutschland darf in diesem Prozess nicht abgehängt werden. Es finden sich leider Hinweise darauf, dass dem so ist. Auf die Hintergründe wird im nächsten Kapitel eingegangen.

Literatur

Acatech. (2015). *Smart Service Welt – Umsetzungsempfehlungen für das Zukunftsprojekt Internetbasierte Dienste für die Wirtschaft.*

aerzteblatt. (12. Oktober 2021). „Wir wissen, dass 2030 circa 500.000 Pflegekräfte fehlen werden". *aerzteblatt*, S. https://www.aerzteblatt.de/nachrichten/128103/Wir-wissen-dass-2030-circa-500-000-Pflegekraefte-fehlen-werden.

MACH AG. (22. 12 2022). https://www.mach.de/de/unternehmen.

Barton, T., Müller, C., & Seel, C. (2018). Digitalisierung – Eine Einführung. In T. Barton, C. Müller, & C. Seel (Hrsg.), *Digitalisierung in Unternehmen* (S. 3–7). Springer Vieweg.

Beck, R., Hilgers, D., Krcmar, H., Krimmer, R., Margraf, M., Parycek, P., . . . Schuppan, T. (2017). *Digitale Transformation der Verwaltung.* Bertelsmann-Stiftung.

Behördenspiegel. (2023). *Bundesregierung beschließt Datenstrategie.* Behördenspiegel.

Bendel, O. (2019). *350 Keywords Digitalisierung.* Springer Gabler.

Benz, A. (2001). *Der moderne Staat, Grundlagen der politischen Analyse*. Oldenbourg Wissenschaftsverlag.

Berger-Grabner, D. (2022). *Wissenschaftliches Arbeiten in den Wirtschafts- und Sozialwissenschaften*. Springer Gabler.

Bogumil, J., & Jann, W. (2020). *Verwaltung und Verwaltungswissenschaft in Deutschland*. Springer VS.

Böhret, C., Jann, W., & Kronenwett, E. (1988). *Innenpolitik und Politische Theorie*. Westdeutscher Verlag.

Böhret, C. (2005). Verwaltungspolitik als Führungsaufgabe. In B. Blanke, S. Bademer, F. Nullmeier, & G. Wewer, *Handbuch zur Verwaltungsreform* (S. 44–50). Wiesbaden: VS Verlag für Sozialwissenschaften.

Brede, H. (2005). *Grundzüge der Öffentlichen Betriebswirtschaftslehre*. Oldenbourg Wissenschaftsverlag.

Bundesamt, D. S. (03. 01. 2022). *Gemeinden in den Ländern nach Einwohnergrößenklassen*. Hessen.

Bundesministerium des Innern und für Heimat. (09. 01 2023). Onlinezugangsgesetz. https://www.onlinezugangsgesetz.de/Webs/OZG/DE/grundlagen/nachnutzung/efa/efa-node.html#:~:Text=Ganz%20zentral%20ist%20im%20f%C3%B6deralen,spart%20Zeit%2C%20Ressourcen%20und%20Kosten.

Bundesministerium des Innern. (2003). *SAGA- Standards und Architekturen für E-Government-Anwendungen*.

Bundesministerium des Innern, für Bau und Heimat. (2021). *Open-Data-Strategie*.

Bundesrechnungshof. (2019). *Abschließende Mitteilung an das Bundesministerium des Innern, für Bau und Heimat über die Prüfung Digitalisierungsprogramm/Portalverbund*. Bundesrechnungshof.

Bundesrechnungshof. (2022). *Bericht nach § 88 Absatz 2 BHO – IT-Konsolidierung des Bundes*. Bundesrechnungshof.

Bundestag, D. (2020). *Der demografische Wandel im öffentlichen Dienst*. Deutscher Bundestag.

Bundeszentrale für politische Bildung. (2021). *einfach Politik: Lexikon*. Bundeszentrale für politische Bildung.

Bundeszentrale für politische Bildung. (12. 12 2022). https://www.bpb.de/themen/europa/russland/47962/foederalismus-in-russland/.

Christensen, C., Matzler, K., & von den Eichen, S. (2011). *The innovator´s dilemma*. Vahlen.

Dapp, M., Balta, D., Palmetshofer, W., & Krcmar, H. (2016). *Open Data. The Benefits*. Konrad-Adenauer-Stiftung.

Deutsches Statistisches Bundesamt. (03. 01 2022). *Gemeinden in den Ländern nach Einwohnergrößenklassen*. Wiesbaden, Hessen.

Deutsches Statistisches Bundesamt. (03. 01 2023). Bevölkerung in Deutschland. https://www.destatis.de/DE/Themen/Gesellschaft-Umwelt/Bevoelkerung/Bevoelkerungsstand/_inhalt.html.

Deutsches Statistisches Bundesamt. (19. September 2023). *Öffentlicher Dienst.* https://www.destatis.de/DE/Themen/Staat/Oeffentlicher-Dienst/_inhalt.html.

Deutsches Statistisches Bundesamt. (28. November 2023). www.destatis.de. https://www.destatis.de/DE/Themen/Staat/Oeffentlicher-Dienst/Tabellen/beschaeftigte-geschlecht.html?nn=212936.

Deutschlandfunk. (19. September 2023). *Was tun gegen den Lehrermangel?* https://www.deutschlandfunk.de/lehrermangel-106.html.

Disterer, G. (2019). Was ist Verwaltungsinformatik? In A. Schmid (Hrsg.), *Verwaltung, eGovernment und Digitalisierung* (S. 41–51). Springer Vieweg.

dpa. (02. 01 2023). Das OZG ist kläglich gescheitert. eGovernment – Verwaltung digital, S. https://www.egovernment.de/das-ozg-ist-klaeglich-gescheitert-a-9291e91cf74fb7f5321400a9c26ae7fa/.

Evers-Wölk, M.-W., Kluge, J., & Steiger, S. (2022). *Künstliche Intelligenz und Distributed-Ledger Technologie in der öffentlichen Verwaltung.* TAB-Bericht 201.

Fisch, S. (2002). Verwaltungsaufbau nach 1945 in Deutschland. In K. König, *Deutsche Verwaltung an der Wende zum 21. Jahrhundert* (S. 11–32). Nomos.

Föderale IT-Kooperation. (09. 01 2023). IT-Planungsrat. https://www.it-planungsrat.de/.

Rechnungshof der Freien und Hansestadt Hamburg. (2004). *Jahresbericht.* Rechnungshof der Freien und Hansestadt Hamburg.

Fromm, N., & Schreiner, C. (2021). Die Sozialwahlen in der Krise: E-Democracy als Chance? dms – der moderne staat – Zeitschrift für Public Policy, Recht und Management, 185–206.

Garson, D. (2004). The Promise of Digital Government. In A. Pavlichev & D. Garson (Hrsg.), *Digital Government: Principles and Best Practices* (S. 2–15). Idea Group.

Gourmelon, A., Mroß, M., & Seidel, S. (2011). *Management im öffentlichen Sektor.* Rehm.

Gröpl, C. (2001). Haushaltsrecht und Reform – Dogmatik und Möglichkeiten der Fortentwicklung der Haushaltswirtschaft Gröpl (2001) *Gröpl, Christoph: Haushaltsrecht und Reform – Dogmatik und Möglichkeiten der Fortentwicklung der Haushaltswirtschaft.* Mohr Siebeck.

Hammerschmid, G., Lorenz, O., & Wierwille, K. (2019). *Ergebnisse des Zukunftspanels 2019.* Wegweiser.

Herz, H. (2008). Die Verwaltung der Parlamente. Stellung, Organisation und Funktionen der Landtagsverwaltungen und ihr Verhältnis zu den Landtagen. *Zeitschrift für Parlamentsfragen,* 528–546.

Hesse, J., & Ellwein, T. (2004). *Das Regierungssystem der Bundesrepublik Deutschland.* de Gruyter Recht und Politik.

Hitschold, H.-J. (2007). *Staatskunde.* Boorberg.

Institut für Arbeit und Qualifikation. (2023). *Beschäftigte des öffentlichen Dienstes 1991–2022.* Institut Arbeit und Qualifikation der Universität Duisburg-Essen.

Jaeger, M. (22. 11 2022). Fauler Allparteien-Kompromiss. *Frankfurter Allgemeine Zeitung.*

Jahn, S., Türkay, S., Krcmar, H., Hein, A., Daßler, L., Paul, L., & Pleger, S. (2022). *eGovernment Monitor 2022.* Initiative D21.

Jann, W. (2005). Neues Steuerungsmodell. In B. Blanke, S. Bandemer von, F. Nullmeier, & G. Wewer, Handbuch zur Verwaltungsreform (S. 74–83). Wiesbaden: VS Verlag für Sozialwissenschaften.

Jerzy, N. (07. September 2022). Länder mit dem kleinsten und dem größten öffentlichen Dienst. *Capital,* S. https://www.capital.de/karriere/laender-mit-dem-kleinsten-und-dem-groessten-oeffentlichen-dienst-32695826.html.

Kaczorowski, W., König, R., Meyer, R., & Wensauer, D. (2003). *eGovernment in den Bundesländern.* Friedrich-Ebert-Stiftung.

Klenk, T., Nullmeier, F., & Wewer, G. (2020). Auf dem Weg zum Digitalen Staat? In T. Klenk, F. Nullmeier, & G. Wewer (Hrsg.), *Handbuch Digitalisierung in Staat und Verwaltung* (S. 4–22). Springer VS.

Krumm, T. (2015). *Föderale Staaten im Vergleich.* Springer VS.

Kubicek, H., Breiter, A., & Jarke, J. (2020). Daten, Metadaten, Interoperabilität. In T. Klenk, F. Nullmeier, & G. Wewer (Hrsg.), *Handbuch Digitalisierung in Staat und Verwaltung* (S. 27–40). Springer VS.

Kühn, H., Plazek, M., Schuster, F., Czanderle, F., & Peper, B. (2018). *Nicht beim Onlinezugang stehen bleiben – Potenziale der Automatisierung nutzen.* Institut für den öffentlichen Sektor.

Niedersächsischer Landesrechnungshof. (2019). *Jahresbericht 2019.* Niedersächsischer Landesrechnungshof.

Lenk, K. (2018). Verwaltungsinformatik in der Zeit nach E-Government. *Verwaltung & Management,* 217–225.

von Lucke, J., & Reinermann, H. (2000). *Speyerer Definition von Electronic Government.* Forschungsinstitut für öffentliche Verwaltung bei der Hochschule für Verwaltungswissenschaften Speyer.

von Lucke, J., & Reinermann, H. (2002). *Electronic Government in Deutschland.* Speyer Forschungsberichte 226.

Mayntz, R. (1985). *Soziologie der öffentlichen Verwaltung.* UTB für Wissenschaften.

Landesrechnungshof Niedersachsen. (2021). *Beratende Äußerung gem. §88 Abs. 2 LHO – Verwaltungsdigitalisierung.* Landesrechnungshof Niedersachsen.

Normenkontrollrat, N. (2023). *Weniger, einfacher, digitaler.* Nationaler Normenkontrollrat.

Europäisches Parlament, & Europäischer Rat. (2019). *Richtlinie (EU) 2019/1024 über offene Daten.* Europäische Union.

Piesold, R.-R. (2021). *Kommunales E-Government.* Springer Gabler.

Rudzio, W. (2006). *Das politische System der Bundesrepublik Deutschland.* VS Verlag.

Rudzio, W. (2019). *Das politische System der Bundesrepublik Deutschland.* Springer VS.

Schmid, A. (2019). Verwaltungsinformatik und eGovernment im Zeichen der Digitalisierung – Zeit für ein neues Paradigma. In A. Schmid (Hrsg.), *Verwaltung, eGovernment und Digitalisierung* (S. 3–22). Springer Vieweg.

Schmid, A. (2022a). *Electronic Governance.* Springer Vieweg.

Schmid, A. (2022b). Electronic Governance – Über die Notwendigkeit einer neuen Managementaufgabe. *Zeitschrift für Corporate Governance*, 197–201.

Schulte-Zurhausen, M. (1994). *Organisation.* Vahlen.

Der Spiegel. (16. 12 2022). www.spiegel.de. https://www.spiegel.de/netzwelt/web/gerhard-schroeder-die-daten-muessen-laufen-nicht-die-buerger-a-133931.html.

Behörden Spiegel. (11. 01 2023). OZG-Nachfolge erst 2024. *Newsletter Digitaler Staat und Cyber Security*, S. 1.

Spirakis, G., Spirakis, C. S., & Nikolopoulos, K. (2010). The impact of electronic government on democracy: e-democracy through e-participation. *Electronic Government, an International Journal*, 75–88.

Stark, C. (2019). Korruption im deutschen öffentlichen Dienst: Spannungsfelder und Problembereiche. In K. Möltgen-Sicking, H. Ricardo Otten, M. Schophaus, & S. Vargas Côrtes (Hrsg.), *Öffentliche Verwaltung in Brasilien und Deutschland* (S. 268–285). Springer VS.

International Monetary Fund. (03. 01 2023). Statista. https://de.statista.com/statistik/daten/studie/157841/umfrage/ranking-der-20-laender-mit-dem-groessten-bruttoinlandsprodukt/

Tsebelis, G. (2002). *Veto Players.* Princeton University Press.

Europäische Union. (2022). *Index für die digitale Wirtschaft und Gesellschaft (DESI).* Europäische Union.

Fachausschuss Verwaltungsinformatik. (2000). *Electronic Government als Schlüssel zur Modernisierung von Staat und Verwaltung.*

Walter, L., & Hagen, T. (2009). *Reformruine kommunale Doppik.* MbVerlag.

Węcel, K. (2022). *Big, Open and Linked Data.* Springer Nature Switzerland.

Wirtz, B., & Daiser, P. (2018). E-Government. In R. Voigt (Hrsg.), *Handbuch Stat* (S. 981–995). Springer VS.

Wolf, T., & Strohschen, J.-H. (2018). Digitalisierung: Definition und Reife. *Informatik Spektrum*, 56–64.

6 Ausgangsbasis: E-Government Development Index (EGDI)

Zusammenfassung Für eine empirische Untersuchung ist es erforderlich, die wichtigen Vergleichsparameter zu bestimmen. Gegenstand der vorliegenden Untersuchung ist das eGovernment. Der E-Government Development Index (EGDI) der Vereinten Nationen ist die bekannteste und umfassendste Analyse zum Entwicklungsstand in den Mitgliedsstaaten. Er wird als abhängige Variable im weiteren Verlauf der Arbeit verwendet. Die Hintergründe werden in diesem Kapitel dargestellt.

Der E-Government-Entwicklungsindex der Vereinten Nationen ist ein Vergleich der Mitgliedsstaaten. Die Ergebnisse sollen politische Entscheidungsträger und die Öffentlichkeit über Trends und Fortschritte beim eGovernment informieren. Der EGDI kann damit auch als Instrument zur Identifizierung von Verbesserungspotenzialen dienen. Die Ersterhebung der Daten erfolgte im Jahr 2003. In den ersten Jahren fanden jährliche Auswertungen statt, die ab 2008 durch einen zweijährigen Rhythmus ersetzt wurden.

Seit der Ersterhebung des EGDI befand sich Deutschland nie in der absoluten Spitzengruppe, gleichwohl immer unter den besten 15 % aller Nationen. Dieser Befund relativiert ein wenig die Eigenwahrnehmung, dass in Deutschland das eGovernment im Vergleich zu anderen Staaten weit zurückliegt. Allerdings entwickelte sich Deutschlands Position im Ranking nicht in die gewünschte Richtung (vgl. United Nations, 2022), wie folgende Abbildung verdeutlicht (vgl. Abb. 6.1):

Auf eine Mikro-Diskussion über die Entwicklung im Zeitverlauf kann verzichtet werden. Zum einen fällt bei genauer Datenanalyse auf, dass die

A. Schmid, *eGovernment in Deutschland – eine unvermutete Erfolgsgeschichte,* Edition Innovative Verwaltung, https://doi.org/10.1007/978-3-658-44634-5_6

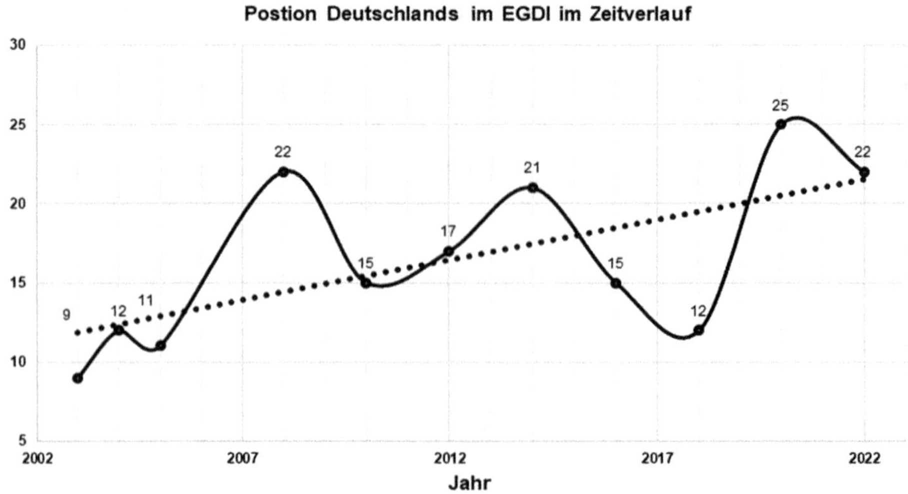

Abb. 6.1 Position Deutschlands im EGDI im Zeitverlauf

Abstände zwischen den Nationen in den unterschiedlichen Erhebungsjahren sehr gering sind. Zum anderen ist es nicht Ziel dieser Untersuchung, eine Ranking-Diskussion zu führen. Es geht allein um die Frage, warum Deutschland zurückliegt Kap. 3.

Die Kernaussage der Abbildung ist, dass sich Deutschland immer unter den ersten 15 % aller Nationen befand. Die Trendlinie verdeutlicht, dass Deutschland im Ranking immer weiter nach hinten durchgereicht wurde. Auch in den absoluten Werten des Rankings hat das Land an Boden verloren. Die Entwicklungstendenz ist summarisch betrachtet negativ. Berücksichtigt man die enormen staatlichen Anstrengungen für das eGovernment, dann führen die Ergebnisse zur Beunruhigung. Hierzu trägt auch eine genauere Datenanalyse bei. Betrachtet man ausschließlich Ergebnisse der entwickelten Staaten, dann befindet sich Deutschland lediglich im hinteren Mittelfeld (vgl. Nationaler Normenkontrollrat, 2022, S. 31). Im aktuellen EGDI-Ranking des Jahres 2022 liegt Deutschland auf Platz 22. Nachfolgende Abbildung gibt einen Überblick über das Ranking und die vor Deutschland liegenden Nationen (United Nations, 2022), vgl. Abb. 6.2:

Die Abbildung veranschaulicht neben der Positionierung der Nationen auch die zugehörigen absoluten Ergebnisse. Sie ergeben sich als zusammengesetztes Maß aus nachfolgenden drei E-Government-Elementen:

	E-Government Ranking	
	Position	Wert
Denmark	1	0.9717
Finland	2	0.9533
Republic of Korea	3	0.9529
New Zealand	4	0.9432
Iceland	5	0.9410
Sweden	5	0.9410
Australia	7	0.9405
Estonia	8	0.9393
Netherlands	9	0.9384
United States of America	10	0.9151
United Kingdom of Great Britain and Northern Ireland	11	0.9138
Singapore	12	0.9133
United Arab Emirates	13	0.9010
Japan	14	0.9002
Malta	15	0.8943
Israel	16	0.8885
Norway	17	0.8879
Spain	18	0.8842
France	19	0.8832
Austria	20	0.8801
Slovenia	21	0.8781
Germany	22	0.8770

Abb. 6.2 Position Deutschlands im EGDI

1. Der Bereitstellung von Online-Diensten.
2. Den technischen (infrastrukturellen) Kommunikationsmöglichkeiten.
3. Dem Humanfaktor Mensch.

Das Ranking ergibt sich daher aus dem Angebot (1) und den technischen (2) sowie gesellschaftlichen Nutzungsmöglichkeiten (3). Die Logik des Rankings ist einfach zu verstehen:

1. Existieren keine Angebote von Onlinediensten, dann ist keine Nutzung möglich.
2. Existiert keine Infrastruktur, dann können Angebote nicht genutzt werden.
3. Existiert kein gesellschaftliches Wissen, dann können Angebote nicht genutzt werden.

Die Erläuterungen über das Zustandekommen des EGDI sind vereinfachend dargestellt. Es handelt sich um einen umfangreichen Datenbestand, der sich aus verschiedenen Quellen speist.

Die Bewertung im EGDI erfolgt relativ zueinander und ist damit kein absolutes Maß. Das Grundmodell ist über den Zeitablauf gleichgeblieben. Die Gewichtung einzelner Werte veränderte sich im Zeitablauf. Dieses Vorgehen ist nachvollziehbar, da sich zwischenzeitlich u. a. die Technologien und Erwartungshaltungen an das eGovernment verändert haben.

Es existieren vereinzelt kritische Stimmen zum EGDI (vgl. z. B. Whitmore, 2012). Die Auswahl der Datensätze, die Gewichtung von Indikatoren und die Ermittlung eines rechnerischen Wertes werden als verbesserungsfähig angesehen. Die Kritik könnte man allerdings auch an vielen anderen Rankings äußern. Es ist die konstituierende Eigenschaft eines Rankings, dass man die zugrunde liegenden Daten zu einem Wert verdichten muss.

Es sprachen unterschiedliche Gründe dafür, den EGDI als Ausgangsbasis für diese Untersuchung heranzuziehen. Die Institution der Vereinten Nationen ist der wichtigste zwischenstaatliche Zusammenschluss auf der Welt. An ihrer herausragenden Stellung gibt es keine Zweifel und ihre Datenerhebungen haben ein besonderes Gewicht. Der EGDI ist des Weiteren das bekannteste und meistzitierte Ranking zum eGovernment weltweit (vgl. z. B. Kabbar, 2021, S. 28). Durch den langen Erhebungszeitraum lassen sich Entwicklungen gut nachvollziehen und auf Basis der Einzelparameter lässt sich erkennen, wie sich die einzelnen Staaten im Detail entwickelt haben. Es ist darüber hinaus von Vorteil, dass das Grundmodell der Erhebung gleichgeblieben ist. Es sichert die Belastbarkeit der Ergebnisse ab. Der EGDI umfasst 193 Staaten. Keine andere Untersuchung umfasst eine solche Anzahl. Die zugrunde liegenden Daten werden aufgrund ihrer Qualität auch für andere Erhebungen herangezogen (vgl. z. B. Dener et al., 2021). Dies ist ein klares Indiz dafür, dass der EGDI als das wichtigste Barometer über den Entwicklungsgrad des eGovernments angesehen werden kann.

Ähnlich gelagerte, allerdings nicht 1:1-vergleichbare Untersuchungen kommen zu Ergebnissen, die sich nicht wesentlich von den EGDI-Resultaten unterscheiden. Der GovTech Maturity Index konstatiert beispielsweise, dass Deutschland zur Spitzengruppe von 43 Ländern („Very high: GovTech leaders“) gehört (vgl. Dener et al., 2021, S. 24). Die OECD sieht Deutschland in einer anderen Untersuchung auf Platz 25 (vgl. OECD, 2021, S. 183). Beide Untersuchungen weisen tendenziell ein mit dem EGDI vergleichbares Ergebnis aus.

Eine viel beachtete Studie erstellt die Europäische Union. Im eGovernment Benchmark 2022 (vgl. European Commission, 2022) liegt Deutschland auf Platz 21 von 35 untersuchten Staaten. Zieht man die Ergebnisse

	European Comission	EGDI
Malta	1	15
Estonia	2	8
Luxmebourg	3	26
Iceland	4	5
Netherlands	5	9
Finland	6	2
Denmark	7	1
Lithuania	8	24
Latvia	9	29
Norway	10	17
Spain	11	18
Portugal	12	38
Austria	13	20
Belgium	14	39
Sweden	15	5
Türkiye	16	48
Ireland	17	30
France	18	19
Slovenia	19	21
Hungary	20	51
Germany	**21**	**22**

Abb. 6.3 Rankingvergleich eGovernment Benchmark und EGDI

des eGovernment Benchmark heran und vergleicht sie mit dem EGDI, zeigen sich interessante Ergebnisse (vgl. Abb. 6.3):

In der Spalte „EGDI" sind auf der rechten Seite 12 Staaten mit ihrem Ranking-Ergebnis aufgeführt, die im EGDI vor Deutschland liegen. Auf der linken Seite finden sich die 8 Nationen, die hinter Deutschland liegen. Von diesen 8 sind im EGDI-Ranking Luxemburg (Platz 26), Litauen (Platz 24), Lettland (Platz 29) und Irland (Platz 30) nicht weit von Deutschland entfernt (Platz 22). Dies zeigt sich vor allem mit Blick auf die absoluten Ergebnisse des EGDI: Deutschland (0,8770), Luxemburg (0,8675), Litauen (0,8745), Lettland (0.8599). Auch diese Ergebnisse verdeutlichen, dass Deutschlands Platzierung im EGDI von der Tendenz her mit den Ergebnissen des eGovernment Benchmarks vergleichbar ist. Die unterschiedlichen Untersuchungen setzen zwar eigene Schwerpunkte. Sie basieren im Kern aber auf ähnlichen Grundlagen. Andernfalls würde sich das Grundverständnis zum Gegenstand „eGovernment" deutlich unterscheiden. Es ist daher auch nicht verwunderlich, dass die Untersuchungsergebnisse in ähnliche Richtungen zeigen.

Zusammenfassend lässt sich festhalten, dass als Vergleichsindex für die weiteren Analyse der EGDI die geeignete Basis ist. „Comparisons of e-Government development are mostly performed using reference to the UNDESA e-Government studies, especially with special reference to the e-Government development index (EGDI) …" (Bwalya, 2018, S. 48). Die abhängige Variable „eGovernment unterentwickelt" wird für die nachfolgenden Analysen als Basis herangezogen und orientiert sich an Deutschlands Positionierung im Ranking. Die vor und hinter Deutschland liegenden Nationen rücken damit in der Untersuchungsfokus. Es soll hypothesengetrieben herausgefunden werden, welche Eigenschaften eines Staates das EGDI-Ergebnis möglichweise beeinflussen. Hieraus lässt sich ableiten, was in Deutschland verändert werden müsste, um das eGovernment weiter voranzubringen.

Literatur

Bwalya, K. (2018). *The e-Government discourse*. AOSIS.

Commission, E. (2022). *EGovernment benchmark 2022*. European Commission.

Dener, C., Nil-Aponsah, H., Ghunny, L., & Johns, K. (2021). *GovTech maturity index*. The World Bank.

Kabbar, E. (2021). A comparative analysis of the E-Government development Index (EGDI). *International Conferences ICT, Society, and Human Beings*, 23–29.

Normenkontrollrat, N. (2022). *Bürokratieabbau in der Zeitenwende*. Nationaler Normenkontrollrat.

OECD. (2021). *Government at a Glance*. OECD.

United Nations. (2022). *E-Government Survey 2022*. United Nations.

Whitmore, A. (Volume 29, Issue 1 2012). A statistical analysis of the construction of the United Nations E-Government Development Index. Government Information Quarterly, S. 68–75.

7

Hypothese 1: Wenn ein Staat korrupt ist, dann ist das eGovernment unterentwickelt

Zusammenfassung Korruption bevorteilt Einzelne zulasten der Gemeinschaft. Sie kann im Extremfall zu einer Unterwanderung des Staates führen. eGovernment ist hingegen ein Instrumentarium, mit dem Transparenz des Verwaltungshandelns geschaffen werden kann und soll. Hieraus folgt, dass in korrupten Staaten kein Interesse am eGovernment bestehen bedürfte, was sich in seiner Qualität ausdrücken dürfte. Diese Hypothese wird nachfolgend konkretisiert und geprüft.

Der Begriff „Korruption“ geht auf das lateinische Wort „corruptio“ zurück. Es bedeutet so viel wie Verdorbenheit bzw. Bestechlichkeit. Der bekannte Governance-Ethiker Josef Wieland definiert Korruption wie folgt: Es wird ein moralischer Konsens in einer Gesellschaft verletzt, der durch den Missbrauch einer Vertrauensstellung entsteht. Korruption sediert zu informellen (sittenwidrige Käuflichkeit) und formellen Institutionen (Korruptionsgesetz, Wettbewerbsgesetz), die das Spektrum erlaubter individueller Tauschhandlungen und ökonomischer Kooperationen bestimmen (vgl. Wieland, 2005, S. 43). Bei Korruption handelt es sich um eine anomale Transaktion, die in der Gesellschaft auf Ablehnung stößt und strafrechtlich verfolgt wird (vgl. Priddat, 2005, S. 86).

Die Korruptionsforschung befasst sich grundsätzlich mit dem Missbrauch durch und der Bevorteilung von Entscheidern. Sie wird vor allem von Straftatbeständen bestimmt (vgl. Redwitz, 2014, S. 8). In Deutschland geht es vor allem um die Vorteilsnahme (§ 331 Strafgesetzbuch (StGB)), die Vorteilsgewährung (§ 333 StGB), die Bestechlichkeit (§ 332 StGB) und die

A. Schmid, *eGovernment in Deutschland – eine unvermutete Erfolgsgeschichte,* Edition Innovative Verwaltung, https://doi.org/10.1007/978-3-658-44634-5_7

Bestechung (§ 334 StGB). Der wesentliche Unterschied zwischen der Vorteilsnahme und der Bestechung liegt darin, dass bei einer Vorteilsnahme die Ausübung des Geschäfts noch rechtmäßig und mithin bei der Bestechung absichtlich rechtwidrig gehandelt wird. Ein Wesensmerkmal von Vorteilsnahme und Bestechung ist, dass es sich um ein „opferloses Delikt" handelt. Hierunter wird verstanden, dass keine Person unmittelbar betroffen ist. Eine direkte physische oder psychische Belastung findet nicht statt. Dies erklärt zu einem wesentlichen Teil, warum entsprechende Tatbestände schwer aufzuklären sind. Wo kein Opfer existiert, existiert auch kein Täter. Vorteils- oder Korruptionstatbestände werden daher oft erst durch „Whistleblowing" offenkundig (vgl. z. B. Schweitzer, 2017). Der inzwischen auch im Deutschen häufig verwendete Begriff bedeutet, dass aus einem eingeweihten oder informierten Personenkreis Informationen über rechtswidriges Verhalten preisgegeben werden.

Als Standardfall gilt die Korruption bei Geschäftsbeziehungen mit dem Staat (vgl. Priddat, 2005, S. 86). Es geht um den Missbrauch staatlicher Macht für private Zwecke eines Amtsinhabers. Ökonomisch betrachtet handelt es sich um illegales, sogenanntes „Rent-Seeking" im öffentlichen Sektor (vgl. Pies, 2005, S. 66). Hierunter wir allgemein verstanden, dass Interessengruppen eine Verbesserung ihres Einkommens durch politische Einflussnahme erlangen wollen. Die Übergänge zum Lobbying, d. h. der Pflege von Beziehungen zu Vertretern der Exekutive, Judikative oder Legislative ist fließend. Zur Kontaktpflege werden Entscheider z. B. eingeladen. Es werden Räume geschaffen, von deren Betreten sich die Entscheider einen Vorteil versprechen.

Deutschland gilt im Allgemeinen als wenig korrupt. Im „Corruption Perceptions Index" (CPI) Abschn. 7.1 liegt Deutschland auf Platz 6 von 180 Staaten. Es ist zu berücksichtigen, dass unterschiedliche Länder im CPI denselben Wert aufweisen und mithin im Ranking auf gleicher Position liegen können. Das tatsächliche Ausmaß von Korruption ist in Deutschland schwer abschätzbar (vgl. z. B. Stark, 2019, S. 271). Das gilt aber auch für andere Staaten weltweit.

Das Bundeskriminalamt legt einen jährliches Bundeslagebild vor, das für das Jahr 2021 einen Anstieg von Korruptionsstraftaten um 34,9 % feststellte (vgl. Bundeskriminalamt, 2022, S. 2). Der hohe Anstieg, der ein breites Medienecho fand, muss an dieser Stelle nicht weiter analysiert werden. Zum einen schränkt das BKA die Aussagekraft der Ergebnisse aufgrund von intensiveren Prüfungen selbst ein. Zum anderen gab es einen überproportionalen Anstieg im Gesundheitswesen, der sehr wahrscheinlich auf die besonderen Umstände der Covid19-Pandemie zurückgeführt werden kann.

Hierzu gibt es inzwischen wissenschaftliche Untersuchungen, die diese Vermutung bestätigen: „Die Covid-19-Pandemie hat zu erheblichen Veränderungen auf der politischen bzw. administrativen, ökonomischen und sozialen Ebene geführt, die tendenziell zu einer Ausweitung der Korruptionsmöglichkeiten führen“ (Graeff, 2022, S. 190).

Der Aufbau und die Struktur des deutschen Staates gelten als Erfolgsfaktor für die vergleichsweise geringe Korruption. Der Bürokratieansatz von Max Weber wird als ein wichtiges Präventionsinstrument angesehen (vgl. Stark, 2019, S. 272). Hierarchie, Regelgebundenheit, Arbeitsteilung usw. Abschn. 5.2 wirken sich aus naheliegenden Gründen positiv aus. Nach herrschender Meinung ist auch das Berufsbeamtentum (Artikel 33 Abs. 4 Grundgesetz) von Vorteil, da hoheitliche Befugnisse in die Hände eines Personenkreiseses gelegt werden, der dem Staat in besonderer Weise verpflichtet ist. Die zugehörige amtsangemessene Alimentation (abgeleitet aus Artikel 33 Abs. 5) leistet darüber hinaus einen wichtigen Beitrag dazu, dass Beamte nicht auf zusätzliche finanzielle Quellen angewiesen sind.

Die weberschen Prinzipien führen aber auch zu einem Verwaltungshandeln, das korruptionsfördernd wirkt. Durch die formalen und an Regeln gebundenen Abläufe sind viele Verwaltungsverfahren von langer Dauer. Dies führt dazu, dass aus sich der Verwaltungskunden, ein Interesse an „Verfahrensbeschleunigung“ besteht (vgl. Jansen, 2005, S. 36). Das Hauptproblem des korrupten Handelns in Deutschland liegt daher nicht unbedingt in der Verwaltung selbst, sondern in der Wirtschaft und der Politik (vgl. Stark, 2019, S. 283). Die Politik, unabhängig von der Parteizugehörigkeit, leistet durch komplizierte Gesetze einen wesentlichen Beitrag dazu, dass die Verfahrensdauern aus Sicht der Kunden unbefriedigend sind. Verwaltungen können sich als Exekutive nicht gegen diese Regelungen wehren. Sie wollen es auch nicht, da sie institutionell eine Budgetmaximierungsstrategie verfolgen. Das Politisch-Administrative System hat damit einen nicht unerheblichen Einfluss darauf, ob ein Interesse an Korruption überhaupt entsteht.

Einige Autoren sehen im Einsatz moderner Informationstechnologien ein Einfallstor für ein „Mehr“ an Korruption. „Die Digitalisierung des Verwaltungshandelns hat auf der einen Seite Verwaltungsprozesse effizienter und oftmals bürgerorientierter werden lassen, auf der anderen Seite vermindert der Verzicht auf eine ‚echte‘ Akte die Möglichkeiten der Offenlegung und Nachvollziehbarkeit von Verwaltungshandeln“ (Stark, 2019, S. 279). Dem lässt sich entgegenhalten, dass es erst durch die moderne Informationstechnologie gelingen kann, Korruptionsprävention situationsadäquat zu betreiben. Stichworte hierfür sind u. a. „Big Data“, „Fraud-Management“ oder „Data Mining“, die neuen Möglichkeiten eröffnet haben.

In der Praxis spielt „Fraud-Detection" inzwischen eine wichtige Rolle (vgl. z. B. Schmid, 2022, S. 107). Es handelt sich um die technische Umsetzung des Fraud-Managements. Der Einsatz von ERP-Systemen in den Verwaltungen ist hierbei von Vorteil. Durch die standardisierte Systemarchitektur können Auswertungen einfach durchgeführt und dadurch Anomalien in Datensätzen leicht identifiziert werden. Solche Analysen finden inzwischen in vielen Verwaltungen statt und führen zu messbaren Ergebnissen. Es verwundert daher nicht, dass die Rechnungshöfe diese Entwicklungen positiv einschätzen (vgl. z. B. Rechnungshof von Berlin, 2022). Die Chancen für die Korruptionsbekämpfung werden durch technische Unterstützungssysteme deutlich verbessert.

Es gilt als empirisch gesichert (vgl. Enste & Heldmann, 2017, S. 23), dass Korruption Staaten in mehrfacher Hinsicht schädigt. Korruption behindert die wirtschaftliche Entwicklung, sorgt für ein schlechteres Gesundheits- und Bildungssystem, zerstört Sozialkapital und schürt Misstrauen in der Bevölkerung gegenüber Politik und Verwaltung (vgl. z. B. Enste, 2021, S. 28). Es hängt allerdings stark von der wirtschaftlichen Dynamik einer Volkswirtschaft ab. Staaten, die schnell wachsen, haben empirisch betrachtet ein geringeres Korruptionsrisiko (vgl. Jansen, 2005, S. 15–17). Die erscheint naheliegend, da von einer schnell wachsenden Wirtschaft alle profitieren. Der Bedarf für eine individuellen Vorteilsnahme ist geringer. Auf eine Diskussion über die konkreten Auswirkungen wirtschaftlicher Entwicklungen auf die Korruption kann an dieser Stelle verzichtet werden, da sie keinen Beitrag zur Beantwortung der Forschungsfrage leistet. Folgende Aussage fasst die Diskussion zutreffend zusammen: „The economic impact of corruption has been discussed ambivalently in the last decades" (Enste & Heldmann, 2017, S. 23).

Es liegt auf der Hand, dass Korruption negative Auswirkungen auf das eGovernment haben muss. So untergräbt Korruption die Demokratie, indem sie das Vertrauen der Öffentlichkeit in die Institutionen zerstört und die politische Entscheidungsfindung im Interesse einiger weniger verzerrt (vgl. Lifuka, 2022, S. 4). Wenn das Vertrauen in die Institutionen gestört ist, dann spricht das gegen eine erfolgreiche Anwendung bzw. Nutzung von eGovernment-Angeboten. Dieser Befund findet sich auch in unterschiedlichen wissenschaftlichen Quellen wieder: „Trust in institutions is outlined as a … prerequisite for successful e-governance" (Stephany, 2020, S. 308).

Mit fehlendem Vertrauen in den Staat und seine Institutionen schwindet z. B. die Bereitschaft, eigene Informationen/Daten mit dem Staat zu teilen. In Deutschland lässt es sich beispielhaft an der Covid19-Pandemie zeigen. Bis Ende November 2022 haben nur rd. 50 % der in Deutschland lebenden

Personen die Corona-Warn-App der Bundesregierung heruntergeladen (vgl. Robert-Koch-Institut, 2022). Viele lehnten die App ab. Eine Studie aus dem Jahr 2020 kommt hier zu interessanten Ergebnissen: „Während sich die Nutzer vor allem zusätzlich Informationen und eine europaweite Vernetzung wünschen, führen die Nicht-Nutzer vor allem datenschutzrechtliche Bedenken an. Wenngleich weitere Maßnahmen die Einstellung positiv beeinflussen können, scheint die Nicht-Nutzung dennoch tiefer verankert zu sein" (Klein, Nihalani, & Wollman, 2020, S. 1). Dieser Verankerung ist auch im jährlich erscheinenden eGovernment-Monitor regelmäßig zu beobachten (vgl. z. B. Jahn, et al., 2023). eGovernment-Lösungen können es unter solchen Bedingungen nur schwer haben.

Als ein weiterer Indikator für das Misstrauen der Bürgerinnen und Bürger in den Staat können die Ergebnisse des Global Corruption Barometers Abschn. 7.1 herangezogen werden. Einerseits ist Deutschland bei allen Befragungsergebnissen hinsichtlich der Korruption besser als der europäische Durchschnitt, teilweise belegt Deutschland sogar Spitzenplätze. Befragt man die Deutschen aber danach, ob die Parlamente von privaten Interessen geleitet werden, dann stimmen 62 % der Deutschen zu (vgl. Kukutschka, 2021, S. 29). Die Realität steht daher in einem deutlichen Widerspruch zur Wahrnehmung in der Bevölkerung. Es ist ein klares Indiz dafür, dass das Vertrauen in die staatlichen Strukturen nicht sehr ausgeprägt ist. Eine freiwillige Weitergabe persönlicher Daten oder Informationen an den Staat, wie bei der Corona-Warn-App, ist unter diesen Bedingungen nicht zu erwarten.

Um Korruption bekämpfen zu können, stellt sich zunächst die Frage, welche begünstigenden oder verhindernden Einflussfaktoren existieren. Die wissenschaftliche Literatur liefert hierfür zahlreiche Erklärungsversuche. Extrahiert man diese, dann lässt sich zugespitzt formulieren, dass der privatwirtschaftliche Wettbewerb in einem Staat und zwischen Staaten korruptionspräventiv wirken. Monopolartige Strukturen müssen sich keiner Korruption bedienen, da sie als Alleinanbieter agieren können. Steigt die Intensität des Wettbewerbs, dann werden die zu verteilenden Margen geringer und die Unternehmen müssen ihre Effizienz immer weiter steigern. Korruption ist in solchen Wettbewerbssituationen teuer erkauft, weil der Markt Preisdruck ausübt. Darüber hinaus steigt die Gefahr, dass die große Konkurrenz den potenziellen Vorteilsgeber in seinem Handeln beobachtet, analysiert und ggf. diskreditiert. Allein in Deutschland sind im Jahr 2021 rund 1000 neue Vergabeprüfverfahren nach § 184 Gesetz gegen Wettbewerbsbeschränkungen eingegangen (vgl. Bundesministerium für Wirtschaft & Energie, 2022). Des Weiteren erhöht der internationale Wettbewerb den Druck, sich regelkonform zu verhalten, denn „...a higher involvement in the international trade puts more pressure on a country's government to grant good conditions for foreign companies and to fight corruption“ (Enste & Heldmann, 2017, S. 15).

Zusammengefasst haben Vorteilsnahmen und Korruption in staatlichen Strukturen Fehlallokation öffentlicher Ressourcen zur Folge. Der Staat zahlt beispielsweise zu viel für bestimmte Güter, erhält schlechtere Leistungen oder investiert in die falschen Sektoren (vgl. Wolf, 2021, S. 24). Korruption ist daher ein Entwicklungshindernis für Staaten und behindert vor allem die Effizienz und Effektivität von Exekutive und Judikative. Korruption kann darüber hinaus ein Aushöhlen staatlicher Strukturen zur Folge haben, wodurch in Demokratien die Staatsgewalt nicht mehr Volk ausgehen kann. Aus diesen Gründen muss die Bekämpfung der Korruption in einem Staat große Priorität genießen und ist z. B. ein entscheidendes Kriterium für die Aufnahme in die Europäische Union.

In korrupten Staaten wird weniger investiert, was in der Folge die Wettbewerbsfähigkeit verringert und damit das Bruttoinlandsprodukt negativ beeinflusst (vgl. Enste & Heldmann, 2017, S. 35). Hierdurch stehen dem Staat geringere finanzielle Mittel zur Verfügung. Diese werden typischerweise zunächst für dessen Grundbedürfnisse eingesetzt, wie z. B. für die innere und äußere Sicherheit, die Bildung oder das Gesundheitswesen. eGovernment steht dann nicht mehr auf der Prioritätenliste ganz oben, obwohl diese Investitionen für die Zukunft eines Staates unabdingbar sind Abschn. 5.4. Wirft man einen Blick auf das Ende des im nachfolgenden Abschnitt erläuterten Corruption Perceptions Index, findet man auf den letzten fünf Plätzen Jemen, Venezuela, Syrien, Somalia und Süd-Sudan. In diesen Staaten hat eGovernment mit Sicherheit nicht die oberste Priorität.

Für die Entwicklung des eGovernments und die Erstellung von eGovernment-Dienstleistungen wird sich externer Dienstleister bedient. Die Staaten haben in der Regel keine Wahl, da es am eigenen Know-how fehlt und technisches Spezialwissen gefordert ist. Im Sinne des deutschen Subsidiaritätsprinzips ist die Beauftragung Externer der zu präferierende Weg. In korrupten Strukturen besteht bei der Inanspruchnahme von externen Dienstleistungen hingegen die latente Gefahr, dass nicht der wirtschaftlichste Anbieter zum Zuge kommt. Es ist daher nicht zu erwarten, dass in diesen Staaten die besten eGovernment-Lösungen bereitgestellt werden.

Für Deutschland lässt sich zusammenfassend konstatieren, dass die Korruption eher gering ausgeprägt ist. Hierbei wirken der Aufbau und die Strukturen des Staates in Verbindung mit dem Berufsbeamtentum präventiv. Diese Tatsachen stehen ein Stück weit im Widerspruch zur Wahrnehmung in der Bevölkerung, die offensichtlich dem Staat zumindest nicht vollumfänglich vertraut.

Die Liste der negativen Auswirkungen von Korruption auf das eGovernment ist lang: Es wird Vertrauen in den Staat zerstört, Ressourcen werden fehlallokiert und Investitionsmittel stehen in geringerem Umfang zur Verfügung etc. Aus diesen Überlegungen heraus speist sich folgende Hypothese: **Wenn ein Staat korrupt ist, dann ist das eGovernment unterentwickelt.**

7.1 Datenbasis: Corruption Perceptions Index (CPI)

Der Corruption Perceptions Index wurde 1995 vom Johann Graf Lambsdorff für den Transparency International e. V. entwickelt. Die Organisation wurde 1993 in London und Berlin gegründet und hat sich zum Ziel gesetzt, die globale Korruption zu bekämpfen. Sie arbeitet in Länder-, Arbeits- und Regionalgruppen und ist in mehr als 100 Staaten vertreten. Transparency International e. V. ist die weltweit anerkannteste Nichtregierungsorganisation, die sich der Bekämpfung der Korruption verschrieben hat.

Der CPI stützt sich auf 13 Datenquellen unterschiedlicher Organisationen, die sich mit dem Wirtschaftsklima und der Regierungsführung befassen. Es fließen u. a. Befragungsergebnisse von Personenkreisen mit ein, die Aussagen zu korruptionsbezogenen Sachverhalten machen können. Aus Deutschland werden z. B. Daten des „Sustainable Governance Indicators" der Bertelsmann-Stiftung herangezogen.

Der Index verwendet eine Skala von 0 bis 100 Punkten. Ein höherer Wert ist gleichbedeutend mit einer geringeren Korruptionswahrnehmung vice versa. Deutschland verfügt über einen Score von 80 im Jahr 2021 (vgl. Transparency International, 2022). Dänemark, Neuseeland und Finnland liegen mit einem Wert von 88 an der Spitze, Südsudan mit 11 am Ende (vgl. Anhang 2: Corruption Perceptions Index (CPI) 2021). Im CPI sind 180 Länder vertreten. Unterschiedliche Staaten können über denselben CPI-Wert verfügen, d. h. die Ergebnisse sind nicht ordinalskaliert.

Neben dem CPI ermittelt und veröffentlicht Transparency International noch den Bribe Payers Index (BPI) und das Global Corruption Barometer (GCB). Der BPI konzentriert sich auf rund 30 Exportnationen und ihre Neigung, im Ausland zu bestechen. Für das GCB werden Privatpersonen zu unterschiedlichen Themen befragt. Es geht z. B. darum, ob sie selbst Bestechungsgelder gezahlt haben und wie sie die Korruptionsentwicklung im eigenen Staat wahrnehmen. Am umfassendsten und bekanntesten ist der CPI, der daher für diese Untersuchung herangezogen wird.

Der CPI trifft auf unterschiedliche methodische Kritik, die wahrscheinlich an jedem Ranking geübt werden kann. Einige Autoren (vgl. z. B. Jitmaneerojb & Budsaratragoona, 2020) stören sich bereits an der Bezeichnung des Index. Eine „Perception" (zu Deutsch: Wahrnehmung) stellt noch keinen Beweis für eine tatsächliche Korruption dar. Die Beweisführung ist aus den geschilderten Gründen Kap. 7 allerdings mehr als herausfordernd. Vorteilsnahmen und Korruption funktionieren schließlich nur dann richtig, wenn sie nicht bekannt werden.

Eine „Wahrnehmung" hat selbstredend etwas Subjektives. Gleichwohl finden sich z. B. in der Geschäftswelt Akteure, die aufgrund ihres Erfahrungswissens in der Lage sind, qualifizierte Einschätzungen vorzunehmen. Vertriebsmitarbeiter kennen z. B. den Markt und ihre Kunden sehr gut und sind in der Lage, Einschätzungen zur Korruption abzugeben. Es spricht daher vieles dafür, dass betroffene Personenkreise valide Aussagen machen können.

Bezogen auf die Verwaltung in Deutschland stehen vor allem die Vergabeverfahren öffentlicher Aufträge im Mittelpunkt des Interesses. Nach Einschätzung des Deutschen Städte- und Gemeindebunds beträgt das Volumen öffentlicher Aufträge rund 300 Mrd. EUR pro Jahr (vgl. Deutscher Städte- & Gemeindebund, 2024). Allein das Volumen spricht dafür, dass ein Korruptionsinteresse bestehen muss. In der Praxis bewerben sich vor allem kleine Handwerksbetriebe in Deutschland bei bestimmten Aufträgen der öffentlichen Hand erst gar nicht (mehr), weil sie ihre Erfolgsaussichten als gering einschätzen. Dieser Befund ist nicht automatisch gleichbedeutend mit Korruption. Ein Grund kann z. B. im Informationsvorsprung der Wettbewerber liegen. Das vermutlich am meisten abschreckende Element ist das Vergaberecht. Es erzeugt so hohen Aufwand, dass ein rational handelnder potenzieller Anbieter vor einer Bewerbung um den Auftrag schnell zurückschreckt. Diese Aspekte müssen nicht weiter vertieft werden. Entscheidend ist, dass sich an den Beispielen zeigt, dass Korruption nie richtig erfasst werden kann und die Übergänge fließend sind. Selbst wenn keine Gegenleistung erbracht wird, kann z. B. aufgrund von persönlicher Verbundenheit oder allein schon aufgrund von Sympathie, eine rationale Entscheidung unterbleiben. Korruption wird daher immer eine „Black-Box" bleiben. Daher erscheint auch die Kritik am CPI als unangebracht. Es wurde sogar versucht, empirische Belege gegen den CPI zu finden (vgl. Donchev & Ujhelyi, 2014). Auch wenn man diesen Untersuchungen eine gewisse Relevanz nicht absprechen kann, ist die Korruption konstitutionell ein vages Untersuchungsobjekt. Der CPI ist das bekannteste und meistzitierte Ranking, weshalb es für diese Untersuchung herangezogen wird.

7.2 Prüfung Hypothese 1: Korruption und eGovernment

Die Grundgesamtheit der nachfolgend ausgewerteten Daten basiert auf n = 174. Der EGDI umfasst 193 und der CPI 180 Staaten. Die Abweichungen zwischen den drei Werten lassen sich aus den unterschiedlichen Zielsetzungen bzw. Inhalten der Indizes erklären. Für Nordkorea liegen z. B. Daten über die Korruption vor, aber keine über das eGovernment. Genau andersherum verhält es sich z. B. für Liechtenstein, Andorra oder Monaco. Durch einen Abgleich der in den Rankings vorhandenen Staaten konnte die Grundgesamtheit von n = 174 ermittelt werden.

Da es sich beim CPI im Gegensatz zum EGDI nicht um eine Ordinalskala handelt, mussten die Werte zunächst in ein ordinales Format übertragen werden, um die Korrelation (KorP) richtig berechnen zu können. Hieraus ergab sich nach der Ordinalskalierung ein Ranking von 1 (Dänemark) bis 62 (Syrien) (vgl. Abb. 7.1). Dies erklärt auch die Klassifizierung der X-Achse von 1 bis 62.

Beide Skalen können in nachfolgender Kreuztabelle für die Variablen erkannt und nachvollzogen werden (vgl. Abb. 7.1):

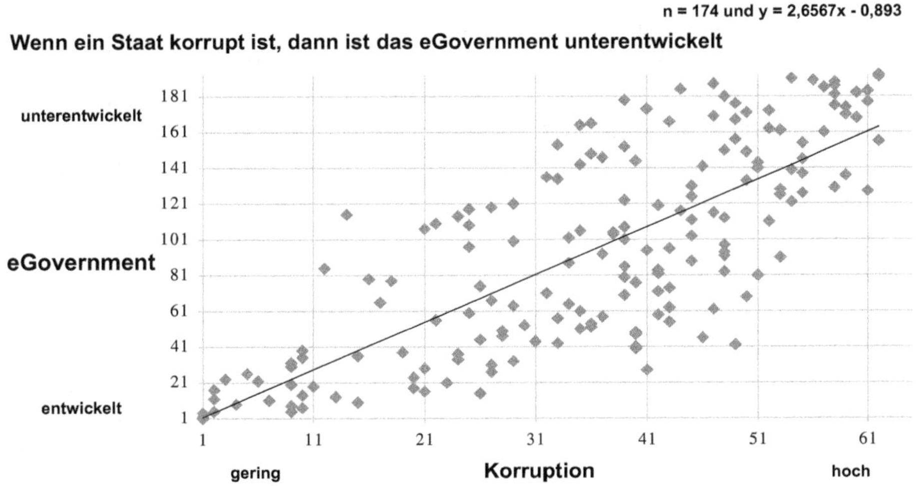

Abb. 7.1 Kreuztabelle eGovernment und Korruption

Die Werte „1" und „1" treffen auf Dänemark zu, d. h. das Land verfügt sowohl über die geringste Korruption als auch über das am weitesten entwickelte eGovernment.

Die Visualisierung der Kreuztabelle und die Trendlinie verdeutlichen bereits ohne eine statistische Auswertung, dass ein Zusammenhang existieren muss. In Zahlen ausgedrückt beträgt KorP = 0,771 und belegt damit das visuelle Ergebnis. Die Signifikanz liegt bei p = 0,000 was nicht überrascht. Das Ergebnis ist damit zweiseitig signifikant. Summarisch lässt sich daher konstatieren, **dass die Hypothese „Wenn ein Staat korrupt ist, dann ist das eGovernment unterentwickelt" verifiziert ist.**

7.3 Interpretation des Ergebnisses

In Kap. 7 wurde die Hypothese inhaltlich konkretisiert. Hiermit verbunden waren erste Aspekte, die auch Hinweise auf die Interpretation des Ergebnisses liefern. Auf Basis dieser Ausführungen und der erzielten Ergebnisse Abschn. 7.2 lassen sich zusammenfassend drei wesentliche Interpretationen für die Verifikation der Hypothese ableiten: 1. Fehlallokation von Ressourcen, 2. Transparenz durch eGovernment und 3. Individueller versus kollektiver Nutzen.

1. Ein naheliegender Erklärungsansatz für die Verifikation der Hypothese ist, dass in einem korrupten Staat Ressourcen nicht effizient und effektiv allokiert werden können. Es verschieben sich Prioritäten im staatlichen Handeln, wenn die maximale Zielerreichung für die Gesellschaft nicht (mehr) im Mittelpunkt steht. Prioritäten haben zumeist solche Leistungen des Staates, die mit unmittelbarer Wirkung für die Bürgerinnen und Bürger verbunden sind. Wenn die Grund- und Sicherheitsbedürfnisse nach Maslow in einem Staat nicht befriedigt werden, dann kann die Herrschaft des Staates aufgrund der Unzufriedenheit der Bevölkerung gefährdet werden. Im Mittelpunkt des staatlichen Handelns steht daher vorrangig die Befriedigung der Grund- und Sicherheitsbedürfnisse. Sie haben einen sehr persönlichen und individuellen Charakter, weil die Betroffenen ihn unmittelbar spüren.

   Ein für die Bürgerinnen und Bürger abstraktes Produkt wie „eGovernment" (vgl. z.B. Neutzner, 2016) ist weit entfernt von der eigenen Lebensrealität und steht damit nicht auf der persönlichen Prioritätenliste. Es besteht daher seitens der Bevölkerung auch kein Wunsch nach eGovernment-Lösungen. Durch die Fehlallokation von Ressourcen aufgrund von

Korruption verringen sich zudem die verfügbaren Mittel des Staates. Hieraus folgt, dass Geld für eGovernment-Investitionen schlichtweg fehlt. Summarisch betrachtet ist daher zu erwarten, dass in korrupten Staaten eGovernment keine besondere Priorität genießt.

2. Als ein wesentliches Element bzw. als ein Nutzen von eGovernment wurde und wird oftmals „Transparenz" angeführt (vgl. z. B. von Lucke & Reinermann, 2000). Transparenz steht allerdings der Korruption im Wege, die von ihrer Verborgenheit lebt. Ein Instrument zur Schaffung von Transparenz kann daher gar nicht im Interesse von korrupten Staaten sein: „Darüber hinaus kann E-Government die Transparenz von administrativen Prozessen stark erhöhen. Bürger und Unternehmen erhalten z. B. die Möglichkeit, den Bearbeitungsstand ihres Anliegens über das Internet nachzuverfolgen. Ebenso besteht die Möglichkeit, die Verwendung und Weiterleitung von Bürgerdaten vollständig zu dokumentieren und für den Bürger transparent zu machen" (Expertenkommission für Forschung & Innovation, 2016, S. 83). Es kommt hinzu, dass im Rahmen der Konzeption und Einführung von eGovernment u. a. Prozesse und Abläufe betrachtet, analysiert und bewertet werden müssen. Allein dieser Arbeitsschritt verträgt sich nicht mit intransparentem Handeln. Des Weiteren ermöglichen regelbasierte Verwaltungsentscheidungen, die sich im Besonderen für eGovernment und eine Digitalisierung bzw. Automatisierung eignen, Korruptionsprävention, weil einzelne Akteure keinen persönlichen Einfluss mehr ausüben können. Wenn ein Staat zur Korruption neigt, dann kann er bzw. können einflussnehmende Akteure kein Interesse am eGovernment haben.
3. Der Nutzen von eGovernment hat viele Facetten, die in unzähligen Untersuchungen herausgearbeitet worden sind und daher an dieser Stelle nicht wiederholt werden müssen. Alle Analysen vereinen den kollektiven Charakter des Nutzens: „Mit ‚Electronic Government' eröffnet sich ein bisher unbekanntes Potenzial für Dienstleistungsorientierung, Bürgerbeteiligung, Produktivität und Wirtschaftlichkeit im öffentlichen Sektor" (von Lucke & Reinermann, 2000, S. 1). Der Instrumentenbaukasten einer analogen Verwaltung wird durch technische Unterstützungssysteme auf ein neues Niveau gehoben. Hiervon profitieren alle Bürgerinnen und Bürger, da die Verwaltung effizienter und effektiver handeln kann. Dem gegenüber steht die Korruption bzw. der Lobbyismus, die immer einen individuellen Charakter haben. In Kap. 7 wurde der Begriff „Rent-Seeking" aufgegriffen. Er seht für einen (gruppen-) individuellen Nutzen zulasten anderer Gruppen bzw. der Gesellschaft: „Gemäß der Rent-Seeking-Konzeption wirken insbesondere Interessengruppen auf die Durchführung

begünstigender staatlicher Sonderregelungen seitens des Staates hin, um die Einkommen ihrer Mitglieder durch leistungsunabhängige Renten zu erhöhen“ (Märtz, 1990, S. 35). eGovernment kann mit seiner kollektiven Nutzenmaximierung dem Rent-Seeking nur im Wege stehen. Es ist daher davon auszugehen, dass profitierende Interessengruppen nicht nur kein Interesse am eGovernment haben. Es ist sogar zu erwarten, dass sie versucht sind, es aktiv zu bekämpfen.

Literatur

Rechnungshof von Berlin. (21. Oktober 2022). www.berlin.de. https://www.berlin.de/rechnungshof/wir-ueber-uns/70-jahre-rechnungshof/automatisierte-datenanalyse/.

Bundeskriminalamt. (2022). *Korruption – Bundeslagebild 2021.* Bundeskriminalamt.

Bundesministerium für Wirtschaft und Energie. (2022). *Statistik nach §184 Gesetz gegen Wettbewerbsbeschränkung für das Jahr 2021.* Bundesministerium für Wirtschaft und Energie.

Deutscher Städte- und Gemeindebund. (13. Januar 2024). www.dstgb.de. Von https://www.dstgb.de/themen/vergaberecht/#:~:Text=Die%20Vergabe%20%C3%B6ffentlicher%20Auftr%C3%A4ge%20bei,mit%20Abstand%20gr%C3%B6%C3%9Fte%20%C3%B6ffentliche%20Auftraggeber.

Donchev , D., & Ujhelyi, G. (2014). What do corruption indices measure? *Economics & Politics*, 309–331.

Enste, D. (10. Mai 2021). Folgen von Korruption für Wirtschaft, Staat, Gesellschaft. *Zeitschrift der Bundeszentrale für politische Bildung*, S. 28–33.

Enste, D., & Heldmann, C. (2017). *Causes and Consequences of Corruption – An Overview of Empirical Results.* Köln: Institut der deutschen Wirtschaft Köln.

Expertenkommission für Forschung und Innovation. (2016). *Gutachten zu Forschung, Innovation und technische Leistungsfähigkeit Deutschlands.* EFI.

Graeff, P. (2022). Corona und Korruption: Eine negative interdisziplinäre Bilanz an der Schwelle eines Paradigmenwechsels. In S. Wolf & P. Graeff (Hrsg.), *Corona und Korruption* (S. 177–196). Springer VS.

Jahn, S., Kaste, S., Köhler, A., Müller, L.-S., van der Meyden, R., Helmut, K., . . . Pleger, S. (2023). *eGovernment Monitor 2023.* Initiative D21.

Jansen, S. (2005). Theorien und Thesen zur Korruption. In S. Jansen & B. Priddat (Hrsg.), *Korruption* (S. 11–42). VS Verlag.

Jitmaneerojb, B., & Budsaratragoona, P. (2020). A critique on the Corruption Perceptions Index: An interdisciplinary approach. *Socio-Economic Planning Sciences.*

Klein, A., Nihalani, K., & Wollman, C. (2020). Ein aktueller Querschnitt zur Akzeptanz der Corona-Warn-App in der Bevölkerung nach vier Monaten Go-live. Krefeld: Hochschule Niederrhein.

Kukutschka, R. (2021). *Global Corruption Barometer European Union 2021.* Transparency International.

Lifuka, R. (2022). Wie Korruption Demokratie zerstört – und was wir dagegen tun müssen. *Scheinwerfer*, 4–6.

von Lucke, J., & Reinermann, H. (2000). *Speyerer Definition von Electronic Government.* Speyer: Forschungsinstitut für öffentliche Verwaltung bei der Hochschule für Verwaltungswissenschaften Speyer.

Märtz, P. (1990). *Interessengruppen und Gruppeninteressen in der Demokratie.* Lang.

Neutzner, M. (2016). *Wie kommunales E-Government dennoch gelingt.* Bundesministerium des Innern.

Pies, I. (2005). Korruption: Diagnose und Therapie aus wirtschaftsethischer Sicht. In S. Jansen & B. Priddat (Hrsg.), *Korruption* (S. 63–84). VS Verlag.

Priddat, B. (2005). Schwarze Locher der Verantwortung: Korruption – Die negative Variante von Public-Private Partnership. In S. Jansen & B. Priddat (Hrsg.), *Korruption* (S. 85–102). VS Verlag.

Redwitz, C. (2014). *Korruption als wirtschaftliche Handlung.* Springer Gabler.

Robert-Koch-Institut. (07. Dezember 2022). *Corona-Warn-App.* https://www.coronawarn.app/de/analysis/.

Schmid, A. (2022). *Electronic Governance.* Springer Vieweg.

Schweitzer, H. (2017). Kann Whistleblowing tatsächlich ein effektives Mittel der Korruptionsprävention und Korruptionsbekämpfung sein? In C. Stark (Hrsg.), *Korruptionsprävention* (S. 79–106). Springer Gabler.

Stark, C. (2019). Korruption im deutschen öffentlichen Dienst: Spannungsfelder und Problembereiche. In K. Möltgen-Sicking, H. Ricardo Otten, M. Schophaus, & S. Vargas Côrtes, *Öffentliche Verwaltung in Brasilien und Deutschland* (S. 268–285). Springer VS.

Stephany, F. (2020). *Electronic Government*, 304–313.

Transparency International. (22. Oktober 2022). *Corruption Perceptions Index.* https://www.transparency.org/en/cpi/2021?gclid=Cj0KCQjwqc6aBhC4ARIsAN06NmNgPAt1-lW2sGHwxxVB3zSE93MoOixx9_KYERLqQE1X8zQA7Um8A28aApDnEALw_wcB.

Wolf, S. (10. Mai 2021). Korruption und Antikorruption in Politik und Verwaltung. *Zeitschrift der Bundeszentrale für Politische Bildung*, S. 21–27.

8 Hypothese 2: Wenn ein Staat föderal organisiert ist, dann ist das eGovernment unterentwickelt

Zusammenfassung Der Föderalismus ist in Deutschland fast täglich Gegenstand von Debatten. Er wird in der Öffentlichkeit zumeist negativ gesehen. Viele Experten schreiben dem Föderalismus eine große Verantwortung bei dem Scheitern von eGovernment-Vorhaben zu. Es stellt sich die Frage, ob dem wirklich so ist. Die Vielfalt und der Wettbewerb in einem föderalen Staat könnten auch das Gegenteil bewirken. In diesem Kapitel wird daher untersucht, ob ein Zusammenhang zwischen dem Föderalismus und dem eGovernment existiert.

Der Föderalismus ist in Deutschland fast täglich Gegenstand von Debatten. Der Begriff ist dabei zumeist negativ assoziiert (vgl. z. B. Steppat, 2022) und/oder wird mit staatlichem Fehlverhalten in Verbindung gebracht (vgl. z. B. Müller, 2021). Während der Covid-19-Pandemie konnten viele Bürgerinnen und Bürger z. B. nicht nachvollziehen, warum es zwischen den Bundesländern unterschiedliche Schutzverordnungen gab. Es kam zu dem viel zitierten „Flickenteppich" von bundesweit unterschiedlichen Regelungen.

Die konkreten Auswirkungen des Föderalismus werden von den Bürgerinnen und Bürgern überwiegend negativ wahrgenommen, wie regelmäßige Umfragen des Allensbach-Instituts zeigen (vgl. Köcher, 2021). Ob sie damit recht haben, spielt für diese Untersuchung keine Rolle. Zum einen gibt es umfangreiche wissenschaftliche Literatur, die die Vor- und Nachteile hinreichend beleuchtet. Zum anderen ist der Föderalismus in Deutschland gesetzt Abschn. 5.1. Alle Versuche, auch nur geringe Strukturveränderungen vorzunehmen, sind in der Vergangenheit gescheitert. In diesem Zusammenhang

A. Schmid, *eGovernment in Deutschland – eine unvermutete Erfolgsgeschichte*, Edition Innovative Verwaltung, https://doi.org/10.1007/978-3-658-44634-5_8

sei z. B. an die unterschiedlichen Bestrebungen zur Fusion von Berlin und Brandenburg erinnert.

Durch die bundesstaatlichen Eigenschaften werden einheitliche Regelungen erschwert, es kommt zu einer Überbetonung regionaler Interessen der Länder, es werden unnötige Grenzen aufgebaut und das gesamte System wird dabei teuer erkauft (vgl. Hitschold, 2007, S. 121). In Deutschland spielt vor allem der Bundesrat, die Vertretung der Bundesländer, eine entscheidende Rolle. Er kann Veto-Positionen einnehmen (vgl. z. B. Bundeszentrale für politische Bildung, 2022) und damit wichtige Vorhaben blockieren. Durch seine starke Stellung wird die parlamentarische Mehrheit im Bundestag erheblich eingeschränkt, Landtagswahlen werden zu bundespolitischen Ereignissen und die Landespolitik vermischt Partei- und Landesinteressen (vgl. Rudzio, 2006, S. 277–279). In der deutschen Praxis ist daher ein an seinen Grundideen ausgerichteter Föderalismus nicht zu finden. „Hierfür gibt es drei Gründe: Erstens das Missachten der Prinzipien des Föderalismus aus macht- und sachpolitischen Gründen; zweitens die Priorität von Gleichheit vor Vielfalt, also die wohlfahrtsstaatliche Überformung des Föderalismus, und drittens die parteipolitische Unitarisierung des politischen Willensbildungsprozesses“ (Sturm, 2018, S. 443).

In der Praxis müssen sich die verschiedenen Beteiligten einigen und zusammenarbeiten, was unter dem Begriff „Politikverflechtung“ subsumiert werden kann. Es bleibt ihnen aus unterschiedlichen Gründen auch gar nichts anderes übrig. Wenn durch politische Entscheidungen staatliches Handeln blockiert wird, dann gefährdet es die Existenz der Politik selbst. Wird einer Partei eine Veto-Position öffentlichkeitswirksam zugeschrieben, dann können u. U. ihre Wahlchancen sinken. Deutschland befindet sich in komplizierten Koordinierungs- und Abstimmungsstrukturen, die mit der bundesweiten Verwaltungsdigitalisierung auf facettenreiche Herausforderungen trifft und aufgrund ihrer Komplexität die handelnden Akteure überfordert (vgl. Nationaler Normenkontrollrat, 2022, S. 33).

Der Begriff „Digitalisierung“ ist zwar in aller Munde, aber die Kenntnisse über die tatsächliche Bedeutung sind in der Gesamtbevölkerung doch eher überschaubar. Dies trifft wahrscheinlich im Besondern auf die Politik zu, wenn man sich beispielsweise die Professionen der Bundestagsabgeordneten vor Augen führt Abschn. 14.1. Politik ist bekanntermaßen an der Steigerung ihrer Wiederwahlchancen orientiert. „Der politische Wettbewerb wird kaum zu wesentlichen, binnenorientierten Digitalisierungsprojekten drängen. Im Kontext der öffentlichen Aufmerksamkeitsstrukturen scheinen Flugtaxis deutlich mehr Interesse zu generieren als die digitale Vorgangsbearbeitung in der Verwaltung“ (Weiß, 2019, S. 81). Ein gesteigertes

Detailinteresse am eGovernment ist daher seitens der Legislative kaum zu erwarten, auch wenn es in der Öffentlichkeit anders dargestellt wird. Hierbei handelt sich um ein Kernproblem für die Entwicklung des eGovernments in Deutschland. Es ist eine politikwissenschaftliche Binsenweisheit, dass ein erfolgreicher Reformprozess von der politischen Führung u. a. gewollt sein muss. Es ist die Aufgabe der Politik, Beharrungskräfte zu überwinden und sie muss den möglicherweise zeitraubenden Reformprozess jederzeit begleiten (vgl. Böhret, 2005, S. 48). Die Chancen hierfür stehen in Deutschland nicht nur schlecht, man sieht in Praxis überhaupt keine praktische Beteiligung der Politik. Ein Indiz ist hierfür, dass es in kaum einem Bundesland ein Digitalministerium o.Ä. gibt. Durch die Gründung eines Ministeriums wird selbstredend nicht automatisch alles besser. Es fällt aber in vielen Bundesländern beispielsweise auf, dass der CIO in irgendeinem Ministerium, teilweise als Stabstelle, angesiedelt ist. Ein ernsthaftes politisches Interesse sieht anders aus. Es kommt hinzu, dass die Erfolgsaussichten einer Verwaltungsreform generell sinken, wenn die Reform der Verwaltung selbst überlassen bleibt (vgl. Bogumil, 2004, S. 331). An dieser Stelle finden sich gewisse Parallelen zum Neuen Steuerungsmodell. Evaluationsberichte und Publikationen wiesen mehrfach nach, dass die Probleme des Neuen Steuerungsmodells u. a. im Desinteresse der Politik an der Reform lagen und die Verwaltung allzu oft allein gelassen wurde (vgl. z. B. Schmid, 2012, S. 167–171).

Neben dem fehlenden Interesse der Politik ist von ihr auch kaum eine rationale Entscheidung zu erwarten: „Jeder Regierungspolitik drohen Blockaden, Behinderungen und Einschränkungen. Entscheidungen fallen daher häufig durch ‚Verhandlung' statt durch ‚Mehrheit', sodass man auch von Verhandlungsdemokratie spricht" (Rudzio, 2019, S. 229). Politik denkt daher im Gegensatz zur Wirtschaft nicht vom Ergebnis her. Sie freut sich über einen erzielten Kompromiss. Kompromisse stehen aber bürgerfreundlichen Online-Diensten im Weg. Das jahrzehntelange Drama um die Authentifizierung Kap. 1 spricht Bände. Damit Online-Dienste erfolgreich sind, muss der Kunde in den Mittelpunkt gestellt werden. Das macht die Wirtschaft dem Staat täglich vor. Es verwundert daher nicht, dass ein föderaler Staatsapparat „...zu schwerfällig..." (Dohr & Windfuhr, 2007, S. 110) ist.

In Abschn. 5.1 wurde in aller Kürze auf das Onlinezugangsgesetz und dessen Scheitern eingegangen. Zum Zeitpunkt dieser Veröffentlichung liegen noch keine belastbaren Evaluationsergebnisse vor, so dass das Anführen von Gründen ein wenig spekulativ ist. Gleichwohl deuten erste Aussagen von mit der Sache Vertrauter daraufhin, dass die Ebenenabstimmung und fehlende Standards zwischen den Bundesländern eine wichtige Rolle gespielt haben dürften (vgl. dpa, 2023). Im Behördenspiegel wurde u. a. folgendes ausgeführt: „Sowohl beim OZG als auch beim Prozess zur OZG-Novellierung gab es immer wieder Reibereien zwischen den föderalen Ebenen" (Behördenspiegel, 2023). Diese Aussagen deuten darauf hin, dass sich die föderalen Strukturen in Deutschland negativ auf die Umsetzung des OZG ausgewirkt haben dürften.

Es lässt sich zusammenfassend festhalten, dass es eGovernment in einem föderalen Staat schwerer haben müsste als in einem unitarischen bzw. zentralistischen. Eine kritische Stellungnahme, der bis zu diesem Zeitpunkt durchgeführten eGovernment-Vorhaben in Deutschland, kommt bereits 2016 zu dem Schluss, dass eine stärkere Zentralisierung der bundesweiten Aktivitäten angezeigt gewesen wäre (vgl. Expertenkommission für Forschung & Innovation, 2016, S. 89). Für Deutschlands Verwaltungsdigitalisierung befindet der Normenkontrollrat folgendes: „Der Versuch, über aufwändige, in die gesamte Breite des föderalen Bundesstaates wirkende Programmstrukturen eine effektive und effiziente Steuerung zu erreichen, war nicht vom erwarteten Erfolg gekrönt und wird inzwischen von vielen sogar als gescheitert angesehen" (Nationaler Normenkontrollrat, 2022, S. 33).

Eine Zentralmacht kann Entscheidungen einfacher herbeiführen und in der Folge auf dezentrale Verwaltungsstrukturen delegieren. Aufwendige Abstimmungs- und Entscheidungsprozesse entfallen und Veto-Positionen können erst gar nicht eingenommen werden. Aus diesen Überlegungen heraus speist sich nachfolgende Hypothese: **Wenn ein Staat föderal organisiert ist, dann ist das eGovernment unterentwickelt.**

8.1 Datenbasis: Federal countries – Forum of Federations

Die einzige internationale Organisation, die sich weltweit mit dem Föderalismus und seinen Besonderheiten sowie Herausforderungen befasst, ist das „Forum of Federations". Es handelt sich um eine Organisation, die vor mehr als 20 Jahren mit Sitz in Ottawa (Kanada) gegründet wurde. Das Forum agiert als Netzwerk. Es entwickelt und teilt Fachwissen über die föderale Praxis in unterschiedlichen Staaten. Forscher und Praktiker werden zusammengeführt, um den Herausforderungen des Föderalismus zu begegnen und Staaten, in denen der Föderalismus zwar formal verankert, aber in der Praxis unzureichend ausgeprägt ist, zu unterstützen. Der Anspruch der Organisation ist Unparteilichkeit und Unabhängigkeit von äußeren Einflüssen.

Das wesentliche Ziel ist es, den Föderalismus, mit all seinen weltweit unterschiedlichen Herausforderungen, voranzubringen. Deutschland ist seit 2007 Mitglied des Forums und wird derzeit im Vorstand durch den ehemaligen Bremer Bürgermeister Dr. Carsten Sieling vertreten.

Im bundesdeutschen Kontext Abschn. 5.1 sind die Eigenschaften eines föderalen Staates dargestellt worden. Stark vereinfachend ausgedrückt muss die Verfassung eines Staates Teilstaatlichkeiten zulassen. Der Föderalismus wird in Deutschland oftmals als Problem wahrgenommen und viele Bürgerinnen und Bürger sahen sich in ihrer Kritik durch die Covid19-Pandemie bestätigt. Es ist in der Öffentlichkeit kaum bekannt, dass nur die wenigsten Staaten auf der Welt föderal organisiert sind: „Angesichts von weltweit nur ca. zehn Prozent föderal organisierter Staaten kann man Bundesstaatlichkeit durchaus als Sonderfall des Nation-Buildings bezeichnen" (Krumm, 2015, S. 1). Diese geringe Anzahl an Staaten umfasst allerdings rd. 40 % der Weltbevölkerung (vgl. Deutsches Institut für Urbanistik, 2020). Die Diskrepanz zwischen einerseits der geringen Anzahl der Staaten und andererseits ihrer großen Bevölkerungsanzahl ist auffällig. Genauso verhält es sich mit der Tatsache, dass die flächenmäßige Größe eines Landes in keinem Zusammenhang mit föderalen Staatsstrukturen steht. Hieran zeigt sich, dass vor allem die historische Staatenbildung eine Rolle dabei gespielt hat, ob sich föderale Strukturen durchgesetzt haben. In Deutschland war die Niederlage im Zweiten Weltkrieg entscheidend Abschn. 5.1.

In der wissenschaftlichen Literatur werden die Hintergründe der föderalen Staatenbildung umfassend herausgearbeitet und klassifiziert (vgl. z. B. Krumm, 2015, S. 27 ff.). Diese Analysen sind aus politikwissenschaftlicher Sicht von hoher Relevanz. Gleichwohl muss auf die einzelstaatlichen Unterschiede des Föderalismus für diese Untersuchung nicht weiter eingegangen werden. Für diese Forschungsarbeit steht die Frage im Raum, ob ein Zusammenhang zwischen dem eGovernment und den Prinzipien des Föderalismus existiert.

Nachfolgende Abbildung gibt zunächst einen Überblick über die 25 föderalen Staaten nach Einschätzung des Forums for Federations (vgl. Forum of Federations, 2023), um den Untersuchungsgegenstand konkreter einzugrenzen (vgl. Abb. 8.1):

Einige Veröffentlichungen gehen im Gegensatz zum Forum of Federations von mehr als 25 Staaten aus. Das Deutschen Instituts für Urbanistik (vgl. Deutsches Institut für Urbanistik, 2020) spricht z. B. von 30 Staaten. Wikipedia gibt 24 föderale Staaten an (vgl. Wikipedia, 2023). Eine höhere Anzahl ergibt sich durch Staaten, deren Staatlichkeit grundsätzlich infrage gestellt werden muss. Hierzu zählen z. B. Sudan, Süd-Sudan oder Irak. Eine

Federal Countries	
Australia	Mexico
Argentina	Micronesia
Austria	Nepal
Belgium	Nigeria
Bosnia and Herzegovina	Pakistan
Brazil	Russian Federation
Canada	Saint Kitts and Nevis
Cyprus	South Africa
Comoros	Spain
Ethiopia	Switzerland
Germany	United Arab Emirates
India	USA
Malaysia	

Abb. 8.1 Liste föderaler Staaten weltweit

teilstaatliche Macht im Sinne eines Föderalismus ist zwar in den verfassungsgebenden Dokumenten verankert, gleichwohl kann sie in diesen Staaten zumindest derzeit aus bekannten Gründen gar nicht ausgeübt werden. Sie finden sich in der Liste des Forums of Federations nicht wieder, weil die Arbeit des Forums für/mit diesen Ländern faktisch unmöglich ist. Zudem bleibt zum Zeitpunkt dieser Untersuchung unklar, welche Staatlichkeit sich in den drei genannten Beispielen in Zukunft wirklich ausprägen wird. Für Russland und Südafrika wird argumentiert, dass sie zwar formal föderale Staaten sind, die Teilstaaten aber keine Macht besitzen und sie damit faktisch doch eher als Zentralstaat angesehen werden sollten. Das Forums of Federations ist die weltweit einzige Instanz, die sich ausschließlich der Erforschung des Föderalismus verschrieben hat. Aus diesem Grund wird sich nachfolgend auf die 25 Staaten konzentriert, die von ihm als föderal anerkannt sind.

8.2 Prüfung Hypothese 2: Föderalismus und eGovernment

Da weltweit nur 25 föderale Staaten existieren, die zudem nicht ordinalskaliert sein können, konnte für diese Hypothese keine Korrelation ermittelt werden. Die föderalen Staaten sind alle im EGDI (Grundgesamtheit 193 Staaten) vertreten Kap. 6. Um Anhaltspunkte zu finden, die eine Aussage

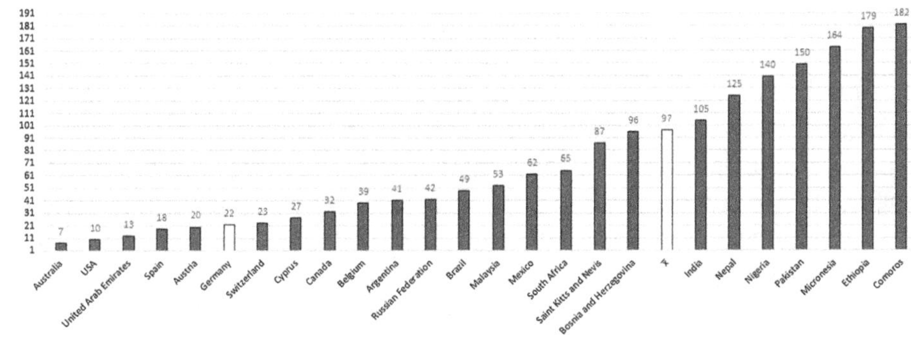

Abb. 8.2 Föderale Staaten im EGDI-Ranking

darüber zulassen, wie die föderalen Staaten beim eGovernment abschneiden, mussten die Ergebnisse des EGDI im Detail analysiert werden (vgl. Abb. 8.2):

Auf der X-Achse sind in der Abbildung die 25 föderalen Staaten gem. Forum of Federations dargestellt. Die Y-Achse zeigt das Ranking gem. EGDI (vgl. Anhang 1: E-Government Development Index (EGDI) 2022). Die Y-Achse endet bei 191 Staaten, um die Lesbarkeit zu verbessern. Am Ende finden sich die „Comores“ (zu Deutsch: „Komoren“, Inselstaat im indischen Ozean), die im EGDI-Ranking den Platz 182 einnehmen. Sie sind damit der schlechteste föderale Staat im EGDI-Ranking. Die Ziffern oberhalb der Balken der X-Achse zeigen das Ranking im EGDI des jeweiligen Staates an. Der Mittelwert liegt bei 97 und ist mit $\bar{x}$ gekennzeichnet. Die Abbildung gibt damit Aufschluss darüber, wo sich die einzelnen föderalen Staaten im EGDI-Ranking befinden.

Auf den ersten Blick wird deutlich, dass 18 von 25 föderalen Staaten im EGDI besser als der Durchschnitt sind ($< \bar{x}$). Die entspricht rund 72 % der föderalen Staaten. Dieses Erlebnis ist ein deutlicher Hinweis darauf, dass föderale Staaten im eGovernment besser abschneiden als nicht föderale Staaten.

Da es sich um ein Ranking handelt, könnte es von kleinen absoluten Unterschieden beeinflusst sein. Eine genauere Auswertung war daher angezeigt. Dänemark liegt mit einem absoluten Wert von 0,9717 im EGDI an der Spitze, Süd-Sudan mit einem Wert von 0,0852 am Ende. Der Durchschnitt der 193 Staaten liegt bei 0,6102 und der Durchschnitt der 25 föderalen Staaten bei 0,7080. Hieraus folgt, dass die föderalen Staaten im EGDI durchschnittlich um rund 16 % besser abschneiden als nicht föderale Staaten. Bezogen auf den inhaltlichen Gegenstand des EGDI kann davon gesprochen werden, dass in föderalen Staaten das eGovernment um 16 % besser ist.

Deutschland liegt auf Platz 6 von 25 föderalen Staaten. Das ist auf den ersten Blick ein erfreuliches Ergebnis. Gleichwohl trübt sich dieses Bild ein, wenn man die Entwicklungsländer außer Acht lässt. Der Begriff „Entwicklungsland" wird unterschiedlich definiert. Zumeist wird davon ausgegangen, dass die Mehrzahl der Einwohner einen messbar niedrigen Lebensstandard haben. In der obigen Darstellung liegt Argentinien auf Position 11 genau an dieser Schwelle. Betrachtet man die 10 Staaten vor Argentinien, dann befindet sich Deutschland gerade einmal in der Mitte der entwickelten Staaten, was nicht der Anspruch sein sollte.

Bein einer Grundgesamtheit von nur 25 föderalen Staaten können keine belastbaren statistische Beweise geliefert werden. Es wurden viele Merkmale eines föderalen Staates herausgearbeitet, die darauf hindeuten, dass er sich mit dem eGovernment zumindest schwerer tun müsste als nicht föderale Staaten. Dem ist offensichtlich nicht so. Das Gegenteil ist der Fall. Es wurden belastbare Hinweise gefunden, dass die föderalen Staaten sogar besser abschneiden. **Die Hypothese „Wenn ein Staat föderal organisiert ist, dann ist das eGovernment unterentwickelt" kann daher als falsifiziert angesehen werden.**

8.3 Interpretation des Ergebnisses

Es finden sich keine Hinweise darauf, dass eGovernment in föderalen Staaten unterentwickelt ist. Ganz im Gegenteil, föderale Staaten schneiden besser ab als zentralistische bzw. unitaristische. Lässt man Drittvariablen außer Acht, dann sind die Ursachen in den Eigenschaften der föderalen Staaten selbst zu suchen. Es müssen Vorteile existieren, die in anderen Staatsformen nicht vorhanden sind und einen positiven Einfluss auf das eGovernment ausüben.

In Abschn. 5.3 wurde das eGovernment ausführlich erläutert und definiert. Dieser Abschnitt schloss mit einer Definition nach Garson. Er hob hervor, dass es um viel mehr geht als um eine Elektrifizierung der Verwaltung. Er sprach von einer neuen Form des Verwaltungshandelns u. a. auf Basis eines „one-stop"-Webportals. Dieser Anspruch entspricht den bekannten Standards von Amazon, Google oder Ebay. Föderale Staatssysteme müssten einen Beitrag dazu leisten, dass diese Standards auch in den Verwaltungen zum Tragen kommen können.

Die Literatur über die Vor- und Nachteile des Föderalismus ist umfangreich. Eine umfassende Diskussion über sämtliche Aspekte, die sich zwischen den Quellen nur marginal unterscheiden, ist im Hinblick auf das eGovernment wenig sinnvoll. Das Augenmerk soll daher auf drei Sachverhalte gerichtet werden, die im Rahmen dieser Untersuchung besonders auffallen: 1. „Vielfalt in Einheit", 2. „Parteienwettbewerb" und 3. „Anzahl politischer Führungskräfte".

1. „Föderalismus ermöglicht ‚Vielfalt in Einheit': ... Das föderative System bietet größere Chancen für Experimentierfreudigkeit und Innovationskraft bei der Bewältigung staatlicher Aufgaben. Die Länder haben die Möglichkeit, in ihren Zuständigkeitsbereichen eigene politische Ideen zu verwirklichen; sie können den Bund – und dieser kann die Länder – anregen, neue Wege zu beschreiten. Aus diesem wechselseitigen Erfahrungsaustausch resultieren zugleich Fortschritt und Bewahrung" (Dohr & Windfuhr, 2007, S. 109).
   In Abschn. 5.1 wurde u.a. in aller Kürze auf die IT-Dienstleister der Bundesländer und auf die Besonderheiten der Justiz eingegangen. Die dezentralen IT-Organisationen stehen für mehr Vielfalt. Es kommt zu einer größeren Anzahl an Ausschreibungen, es sind mehr externe Dienstleister involviert usw. Das kommt nicht nur den regionalen Bedarfen vor Ort entgegen, es sorgt auch für einen Wettbewerb um die besten IT-Lösungen. In Deutschland zeigt es sich z.B. am Einsatz von ERP-Software in den Bundesländern. In Niedersachsen wird das Produkt „Infor", in Mecklenburg-Vorpommern das Produkt „Mach" und in Nordrhein-Westfalen das Produkt „SAP" eingesetzt.
   Das OZG wurde eingeführt, um der Digitalisierung in deutschen Verwaltungen endlich zum Durchbruch zu verhelfen. Über den IT-Planungsrat wird der wechselseitige Erfahrungsaustausch gesteuert, um Richtungs- und Grundsatzentscheidungen zu treffen. Das OZG und der IT-Planungsrat basieren auf dem Prinzip der „Vielfalt in Einheit", da sie die Klammer für die Verwaltungsdigitalisierung in Deutschland sind. Auch wenn das OZG seine Ziele nicht erreichen konnte, steht Deutschland heute deutlich besser da als noch vor einigen Jahren.
   Das Zitat nach Dohr & Windfuhr liefert Hinweise darauf, dass u.U. die starken dezentralen Strukturen und die damit verbundenen jeweiligen Stärken und Schwächen sich durch die OZG-Zusammenarbeit gegenseitig bestärkt haben könnten. Rudzio spricht in diesem Zusammenhang z.B. von einer Integration kulturell und wirtschaftlich unterschiedlicher Einheiten (vgl. z.B. Rudzio, 2019, S. 289). Besondere fachliche Kompetenzen, die z.B. die spezialisierten IT-Dienstleister für die Judikative einbringen, könnten einen positiven Beitrag geleistet haben.

Ein Bundesstaat gewährleistet eine große Anzahl wirtschaftlicher, politischer und kultureller Zentren (vgl. Hitschold, 2007, S. 121). Sie entwickeln sich unabhängig voneinander und befruchten sich in einer Republik untereinander. Das EfA-Prinzip ist daher ein sinnvolles Instrument zur Arbeitsteilung in einem föderalen System.
Zusammenfassend betrachtet lassen sich für Deutschland unterschiedliche Hinweise auf das Prinzip von „Vielfalt in Einheit" finden. Augenscheinlich hat es einen positiven Einfluss auf die bisherige Verwaltungsdigitalisierung gehabt. Gleichwohl muss daraufhin gewiesen werden, dass alle anderen Organisationsformen zur Umsetzung des OZG wohl kaum durchsetzbar gewesen wären. Deutschland blieb wohl keine andere Wahl, als den Weg über das OZG und den IT-Planungsrat zu beschreiten.
2. Der Föderalismus zeichnet sich durch einen starken Parteienwettbewerb aus. Dieser kommt nicht nur zwischen den Bundesländern, sondern auch zwischen dem Bund und den Bundesländern zum Tragen. Hierdurch bietet der Föderalismus sowohl unter personellen als auch sachlichen Aspekten eine Alternativ- und Kontrastpolitik (vgl. Dohr & Windfuhr, 2007, S. 109). Dieser politische Wettbewerb kann die Einführung und Umsetzung von eGovernment unterstützen. Alle politischen Parteien müssten sich mit dem Thema befassen, um von den Wählern in Anbetracht der gewohnten Angebote aus der Privatwirtschaft nicht als unmodern oder rückwärtsgewandt wahrgenommen zu werden. Einen möglichen Hinweis hierauf liefert das Bundestagswahlergebnis der FDP aus dem Jahr 2021. Bei Erstwählern lagen die Grünen und die FDP mit 23 % gleichauf. Der FDP wurde eine besondere Kompetenz in den Themengebieten „Digitalisierung" und „Innovation" zugeschrieben (vgl. Bocksch, 2023). Mit den sich immer stärker digital verändernden Lebenswelten der Menschen rücken die hiermit verbundenen Fragestellungen stärker in das politische Bewusstsein. Politischer Wettbewerb kann damit zum Antrieb für das eGovernment werden. In Ansätzen lässt es sich in den letzten Jahren zunehmend beobachten. Es kam z. B. zu intensiven Auseinandersetzungen über die Vorratsdatenspeicherung oder den Datenschutz. Es wird interessant sein zu beobachten, ob sich die Politik in den kommenden Jahren doch ernsthaft mit dem Thema eGovernment auseinandersetzen wird. Es ist allerdings zu vermuten, dass politische Diskurse nur dann geführt werden, wenn emotionale und damit öffentlichkeitswirksame Themen im Mittelpunkt stehen.
3. Durch den Föderalismus steigt der Bedarf an politischen Führungskräften (vgl. Hitschold, 2007, S. 121). Hierdurch sind die Parteien dauerhaft darauf angewiesen, Nachwuchs zu gewinnen. Die Nachwuchsorganisationen

der Parteien, wie z. B. die „Junge Union“ (CDU) oder „Die Arbeitsgemeinschaft der Jungsozialistinnen und Jungsozialisten in der SPD“ sind das Reservoir des politischen Nachwuchses. Viele ihrer Mitglieder bestimmen in späteren Jahren das Geschehen in den Parteien. Der Nachwuchsbedarf verstärkt sich in Ländern mit einem hohem Parteienwettbewerb und starken dezentralen Teilstaaten, wie es in Deutschland mit den Bundesländern der Fall ist. Hierdurch bekommen jüngere Menschen die Chance, sich auf politischer Ebene zu beweisen. In Deutschland liegt das Durchschnittsalter der Abgeordneten im Bundestag bei 47,3 Jahren (vgl. Deutscher Bundestag, 2021) und ist damit nicht weit entfernt vom Durchschnittsalter der Gesamtbevölkerung mit 44,7 Jahren (vgl. Deutsches Statistisches Bundesamt, 2023). In den Vereinigten Staaten zeigt sich ein gänzlich anderes Bild. Dort beträgt das Durchschnittsalter der Senatsmitglieder 64,3 Jahre (vgl. Thorwarth, 2021) und das Durchschnittsalter der Gesamtbevölkerung 37,7 Jahre (vgl. Muschter, 2023). Wenn in Deutschland die politische Elite permanent durch jüngere Menschen ergänzt bzw. ersetzt wird, dann sind damit auch eigene Ansichten und Erwartungshaltungen verbunden. Ihre Stimmen werden bezogen auf die Digitalisierung immer lauter (vgl. Álvarez, 2022). Die derzeit Nachrückenden sind mit dem Internet, neuen sozialen Medien und technischen Gadgets aufgewachsen. Es ist daher davon auszugehen, dass sie ein hohes Interesse an einer digitalisierten Verwaltung haben und das Thema damit in die Politik tragen. Daher könnte die Notwendigkeit für Politiknachwuchs in föderalen Staaten einen Beitrag dazu leisten, dass das eGovernment eine Erfolgsgeschichte wird.

Literatur

Álvarez, S. (8. Juli 2022). „Sorge um Zukunft“: CDU-Politiker schreiben Warn-Brief an Wissing. Wirtschaftswoche, S. https://www.wiwo.de/politik/deutschland/digitalisierung-sorge-um-zukunft-cdu-politiker-schreiben-warn-brief-an-wissing/28490664.html.

Behördenspiegel. (15. 02 2023). *Wer zahlt, der malt. BehördenSpiegel newsletter*, S. 4.

Bocksch, R. (09. 01 2023). *Erstwählende favorisieren FDP und Grüne.* Von https://de.statista.com/infografik/25855/zweitstimmanteile-unter-erstwaehlenden-bei-der-bundestagswahl-2021/.

Bogumil, J. (2004). Zehn Jahre „Public Management“ – Lehren für die Reformfähigkeit öffentlicher Verwaltungen. In P. Stykow & J. Beyer (Hrsg.), *Gesellschaft mit beschränkter Hoffnung – Reformfähigkeit und die Möglichkeit rationaler Politik* (S. 312–336). VS Verlag.

Böhret, C. (2005). Verwaltungspolitik als Führungsaufgabe. In B. Blanke, S. Bademer, F. Nullmeier, & G. Wewer (Hrsg.), *Handbuch zur Verwaltungsreform* (S. 44–50). VS Verlag.

Bundestag, D. (2021). *Durchschnittsalter*. Deutscher Bundestag.

Bundeszentrale für politische Bildung. (13. 12 2022). https://www.bpb.de/kurz-knapp/lexika/handwoerterbuch-politisches-system/201998/bundesstaat-foederalismus/.

dpa. (02. 01 2023). Das OZG ist kläglich gescheitert. eGovernment – Verwaltung digital, S. https://www.egovernment.de/das-ozg-ist-klaeglich-gescheitert-a-9291e91cf74fb7f5321400a9c26ae7fa/.

Deutsches Institut für Urbanistik. (2020). *Berichte – Das Magazin des DIfU*. Deutsches Institut für Urbanistik.

Dohr, H., & Windfuhr, H. (2007). *Staat – Verfassung – Politik*. Hubert & Co.

Expertenkommission für Forschung und Innovation. (2016). *Gutachten zu Forschung, Innovation und technische Leistungsfähigkeit Deutschlands*. EFI.

Forum of Federations. (05. 01 2023). https://forumfed.org/federal-countries/. https://forumfed.org/federal-countries/.

Hitschold, H.-J. (2007). *Staatskunde*. Boorberg.

Köcher, R. (2021). Flickenteppich versus Bürgernähe. Allensbach am Bodensee: Allensbach Institut im Auftrag der Frankfurter Allgemeine Zeitung.

Krumm, T. (2015). *Föderale Staaten im Vergleich*. Springer VS.

Müller, H. (21. November 2021). Warum der Föderalismus der Jugend schadet. Der Spiegel, S. https://www.spiegel.de/wirtschaft/soziales/corona-pandemie-und-die-folgen-warum-der-foederalismus-der-jugend-schadet-kolumne-a-3a977548-d4dd-4d83-8ac8-e2d53e0e93f1.

Muschter, R. (10. 01 2023). USA: Durchschnittsalter der Bevölkerung von 1950 bis 2021 und Prognosen bis 2050. https://de.statista.com/statistik/daten/studie/200664/umfrage/durchschnittsalter-der-bevoelkerung-in-den-usa/#:~:Text=Im%20Jahr%202021%20liegt%20der,bei%20rund%2037%2C7%20Jahren.

Normenkontrollrat, N. (2022). *Bürokratieabbau in der Zeitenwende*. Nationaler Normenkontrollrat.

Rudzio, W. (2006). *Das politische System der Bundesrepublik Deutschland*. VS Verlag.

Rudzio, W. (2019). *Das politische System der Bundesrepublik Deutschland*. Springer VS.

Schmid, A. (2012). *Verwaltungsreform im politischen System*. Springer VS.

Steppat, T. (22. November 2022). Sündenbock Föderalismus. Frankfurter Allgemeine Zeitung, S. https://www.faz.net/aktuell/politik/politische-buecher/suendenbock-foederalismus-18494818.html.

Sturm, R. (2018). Föderalismus. In R. Voigt (Hrsg.), *Handbuch Staat* (S. 441–450). Springer VS.

Thorwarth, K. (27. 12 2021). *Greisen der Politik: Alte Menschen dominieren US-Politik*. Frankfurter Rundschau.

Weiß, J. (2019). Zwischen Alexa und Aktenmappe: Was lässt sich aus der Entwicklung des E-Governments für die Digitalisierung der öffentlichen Verwaltung lernen? In A. Schmid (Hrsg.), *Verwaltung, eGovernment und Digitalisierung* (S. 67–87). Springer Vieweg.

Wikipedia. (05. 01 2023). Bundesstaat (föderaler Staat). https://de.wikipedia.org/wiki/Bundesstaat_(f%C3%B6deraler_Staat)#:~:Text=Weltweit%20gibt%20es%2024%20f%C3%B6derative,S%C3%BCdsudan%20und%20der%20Grenzfall%20Russland.

9

Hypothese 3: Wenn in einem Staat Bürokratismus herrscht, dann ist das eGovernment unterentwickelt

Zusammenfassung Deutschlands Verwaltungshandeln stützt sich auf eine umfangreiche Bürokratie. Sie ist der natürliche Feind des eGovernments. Umso komplexer das Verwaltungshandeln ist, umso schwieriger ist es, hierfür technische Lösungen zu kreieren. In diesem Kapitel wird der Frage nachgegangen, ob sich ein Zusammenhang von Bürokratie und eGovernment herstellen lässt.

Auf die grundlegenden Eigenschaften der Bürokratie wurde im Rahmen der Begriffsklärung eingegangen Abschn. 5.2. Neben den negativen Assoziationen und ihren Hintergründen wurde herausgearbeitet, dass ohne einen bürokratischen Verwaltungsapparat ein Wohlfahrtsstaat heutiger Prägung nicht möglich gewesen wäre. Es stellt sich daher die Frage nach dem „richtigen" Grad der Bürokratie. Da zahlreiche Einflussfaktoren existieren, die auf den Spezifika eines Staates Abschn. 5.1 basieren, ist ein zwischenstaatlicher Vergleich herausfordernd. Eine einfache Kategorisierung nach „richtiger" oder „falscher" Bürokratisierung kann es nicht geben. Es kommt hinzu, dass die Einstellungen einer Gesellschaft eine wichtige Rolle dabei spielen, was als angemessener Grad an Bürokratie anerkannt wird. Die Bürgerinnen und Bürger in den Vereinigten Staaten haben beispielsweise einen anderen Blick auf ihren Staat als die Mitteleuropäer.

„Bürokratie" ist nicht gleich „Bürokratie", sondern eine Gemengelage, die aus unterschiedlichen Elementen besteht. Es werden verschiedene Phänomene wie die aufgeblähte Bürokratie, die unnützen Gesetze und Vorschriften, aber auch bürokratische Sprache, unverständliche bis absurde Vorschriften und

A. Schmid, *eGovernment in Deutschland – eine unvermutete Erfolgsgeschichte,* Edition Innovative Verwaltung, https://doi.org/10.1007/978-3-658-44634-5_9

Bescheide, unfreundliches Verhalten von Verwaltungsbeschäftigten, Unpersönlichkeit, Rigidität, Dogmatismus, undurchschaubare Prozesse und Zuständigkeiten usw. kritisiert (vgl. Jann et al., 2007, S. 12). Die von der Bürokratie betroffenen Personen und Institutionen nehmen die Probleme sehr unterschiedlich wahr.

Man spricht von „Bürokratismus", wenn der angemessene Grad der Bürokratie überschritten wird. Dies ist der Fall, wenn sie zum Selbstzweck wird und nicht mehr den eigentlichen Zielen der Organisationen oder der Sache dienen. Die staatliche Bürokratie wird vom zugrunde liegenden Staatsverständnis bestimmt. Es geht um die Frage, welche Rolle der Staat in der Gesellschaft einnehmen soll. Ein liberales Staatsverständnis geht beispielsweise von der Freiheit des Individuums aus und ist daher naturbedingt bürokratiekritisch.

Die Erwartungshaltungen an einen Staat verändern sich aufgrund gesellschaftlicher Entwicklungen. Wellenbewegungen sind daher nicht nur in Deutschland zu beobachten. Vom Boom der Nachkriegsjahre profitierte die westdeutsche Gesellschaft, sodass es kaum Rufe nach einem interventionistisch handelnden Staat geben konnte. Dies änderte sich mit der Ölkrise Anfang der 1970er-Jahre. Es machte sich Ernüchterung breit, weil Wachstumsgrenzen erkennbar wurden und Reformerfolge in Staat und Verwaltung nicht auszumachen waren (vgl. Stykow & Beyer, 2004, S. 9). Die folgende expansive Geldpolitik führte viele Staaten Ende der 1970er Jahre in eine Finanzkrise. Konservative und rechts-liberale Parteien gewannen in der Folge mit ihrer Ideologie die Oberhand. Politisch stehen hierfür Margaret Thatcher und Roland Reagan. Mit ihnen setzte sich ein neoliberaler Mainstream durch, der zu einem neuen Staatsverständnis führte. Vereinfachend ausgedrückt ging es darum, der Privatwirtschaft den Vorrang vor staatlichem Handeln einzuräumen. In Deutschland wurde in diesem Zusammenhang das verwaltungspolitische Leitbild des „Schlanken Staates" geboren (vgl. Jann & Wegrich, 2004, S. 196). Rupert Scholz, damals Vorsitzender des Sachverständigenrats und stellvertretender Fraktionsvorsitzender der CDU/CSU-Bundestagfraktion, beschrieb den „Schlanken Staat" wie folgt: „Die ‚Verschlankung' des Staates, seiner Zuständigkeiten und Verfahren gehört zu den zentralen Aufgaben von Bund und Ländern in den kommenden Jahren. Die Gründe hierfür liegen nicht nur in den gegebenen Engen der öffentlichen Haushalte, sondern auch im Bedarf nach grundlegender Erneuerung, Überprüfung und Revision gegenüber vielfältigen Verkrustungen, Effizienzmängeln und übersteigerten Ansprüchen an den Staat" (Scholz, 1998, S. 13).

Von diesem Staatsverständnis, welches der Bürokratie den Kampf ansagte, ist Deutschland mittlerweile weit entfernt. Dies liegt nicht nur an der Politik. Denn die Wähler entscheiden mit ihrer Stimme darüber, welches politische Angebot sie annehmen. Der viel beklagte Paragraphendschungel wuchert auch deshalb, weil alles andere bei Wahlen von der Bevölkerung abgestraft werden würde (vgl. Bollmann, 2023). Die Deutschen wollen offensichtlich einen Staat, der sich um alles und jeden kümmert.

Nicht zuletzt die Eingriffe des Staates im Rahmen der Flüchtlingskrise, der Covid19-Pandemie oder dem Ukrainekrieg haben gezeigt, dass das staatliche Handeln einen interventionistischen Charakter angenommen hat. Berücksichtigt man diese Faktoren, dann ist es erfreulich, dass die Bürokratiekosten, die vom statistischen Bundesamt ermittelt werden, im Vergleich zum Jahr 2012 sogar leicht um rd. 3 % gesunken sind (vgl. Deutsches Statistisches Bundesamt, 2023). Es mehren sich allerdings die Anzeichen dafür, dass diese Entwicklung ein Ende hat. Durch neue Gesetze und Dokumentationspflichten der letzten Jahre nimmt die Bürokratie wieder zu (vgl. z. B. Álvarez, 2022). Lutz Goebel, der Vorsitzende des Nationalen Normenkontrollrats, konstatierte bereits am Anfang seiner Eröffnungsrede auf dem Kongress „Digitaler Staat 2023“ eine steigende Bürokratie in Deutschland und kritisierte die dafür verantwortliche Bundesregierung (vgl. Behördenspiegel, 2023).

Die Menschen in Deutschland nehmen Bürokratismus im staatlichen Handeln sehr sensibel wahr. Sie stehen damit nicht allein, denn auch politische Entscheidungsträger beklagen die Situation. Der „Chief Information Officer“ (CIO) des Landes Niedersachsen, Dr. Horst Baier, hat folgenden LinkedIn-Beitrag am 22. Dezember 2022 veröffentlicht: „Es gibt einen neuen Elterngeldantrag. Die Seitenzahl hat sich von 18 auf 24 erhöht. Wer sich den Inhalt genauer anschaut, kann erahnen, warum wir mit der Digitalisierung nicht schnell vorankommen. Unsere Gesetze sind viel zu kompliziert. Für Antragsteller und Verwaltungsmitarbeiter/-innen ein Albtraum. Man braucht sich im Dokument nur die vielen Beleganforderungen anschauen, die bei anderen Behörden meist schon vorhanden sind. Wir brauchen dringend einfachere Gesetze und den automatischen Datenzugriff“ (Baier, 2022). Wenn ein Elterngeldantrag 24 Seiten umfasst, dann muss eine eGovernment-Lösung auch die Merkmale aller 24 Seiten berücksichtigen. Hieraus folgt, dass umso komplexer Gesetze und Umsetzungsverordnungen sind, umso schwerer ist die IT-technische Realisierung. Der Gesetzgeber wird damit zum unmittelbaren Erfolgsfaktor für das eGovernment. Hält er sich zurück, steigen die Erfolgswahrscheinlichkeiten des eGovernments.

Ein aktuelles Beispiel ist die Neuerhebung der Grundsteuer aus dem Jahr 2022. „Die Grundsteuer ist ein besonders eindrückliches Beispiel für ein Phänomen, das auch an anderer Stelle zu beobachten ist. Immer häufiger kreiert die Politik neue Regeln, ohne dass die Verwaltung selbst es schafft, die dadurch anfallenden Aufgaben zu erledigen“ (Stiens, 2023). Wenn die Verwaltung selbst nicht mehr in der Lage ist, die ihr übertragenen Aufgaben wahrzunehmen, dann können keine funktionierenden eGovernment-Lösungen entwickelt werden. Das eGovernment ist dann zum Scheitern verurteilt. Es stellt sich in diesem Zusammenhang die Frage, warum Verwaltung nicht remonstriert. Ohne den Führungseliten in den Behörden zu nahe treten zu wollen, ist folgendes klar: Sie haben gar kein Interesse daran, die Bürokratie zu kämpfen. Die Gründe hierfür sind vielfältig. Ein wesentlicher Grund ist, dass eine geringere Bürokratie auch geringere Ressourcen zur Folge hätte. Da die Leitungsspannen mit Macht und Einkommen verbunden sind, kann gar keine intrinsische Motivation zum Bürokratieabbau entstehen.

Zusammenfassend kann für Deutschland festgehalten werden, dass es ein besonders stark „bürokratisierter“ Staat ist, der im internationalen Vergleich viele Gesetze produziert (vgl. Jann et al., 2007, S. 7–9). Zudem orientieren sich die Wähler in den letzten Jahren stärker in Richtung grüner und sozialdemokratischer Positionen, was einem interventionistischem Staatsverständnis entgegenkommt. Hieraus ergibt sich zum einen, dass das eGovernment-Angebot in Deutschland umfangreicher sein muss als in anderen Staaten. Zum anderen steigen Aufwand und Komplexität, um entsprechende Angebote unterbreiten zu können. Das eGovernment hat es unter den Bedingungen des Bürokratismus schwer. Aus diesen Überlegungen heraus speist sich folgende Hypothese: **Wenn in einem Staat Bürokratismus herrscht, dann ist das eGovernment unterentwickelt.**

9.1 Datenbasis: Government Effectiveness Index (GEI)

Es gibt keinen internationalen Vergleichsindex, der „Bürokratie“ misst (vgl. z. B. Jann et al., 2007). Dies ist im Wesentlichen darauf zurückzuführen, dass der Gegenstand an sich komplex ist und aus unterschiedlichen Perspektiven betrachtet werden muss. Jann, Wegrich und Tiessen kommen in ihrer Untersuchung verschiedener internationaler Vergleichsindizes zu dem Ergebnis, dass Deutschland nicht immer negativ abschneidet, sondern gelegentlich durchschnittlich, unterdurchschnittlich und auch hervorragend (vgl.

Jann et al., 2007, S. 8). Dieser Befund deckt sich immer noch mit aktuellen Ergebnissen. Im „Index of Economic Freedom" (Index für wirtschaftliche Freiheit) liegt Deutschland im Jahr 2022 auf Platz 16 (vgl. Heritage Foundation, 2023). Es handelt sich um einen volkswirtschaftlichen Indikator, der jährlich durch die Heritage Foundation und das Wall Street Journal berechnet wird und u. a. die Rolle des Staates in der Wirtschaft berücksichtigt. Im „Doing Business"-Rating der Weltbank liegt Deutschland im Jahr 2020 auf Platz 22. Der Index wurde 2020 letztmalig ermittelt. Er beruht auf Expertenbefragungen und umfasst Regulierungen für kleine Unternehmen. Hierzu zählen u. a. die Bereiche Gründungen, Genehmigungen, Einstellung und Kündigung von Arbeitnehmern, Schutz von Eigentum etc. Staatlicher Bürokratismus kommt in diesem Index deutlich zum Ausdruck.

Die Platzierungen in den verschiedenen Indizes sind davon abhängig, welchen Schwerpunkt die Untersuchungen haben. Wenig verwunderlich ist, dass Deutschland in Studien schlecht abschneidet, die die Regulierung des Arbeitsmarkts zum Gegenstand haben (vgl. z. B. Ifo-Institut, 2018). Der deutsche Arbeitsmarkt gilt im internationalen Vergleich als überreguliert.

Die Aussagen international vergleichender Ranking- und Indexstudien sind summarisch betrachtet weniger negativ, als es die Diskussionen in der deutschen Öffentlichkeit nahelegen würde. Dies ist vermutlich darauf zurückzuführen, dass große Transparenz staatlichen Handelns herrscht, die Justiz unabhängig ist und Kritik öffentlich geäußert werden darf. Das Anprangern von Missständen in der Öffentlichkeit, nicht selten mit oder von der Presse unterstützt bzw. initiiert, tut ihr Übriges. Es erscheint wahrscheinlich, dass Bundesbürger das staatliche Handeln kritischer sehen, als es im internationalen Vergleich angebracht wäre. Der Widerstand gegen die Corona-Maßnahmen der Regierung war in Deutschland besonders ausgeprägt (vgl. z. B. Deutsche Welle, 2023), was sich mit diesem Befund decken würde.

Um einen Zusammenhang zwischen dem Erfolg des eGovernments und der Bürokratie herstellen zu können, musste ein Index ausgewählt werden, der die Bürokratie eines Staates bestmöglich erfasst bzw. berücksichtigt. Nach Analyse unterschiedlicher Untersuchungen wurde sich für den „Governance Effectiveness"-Index entschieden. Der Index wird von der Weltbank ermittelt und umfasst 47 Variablen. Er konzentriert sich auf die Fähigkeit eines Staates, „Policies" zu formulieren und durchzusetzen. Unter „Policies" versteht man in den Politikwissenschaften vereinfachend ausgedrückt den Inhalt der Politik. Der Index bewertet u. a. Kompetenz, Effizienz, Stabilität und Organisation von Regierung und Verwaltungen. In diesem Sinne muss Bürokratismus in dem Index zu einem negativen Ergebnis führen. Bereits in der Untersuchung von Jann, Wegrich & Tiessen aus dem Jahr 2007 fand der „Governance Effectiveness"-Index Berücksichtigung. Deutschland lag im Jahr 2021 auf Platz 23 von 214 untersuchten Staaten.

9.2 Prüfung Hypothese 3: Bürokratie und eGovernment

Die Grundgesamtheit der nachfolgend ausgewerteten Daten basiert auf n = 191. Der EGDI umfasst 193 und der GEI 214 Länder. Die Abweichungen zwischen den drei Werten lassen sich aus den unterschiedlichen Zielsetzungen bzw. Inhalten der Indizes erklären. Für die Bürokratie (GEI) liegen Daten für eine größere Anzahl von Staaten vor. Im GEI sind auch sehr kleine Länder wie z. B. Anguilla, Aruba oder Bermuda enthalten, die sich im EGDI nicht wiederfinden. Für San Marino und Monaco liegen im GEI keine Werte vor, aber im EGDI. Hierdurch reduziert sich die Grundgesamtheit auf 191 Staaten.

Der GEI basiert auf absoluten Werten und musste für die Ermittlung der Korrelation mit dem EGDI zunächst in ein Ranking überführt werden. Im GEI liegt Singapur auf Platz 1 und der Süd-Sudan auf Platz 191 (vgl. Anhang 3: Governance Effectiveness Index (GEI) 2021). Beide Skalen können in nachfolgender Kreuztabelle für die Variablen erkannt und nachvollzogen werden (vgl. Abb. 9.1):

Die Skalierung der x- und y-Achse basiert auf der Grundgesamtheit von n = 191. Über Spitzenergebnisse verfügen Singapur und Dänemark.

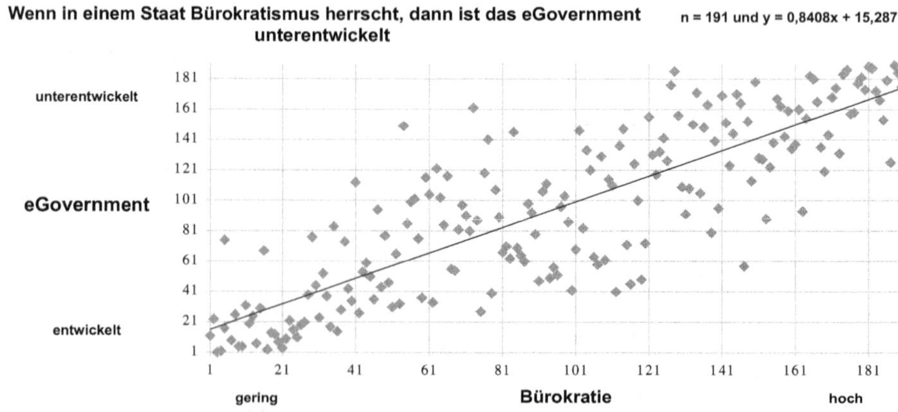

Abb. 9.1 Kreuztabelle Bürokratie und eGovernment

Singapur belegt beim eGovernment (EGDI) Platz 12 und bei der Bürokratie (GEI) Platz 1, Dänemark beim eGovernment Platz 1 und bei der Bürokratie Platz 3. Süd-Sudan belegt in beiden Rankings den letzten Platz.

Die Visualisierung der Kreuztabelle und die Trendlinie verdeutlichen bereits ohne eine statistische Auswertung, dass ein starker Zusammenhang existieren muss. In Zahlen ausgedrückt beträgt KorP = 0,8408 und belegt damit das visuelle Ergebnis. Die Signifikanz liegt bei p = 0,000. Dieser Wert überrascht aufgrund der starken Korrelation nicht. Das Ergebnis ist damit zweiseitig signifikant. Summarisch lässt sich daher Folgendes konstatieren. **Die Hypothese „Wenn in einem Staat Bürokratismus herrscht, dann ist das eGovernment unterentwickelt" ist verifiziert.**

Die Korrelation und die Kreuztabelle belegen einen schon fast ungewöhnlich starken Zusammenhang. Er führt u. a. zu der Frage, ob ein stärkerer Bürokratismus zu einem unterentwickelten eGovernment führt. Um der Beantwortung der Frage näher zu kommen, bietet sich zunächst eine Analyse der Streuung der Ergebnisse an. Umso geringer die Streuung der Ergebnisse, umso stärker ist der Zusammenhang. Es wurden stichprobenartig verschiedene Staaten im Detail analysiert, die in der Kreuztabelle auffällig sind (vgl. Abb. 9.2):

Alle in der Abbildung enthaltenen Staaten weisen spezifische Besonderheiten auf. Sie sind im internationalen Maßstab unterentwickelt. Mikronesien und Samo sind sehr kleine Inselstaaten mit einer vergleichsweise geringen Bevölkerungsanzahl. Belarus ist ein autoritär geführtes Land, dessen Wirtschaft stark von Russland abhängig bzw. mit dieser verflochten ist. Niger ist ein sehr armer Vielvölkerstaat im Zentrum Afrikas. Ohne auf alle Besonderheiten der Ausreißer einzugehen, liegt die Vermutung nahe, dass die unterschiedlichen Ergebnisse zwischen beiden Rankings den Besonderheiten der jeweiligen Staaten geschuldet sind. Würde man die Ausreißer aus der Grundgesamtheit entfernen, würde sich die Korrelation weiter verstärken. Es ist daher davon auszugehen, dass ein stärkerer Bürokratismus ein schlechteres eGovernment zur Folge hat.

Country	eGovernment Ranking	Government Effectiveness Ranking
Mikronesien	162	73
Belarus	58	147
Niger	186	128
Samoa	150	54

Abb. 9.2 Ausreißerergebnisse Bürokratie

9.3 Interpretation des Ergebnisses

In Kap. 9 wurde die Hypothese inhaltlich konkretisiert. Hiermit verbunden waren erste Aspekte, die auch Hinweise auf die Interpretation des Ergebnisses liefern. Auf Basis dieser Ausführungen und der erzielten Ergebnisse Abschn. 9.2 lassen sich zusammenfassend drei wesentliche Interpretationen für die Verifikation der Hypothese ableiten: 1. Aufwand für das eGovernment, 2. Widerstand der Bürokraten und 3. Prioritätensetzung in der Gesetzgebung.

1. Ein naheliegender Erklärungsansatz für die Verifikation der Hypothese ist, dass ein hoher Grad an Bürokratie den Aufwand für eGovernment-Lösungen deutlich ansteigen lässt. Wenn die einer eGovernment-Lösung zu Grunde liegende gesetzliche Grundlage eine geringe Komplexität hat, dann lässt sie sich auch einfacher realisieren. Hieraus folgt beispielsweise, dass gesetzliche Ausnahmetatbestände auf ein Minimum begrenzt werden sollten. An dieser Stelle sei an das Beispiel des Elterngeldantrags in Deutschland mit seinen 24 Seiten erinnert Kap. 9. Es kommt zudem zu einem sich selbst verstärkenden Effekt. Dadurch, dass das eGovernment-Angebot bei geringer Komplexität auch einfacher zu bedienen ist, steigt die Kundenakzeptanz. Eine steigende Kundenakzeptanz steigert die Erfolgswahrscheinlichkeit usw.
   Aufwendige Lösungen führen zudem zu einem höheren Ressourcenbedarf. Bei knappen Digitalisierungsressourcen, wie wir sie in Deutschland sowohl in der Verwaltung als auch in der Privatwirtschaft sehen, gerät das Land im internationalen Vergleich ins Hintertreffen, was zumindest zum Teil erklären würde, warum Deutschland im EGDI nicht an der Spitze liegt und sich seit der Ersterhebung verschlechtert hat. Bei der Realisierung komplexer eGovernment-Anforderungen ist die Verwaltung umso stärker auf externe Dienstleister und ihre Qualität angewiesen. Die Steuerung entsprechender Projekte durch die Verwaltungen ist erfolgskritisch. In deutschen Verwaltungen fehlt es allerdings an (Projekt-) Managementexpertise, geeignete IT-Projektleitungen sind absolute Mangelware. Hierdurch ist die Verwaltung nicht in der Lage, ihre Vorhaben richtig zu steuern. Sie kann zudem die Leistung eines externen Dienstleisters kaum beurteilen. Die Voraussetzungen für erfolgreiche und wirtschaftliche eGovernment-Projekte sind daher nicht sehr gut.

2. Die Entwicklung von eGovernment-Lösungen bedarf vorab einer Aufgaben- und Prozessanalyse. Hierdurch ist zumindest mittelbar eine Aufgabenkritik verbunden, da die Frage der Abbildung der fachlichen Aufgaben in einem technischen System beantwortet werden muss. Die Einführung von eGovernment-Lösungen kann daher einen wichtigen Beitrag zur Entbürokratisierung der Verwaltung leisten – wenn sie denn gewollt ist. Da Verwaltungsbeschäftigte oftmals über Hoheitswissen verfügen und eine enge Kontrolle der Beschäftigten durch die Vorgesetzten unterbleibt, besteht für sie die Möglichkeit, technische Entwicklungen zu verhindern bzw. zumindest deutlich zu erschweren. In der Praxis ist dieses Verhalten zu beobachten und nicht untypisch. Die Motive hierfür sind unterschiedlicher Natur, wie z. B. die Ängste um den eigenen Arbeitsplatz oder die Umstellung auf neue Arbeitsroutinen. Hinzu tritt, dass akzeptanzfördernde Maßnahmen oft unterbleiben, weil die hierarchische Aufbauorganisation der Verwaltung davon ausgeht, dass an oberster Stelle entschieden und an unterster Stelle ausgeführt wird. Es besteht daher kein gesteigertes Interesse daran, Bürokratie einzudämmen.
3. Deutschland produziert im internationalen Vergleich viele Gesetze, die von Ausführungsbestimmungen begleitet werden. Es wird nicht hinterfragt, ob sie einfach umzusetzen und damit auch einfach in eine eGovernment-Lösung zu überführen sind. Aus politischer Sicht ist dies nachvollziehbar, denn es müssen die parlamentarischen Beschlüsse und nicht die technische Machbarkeit im Vordergrund stehen. Gleichwohl erscheint insbesondere in den letzten Jahren eine Entwicklung einzusetzen, die die Machbarkeit des Gesetzesvollzugs gänzlich ignoriert. Hierfür finden sich zahlreiche Beispiele aus dem Steuer- und Asylrecht oder im Rahmen der Einführung des Mindestlohns. Viele Gesetze sind so kompliziert, dass sich selbst die Verwaltung fragt, wie sie umgesetzt werden können. Wenn die Verwaltung schon manuell nicht mehr in der Lage ist, gesetzeskonform zu handeln, dann braucht man es mit eGovernment-Lösungen erst gar nicht versuchen.

Literatur

Álvarez, S. (14. 12 2022). *Bürokratie-Monster kosten den deutschen Steuerzahler Milliarden.* WirtschaftsWoche.

Baier, H. (22. 12 2022). www.linkedin.com. https://www.linkedin.com/feed/update/urn:Li:Activity:7007414981138726912/.

Behördenspiegel. (26. April 2023). *Zwei Schippen drauflegen. Behördenspiegel Newsletter Digitaler Staat*, S. 1.

Bollmann, R. (11. September 2023). Alle sind schuld an der Bürokratie. *Frankfurter Allgemeine Zeitung*, S. https://www.faz.net/aktuell/politik/inland/deutsche-haben-zu-hohe-ansprueche-an-der-buerokratie-sind-alle-schuld-19161035.html.

Foundation, H. (2023). *2023 INDEX OF ECONOMIC FREEDOM*. The Heritage Foundation.

Ifo-Institut. (2018). *Flexibilitätsindex des Arbeitsmarktes im internationalen Vergleich*. IHK für München und Oberbayern.

Jann, W., & Wegrich, K. (2004). Governance und Verwaltungspolitik. In A. Benz (Hrsg.), *Governance – Regieren in komplexen Regelsystemen* (S. 193–214). VS Verlag.

Jann, W., Wegrich, K., & Tiessen, J. (2007). *„Bürokratisierung" und Bürokratieabbau im internationalen Vergleich – wo steht Deutschland?* Friedrich-Ebert-Stiftung.

Scholz, R. (1998). *„Schlanker Staat" – Gemeinschaftsaufgabe von Bund und Ländern*. Deutscher Bundestag.

Deutsches Statistisches Bundesamt. (31. 01 2023). www.destatis.de. Von https://www.destatis.de/DE/Themen/Staat/Buerokratiekosten/_inhalt.html.

Stiens, T. (27. 01 2023). *Von Grundsteuer bis One-Stop-Shop – Warum Deutschland bei der Digitalisierung nicht vorankommt*. Handelsblatt.

Stykow, P., & Beyer, J. (2004). Steuerung gesellschaftlichen Wandels: Utopie oder Möglichkeit? In P. Stykow & J. Beyer (Hrsg.), *Gesellschaft mit beschränkter Hoffnung – Reformfähigkeit und die Möglichkeit rationaler Politik* (S. 9–39). VS Verlag.

Deutsche Welle. (02. 03 2023). www.dw.com. Von https://www.dw.com/de/corona-proteste-ein-deutscher-sonderfall/a-53428039.

10

Hypothese 4: Wenn in einem Staat die wirtschaftliche Freiheit eingeschränkt ist, dann ist das eGovernment unterentwickelt

Zusammenfassung Staatliche Eingriffe in das Wirtschaftsleben verlangen nach komplizierteren technischen Lösungen. Wenn ein Staat sich aus dem Wirtschaftsleben heraushält, dann bedarf es hierfür keiner eGovernment-Lösungen. Es ist daher naheliegend, dass in einem interventionistischen Staat, das eGovernment mehr leisten muss und komplexer auszugestalten ist. In diesem Kapitel wird daher der Frage nachgegangen, ob die Einschränkung der wirtschaftlichen Freiheit einen Einfluss auf das eGovernment nimmt.

Um diese Hypothese näher zu erläutern, gilt es eingangs zu klären, was unter „Wirtschaftlicher Freiheit" zu verstehen ist. Kevin D. Roberts, Präsident der Heritage Foundation, formuliert es in typisch amerikanischer Manier in der Einführung des jährlich erscheinenden Reports „Index of economic freedom" wie folgt: „Economic freedom, properly understood, is the freedom of the common man to control his own destiny, enjoy the fruits of his labor, and fully use his God-given talents for good. That freedom, rooted in the dignity of the human spirit, is indispensable to human flourishing and is the real wellspring of economic prosperity" (Roberts, 2023). Diese für mitteleuropäische Ohren pathetisch klingenden Formulierungen drücken zum einen aus, dass die Eigenverantwortung und die Möglichkeiten des Individuums, sich frei zu entfalten, von grundlegender Bedeutung sind. Zum anderen wird herausgestellt, dass die Freiheit des Individuums keinen Beschränkungen unterliegen darf, um gesellschaftlichen Wohlstand zu erzeugen. Inhaltlich kommen die Aussagen dem der deutschen Staatlichkeit innewohnenden Subsidiaritätsprinzip nahe Abschn. 5.1. Hieraus resultiert u. a., dass sich der

A. Schmid, *eGovernment in Deutschland – eine unvermutete Erfolgsgeschichte,* Edition Innovative Verwaltung, https://doi.org/10.1007/978-3-658-44634-5_10

Staat grundsätzlich aus der Privatwirtschaft heraushalten soll, wie es z. B. in § 65 der Bundeshaushaltssatzung normiert ist. Heutzutage lassen die staatlichen Aktivitäten in Deutschland und auf europäischer Ebene an der praktischen Umsetzung des Subsidiaritätsprinzips zweifeln, was in der Literatur ausgiebig diskutiert wird (vgl. z. B. Hüther & Vogel, 2021), an dieser Stelle aber nicht weiter vertieft werden muss.

Bringt man „Wirtschaftliche Freiheit" auf eine einfache Formel, dann geht es für Unternehmen und Privatpersonen um die Möglichkeit, ohne staatlichen Einfluss an einem Markt agieren zu können. Es obliegt allein ihnen, Güter zu erstellen, anzubieten, die Vertragspartner auszuwählen usw. Eine solche Freiheit im Sinne von Märkten, die auf Angebot und Nachfrage ohne staatlichen Einfluss basieren, findet man weltweit nicht. In den meisten Volkswirtschaften existiert eine Mischung aus freien Marktmechanismen und staatlicher Regulierung. In Deutschland lassen sich zahlreiche Beispiele für Eingriffe des Staates in die Märkte anführen. Das sogenannte „Basiskonto", d. h. ein Girokonto für jede Person, ohne dass ein Kreditinstitut den Kunden ablehnen darf, oder die Energieversorgung, z. B. der Netzanschluss für jeden Endverbraucher, stehen sinnbildlich für die Eingriffe des Staates. Sie gehen in Deutschland vor allem auf das Sozialstaatsprinzip des Artikels 20 Abs. 1 GG zurück. Der Grad der wirtschaftlichen Freiheit wird von den Einflussnahmen des Staates bestimmt. Reguliert dieser das wirtschaftliche Handeln der Marktakteure, dann sinkt die wirtschaftliche Freiheit vice versa.

Für das eGovernment folgt aus den genannten Aspekten, dass es umso komplexer ausgestaltet werden muss, umso umfangreicher die Einflussnahmen des Staates in die wirtschaftliche Freiheit sind. Eine Gewerbeanmeldung erfordert in Deutschland derzeit einen zweiseitigen Antrag mit rund 30 Einzelangaben. An diesem Beispiel zeigt sich ein Informationsinteresse, das vor allem auf staatliche Informationsbedarfe ausgerichtet ist. Es werden z. B. Fragen nach der Beteiligung der öffentlichen Hand oder der Herkunft des Antragstellers gestellt. Es sagt viel über die praktischen Eingriffe in die unternehmerische Freiheit in Deutschland aus, die von vielen Seiten kritisiert wird. Hubertus Bardt, der Geschäftsführer des Instituts der deutschen Wirtschaft, formulierte zugespitzt Folgendes: „Der Begriff der Industriepolitik hat in Deutschland keinen guten Leumund. Zu sehr wird der Begriff mit wirkungslosen staatlichen Stützungsversuchen, marktferner Wirtschaftslenkung und politisch motivierten Projekten verbunden. Zu Recht wird auf die Vorteile dezentraler Planung in Unternehmen verwiesen, auf das fehlende Wissen des Staates über effiziente Produktionsprozesse und auf die schlechten Erfahrungen mit staatlichem Interventionismus" (Bardt, 2019). Regierungen in Deutschland intervenieren traditionell stark in das Wirtschaftsleben hinein. Die Liste der Eingriffe der letzten Jahre ist lang. Es wurde z. B. das Gebäudeenergiegesetz beschlossen und der Mindestlohn eingeführt. Dabei soll nach geltenden ökonomischen Theorien der Staat eigentlich nur einen Rahmen schaffen, der den Marktteilnehmern einen diskriminierungsfreien Zugang ermöglicht (vgl. Richert, 2022, S. 84).

Beim eGovernment geht es vor allem um die wechselseitigen Beziehungen zwischen Bürgerinnen und Bürgern, Wirtschaftsunternehmen, Einrichtungen im Non-Profit-Sektor, Politik, Regierung und Verwaltung Abschn. 5.3. Ist der Grad der wirtschaftlichen Freiheit hoch, dann sind die wechselseitigen Beziehungen zwischen den Beteiligten weniger komplex, da sie sich keinen oder geringen externen Spielregeln unterwerfen müssen. Wie stark in das Wirtschaftsleben eingegriffen wird, hängt in demokratischen Staaten vom Willen der Wähler ab, die über das Angebot der Parteien entscheiden. Letztere werden maßgeblich von gesellschaftlichen, wirtschaftlichen oder politischen Entwicklungen beeinflusst. Der Ausstieg Deutschlands aus der Atomenergie nach der Katastrophe von Fukushima und die Bankenregulierung im Nachgang der Finanzkrise des Jahre 2008 stehen sinnbildlich für ein Handeln des Staates als Reaktion auf gesellschaftliche Entwicklungen. An der deutlich stärkeren Regulierung der Banken- und Versicherungsbranche lässt sich exemplarisch zeigen, wie sich die Beziehungen zwischen Unternehmen und staatlichen Stellen verkomplizieren können. Die Unternehmen müssen mehr, andere und deutlich anspruchsvollere Informationen bereitstellen, die sie zum Teil selbst von ihren Kunden einzufordern haben. Die Komplexität der wechselseitigen Beziehungen nimmt damit deutlich zu. Das Beispiel zeigt, dass eGovernment-Lösungen einfacher gestaltet werden können, wenn die Beziehungen zwischen den Akteuren vom Staat unbeeinflusst bleiben. Für das eGovernment ergeben sich zahlreiche Vorteile. Die Erfolgswahrscheinlichkeit der Umsetzung steigt, da die Anforderungen beherrschbar bleiben. Hieraus resultiert, dass sich die Lösungen mit einem überschaubaren Ressourceneinsatz realisieren lassen. Die Leistungsfähigkeit verbessert sich, da eine Lösung weniger komplex ist. Des Weiteren wirkt es akzeptanzfördernd bei den Nutzern, da die Bedienbarkeit einfach gehalten werden kann usw. Einfache Lösungen erzeugen in der Folge selbstverstärkende Effekte. Da sie intuitiv bedienbar sind, werden sie von den Kunden auch besser akzeptiert und die Nutzungsraten steigen. Gerade Letzteres ist eine große Herausforderung der eGovernment-Lösungen in Deutschland, wie der jährliche eGovernment-Monitor zeigt (vgl. Jahn, et al., 2023).

Im deutschen Kontext kommen bezüglich staatlicher Eingriffe erschwerend die Eigenschaften des Mehrebenensystems Abschn. 5.1 hinzu. Sie zwingen unterschiedliche staatliche Stellen zur Zusammenarbeit, was Schnittstellen zur Folge hat. Schnittstellen und End-to-End-Prozesse, die Organisationsgrenzen überschreiten, sind aus verschiedenen Gründen der Albtraum der Informationstechnik. Schnittstellen führen initial zu einem, in Abhängigkeit von den konkreten Anforderungen, hohen technischen Realisierungsaufwand. Sie müssen in der Folge gewartet und betreut werden, wenn sich an den Verfahren, die sie verbinden, etwas verändert. Schnittstellen sind daher immer das Lösungsszenario, das es zu vermeiden gilt. Aus Sicht der Kunden sollten durchgängige Prozesse das Verwaltungshandeln bestimmen, da es ihnen egal ist, wer einen wertschöpfenden Beitrag zum Ergebnis leistet. Organisationsgrenzen überschreitende End-to-End-Prozesse müssen daher das Ziel sein. Sie können nur dann realisiert werden, wenn unterschiedliche Fachverfahren auch organisationsgrenzen überschreitend miteinander interagieren können. Dies erfordert einzuhaltende Standards, die in einem föderalen System nicht ohne Weiteres durchgesetzt werden können. Es scheitert zum einen schon an einer faktischen Durchsetzbarkeit. Zum anderen sind in föderalen Systemen Eigeninteressen unvermeidbar, die sich sachlichen Argumenten verschließen. Diese Herausforderungen sind im deutschen Mehrebenensystem an der Tagesordnung. Es lässt sich am Beispiel der Betreuung und Unterbringung von Flüchtlingen zeigen. Simplifiziert dargestellt, erlässt der Bund die Gesetze und administriert die damit verbundenen Aufgaben an die Bundesländer. Die Kommunen müssen sich schließlich vor Ort um alle Belange der Flüchtlinge kümmern. Die bis heute nicht gelösten Kernprobleme dieses Systems liegen an den Schnittstellen und den Eigenschaften des Mehrebenensystems mit dem ihm innewohnenden Abstimmungsprozessen (vgl. z. B. Bogumil, Hafner, & Kuhlmann, 2016). Es handelt sich um eine Lehre des OZG-Scheiterns Abschn. 5.2, da sich die beteiligten Partner bei Abstimmungen und Schnittstellen nicht selten selbst im Wege standen. Die hieraus resultierenden komplexen technischen Anforderungen sind erkannt worden. Ihnen soll vor allem durch das Registermodernisierungsgesetz Abschn. 14.6 Einhalt geboten werden.

Ein weiterer Aspekt der wirtschaftlichen Freiheit betrifft Beschränkungen der Forschungs- und Entwicklungsarbeit. Sie sind der Nukleus eines wachsenden gesellschaftlichen Wohlstands. Die großen Freiheiten der Unternehmen in den Vereinigten Staaten haben maßgeblich zum Erfolg der sogenannten „Big Techs“ Alphabet (Google), Amazon, Apple, Meta Platforms (ehem. Facebook) und Microsoft beigetragen. Die vergleichsweise geringe Regulierung und das fördernde, kreative Umfeld des Silicon Valleys sind bis heute ausschlaggebend für die Vormachtstellung der US-Unternehmen.

Die Motive für Eingriffe demokratischer Staaten liegen vor allem im Bereich des Verbraucherschutzes. Daher stehen auch die Big Techs in den Vereinigten Staaten unter Beobachtung der Behörden und mussten sich in der Vergangenheit verschiedenen Vorgaben beugen. Wie kreativ die Unternehmen sein dürfen, hängt von den zu Grunde liegenden Gesetzen ab. Deutschland folgt hier vor allem dem Prinzip „Verbot mit Erlaubnisvorbehalt" Abschn. 14.7. Es wird etwas verboten, es sei denn, es liegt eine ausdrückliche Erlaubnis oder Genehmigung vor. Solche Regelungen wirken präventiv und erschweren Forschungs- und Entwicklungsaktivitäten in einer Volkswirtschaft. Es lässt sich an einem Beispiel verdeutlichen, welches zum Zeitpunkt der Erstellung dieser Veröffentlichung große Aufmerksamkeit erlangt. Die Regulierung der künstlichen Intelligenz wurde intensiv diskutiert (vgl. z. B. Becker, 2023). Im Dezember 2023 wurde in der Folge der Europäische „AI Act" erlassen, die bis zu diesem Zeitpunkt restriktivste Regulierung der Künstlichen Intelligenz weltweit (vgl. z. B. Schmidt, 2023). Der „AI Act" führt dazu, dass es Unternehmen außerhalb Europas leichter haben werden, ihre KI-Entwicklungen voranzutreiben.

Die notwendigen Freiheitsgrade zur Erlangung wirtschaftlicher Freiheit beginnen bei der uneingeschränkten Nutzung von sozialen Medien und der Möglichkeit, sich ohne Einschränkungen zu informieren. Hierdurch erkennen die Menschen gesellschaftliche Entwicklungen, können Meinungen teilen etc. Es sind Inspirationsquellen zur Entfaltung der eigenen Kreativität. Eine Volkswirtschaft, die den Zugang zu Informationen verhindert, beschneidet sich ihr eigenen Potenziale. Dies fordert autoritäre Staaten im Besonderen heraus. Sie benötigen einerseits Einflussnahmen auf allen politischen, gesellschaftlichen und wirtschaftlichen Ebenen, um ihre Macht zu sichern. Andererseits können diese Einflussnahmen negative Auswirkungen auf die Volkswirtschaft haben, was den Machtanspruch gefährden kann. Die Technik des chinesischen Konzerns Huawei und der Ausschluss der Produkte vom US-amerikanischen Markt stehen hierfür genauso sinnbildlich, wie das Sozialkreditsystem Chinas. Es handelt sich um eine Bewertung des sozial gewünschten Verhaltens der Bevölkerung auf Basis von Online-Überwachungstechnik (vgl. z. B. Schlieker, 2019). Auch andere autoritäre Staaten wenden technische Lösungen an, um ihre Ziele zu erreichen. Letztere stehen dabei über der individuellen Freiheit, die aber erforderlich ist, um kreative Ideen entwickeln zu können. Hieraus entstehen neue Produkte und Dienstleistungen, die den gesellschaftlichen Wohlstand sichern. Es gibt daher nicht wenige Stimmen, die davon ausgehen, dass die Einschränkungen der individuellen Freiheit negativ auf die jeweiligen Staaten zurückwirken: „The result will be tyranny and economic collapse" (Roberts, 2023).

Aus den Ausführungen lässt sich zusammenfassend konstatieren, dass innovativere und bessere IT-Lösungen dann zu erwarten sind, wenn in einem

Staat wirtschaftliche Freiheit herrscht. eGovernment-Anwendungen sind einfacher zu realisieren, da keine Rücksicht auf komplexe Vorgaben genommen werden muss. Hierdurch werden sie auch leistungsfähiger und anwendungsfreundlicher.

Wirtschaftliche Freiheit unterstützt Marktakteure dabei, sich auszuprobieren, etwas zu erproben, zu scheitern usw. Es ist die Voraussetzung für kreative Ideenentwicklung, die in der Informationstechnik im Allgemeinen von Bedeutung ist. Das gilt im Besonderen für die Entwicklung von eGovernment-Anwendungen, die sehr große und oftmals heterogene Nutzerkreise ansprechen. Aus diesen Überlegungen heraus speist sich folgende Hypothese: **Wenn in einem Staat die wirtschaftliche Freiheit eingeschränkt ist, dann ist das eGovernment unterentwickelt.**

10.1 Datenbasis: Index of Economic Freedom (IEF)

Der IEF ist ein volkswirtschaftlicher Indikator, der jährlich als Index für alle Staaten erhoben wird. Die Datenerhebung erfolgt seit 1995 durch die Heritage Foundation und das Wall Street Journal. Die Heritage Foundation gilt als konservative Denkfabrik und Forschungseinrichtung mit Sitz in Washington, D.C. Sie betreibt Forschungen und Analysen zu einem breiten Spektrum von Themen, darunter Wirtschaft, Sicherheit, Bildung, Gesundheitswesen und Sozialpolitik.

Der Index hat zwischenzeitlich internationale Bekanntheit erlangt. Er verfügt über eine vergleichsweise lange Historie und wird daher in den Medien und der Öffentlichkeit stark wahrgenommen (vgl. z. B. The European, 2023). Wenn sich Fragen nach der wirtschaftlichen Freiheit von Staaten stellen, dann werden die Ergebnisse des IEF herangezogen. Es ist daher wenig verwunderlich, dass der Index schon lange Einzug in die wissenschaftliche Literatur gefunden hat (vgl. z. B. Li, 2012).

Der IEF geht davon aus, dass sich Freiheitsbeschränkungen negativ auf den ökonomischen Wohlstand einer Gesellschaft auswirken. Er basiert auf zehn Einzelfaktoren, wie z. B. der Einhaltung der Eigentumsrechte, der Effektivität der Justiz oder der Steuerbelastung eines Staates. Die Faktoren werden auf einer Skala von 0 bis 100 bewertet. Der Wert 100 steht für den maximalen Freiheitsgrad.

Die Konzeption des Index basiert auf den Lehren von Adam Smith (*1723 in Schottland, † 17. Juli 1790 ebenda), der u. a. Arbeitsteilung und internationalen Warenverkehr, als sinnvoll erachtete und damit als ein sehr früher Befürworter der Globalisierung angesehen wird. Darüber hinaus propagierte er, dass sich staatliche Eingriffe negativ auf den gesellschaftlichen Wohlstand auswirken. Kritiker wenden an dieser Stelle ein, dass der Index zu sehr aus wirtschaftsliberaler Sicht gestaltet ist. Arbeitnehmerinteressen würden nicht ausreichend berücksichtigt, was sich u. a. daran festmachen lässt, dass sich die einfache Freisetzung von Beschäftigten positiv auf die wirtschaftliche Freiheit auswirkt (vgl. z. B. Carson, 2023). Es gibt aber auch zahlreiche Fürsprecher des Index. Sie halten den Kritikern u. a. entgegen, dass es sich empirisch nachweisen lasse, dass größere wirtschaftliche Freiheit mit einem höheren Wohlstand in einer Gesellschaft einhergeht.

Eine Detailanalyse der Daten verdeutlicht, dass wirtschaftsliberale Ideen den Index bestimmen. Deutschland liegt im Ranking derzeit auf Platz 14 von 183 Staaten und ist damit in der zweithöchsten Kategorie „Mostly free“ verortet. In der höchsten Kategorie „Free“ finden sich lediglich vier Staaten: Singapur, Schweiz, Taiwan und Irland. Das Ende des Rankings bilden wenig überraschend die Länder Venezuela, Kuba und Nord-Korea.

Bei den Faktoren Steuerlast, Arbeitsmarkt und staatliche Ausgaben liegt Deutschland erwartungsgemäß unter dem weltweiten Durchschnitt (vgl. Heritage Foundation, 2023, S. 155). Mit Blick auf die weiteren Platzierungen fällt nicht nur auf, dass Deutschland vor den Vereinigten Staaten, Platz 25, liegt. Der Unterschied von 11 Plätzen im Ranking ist doch deutlich überraschend. Die Gründe liegen vor allem im Faktor „Fiscal Health“. Dieser umfasst vor allem das Haushaltsdefizit und den Schuldenstand, bei denen Deutschland signifikant besser abschneidet.

Der Index ist aufgrund seiner Bekanntheit und langen Historie geeignet, um als Variable in der formulierten Hypothese zur Anwendung zu kommen. Hieran ändert auch die Kritik des Wirtschaftsliberalismus nichts. Die Hypothese wird auf Basis der vorliegenden Datenlage falsifiziert. Ein höherer Grad an wirtschaftlicher Freiheit, gemessen auf Basis der IEF-Ergebnisse, führt zu einem besseren eGovernment vice versa.

10.2 Prüfung Hypothese 4: Wirtschaftliche Freiheit und eGovernment

Die Grundgesamtheit der nachfolgend ausgewerteten Daten basiert auf n = 173. Der EGDI umfasst 193 und der IEF 183 Staaten. Die Abweichungen zwischen den drei Werten lassen sich aus den unterschiedlichen Zielsetzungen bzw. Inhalten der Indizes erklären. Im Ranking der wirtschaftlichen Freiheit (IEF) sind Länder vermerkt, für die zum Zeitpunkt der Erhebung keine Daten vorlagen, wie z. B. Afghanistan, Libyen oder Somalia. Für Somalia oder Afghanistan finden sich hingegen Werte im EGDI. Durch den Abgleich der Daten reduzierte sich die Grundgesamtheit auf 173 Staaten.

Der IEF basiert auf absoluten Werten und musste für die Ermittlung der Korrelation mit dem EGDI zunächst in ein Ranking überführt werden. Im IEF liegt Singapur auf Platz 1 und Nord-Korea, auch in absoluten Zahlen, deutlich am Ende auf Platz 176 (vgl. Anhang 5: Index of Economic Freedom (IEF) 2023). Beide Skalen können in nachfolgender Kreuztabelle für die Variablen erkannt und nachvollzogen werden (vgl. Abb. 10.1):

Die Skalierung der x- und y-Achse basiert auf der Grundgesamtheit von n = 173. Über Spitzenergebnisse verfügen Singapur und Neuseeland. Singapur belegt beim eGovernment (EGDI) Platz 12 und bei der Wirtschaftlichen Freiheit (IEF) Platz 1, Neuseeland beim eGovernment Platz 4 und bei der Wirtschaftlichen Freiheit Platz 5. Nord-Korea befindet sich am Ende.

Die Visualisierung der Kreuztabelle und die Trendlinie verdeutlichen bereits ohne eine statistische Auswertung, dass ein starker Zusammenhang existieren muss. In Zahlen ausgedrückt beträgt KorP = 0,7450 und belegt damit das visuelle Ergebnis. Die Signifikanz liegt bei p = 0,000. Das Ergebnis überrascht aufgrund der starken Korrelation nicht und ist damit zweiseitig signifikant. Summarisch lässt sich daher Folgendes konstatieren. **Die Hypothese „Wenn in einem Staat die wirtschaftliche Freiheit eingeschränkt ist, dann ist das eGovernment unterentwickelt" ist verifiziert.**

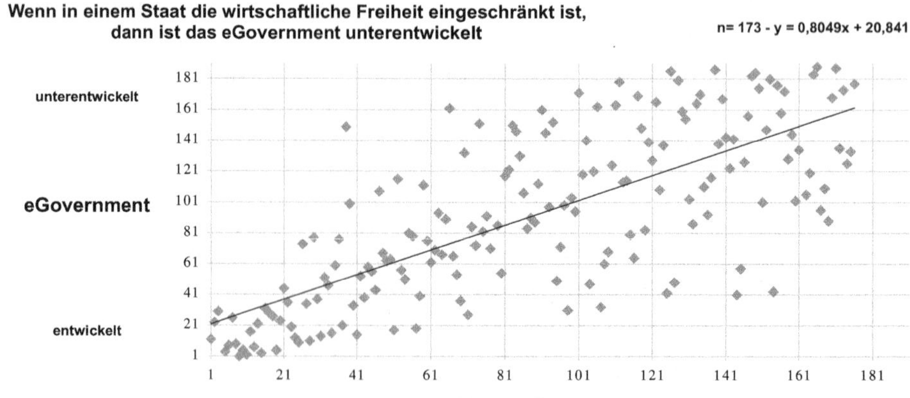

Abb. 10.1 Kreuztabelle Wirtschaftliche Freiheit und eGovernment

Aufgrund der starken Korrelation und mit Blick auf die Kreuztabelle stellt sich die Frage, ob auch die Aussage zulässig wäre, dass umso stärker die wirtschaftliche Freiheit eingeschränkt ist, umso unterentwickelter ist das eGovernment vice versa. Hierfür empfiehlt sich zunächst eine Analyse der Streuung der Ergebnisse. Umso geringer die Streuung der Ergebnisse, umso wahrscheinlicher ist der Zusammenhang. Es wurden stichprobenartig verschiedene Staaten im Detail analysiert, die in der Kreuztabelle als Ausreißer erkennbar sind (vgl. Abb. 10.2):

Alle in der Tabelle enthaltenen Staaten weisen spezifische Besonderheiten auf. Mikronesien und Samo sind sehr kleine Inselstaaten mit einer vergleichsweise geringen Bevölkerungsanzahl. Beide Staaten sind zudem schon als Ausreißer im Rahmen der Bürokratiehypothese aufgefallen (vgl. Abb. 9.2). Es stellt sich daher die Frage, ob diese Länder über Eigenschaften verfügen, die sie zu Ausreißern in den Kreuztabellen werden lassen. Es ist aber auch denkbar, dass diese Staaten aufgrund ungenauer Datenerhebungen in unterschiedlichen Analysen auffallen. Letzteres entzieht sich einer weiteren Prüfung. Im Ergebnis bleibt zu konstatieren, dass beide Länder als Ausreißer auffallen und es sich um kleine Inselstaaten handelt.

Die beiden weiteren Ausreißer, China und Argentinien, weisen ebenso Besonderheiten auf, die sie von anderen Staaten signifikant unterscheiden. China ist eines der größten und bevölkerungsreichsten Länder der Welt. Es wird durch eine zentralistische Parteidiktatur autokratisch regiert. Der Staat hat einen absolutistischen Anspruch. Er mischt sich in die Lebensbereiche der Menschen und in das Wirtschaftsleben ein. Das ist ein Erklärungsfaktor für Platz 154 im IEF. China ist in vielen Bereichen ein hochentwickeltes Land, was sich u. a. an Platz 43 im EGDI-Ranking ablesen lässt.

Argentinien hat eine besondere Geschichte, die es zum Ausreißer in der Kreuztabelle gemacht haben könnte. Die Historie des Landes ist durch ein Auf und Ab von wirtschaftlicher Prosperität und wirtschaftlichem Niedergang geprägt, was u. a. in einem Staatsbankrott der Jahre 2001/2002 mündete. Die Wirtschaftspolitik war bis zur Wahl im Jahr 2023 sehr restriktiv. Es wurden z. B. Devisenkontrollen durchgeführt und Importe reguliert (vgl.

Country	eGovernment Ranking	Economic Freedom Ranking
Mikronesien	162	66
Samoa	150	38
China	43	154
Argentinien	41	144

Abb. 10.2 Ausreißerergebnisse Wirtschaftliche Freiheit

z. B. WKO, 2023). Letzteres erklärt das schlechte Abschneiden im IEF. Der neu gewählte Präsident, Javier Milei, hat eine radikale marktliberale Wende versprochen. Zum Zeitpunkt der Erstellung dieser Veröffentlichung wurden bereits erste Maßnahmen in diese Richtung eingeleitet (vgl. z. B. Brühwiller, 2023).

Die hier in aller Kürze dargestellten Interpretationen über das Zustandekommen der Ausreißer sind allein noch nicht Beweis genug dafür, sie so zu qualifizieren, dass sie zwingend aus der Grundgesamtheit entfernt werden müssten. Gleichwohl entziehen sich die Ergebnisse der vier Staaten den sonstigen Ergebnismustern. Es spricht daher einiges dafür, diese Staaten aus der Grundgesamtheit zu entfernen. Im Ergebnis wäre das Korrelationsergebnis noch stärker. Dies würde die These stützen, dass Eingriffe in die wirtschaftliche Freiheit zu schlechteren eGovernment-Ergebnissen führen.

10.3 Interpretation des Ergebnisses

In Kap. 10 wurde die Hypothese inhaltlich konkretisiert. Hiermit verbunden waren erste Aspekte, die auch Hinweise auf die Interpretation des Ergebnisses liefern. Auf Basis dieser Ausführungen und der erzielten Ergebnisse Abschn. 10.2 lassen sich zusammenfassend drei wesentliche Interpretationen für die Verifikation der Hypothese ableiten: 1. Anzahl von Interventionen beschränkt erfolgreiche eGovernment-Lösungen, 2. Interventionen in die wirtschaftliche Freiheit verkomplizieren eGovernment-Lösungen und 3. Interventionen in die wirtschaftliche Freiheit beschneiden die Freiheitsgrade im Rahmen der Anwendungsentwicklung.

1. Wenn ein Staat in die wirtschaftliche Freiheit eingreift, dann benötigt er Mechanismen und Ressourcen, um zu prüfen, ob die von ihm gesetzten Regeln auch tatsächlich eingehalten werden. Hieraus folgt, dass bei beschränkten Ressourcen Prioritäten gesetzt werden müssen. Für eine umfassende Digitalisierung des Staates stehen damit weniger Ressourcen zur Verfügung. Analysiert man einige Staaten, die im IEF und EGDI vor Deutschland liegen, wie z. B. Singapur oder Estland, dann liegt der Verdacht nahe, dass sich die deutsche Verwaltung mit anderen und zusätzlichen Aufgaben beschäftigt, die nichts mit dem eGovernment zu tun haben. Dies lässt sich zumindest in Ansätzen auch nachweisen Abschn. 14.6. Hierdurch kann sich die Verwaltung sowohl inhaltlich als auch ressourcentechnisch nicht vollständig auf das eGovernment konzentrieren. Es ist daher davon auszugehen, dass die Eingriffe in die wirtschaftliche

Freiheit in Deutschland die Verwaltung im Rahmen ihrer eGovernment-Bemühungen zumindest hemmen.

2. Verkomplizieren sich die Beziehungen zwischen dem Staat und den Marktakteuren, dann ist die Entwicklung von eGovernment-Lösungen ungleich herausfordernder. Der Grad der Komplexität wird von den Vorgaben des Staates bestimmt. Umso stärker er in die wirtschaftliche Freiheit eingreift, umso umfangreicher sind die notwendigen Abbildungen in einer IT-Lösung. Zumeist gehen komplexere Beziehungen auch mit zusätzlichen Detailvorschriften bzw. Ausführungsbestimmungen einher, die ihrerseits potenzielle eGovernment-Lösungen in ihrer Konzeption und Realisierung behindern, verteuern, zeitverzögern etc. Hiermit steigen auch die Risiken eines generellen Scheiterns und einer geringeren Akzeptanz, weil eine intuitive Bedienbarkeit bei komplexen Lösungen nicht zu erwarten ist.
3. Schränkt der Staat die wirtschaftliche Freiheit ein, dann erschwert er die für moderne Volkswirtschaften so wichtigen Innovationen. Die Diskussion um die Regulierung von KI-Anwendungen und der „AI Act" der Europäischen Union stehen hierfür als Sinnbilder der derzeitigen Entwicklung. Die Anwendungspotenziale können in Europa zumindest nicht vollständig gehoben werden. KI-nahe Unternehmen werden sich daher überlegen, ob sie in der Europäischen Union investieren. Es ist kein Zufall, dass viele erfolgreiche IT-Unternehmen aus den Vereinigten Staaten stammen, deren Selbstverständnis auf Unternehmertum und wirtschaftlicher Freiheit basiert.

Literatur

Bardt, H. (2019). Ordnungspolitik ohne industriepolitische Blindheit. Wirtschaftsdienst – Zeitschrift für Wirtschaftspolitik, S. https://www.wirtschaftsdienst.eu/inhalt/jahr/2019/heft/2/beitrag/industriepolitik-ineffizienter-staatlicher-eingriff-oder-zukunftsweisende-option.html.

Becker, B. (24. April 2023). Warum es klare Regeln für Künstliche Intelligenz braucht. Frankfurter Allgemeine Zeitung, S. https://www.faz.net/aktuell/politik/inland/chatgpt-warum-es-klare-regeln-fuer-kuenstliche-intelligenz-braucht-18830488.html.

Bogumil, J., Hafner, J., & Kuhlmann, S. (2016). Verwaltungshandeln in der Flüchtlingskrise. *Verwaltung & Management*, 126–136.

Brühwiller, T. (14. November 2023). Argentiniens Regierung setzt die Kettensäge an. Frankfurter Allgemeine Zeitung, S. https://www.faz.net/aktuell/wirtschaft/argentiniens-regierung-setzt-die-kettensaege-an-19380647.html.

Carson, K. (11. 03 2023). Foundation for Economic Education. https://fee.org/articles/what-economic-freedom-indexes-leave-out/.

Foundation, H. (2023). *2023 INDEX OF ECONOMIC FREEDOM*. The Heritage Foundation.

Hüther, M., & Vogel, M. (2021). Souveränität und Verantwortung im Mehrebenensystem. Wirtschaftsdienst – ZBW – Leibniz-Informationszentrum Wirtschaft, 439–445.

Jahn, S., Kaste, S., Köhler, A., Müller, L.-S., van der Meyden, R., Helmut, K., . . . Pleger, S. (2023). *eGovernment Monitor 2023*. Initiative D21.

Li, K.-W. (2012). *Economic Freedom: Lessons Of Hong Kong*. World Scientific.

Richert, R. (2022). *Wirtschaftspolitik klipp & klar*. Springer Gabler.

Roberts, K. (2023). Preface Economic Freedom 2023. In H. Foundation, *Economic Freedom Report 2023* (S. xi). Heritage Foundation.

Schlieker, A. (2019). Digitale Überwachung in China. Diktatur 2.0 oder nur effizienteres Regieren? In S. Rietmann, M. Sawatzki, & M. Berg (Hrsg.), *Beratung und Digitalisierung, Soziale Arbeit als* (S. 109–128). Springer VS.

Schmidt, H. (9. Dezember 2023). Weltweit restriktivste Regulierung der Künstlichen Intelligenz. Frankfurter Allgemeine Zeitung, S. https://www.faz.net/pro/d-economy/kuenstliche-intelligenz/eu-einigt-sich-auf-ki-gesetz-scharfe-anforderungen-an-transparenz-19372808.html.

The European. (13. 03 2023). The European. https://www.theeuropean.de/rainer-zitelmann/kapitalismus-in-der-usa/.

WKO. (25. 04 2023). Serviceangebot der Wirtschaftskammer. Von https://www.wko.at/service/aussenwirtschaft/die-argentinische-wirtschaft.html.

11 Hypothese 5: Wenn die Bevölkerungsdichte in einem Staat hoch ist, dann ist das eGovernment unterentwickelt

Zusammenfassung Die besonderen Eigenschaften eines Staates könnten zu einem größeren Bedarf an eGovernment-Lösungen führen. Dünn besiedelte und/oder durch klimatische Verhältnisse geprägte Länder könnten davon profitieren, dass die Bürgerinnen und Bürger sowie die Unternehmen keinen persönlichen Kontakt zu den Verwaltungen pflegen müssen. In diesem Kapitel wird daher der Frage nachgegangen, ob die Bevölkerungsdichte in einem Zusammenhang mit dem eGovernment steht.

Verschiedene Hypothesen dieser Untersuchung zielen schwerpunktmäßig auf inhaltliche Aspekte und Zusammenhänge ab, wie z. B. darauf, dass die Bürokratie das eGovernment beeinflusst Kap. 9. Darüber hinaus stellen sich aber auch Fragen nach den generellen Staatseigenschaften und ihren konkreten Ausprägungen. Theoretischer Ansatzpunkt hierfür ist die sogenannte Drei-Elementen-Lehre aus Staatsgebiet, Staatsvolk und Staatsgewalt Abschn. 5.1. Die drei Elemente unterscheiden sich zwischen den Staaten sehr deutlich. Sie sind z. B. unterschiedlich groß (Staatsgebiet), umfassen in vielen Fälle verschiedene Ethnien (Staatsvolk) und die Durchsetzung der Staatsmacht (Staatsgewalt) ist kaum vergleichbar.

Um sich der Frage zu nähern, in welchem konkreten Zusammenhang die drei Elemente mit dem eGovernment stehen, müssen sich dessen konstituierende Eigenschaften in Erinnerung gerufen werden Abschn. 5.3. Nach der Definition des Fachausschusses für Verwaltungsinformatik geht es u. a. um die Verbesserung der Beziehungen zwischen den Stakeholdern, insbesondere den Bürgerinnen und Bürgern sowie den Unternehmen und der Verwaltung

A. Schmid, *eGovernment in Deutschland – eine unvermutete Erfolgsgeschichte,* Edition Innovative Verwaltung, https://doi.org/10.1007/978-3-658-44634-5_11

durch neue Zugangswege. Ähnliches findet sich auch in der Definition nach Spirakis et al., in der von „…improvement of accessibility…“ gesprochen wird. Das Bundesministerium des Innern ging noch einen Schritt weiter und adressierte interaktive, elektronische Bürgerdienste. Zusammenfassend betrachtet geht es um eine IT-gestützte Erreichbarkeit der und einen IT-gestützten Austausch mit den Verwaltungen. Dies deckt sich inhaltlich mit dem vom ehemaligen Bundeskanzler Gerhard Schöder geprägten Satz: „Die Daten müssen laufen, nicht die Bürger“.

Es stellt sich anschließend die Frage, welche individuellen Staatseigenschaften am meisten von einer IT-gestützten Erreichbarkeit der Verwaltung und einem IT-gestützten Austausch profitieren würden. Da eGovernment kein Selbstzweck ist, müssen Vorteile durch die verbesserte Kommunikation zwischen Verwaltungen und Stakeholdern entstehen. Ganz im Sinne Schröders sollten persönliche bzw. physische Kontakte reduziert, wenn nicht sogar ganz vermieden werden können. Es spart den Stakeholdern und Verwaltungen Zeit und Geld und trägt darüber hinaus dazu bei, dass das Verwaltungshandeln auch ökologisch nachhaltiger wird. Ein wichtiger Aspekt des derzeitigen öffentlichen Diskurses.

Umso größer die Entfernungen zwischen den Stakeholdern und den für sie zuständigen Verwaltungsstandorten sind, umso vorteilhafter wird der Einsatz von eGovernment. Vergleicht man z. B. ein ebenso hochentwickeltes Land wie Kanada mit Deutschland, dann werden die Unterschiede schnell deutlich: Kanada verfügt über eine Gesamtfläche von rd. 10 Mio. km^2 bei einer Einwohnerzahl von rund 35 Mio. Deutschland über rd. 0,35 Mio. km^2 bei einer Einwohnerzahl von rund 83 Mio.

Kanada ist dünn besiedelt. Bezieht man die großen Zentren in und um Toronto, Ottawa oder Quebec in die Überlegungen mit ein, dann wird noch deutlicher, dass es elektronischer Kommunikationswege mit den Verwaltungen bedarf. Es kommen die klimatischen Verhältnisse in vielen Regionen Kanadas hinzu. Ein persönliches Aufsuchen einer Verwaltung kann allein durch Letzteres zum Scheitern verurteilt sein. eGovernment wird auf Basis dieser Überlegungen zu einem „Muss“ für einen Staat wie Kanada.

Aus diesen Überlegungen folgt, dass in dünn besiedelten Ländern ein hoher Bedarf an eGovernment-Lösungen existieren müsste. Auskunft hierüber gibt die Bevölkerungsdichte eines Staats. Es handelt sich um eine Kennzahl, die angibt, wie viele Einwohner eine Fläche besiedeln. Sie wird durch die Anzahl der Einwohner pro Quadratkilometer gemessen und errechnet sich aus naheliegenden Gründen dadurch, dass die Einwohnerzahl durch die Fläche dividiert wird. In den meisten Ländern existieren große Unterschiede zwischen der Besiedlung, was u. a. geografischen Besonderheiten geschuldet sein kann. In Deutschland ist der Unterschied z. B. zwischen Nordrhein-Westfalen

(532 Einwohner je Quadratkilometer) und Mecklenburg-Vorpommern (69 Einwohner je Quadratkilometer) besonders deutlich. Unabhängig von diesen regionalen Unterschieden bleibt es naheliegend, dass eine geringe Bevölkerungsdichte zu einem großen Interesse an eGovernment-Lösungen führen müsste. Nur so kann ein Staat mit seinen Bürgerinnen und Bürgern im Sinne des eGovernment-Grundgedankens adäquat interagieren. Die Vorteile für den Staat und die Bürgerinnen und Bürger liegen auf der Hand. Aus diesen Überlegungen speist sich folgende Hypothese: **Wenn die Bevölkerungsdichte in einem Staat hoch ist, dann ist das eGovernment unterentwickelt.**

11.1 Datenbasis: Deutsches Statistisches Bundesamt

Während bei den inhaltlichen Hypothesen die Passgenauigkeit des herangezogenen Indikators analysiert und bewertet werden muss, verhält es sich bei der Bevölkerungsdichte anders. Es handelt sich um eine statistische Kennzahl, die sich aus erhebbaren bzw. messbaren Daten ermitteln lässt. Eine Interpretation der Daten ist überflüssig und unterbleibt aus diesem Grund.

Angaben über die Bevölkerungsdichte der Staaten finden sich in verschiedenen Quellen. Die im Folgenden genutzten Daten gehen auf das Statistische Bundesamt zurück (vgl. Deutsches Statistisches Bundesamt, 2023). Es handelt sich um absolute Werte, die für verschiedene Länder identisch sein können. Uruguay, Bhutan und Niger verfügen im Jahr 2023 beispielsweise über dieselbe Bevölkerungsdichte. Es kommt bei der Heranziehung der Daten darauf an, dass diese möglichst aktuell sind, weil demografische Entwicklungen schnell verlaufen können und es regionale Unterschiede gibt.

Die Daten mussten zunächst in ein Ranking überführt werden, um sie hierdurch mit dem EGDI in eine Korrelationsberechnung überführen zu können. Aufgrund gleicher Bevölkerungsdichte kommt es daher im Ranking zu Staaten mit identischer Positionierung. An dieser Vorgehensweise lässt sich kritisieren, dass bezogen auf die Hypothese der Abstand zwischen den Staaten eine wichtige Rolle spielen könnte. Damit wäre ein Ranking ungeeignet bzw. die Daten müssten weiter transformiert werden. Analysiert man die Daten allerdings im Detail, dann wird deutlich, dass die absoluten Abstände im Ranking nicht sehr groß sind. Eine wie auch immer geartete Transformation der Daten war daher nicht erforderlich. Zudem ist das Ranking selbst bereits eine Rangfolge, die Unterschiede zum Ausdruck bringt und sich damit auch auf das Korrelationsergebnis auswirkt. Es wurde sich zunächst dafür entschieden, dass Korrelationsergebnis abzuwarten, um dann über eine mögliche Anpassung des Forschungsdesigns zu entscheiden. Dies erübrigte sich, wie die nachfolgenden Analysen zeigen.

11.2 Prüfung der Hypothese 5: Bevölkerungsdichte und eGovernment

Die Grundgesamtheit der nachfolgend ausgewerteten Daten basiert auf n = 190. Der EGDI umfasst 193 und die Basistabelle zur Bevölkerungsdichte des Deutschen Statistischen Bundesamts 190 Länder. Die Abweichungen zwischen den Werten lassen sich aus den unterschiedlichen Zielsetzungen bzw. Inhalten der Indizes erklären. Für das eGovernment (EGDI) liegen Daten für eine größere Anzahl von Staaten vor. Die Unterschiede lassen sich vor allem durch sehr kleine Staaten erklären, wie z. B. Saint Kitts and Nevis, Saint Lucia oder Saint Vincent and the Grenadines.

Der Bevölkerungsdichte basiert auf absoluten Werten und wurde für die Ermittlung der Korrelation mit dem EGDI in ein Ranking überführt werden. Das Land mit der höchsten Bevölkerungsdichte ist Bahrain, absoluter Wert im Ranking 134 (EGDI: 54), in nachfolgender Abbildung ganz rechts zu erkennen. Die geringste Bevölkerungsdichte findet sich in der Mongolei, Rankingplatz 1 (EGDI: 73), ganz links in der Abbildung (vgl. Basisdaten im Anhang 6: Bevölkerungsdichte). Die Gesamtergebnisse können in nachfolgender Kreuztabelle für die Variablen erkannt und nachvollzogen werden (vgl. Abb. 11.1):

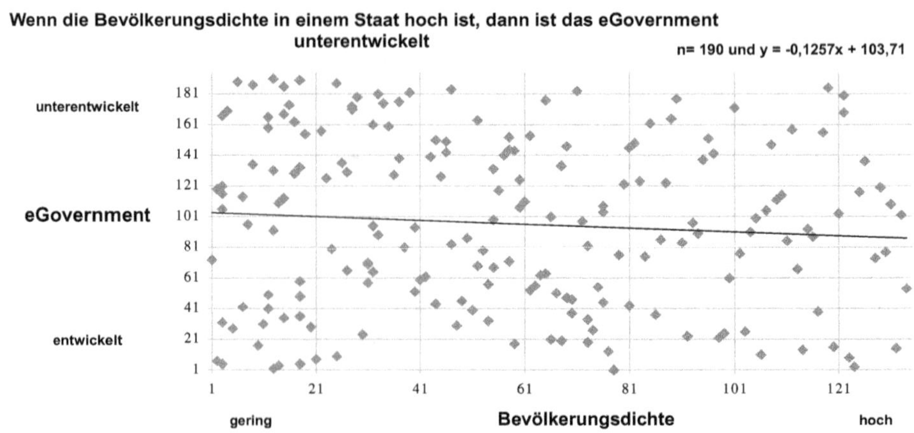

Abb. 11.1 Kreuztabelle Bevölkerungsdichte und eGovernment

Die Skalierung der x- und y-Achse basiert auf der Grundgesamtheit von n = 190, wobei zu berücksichtigen ist, dass Staaten dieselbe Bevölkerungsdichte aufweisen können.

Die Visualisierung der Kreuztabelle und die Trendlinie verdeutlichen bereits ohne eine statistische Auswertung, dass ein Zusammenhang nicht nachgewiesen werden kann. In Zahlen ausgedrückt beträgt KorP = -0,087 und belegt damit das visuelle Ergebnis. Die Signifikanz liegt bei p = 0,232. Dieser Wert überrascht aufgrund des Korrelationsergebnisses nicht. Das Ergebnis ist damit nicht signifikant. Summarisch lässt sich daher Folgendes konstatieren:

Die Hypothese „Wenn die Bevölkerungsdichte in einem Staat hoch ist, dann ist das eGovernment unterentwickelt“ ist falsifiziert.

11.3 Interpretation des Ergebnisses

Die Ergebnisse zeigen deutlich, dass offensichtlich kein Zusammenhang zwischen der Bevölkerungsdichte und dem eGovernment besteht. Hieraus resultiert, dass andere Einflussfaktoren den Erfolg des eGovernments bestimmen müssen. Um das Ergebnis zu interpretieren, bietet es sich zunächst an, die vorhanden Daten eingehender zu analysieren. Es stellt sich die Frage, ob es bestimmte Muster oder Zusammenhänge gibt.

Das Augenmerk richtet sich dabei vor allem auf die Staaten, die die Hypothese eindeutig verifiziert hätten bzw. falsifiziert haben. Hierfür wurden die Staaten ausgewählt, die in Datensätzen besonders deutlich aufgefallen sind (vgl. Abb. 11.2):

Australien, Island, die Komoren und Haiti bestätigen die Hypothese sehr deutlich. Wenn die Bevölkerungsdichte gering ist, dann ist das eGovernment entwickelt vice versa. Die Komoren und Haiti weisen innerstaatliche Besonderheiten auf, die eine Interpretation der Ergebnisse nahelegen. Haiti befindet sich als Staat in einer Dauerkrise, sodass von staatlichen Strukturen, die für ein eGovernment-Angebot verantwortlich wären, kaum gesprochen werden kann. Das Ergebnis im eGovernment-Ranking verwundert daher nicht. Es ist naheliegend, dass das eGovernment-Ranking nicht mit der hohen Bevölkerungsdichte in Verbindung gesetzt werden sollte. Die Komoren sind ein föderaler Inselstaat mit nur rund 800.000 Einwohnern, aber einer hohen Bevölkerungsdichte. Auch wenn sich die Situation im Vergleich zu Haiti deutlich besser darstellt, lassen sich die Komoren auf Basis verschiedener politischer Indizes als eher instabil beschreiben. Die geografischen Besonderheiten und die innerstaatlichen Herausforderungen sprechen auch

Country	eGovernment Ranking	Bevölkerungsdichte
Verfizierung der Hypothese:		
Australien	7	2
Island	5	3
Komoren	122	180
Haiti	185	119
Falsifizierung der Hypothese:		
Zentralafrikanische Republik	189	6
Tschad	187	9
Malta	15	132
Korea	3	124

Abb. 11.2 Datenanalyse Bevölkerungsdichte und eGovernment

hier dagegen, dass das eGovernment mit der Bevölkerungsdichte in einen sinnvollen kausalen Zusammenhang gebracht werden kann.

Ähnliche Argumente lassen sich für die Zentralafrikanische Republik und den Tschad finden. Sie sind in Afrika Nachbarländer. Aufgrund eines langen Bürgerkrieges kann von einem existieren Staat, mit seinen notwendigen formalen und faktischen Strukturen Abschn. 5.1 nicht mehr gesprochen werden. Das Nachbarland Tschad befindet sich seit seiner Unabhängigkeit von Frankreich in einer Dauerkrise, die auch Bürgerkriegsphasen einschließt. Für beide Staaten kann daher angenommen werden, dass die Bevölkerungsdichte keine Auswirkungen auf das eGovernment hat.

Malta und Korea als entwickelte Staaten haben eine hohe Bevölkerungsdichte und verfügen „trotzdem" über ein sehr gutes eGovernment. Es ist auffällig, dass die zwei Staaten, die die Hypothese bestätigen würden, Australien und Island, wie Malta und Korea entwickelte Staaten sind. Es legt die Vermutung nahe, dass der Entwicklungsstatus im Gegensatz zur Bevölkerungsdichte für den Erfolg des eGovernments entscheidend sein könnte. Aus diesem Grund wurde die nachfolgende Hypothese in Kap. 12 formuliert.

Literatur

Deutsches Statistisches Bundesamt. (27. April 2023). Deutsches Statistisches Bundesamt;. Von Basistabelle Bevölkerungsdichte: https://www.destatis.de/DE/Themen/Laender-Regionen/Internationales/Thema/Tabellen/Basistabelle_Bevoelkerungsdichte.html. Abgerufen.

12

Hypothese 6: Wenn ein Staat unterentwickelt ist, dann ist das eGovernment unterentwickelt

Zusammenfassung Auf Basis verschiedener Ergebnisse der Forschungsarbeit wurde deutlich, dass der Entwicklungsstatus eines Landes in einem Zusammenhang mit dem eGovernment stehen müsste. Ein höherer Entwicklungsstatus führt zu größeren Ressourcen, die für das eGovernment eingesetzt werden können. Das eGovernment kann darüber hinaus die Entwicklung eines Staates unterstützen. In diesem Kapitel wird daher der Frage nachgegangen, ob der Entwicklungsstatus eines Landes mit dem eGovernment in Verbindung steht.

Eine Forschungsarbeit ist immer auch ein Entwicklungsprojekt. Die Ergebnisse verschiedener Hypothesen, vgl. z. B. Abschn. 9.3 und 10.3, legen nahe, dass der Entwicklungsstatus eines Landes Einfluss auf die Ausgestaltung des eGovernments haben könnte. Wenn ein Staat hoch entwickelt ist, wird er eher in der Lage sein, sich auch einer staatlichen Aufgabe wie dem eGovernment anzunehmen vice versa. Es ist zudem zu vermuten, dass ein funktionierendes eGovernment einen Beitrag zum Entwicklungsstatus eines Landes leistet.

Es stellt sich daher zunächst die Frage, was einen „unterentwickelten Staat" charakterisiert, um hieraus abzuleiten, ob die klassifizierenden Merkmale mit den Eigenschaften des eGovernments in Verbindung stehen. Aus den Ergebnissen ließen sich Rückschlüsse über etwaige Zusammenhänge herleiten.

Für den Begriff „Entwicklungsland" existiert keine Legaldefinition. Der Begriff entstammt der Entwicklungspolitik. Entwicklungsländer sind nach

A. Schmid, *eGovernment in Deutschland – eine unvermutete Erfolgsgeschichte,* Edition Innovative Verwaltung, https://doi.org/10.1007/978-3-658-44634-5_12

herrschender Meinung dadurch gekennzeichnet, dass die (Lebens-) Bedingungen ihrer Einwohner sich (deutlich) unter dem Durchschnitt aller Staaten bewegen. Die Vereinten Nationen ermitteln seit einem Beschluss aus dem Jahr 1971 nach bestimmten Kriterien eine Liste der Entwicklungsländer („Least Development Countries"). Zu Beginn der Datenerhebungen wurden vier Kriterien herangezogen. Unter diesen befand sich die Anzahl der Einwohner, die unter 75 Mio. liegen sollte, um als Nicht-Entwicklungsland zu gelten. In Anbetracht der demografischen und wirtschaftlichen Entwicklungen seit dieser Zeit z. B. in China oder in Indien, ist es sachlogisch, dass dieses Kriterium heutzutage nicht mehr zur Anwendung kommt. Es verbleiben drei Kriterien, die bei den Untersuchungen herangezogen werden (vgl. United Nations, 2023):

1. Das Bruttoinlandsprodukt („Gross National Income" (GNI)) als Maßstab für die hergestellten Waren und Dienstleistungen in einem Staat in einen definierten Zeitraum.
2. Der sog. „Menschliche Vermögensindex" („Human Asset Index" (HAI)) der sich unterteilt in die Kategorien „Gesundheit" und „Bildung". Die Ergebnisse der Kategorien werden auf Basis verschiedener Kennzahlen ermittelt. Hierzu zählen für die „Gesundheit" beispielsweise die Kindersterblichkeit unter 5 Jahren und für die „Bildung" beispielsweise die Einschulungsquote in weiterführende Schulen.
3. Der Index der wirtschaftlichen und ökologischen Verletzbarkeit („Economic and Environmental Vulnerability Index" (EVI)) unterteilt sich in die zwei namensgebenden Kategorien. Als Verletzbarkeitsmerkmal wird in der wirtschaftlichen Kategorie beispielsweise die Abgelegenheit der staatlichen Regionen herangezogen, in der ökologischen Kategorie beispielsweise der Bevölkerungsanteil, der in Trockenregionen lebt.

Es ist naheliegend, dass das Bruttoinlandsprodukt einen positiven Einfluss auf das eGovernment ausüben könnte. Hierfür lassen sich vor allem drei Argumente anführen. Wenn in einem Staat eine hohe Wertschöpfung erzielt wird, dann verfügt dieser z. B. aufgrund des Steueraufkommens über größere Ressourcen. Damit bieten sich politische Handlungsspielräume und Investitionsmöglichkeiten.

Als zweites Argument können die konstituierenden Eigenschaften des eGovernments selbst herangezogen werden. Sie führen dazu, dass Staaten ein hohes Interesse an der erfolgreichen Umsetzung des eGovernments haben müssten: „…Verwaltungsmodernisierung durch elektronische Vorgangsbearbeitung … Bereitstellung von … bis hin zu den komplexen Transaktionen und interaktiven elektronischen Bürgerdiensten …" (Bundesministerium des Innern, 2003, S. 37). Diese Eigenschaften wirken sich zumindest mittelbar positiv auf das Bruttoinlandsprodukt aus. Wenn ein Staat diese Potenziale erkennt, dann wird er das eGovernment auch aktiv fördern. Eine effiziente und effektive Verwaltung erhöht darüber hinaus die Wiederwahlchancen der Regierenden in demokratischen Staaten. Politische Entscheider müssten unter diesen Bedingungen ein hohes Interesse am eGovernment und dessen sinnvoller Realisierung haben.

Als drittes Argument lässt sich die Erwartungshaltung der Kunden anführen. Der Staat agiert im elektronischen Datenverkehr nicht als Insel, sondern als „Hub" im Sinne einer zentralen (Koordinations-) Funktion. Es verwundert daher nicht, dass die initialen Überlegungen von Reinermann und von Lucke (Abschn. 5.3) das elektronische Beziehungsgeflecht des Staates in den Mittelpunkt stellen (vgl. von Lucke & Reinermann, 2002, S. 1–2). Die Erwartungshaltungen und die Sensibilität bezüglich der Leistungsfähigkeit und der Rolle des Staates im elektronischen Gesellschaftsgeflecht sind hoch. Dies hat sich nicht zuletzt während der Covid19-Pandemie gezeigt.

Neben dem Bruttoinlandsprodukt, das wie dargestellt einen starken Einfluss auf das eGovernment ausüben müsste, verbleiben die zwei Kriterien HAI und EVI. Im „Human Asset Index" spielt die Bildung der Bevölkerung eine wichtige Rolle. Sie ist zum einen eine Voraussetzung dafür, dass eGovernment-Angebote im eigenen Land überhaupt entwickelt und angenommen werden können. Da es beim eGovernment auch um die zentrale Datenverarbeitung sensibler Informationen geht, sollte eine Eigenleistungsfähigkeit der jeweiligen Volkswirtschaft vorhanden sein. Es ist z. B. kaum denkbar, dass sich die Vereinigten Staaten eGovernment-Lösungen in China beschaffen würden. Dies lässt sich exemplarisch am Ausschluss der chinesischen Firma „Huawei" von weiten Teilen des Elektronikmarktes der USA zeigen (vgl. z. B. Tagesschau, 2023).

Zum anderen spielt die Bildung für die Nutzung des eGovernments eine wichtige Rolle. Es bedarf gewisser Kompetenzen, um sich z. B. online identifizieren oder die Angebote tatsächlich in Anspruch nehmen zu können. Hierin liegt vermutlich ein sich selbstverstärkender und in Abhängigkeiten bestehender Effekt. Ist die Wertschöpfung (Bruttoinlandsprodukt) hoch, dann ist hierfür ein gewisses Bildungsniveau erforderlich. Dieses Bildungsniveau ermöglicht es einer Volkswirtschaft, geeignete eGovernment-Lösungen zu entwickeln, die aufgrund des Bildungsniveaus erst nutzbar werden. Das Bildungsniveau spielt daher eine zentrale Rolle für die Entwicklung und Nutzung des eGovernments. Es bieten sich darüber hinaus große Potenziale, Bevölkerungsschichten mit geringem Bildungsniveau staatliche Leistungen überhaupt erst zugänglich zu machen. Online-Formulare, die z. B. bebildert sind oder durch einfache Sprache unterstützt werden, seien an dieser Stelle nur exemplarisch genannt und kommen in entwickelten Staaten bereits zur Anwendung. In Deutschland können beispielsweise viele Online-Anträge in unterschiedlichen Sprachen gestellt werden.

Das dritte Kriterium („Economic and Environmental Vulnerability Index" (EVI)) zielt im Kontext von eGovernment vor allem auf die Möglichkeit ab, Angebote überhaupt in Anspruch nehmen zu können. Die zugrunde liegenden Daten berücksichtigen z. B. die Abgelegenheit staatlicher Teilregionen oder die Möglichkeit, Opfer von Naturkatastrophen zu werden. Die Voraussetzungen zur Nutzung von eGovernment-Angeboten können daher natur- bzw. strukturbedingt eingeschränkt sein. Die ökonomische Verletzbarkeit „Economic Vulnerability" konzentriert sich auf die Frage, wie die eigene Wirtschaft auf externe Schocks reagieren kann. Hierzu zählt z. B. die Stabilität von Exporten und die landwirtschaftliche Eigenproduktion. Diese Kriterien stehen ihrerseits mit dem Bruttoinlandsprodukt in Verbindung wirken sich daher mittelbar auf das eGovernment in einem Staat aus.

Die drei Kriterien GNI, HAI und EVI lassen sich zusammenfassend betrachtet in einen Bezug zum eGovernment setzen. Umso geringer sie ausfallen, umso schlechter sollte es auch um das eGovernment in einem Staat bestellt sein. Dies führt zu folgender Hypothese: **Wenn ein Staat unterentwickelt ist, dann ist das eGovernment unterentwickelt.**

12.1 Datenbasis: Human Development Index (HDI)

Die Merkmale von Entwicklungsländern sind herausgearbeitet worden Kap. 12. Um einen Zusammenhang mit dem eGovernment herstellen zu können, bedarf es eines Indizes, der den beschriebenen Eigenschaften nahekommt und darüber hinaus als belastbare Quelle angesehen werden kann. In der Praxis existiert nur eine überschaubare Anzahl anerkannter Untersuchungen, die sich mit dem Entwicklungsstand von Staaten beschäftigen.

Der bekannteste Index zu Ermittlung des Entwicklungsstatus eines Landes ist der Human Development Index (HDI). Dieser wird seit 1990 jährlich von den Vereinten Nationen erhoben und veröffentlicht (vgl. Human Development Reports, 2023). Der HDI misst den Entwicklungsstand eines Staates anhand von vier Faktoren: dem Bruttonationaleinkommen pro Kopf, der Lebenserwartung bei Geburt, der Anzahl von absolvierten Schuljahren bei 25-jährigen und die Anzahl der zu erwartenden Schuljahren von Kindern.

Die vier Faktoren stehen in enger Verbindung mit den in Kap. 12 herausgearbeiteten Kriterien für den Status als unterentwickelter Staat. Das Bruttoinlandsprodukt unterscheidet sich vom Bruttonationaleinkommen pro Kopf lediglich dadurch, dass bei Letzterem nur Inländer berücksichtigt werden. Der Human Asset Index steht in Verbindung mit der Lebenserwartung und der Bildung. Lediglich der „Economic and Environmental Vulnerability Index" steht in keinem unmittelbaren Zusammenhang mit dem HDI, wobei die Aussage dahingehend eingeschränkt werden muss, dass eine Wechselwirkung mit dem Bruttoinlandsprodukt existiert Kap. 12.

Die genannten Faktoren des HDI gelten für die vorliegenden Daten aus dem Jahr 2021, die für diese Untersuchung herangezogen worden sind. Seit der Ersterhebung im Jahr 1990 wurde die Ermittlungsmethodik mehrfach angepasst, was ein Kritikpunkt am HDI ist. Die Ergebnisse sind daher für Zeitraumbetrachtungen nur eingeschränkt geeignet.

Ein weiterer Kritikpunkt bezieht sich auf die Dominanz des Bruttoinlandsprodukts bzw. des Bruttonationaleinkommens pro Kopf (vgl. z. B. Chahill, 2005). Es wird u. a. infrage gestellt, ob sich die menschliche Entwicklung über eine statistische Größe, wie dem Bruttonationaleinkommen pro Kopf, wirklich ausdrücken lässt. Wie in Kap. 12 dargestellt, drängt sich die Frage auf, ob das Bruttoinlandsprodukt nicht automatisch andere Faktoren, in diesem Fall den HDI, beeinflusst oder sogar dominiert. Wenn das Bruttoinlandsprodukt hoch ist, stehen dem Staat größere Ressourcen zur Verfügung, was zu einer Verlängerung der Schulzeiten führen könnte etc. Aus diesen Überlegungen heraus wurde sich dafür entschieden, neben dem HDI auch eine Vergleichsuntersuchung mit dem Bruttoinlandsprodukt durchzuführen Abschn. 12.2.

Der HDI klassifiziert die untersuchten Staaten in fünf Kategorien, wobei Länder auf demselben Platz liegen können:

- „Sehr hoch entwickelt": In dieser Kategorie befinden sich 66 Staaten. Den Spitzenplatz nimmt die Schweiz ein und Platz 66 Thailand.
- „Hoch entwickelt": In dieser Kategorie befinden sich 49 Staaten. Platz 67 nimmt Albanien und Platz 115 Vietnam ein.
- „Mittelmäßig entwickelt": In dieser Kategorie befinden sich 44 Staaten. Platz 116 nehmen die Philippinen und Platz 159 die Elfenbeinküste ein.
- „Gering entwickelt": In dieser Kategorie befinden sich 32 Staaten. Platz 160 nimmt Tansania und Platz 191 der Südsudan ein.
- „Andere Staaten": In dieser Kategorie befinden sich vier Staaten: Nordkorea, Monaco, Nauru und Somalia. Für sie fehlen Einzelergebnisse für die vier Faktoren.

Deutschland liegt im Ranking des Jahres 2021 auf Platz neun. Das Ergebnis erscheint auf den ersten Blick positiv. Es gilt allerdings zu berücksichtigen, dass Deutschland in den vorangegangenen Erhebungen besser abgeschnitten hat (Platz sieben im Jahr 2020, sechs im Jahr 2019 oder fünf im Jahr 2013). Auf die möglichen Gründe für die Entwicklung braucht in dieser Untersuchung aber nicht weiter eingegangen werden.

12.2 Prüfung der Hypothese: Entwicklung des Staates und eGovernment

Die Grundgesamtheit der nachfolgend ausgewerteten Daten basiert auf n = 188. Der EGDI umfasst 193 und der HDI 195 Staaten. Die Abweichungen zwischen den drei Werten lassen sich aus den unterschiedlichen Zielsetzungen bzw. Inhalten der Indizes erklären. Im Ranking der EGDI fehlen Staaten im Vergleich zum HDI wie z. B. Palästina, Honkong (als Teil von China) oder San Marino. Durch den Abgleich der Daten reduzierte sich die Grundgesamtheit auf 188 Staaten.

HDI und EGDI liefern Ranking-Ergebnisse, die für die Ermittlung der Korrelation zusammengeführt werden mussten. Die HDI- (Staat entwickelt) und EGDI-Ergebnisse (eGovernment) können in nachfolgender Kreuztabelle erkannt und nachvollzogen werden (vgl. Abb. 12.1):

Die Skalierung der x- und y-Achse basiert auf der Grundgesamtheit von n = 188. Die Visualisierung der Kreuztabelle und die Trendlinie verdeutlichen bereits ohne eine statistische Auswertung, dass ein starker Zusammenhang

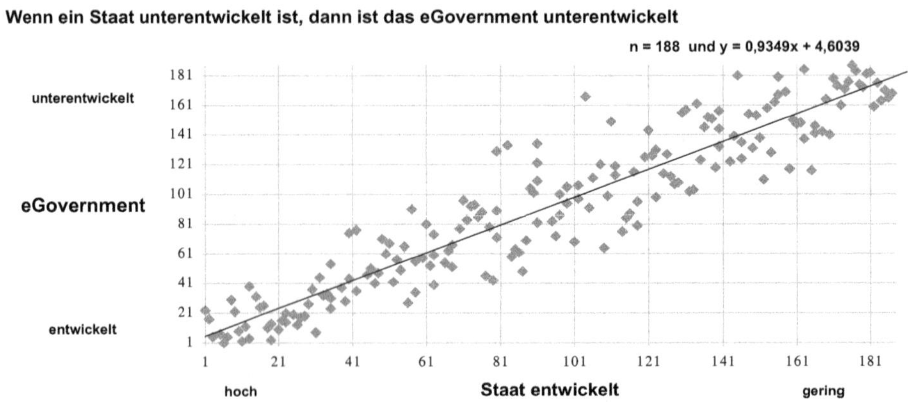

Abb. 12.1 Kreuztabelle Menschliche Entwicklung und eGovernment

existieren muss. In Zahlen ausgedrückt beträgt KorP = 0,94 und belegt damit das visuelle Ergebnis. Die Signifikanz liegt bei p = 0,000 was nicht überrascht. Das Ergebnis ist damit zweiseitig signifikant. Summarisch lässt sich daher konstatieren, dass **die Hypothese „Wenn ein Staat unterentwickelt ist, dann ist das eGovernment unterentwickelt" verifiziert ist.**

Für eine empirische Untersuchungen ist der ermittelte Zusammenhang außergewöhnlich stark. Daher lohnt sich stichprobenartig ein Blick auf einen Ausreißer, der bei Betrachtung der Kreuztabelle sofort ins Auge fällt. Bei der Positionierung 164 im „eGovernment" und 104 „Staat entwickelt" handelt es sich um Libyen. Es kann nicht nachgewiesen werden, dass es zu einer Fehlmessungen im EGDI/HDI gekommen ist. Angesichts der derzeitigen Umstände in Libyen drängt sich allerdings der Verdacht auf, dass die Daten für diesen Staat alles andere als verlässlich sind. Würde man Libyen aus der Grundgesamtheit entfernen, dann würde das Korrelationsergebnis noch deutlicher ausfallen.

Da das Bruttoinlandsprodukt für die Messung des Entwicklungsstatus eines Staates eine wichtige Rolle spielt, wurde nachfolgend auch der Zusammenhang zwischen dem eGovernment und dem Bruttoinlandsprodukt verprobt (vgl. Abb. 12.2):

Die Skalierung der x- und y-Achse basiert auf der Grundgesamtheit von n = 186. Der Unterschied zu der Grundgesamtheit „Staat entwickelt" erklärt sich durch fehlende Daten für das Kosovo und für Honkong Der optische Eindruck vermittelt bereits einen starken Zusammenhang zwischen den beiden Variablen. In Zahlen ausgedrückt beträgt KorP = 0,87 und belegt damit das visuelle Ergebnis. Die Signifikanz liegt bei p = 0,000 was nicht

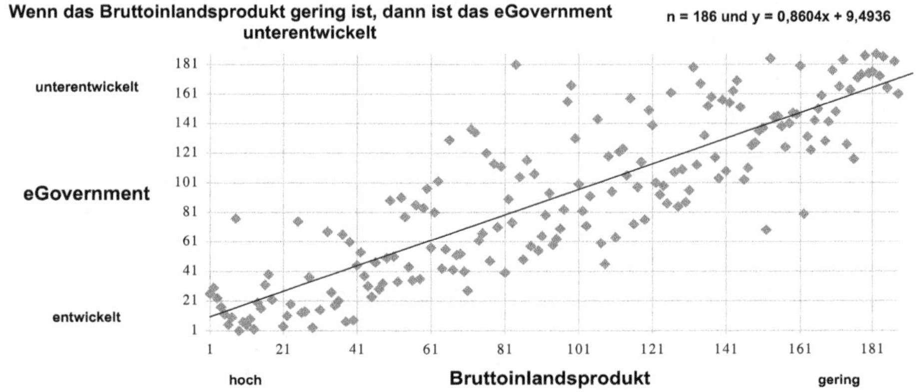

Abb. 12.2 Kreuztabelle Bruttoinlandsprodukt und eGovernment

überrascht. Das Ergebnis ist damit zweiseitig signifikant. Summarisch lässt sich daher konstatieren, dass **die Hypothese „Wenn ein Staat ein geringes Bruttoinlandsprodukt hat, dann ist das eGovernment unterentwickelt“ verifiziert ist.**

12.3 Interpretation des Ergebnisses

Die Zusammenhänge zwischen HDI und eGovernment sowie zwischen dem Bruttoinlandsprodukt und dem eGovernment sind sehr stark ausgeprägt. Da zwei verschiedene, aber teilweise aufeinander basierende Variablen verprobt worden sind, erscheint ein zufälliges Ergebnis oder ein Ergebnis, das von Drittvariablen beeinflusst wurde, als unwahrscheinlich.

Die erzielten Ergebnisse liefern unterschiedliche Interpretationsspielräume. Es sind vollem drei Aspekte, die besonders auffallen. Hierzu zählt die unabweisbare Bedeutung des Bruttoinlandsprodukts (Nr. 1), die Verbindung des Bruttoinlandsprodukts mit dem HDI (Nr. 2) und die Abweichung zwischen beiden Variablen (Nr. 3).

1. Bereits eingangs wurde von einem starken Zusammenhang zwischen dem Bruttoinlandsprodukt und dem eGovernment ausgegangen Kap. 12. Die zugrunde liegenden Annahmen haben sich im Rahmen der statistischen Auswertung bestätigt. Es ist offensichtlich, dass ein hohes Bruttoinlandsprodukt einem Staat die Möglichkeiten eröffnet, das eGovernment voranzutreiben. Über die genauen Gründe für die Zusammenhänge kann ohne weitere Analysen nur spekuliert werden. Für diese Untersuchung ist es nicht erforderlich. Entscheidend ist, dass ein hohes Bruttoinlandsprodukt mit einem entwickelten eGovernment einhergeht. Hieraus lassen sich für Deutschland spezifische Rückschlüsse ziehen und Empfehlungen ableiten Abschn. 14.4.
2. Die beiden Kreuztabellen ähneln sich. Das könnte ein Hinweis darauf sein, dass die Kritik am HDI vielleicht nicht ganz unberechtigt ist Abschn. 12.1. Mit Blick auf die neben dem Bruttoinlandsprodukt herangezogenen Faktoren „Schuljahre“ und „Lebenserwartung“ liegt die Vermutung nahe, dass das Bruttoinlandsprodukt diese positiv beeinflusst. Gleichwohl erscheinen die für den Entwicklungsstatus herangezogenen Daten plausibel. Bruttoinlandsprodukt, Lebenserwartung und Schuljahre sagen viel über einen Staat aus. Daher kann der HDI als Datenquelle herangezogen werden, da er ein plausibles Bild des Entwicklungsstatus eines Staates zeichnet.

3. Die Korrelation ist beim HDI etwas höher als beim Bruttoinlandsprodukt. Es lässt sich nur dadurch erklären, dass die Schuljahrfaktoren und die Lebenserwartung die Korrelation im Vergleich zur Bruttoinlandskorrelation positiv beeinflussen. Lässt man die Lebenserwartung mal außer Acht, dann spielt offensichtlich die Bildung eine sehr wichtige Rolle. Dieser Aspekt ist im deutschen Kontext von besonderem Interesse. An anderer Stelle wurde bereits adressiert, dass es mit der digitalen Kompetenz der deutschen Bevölkerung offenbar nicht so weit her ist Kap. 3. Es existieren verschiedene Untersuchungen zu diesem Themenkomplex. Die Europäische Kommission führt hierzu z. B. aus: „Germany shows a mixed performance on Human capital. The level of basic digitalskills and basic digital content creation skills is slightly below the EU average" (Europäische Kommission, 2022, S. 3). Es ist ein Hinweis darauf, dass sich die Bevölkerungskompetenzen in Deutschland verbessern sollten, worauf an anderer Stelle näher eingegangen wird Abschn. 14.5.

Literatur

Bundesministerium des Innern. (2003). SAGA- Standards und Architekturen für E-Government-Anwendungen.

Chahill, M. (2005). Is the human development index redundant? *Eastern Economic Journal, 31,* 1–5.

Europäische Kommission. (2022). *Digital Economy and Society Index (DESI) 2022 – Thematic Chapters.* Europäische Kommission.

Human Development Reports. (17. August 2023). *Human development index.* https://hdr.undp.org/data-center/human-development-index#/indicies/HDI. Abgerufen.

Tagesschau. (16. August 2023). Tagesschau. https://www.tagesschau.de/ausland/amerika/usa-china-huawei-101.html. Abgerufen.

United Nations. (14. Mai 2023). Department of Economic and Social Affairs. https://www.un.org/development/desa/dpad/least-developed-country-category/ldc-criteria.html#:~:text=Gross%20national%20income%20(GNI)%20per%20capita&text=The%20inclusion%20threshold%20is%20set,cent%20above%20the%20inclusion%20threshold. Abgerufen.

von Lucke, J., & Reinermann, H. (2002). *Electronic Government in Deutschland.* Speyer: Speyer Forschungsberichte 226.

13

Hypothese 7: Wenn die Bürgerinnen und Bürger kein Vertrauen in ihren Staat haben, dann ist das eGovernment unterentwickelt

Zusammenfassung Die Inanspruchnahme von eGovernment-Angebote hängt von der Nutzungsbereitschaft ab. Ein rational handelndes Individuum entscheidet sich für eine Inanspruchnahme, wenn es ihm einen persönlichen Vorteil verschafft. Sind die Angebote intuitiv nutzbar und ersparen z. B. Zeit und Kosten, dann kommen sie auch zur Anwendung. Es setzt voraus, dass man dem Anbieter vertraut. Letzteres ist in Deutschland nicht unbedingt gegeben. In diesem Kapitel wird daher der Frage nachgegangen, ob das Vertrauen der Bürgerinnen und Bürger in ihren Staat mit der Inanspruchnahme von eGovernment-Angeboten in Verbindung steht.

Die Covid19-Pandemie war in Deutschland davon geprägt, dass die Impfbereitschaft im internationalen Vergleich eher gering ausfiel Abschn. 13.2. In Teilen der Bevölkerung bestand eine hohe Ablehnungsbereitschaft gegenüber den staatlichen Eindämmungsmaßnahmen. Es kam z. B. zu den sogenannten „Montagspaziergängen", d. h. nicht angemeldeten Demonstrationen gegen die staatlichen Maßnahmen. Es bildeten sich Gruppen von sogenannten „Querdenkern". Es handelt sich um einen Personenkreis, der die Maßnahmen des Staates zur Bekämpfung der Coronapandemie ablehnte. Er berief sich auf alternative Informationsquellen, denen von Expertenseite widersprochen wurde. Die Stimmung in Deutschland war angespannt und Polarisierungstendenzen innerhalb der Gesellschaft waren zu beobachten.

Ohne auf die Motivation und die Hintergründe für diese Entwicklungen an dieser Stelle eingehen zu wollen, sind sie doch ein Sinnbild für das

A. Schmid, *eGovernment in Deutschland – eine unvermutete Erfolgsgeschichte,* Edition Innovative Verwaltung, https://doi.org/10.1007/978-3-658-44634-5_13

Ablehnen staatlicher Entscheidungen. Das Vertrauen in die Politik und das Politisch-administrative System, hier verstanden als Zusammenfassung der Führungs-, Entscheidungs- und Verantwortungsfunktionen der gewählten politischen Handlungsträger und der Umsetzungs- und Durchführungsfunktionen (vgl. Bundeszentrale für Politische Bildung. 2023), wurde in Mitleidenschaft gezogen. Während der Pandemie musst sich Politiker zu Entscheidungen für den Schutz der Bevölkerung durchringen, um das Gemeinwohl in der Gesellschaft zu sichern. Ein Teil der Bevölkerung hat sich diesen Entscheidungen auf unterschiedliche Weise entzogen, was eine Gefahr für den gesellschaftlichen Zusammenhang darstellt. Es ist kaum erklärbar, warum sich die Bevölkerung vor der Pandemie anders verhalten hat. Sie ist zum Arzt gegangen, hat Medikamente widerspruchslos eingenommen und das, obwohl sie die Leistung des Arztes und die Angemessenheit des Medikamenteneinsatzes nicht beurteilen konnte. Es gab auch keine Demonstrationen oder Querdenker. Ob die Pandemie damit nur ein Auslöser war, ein Ventil, um sich Luft zu verschaffen, oder ob es sich einfach nur um verängstigte Bevölkerungsgruppen handelte, ist unklar. Licht in das Dunkel könnten soziologische Forschungsarbeiten bringen. Für die Beantwortung der Forschungsfrage dieser Untersuchung sind die Hintergründe nicht von Relevanz. Die Aspekte zeigen aber auf, dass zumindest in Teilen der Bevölkerung eine Skepsis gegenüber staatlichen Entscheidungen vorhanden ist.

Ein Misstrauen der Gesellschaft gegenüber dem Staat macht ihm und seinen Institutionen die Arbeit schwer. Staatliche Leistungen werden kritisch beurteilt und die Befolgung staatlicher Regeln ist dann keine Selbstverständlichkeit mehr. In den letzten Jahren haben sich in Deutschland auf diesem Gebiet Entwicklungen gezeigt, die zuvor undenkbar waren. Exemplarisch hierfür stehen die Reichsbürgerbewegung, die Silvester-Krawallen, die Respektlosigkeiten gegenüber Amtspersonen (vgl. z. B. Bannenberg, 2021) oder die kritische Beurteilung des öffentlich-rechtlichen Rundfunks (vgl. z. B. Voss, 2023).

In diesem Zusammenhang zeigt sich im „E-Government Monitor“ des Jahres 2022, dass nur 38 % der befragten Deutschen dem Staat vertrauen (Österreich: 39 %, Schweiz; 63 %) (vgl. Jahn et al., 2022, S. 39). In der Befragung des Jahres 2023 sind es sogar nur noch 35 % (vgl. Jahn et al., 2023, S. 6). Aus dem Unterschied von 3 % bereits eine Tendenz abzuleiten, ist sich nicht angemessen. Gleichwohl zeigen Werte von unter 40 %, dass nicht einmal die Hälfte der befragten Deutschen dem Staat vertraut. Eine gewisse Vertrauenskrise ist daher offensichtlich. Unter diesen Bedingungen muss es das eGovernment in Deutschland besonders schwer haben. Selbst der Politik scheint klar geworden zu sein, dass sie etwas tun muss. Im letzten

Koalitionsvertrag auf Bundesebene wurde u. a. folgendes formuliert: „Wir wollen durch mehr Transparenz unsere Demokratie stärken. Uns leiten die Prinzipien offenen Regierungshandelns – Transparenz, Partizipation und Zusammenarbeit" (Sozialdemokratische Partei Deutschlands, BÜNDNIS 90/DIE GRÜNEN, & Freie Demokratische Partei (FDP), 2021, S. 9).

In diesem Kontext lassen sich in der Literatur Hinweise finden, dass die Herausforderungen des eGovernments tieferen Ursprungs sind. Ihnen sollte auch mit politischem Handeln, wie im Koalitionsvertrag skizziert, begegnet werden: „Insgesamt hat die Digitalisierung der Verwaltung das Potenzial, Strukturen, Prozesse und auch die Kultur der deutschen Verwaltung zu verändern. Allerdings wird diese Transformation nicht allein durch die Bereitstellung digitaler Leistungen für Bürgerinnen und Bürger und Unternehmen erreicht werden, sondern vor allem auch durch die konsequente Digitalisierung interner Prozesse sowie die Einführung und Stärkung digitaler Elemente im Policy-Making" (Hustedt & Trein, 2020, S. 583. Die Ausführungen verdeutlichen, dass neben handwerklichen Herausforderungen im Rahmen der eGovernment-Umsetzung auch das politische Handeln eine nicht zu unterschätzende Bedeutung haben dürfte. „Policy-Making" steht für die materielle Politikgestaltung in den Politikfeldern, wie z. B. in der Wirtschafts- oder Sozialpolitik. Sie ist damit eng mit dem Einsatz von Ressourcen für politische Vorhaben verbunden. „It lays out the way forward for all policy-making. Where the policy involves money, the money should be allocated to policies which generate the most wellbeing per unit of expenditure. And similar principles apply to tax and regulation" (Frijters & Krekel, 2021, S. Foreword).

Umfrageergebnisse verdeutlichen, dass Policy-Making eine Rolle im Rahmen der Inanspruchnahme von eGovernment spielt. Im „E-Government-Monitor" des Jahres 2021 sagen z. B. 38 % der Deutschen, die eGovernment-Angebote nutzen, und 55 % der Nicht-Nutzer, dass sie lieber zum Amt gehen (vgl. Jahn et al., 2021, S. 27). Policy-Making scheint es damit nicht gelungen zu sein, so attraktive eGovernment-Angebote zu unterbreiten, dass die Kunden sie auch nutzen wollen. Es gibt allerdings vereinzelte Ausnahmen. Ein Beispiel ist die sog. „Einmahlzahlung200" (vgl. https://www.einmalzahlung200.de). Fachschüler und Studenten konnten eine Energiepreispauschale von 200 € relativ unbürokratisch online beantragen, was bezogen auf die sonstige Inanspruchnahme von eGovernment-Angeboten Deutschland zu Recht als großer Erfolg gefeiert wurde. Das Policy-Making hat zur technischen Lösung gepasst, was den Erfolg sicherlich zu einem Teil erklärt. Es darf in diesem Zusammenhang aber nicht verschwiegen werden, dass die Leistung nur online beantragt werden konnte und sie sich an junge Menschen richtete. Diese Bevölkerungsgruppe ist am technikaffinsten.

Berücksichtigt man im Gegensatz zu diesem positiven Beispiel die seit vielen Jahren überschaubare Inanspruchnahme von sonstigen eGovernment-Angeboten, dann wird folgendes deutlich: Große Teile der deutschen Bevölkerung könnten Leistungen Online in Anspruch nehmen, sie wollen es aber gar nicht. Aufgrund der Gestaltungsverantwortung der Politik in einer Gesellschaft, kann man sie von einer Verantwortung für dieses Verhalten der Bevölkerung nicht freisprechen. Wenn die Politik beispielsweise alle möglichen Antragswege offenhält, z. B. online, offline, persönlich im Amt, dann braucht man sich nicht zu wundern, dass die Nutzungsraten der Online-Angebote nicht ansteigen. Dies gilt im Besonderen für die deutsche Gesellschaft, die immer älter wird.

Es stellt sich im Weiteren die Frage, warum große Teile der Bevölkerung eGovernment-Angebote nicht in Anspruch nehmen wollen. Schaut man auf die Befragungsergebnisse des Jahres 2022, dann sich es offensichtlich Funktionsdefizite und die Skepsis der Bürgerinnen und Bürger gegenüber den eGovernment-Angeboten. Auf die Frage „Welche der im Folgenden aufgeführten Barrieren sprechen für Sie persönlich gegen eine (intensivere) Nutzung von Online-Behördendiensten?" antworteten die Befragten u. a. mit „Komplizierte Abwicklung/Formulare" (47 %), „Mangelnde Durchgängigkeit" (46 %), „Unzureichende Hilfestellung durch die Behörden" (45 %), „Persönlichen Kontakt bevorzugt" (42 %) oder „Ich befürchte negative Konsequenzen, wenn ich meine Daten nicht korrekt eingebe" (39 %) (vgl. Jahn et al., 2022, S. 33).

Einige Aspekte sprechen die Funktionsfähigkeiten der Angebote an. In Anbetracht des technisch Machbaren in der heutigen Zeit verwundern die Ergebnisse. Eine „Mangelnde Durchgängigkeit" kann auf Schnittstellenprobleme zwischen Behörden und/oder den Gebietskörperschaften hindeuten. Es könnte den föderalen Strukturen geschuldet sein. Gleichwohl konnten keine Hinweise gefunden werden, dass das eGovernment in föderalen Staaten unterentwickelt ist. Ganz im Gegenteil, föderale Staaten schneiden besser ab als zentralistische bzw. unitaristische Abschn. 8.3. Als Erklärungsfaktor blieben dann die spezifischen Besonderheiten des deutschen Föderalismus Abschn. 5.1, was an anderer Stelle diskutiert und herausgearbeitet wird Abschn. 14.11.

Eine „Komplizierte Abwicklung/Formulare" kann mit den deutschen Staatseigenschaften in Verbindung stehen. Der deutsche „Juristenstaat" und die „Rational-instrumentelle Verwaltung" (Abschn. 5.2) sind vor allem auf die Rechtmäßigkeit des Verwaltungshandelns ausgelegt. Es kommt auch in den weberschen Organisationsprinzipen zum Ausdruck. Rationale ökonomische Grundsätze finden im Verwaltungshandeln daher nur wenig Beachtung. Diese Praxis ist in allen deutschen Verwaltungen in unterschiedlicher Intensität zu beobachten. Es handelt sich daher um ein Problem, was durch Politik und Verwaltung selbst erzeugt wird. Um beim eGovernment erfolgreich sein zu können, muss sich an diesem Verhalten etwas verändern. Die Wirtschaft wird im Online-Handel immer innovativer und entfernt sich dadurch immer weiter von den staatlichen Angeboten. Diese Diskrepanz nehmen die Bürgerinnen und Bürger sehr sensibel wahr. Die Befragungsergebnisse des eGovernment-Monitors verwundern daher kaum.

Die Aussage „Ich befürchte negative Konsequenzen, wenn ich meine Daten nicht korrekt eingebe" verdeutlicht, wie die Deutschen das Politisch-Administrative-System wahrnehmen. Der Staat wird nicht als Partner, als Problemlöser o.Ä. wahrgenommen, sondern als jemand von dem „...negative Konsequenzen..." drohen. Neben diesem „Misstrauensvorschuss" kommt für das eGovernment belastend hinzu, dass informationstechnische Verarbeitungen reflexartig mit negativen Assoziationen wie z. B. der Überwachung von Bürgerinnen und Bürgern oder des Gefühls der Intransparenz des Verwaltungshandelns einhergehen (vgl. z. B. Reinhardt, 2019). Unter diesen Bedingungen kann es das eGovernment in Deutschland nur besonders schwer haben.

Zusammenfassend wurde herausgearbeitet, dass die Deutschen ihren Institutionen zumindest nicht uneingeschränkt vertrauen und es Defizite in der Bereitstellung der Angebote gibt. Diese Befunde stehen sehr wahrscheinlich mit der Politik bzw. mit dem Policy-Making in Verbindung und/oder verstärken sich hierdurch. Hieraus lässt sich ableiten, dass die Nutzungsbereitschaft von eGovernment-Angeboten in Deutschland konstitutionell geringer sein müsste als in anderen Staaten. Diese Aspekte könnten einen Teil des eGovernment-Rückstands Deutschlands im internationalen Vergleich erklären und führt zu folgender Hypothese: **Wenn die Bürgerinnen und Bürger kein Vertrauen in ihren Staat haben, dann ist das eGovernment unterentwickelt.**

13.1 Datenbasis: Trust in Government (TiG)

Eine geeignete Datenbasis für die unabhängige Variable zu finden war aus unterschiedlichen Gründen herausfordernd. Zum einen umfasst „Vertrauen in den Staat" viele Facetten, wie z. B. das Vertrauen in die Politik, in die Institutionen oder in die Polizei. Gerade Letzteres findet sich häufiger in Untersuchungen wieder, da es als ein entscheidender Faktor für das Vertrauen der Bürgerinnen und Bürgern in einen Staat angesehen wird. Interessanterweise korrelieren bei Europäischen Staaten das Vertrauen in die Polizei und die Mitbürger stark, wobei die Deutschen mehr der Polizei vertrauen als ihren Mitmenschen (vgl. Our World in Data, 2023).

Neben den unterschiedlichen Interpretationen zum Begriff „Vertrauen“ ist die Datenlage für einen belastbaren Staatenvergleich überschaubar. Dies ist u. a. darauf zurückzuführen, dass bei der Frage nach dem Vertrauen in einen Staat Aspekte berührt werden, die bei ehrlicher Beantwortung in vielen Ländern mit negativen Konsequenzen für die Befragten einher gehen könnten. In autokratisch geführten Staaten sind daher keine seriösen Antworten zu erwarten. Im Jahr 2022 lebten 72 % der Weltbevölkerung in autokratisch regierten Staaten (vgl. V-Dem Institute, 2023, S. 7). Befragt man in diesen Staaten nach dem Vertrauen in die Polizei, dann liegt nicht ganz überraschend China auf Platz 1 (vgl. 360 Grad, 2023). Die vorgenannten Aspekte verdeutlichen, warum valide Daten, die das Vertrauen in den Staat widerspiegeln, nur eingeschränkt verfügbar sein können. Hierdurch waren belastbare statistische Untersuchungen mit Bezug zum EGDI nur bedingt möglich.

Die einzigen validen Daten liefert aus naheliegenden Gründen die OECD. Es handelt sich um die weltweit bekannteste Organisation für wirtschaftliche Zusammenarbeit und Entwicklung. Sie wurde 1961 gegründet und hat ihren Hauptsitz in Paris. Die OECD ist eine Gemeinschaft von Freiwilligen. Letzteres ist eine wichtige Eigenschaft, da sie das Eigeninteresse an der Mitarbeit deutlich erhöht. Hierdurch steigt die Wahrscheinlichkeit, dass z. B. bereitgestellte Daten eines Mitgliedsstaates den notwendigen Qualitätsansprüchen genügen.

Um in die OECD aufgenommen zu werden, müssen bestimmte Kriterien erfüllt werden. Hierzu zählen beispielsweise das Prinzip der Marktwirtschaft und eine demokratische Staatsform. Diese Voraussetzungen sind notwendig, um den Zielen der Organisation gerecht werden zu können. Die wirtschaftliche Zusammenarbeit und der politische Dialog sollen zwischen den Ländern gefördert werden, um die Mitgliedsstaaten wirtschaftlich und sozial weiterzuentwickeln. Ein solcher Dialog kann nur dann sinnvoll geführt werden, wenn die Grundvoraussetzungen in den unterschiedlichen Staaten nahezu gleich sind. Die Arbeit der OECD erstreckt sich daher u. a. auf die Erhebung von Daten, die Erstellung von Statistiken und die Sozial- und Wirtschaftsforschung. Aus diesen Untersuchungen resultiert auch die „Trust in Government“ (TiG) Analyse. Sie besteht aus Teilelementen, wie z. B. dem Vertrauen in die Institutionen eines Staates oder die Effektivität des Verwaltungshandelns (vgl. OECD, 2022). Die OECD versucht die Faktoren zu verstehen, die das Vertrauen beeinflussen. Im Mittelpunkt stehen hierbei die Auswirkungen des Regierungshandelns und wie Regierungen das Vertrauen ihrer Bürgerinnen und Bürger beeinflussen können. Unter Vertrauen in das Regierungshandeln versteht die OECD den Anteil der Menschen, die angeben, Vertrauen in die nationale Regierung zu haben. Die Daten spiegeln den Anteil der Befragten wider, die mit „Ja" (die anderen Antwortkategorien sind „Nein" und „Weiß nicht") auf die Frage antworteten: „Haben Sie in diesem Land Vertrauen in ... die nationale Regierung?" (vgl. OECD, OECD Data, 2023a). Das Untersuchungsdesign und die institutionellen Voraussetzungen der OECD lassen den Schluss zu, dass es sich um die valideste Umfrage auf diesem Gebiet weltweit handelt.

In der OECD sind derzeit 38 Staaten als Mitglieder vertreten (vgl. OECD, OECD.org, 2023a). Der TiG-Daten basieren auf 41 Nationalstaaten (vgl. OECD, OECD Public Governance, 2023b). Der Unterschied erklärt sich dadurch, dass die Untersuchungsdesigns bei den verschiedenen Forschungsarbeiten Mitgliedsstaaten außen vorlassen und/oder zusätzliche Staaten berücksichtigen.

Grundsätzlich vertrauen die Bürgerinnen und Bürger den staatlichen Institutionen in Deutschland. Die OECD analysiert die zugehörigen Aspekte regelmäßig im Rahmen ihrer „Government at a Glance"-Untersuchung. Der Bericht aus dem Jahr 2021 sieht Deutschland hier in der Spitzengruppe (vgl. OECD, 2021, S. 205–215). Im Rahmen der Untersuchung werden unterschiedliche Fragestellungen behandelt. Deutschland schneidet bei diesen durchweg gut ab. Interessanterweise finden sich Länder, die vor Deutschland im EGDI rangieren, ebenso in der Spitzengruppe wie z. B. Dänemark, Finnland oder Schweden. Es könnte darauf hindeuten, dass das Vertrauen in den eigenen Staat wichtig für den Erfolg des eGovernments ist. Im Vergleich zu den genannten Staaten scheint es in Deutschland aber nicht allzu viel zu bewirken. Es ist auch möglich, dass es sich nur um einen zufälligen Zusammenhang handelt.

Zieht man weitere Befragungen hinzu, ergibt sich ein differenzierteres Bild. Die Bürgerinnen und Bürger wurden beispielsweise gefragt, ob Deutschland nach ihrer Einschätzung in der Lage ist, seine Aufgaben und Probleme zu erfüllen (Antwort „ja": 45 %) bzw. ob er überfordert ist (Antwort „ja": 51 %) (vgl. Bundesleitung des dbb beamtenbund & tarifunion, 2021, S. 43). Diese Ergebnisse müssen zumindest vor dem Hintergrund der Migrationswelle ab dem Jahr 2015 eingeordnet werden. Es ist davon auszugehen, dass ohne starke geopolitische Einflüsse die Befragungsergebnisse anders ausgefallen wären. Eine tiefere Analyse bietet sich für dieses Forschungsvorhaben nicht an, da das eGovernment im Mittelpunkt steht.

In der TiG-Analyse liegt die Schweiz an der Spitze und Deutschland auf Platz 9 von 41 Staaten (vgl. Anhang 7: Trust in Government (TiG) 2021). Interessanterweise spiegelt sich auch hier wider, dass das Vertrauen der Schweizer Bürgerinnen und Bürger in ihren Staat offensichtlich besonders ausgeprägt ist. In Kap. 13 zeigten bereits die Befragungsergebnisse des „eGovernment-Monitors", dass die Schweiz vor Österreich und Deutschland liegt.

Ein Zusammenführen der TiG- und EGDI-Ergebnisse könnte Hinweise auf einen möglichen Zusammenhang liefern. In nachfolgender Abbildung sind alle Staaten, die in der TiG-Analyse vor Deutschland liegen mit ihrem EGDI-Ergebnis enthalten (vgl. Abb. 13.1):

Von den acht vor Deutschland liegenden Staaten in der TiG-Analyse liegen auch fünf im EGDI vor Deutschland und sieben sind, bezogen auf die absoluten Werte, im unmittelbaren Umfeld von Deutschland angesiedelt. Irland wurde bei der Betrachtung aufgrund von Platz 30 im EGDI außen vorgelassen. Hieraus lässt sich zunächst schließen, dass ein Zusammenhang zwischen Vertrauen in den Staat und dem eGovernment existieren könnte, was im Rahmen der Hypothesenprüfung genauer untersucht wird Abschn. 13.2. Betrachtet man den TiG score isoliert, dann wird deutlich, dass Deutschland nicht weit weg vom fünften Platz liegt. Das grundsätzliche Vertrauen der Deutschen in ihren Staat scheint daher vorhanden zu sein. Bemerkenswert ist des Weiteren, dass Staaten, die im EGDI deutlich vor Deutschland liegen, wie z. B. Korea (EGDI Nr. 3, TiG score: 43,38) oder Neuseeland (EGDI Nr. 4, TiG score: 51,39), beim Vertrauen deutlich hinter Deutschland zu finden sind (zu den Details siehe Anhang 7: Trust in Government (TiG) 2021).

Ranking	Country	TiG score	Ranking EGDI
1	Switzerland	83.78	23
2	Luxembourg	78.02	26
3	Finland	77.54	2
4	Sweden	68.79	5
5	Norway	63.61	17
6	Denmark	63.54	1
7	Ireland	62.34	30
8	Austria	61.05	20
9	Germany	60.76	22

Abb. 13.1 Datenanalyse TiG und EGDI

13.2 Prüfung der Hypothese: Vertrauen und eGovernment

Die Grundgesamtheit der nachfolgend ausgewerteten Daten basiert auf n = 41. Der EGDI umfasst 193 und die TiG-Analyse 41 Staaten. Alle 41 Ländern finden sich auch im EGDI-Ranking, was die Grundgesamtheit erklärt (vgl. Abb. 13.2):

Die Skalierung der x- und y-Achse basiert auf der Grundgesamtheit von n = 41. Die Visualisierung der Kreuztabelle und die Trendlinie verdeutlichen bereits ohne eine statistische Auswertung, dass ein statistischer Zusammenhang schwach nachgewiesen werden kann. In Zahlen ausgedrückt beträgt KorP = 0,273 und verdeutlicht damit den visuellen Eindruck. Die Signifikanz liegt bei p = 0,084 und damit deutlich über dem Zielwert von 0,05. Dieses Ergebnis überrascht aufgrund des Korrelationsergebnisses und der geringen Grundgesamtheit nicht. Das Ergebnis ist damit nicht signifikant. Summarisch lässt sich daher Folgendes konstatieren:

Die Hypothese „Wenn die Bürgerinnen und Bürger kein Vertrauen in den Staat haben, dann ist das eGovernment unterentwickelt" ist falsifiziert.

Die Gründe für die Falsifizierung könnten allerdings auf die überschaubare Grundgesamtheit zurückgeführt werden. Daher wurde versucht, weitere Quellen zu prüfen bzw. heranzuziehen. Ein möglicher Ansatzpunkt ist der

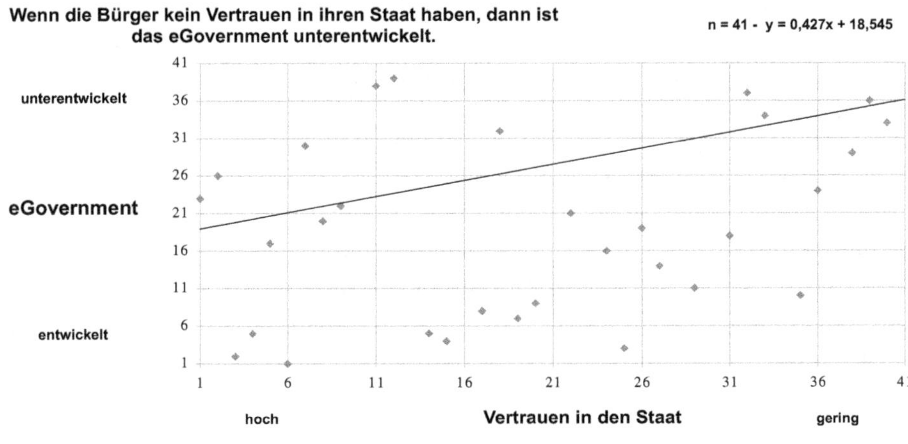

Abb. 13.2 Kreuztabelle Vertrauen in den Staat und eGovernment

Patriotismus. Allgemein wird hierunter eine emotionale Bindung und das Gefühl der Zugehörigkeit zur eigenen Nation verstanden. Patrioten könnten eher geneigt sein, ihre staatlichen Online-Angebote in Anspruch zu nehmen als Nicht-Patrioten.

Für den Patriotismus liegen Daten aus unterschiedlichen Befragungen vor. Sie unterscheiden sich jedoch hinsichtlich ihrer zugrunde liegenden Motivation. Viele Befragungen neigen dazu, den Patriotismus als besonders positive oder negative Eigenschaft der Bevölkerung eines Staates darzustellen. Es lässt sich vor allem an den Institutionen erkennen, die die Befragungen durchführen und hieraus Schlagzeilen produzieren (vgl. z. B. YouGov, 2023). Hinzu kommt, dass eher national geprägte Staaten wie z. B. die Vereinigten Staaten von Amerika, China oder Russland häufig positiv in den Analysen abschneiden, was als Außenstehender wenig verwundert. Die Ergebnisse sind daher kein verlässlicher Indikator als Ersatz bzw. Ergänzung für das „Vertrauen in den Staat". Eine Verprobung zwischen dem EGDI und dem Patriotismus wurde trotzdem an einem Beispiel durchgeführt. Das Ergebnis lag bei KorP $= -09$. Es zeigt, dass dieser Forschungsansatz keinen inhaltlichen Mehrwert liefern konnte.

An verschiedenen Stellen dieser Forschungsarbeit (vgl. z. B. Kap. 2 und 13) wurde deutlich, dass sehr wahrscheinlich ein „deutsches Problem" vorliegt. Es sorgt offensichtlich dafür, dass das Land im internationalen Vergleich beim eGovernment unbefriedigend abschneidet. Das in diesem Kapitel grundsätzliche nachgewiesene Vertrauen in den deutschen Staat bei einem gleichzeitig verbesserungswürdigen eGovernment passt in das Bild. Es wurde daher versucht, weitere Anhaltspunkte dafür zu finden, dass ein spezifisch deutsches Problem vorhanden ist.

Wie eingangs dieses Kapitels erwähnt, waren die Widerstände der Bevölkerung gegen die Maßnahmen der Regierung im Rahmen der Covid19-Pandemie in Deutschland besonders ausgeprägt, was als Zeichen für ein geringes Vertrauen der Deutschen in ihren Staat interpretiert werden kann. Um dieser Interpretation weiter nachzugehen, stellt sich die Frage nach der Impfbereitschaft gegen Covid19. Wenn die Bereitschaft der Bevölkerung für eine Impfung gering ausfällt, dann kann es als Misstrauen in den Staat interpretiert werden. Schließlich ist der Staat für die Durchführung und die Kommunikation der Impfmaßnahmen verantwortlich.

Es existieren verschiedenen Datenquellen über die Covi19-Impfungen weltweit. Die valideste Quelle ist die World Health Organization (vgl. World Health Organization, 2023), auf deren Daten die nachfolgenden Auswertungen basieren. Die medizinischen Versorgungsmöglichkeiten in einem Staat korrelieren stark mit den Impfquoten. Daher machte eine Berücksichtigung von Entwicklungsländern aus naheliegenden Gründen keinen Sinn. Folgende Abbildung gibt einen Überblick über die Impfquoten in den Staaten, die im EGDI vor Deutschland liegen (vgl. Abb. 13.3):

In der linken Spalte findet sich die Position der Staaten im Ranking der Erstimpfungen, in der rechten Spalte das zugehörige Ranking im EGDI.

Im EGDI sind 21 Nationen vor Deutschland platziert. Davon liegen 14 Staaten auch im Ranking der Erstimpfungen vor Deutschland. Österreich liegt bei den Erstimpfungen nur knapp hinter Deutschland. Summarisch betrachtet zeigt sich, dass die Impfbereitschaft im Rahmen der Erstimpfung bei zwei Drittel der Staaten, die vor Deutschland im EGDI liegen, höher ausfällt. Auch dies ist ein Hinweis darauf, dass das Vertrauen in staatliche Maßnahmen einen Einfluss auf den Erfolg des eGovernments haben könnte.

Eine Impfung Position	**Nation**	**eGovernment Ranking Position**
45	Denmark	1
46	Finland	2
31	Republic of Korea	3
41	New Zealand	4
36	Iceland	5
73	Sweden	5
29	Australia	7
107	Estonia	8
84	Netherlands	9
61	United States of America	10
95	United Kingdom of Great Britain and Northern Ireland	11
25	Singapore	12
2	United Arab Emirates	13
44	Japan	14
15	Malta	15
70	Israel	16
53	Norway	17
28	Spain	18
43	France	19
65	Austria	20
118	Slovenia	21
63	**Germany**	**22**

Abb. 13.3 Erstimpfungen gegen Covid19 (vgl. World Health Organization, 2023) und EGDI-Ranking

13.3 Interpretation des Ergebnisses

In Kap. 13 wurde die Hypothese inhaltlich konkretisiert. Hiermit verbunden waren erste Aspekte, die auch Hinweise auf die Interpretation des Ergebnisses liefern. Auf Basis dieser Ausführungen und der erzielten Ergebnisse Abschn. 13.2 lassen sich zusammenfassend drei wesentliche Aspekte hervorheben: 1. Die empirischen Ergebnisse sind überschaubar, 2. Das Vertrauen der Deutschen in ihren Staat ist differenziert und 3. Das Policy-Making sollte verbessert bzw. neu ausgerichtet werden.

1. Die Analysen in den vorigen Abschnitten zur Hypothese „Vertrauen und eGovernment" haben gezeigt, dass sich kein belastbares empirisches Ergebnis ermitteln lässt. Es ist vor allem auf eine fehlende Datenbasis zurückzuführen. In den meisten Ländern auf der Welt kann davon ausgegangen werden, dass eine wahrheitsgemäße Beantwortung der Frage nach dem Vertrauen in den eigenen Staat allein schon aus Selbstschutz unwahr wäre, wenn sie überhaupt beantwortet werden würde. Das ermittelte Korrelationsergebnis mit KorP = 0,273 ließe grundsätzlich weiteren Interpretationsspielraum zu. Hierauf wird aber verzichtet, da die Datenbasis als wenig belastbar angesehen wird.
2. Bezogen auf das Vertrauen der Deutschen in ihren Staat ist das Bild differenziert. Auf der einen Seite zeigen die Daten der OECD, dass die Deutschen ihren Institutionen grundsätzlich vertrauen. Zieht man weitere Untersuchungen hinzu, dann lässt sich ein anderes Bild zeichnen, vor allem, wenn man nach dem Vertrauen in den Problemlösungsfähigkeit des Staates fragt. Bemerkenswert erscheint in diesem Zusammenhang auch, dass die Bürgerinnen und Bürger negative Konsequenzen befürchten, wenn sie fehlerhafte Daten in eine eGovernment-Lösung eingeben Kap. 13. Diese Daten könnten auch in einem schriftlichen Antragsformular falsch angegeben werden. Einerseits kann es daraufhin deuten, dass es sich vielleicht um kein „Vertrauensproblem" handelt, sondern dass es sich lediglich um Unsicherheiten im Umgang mit IT-Systemen handelt. Trifft diese Annahme zu, dann wären z. B. Informationskampagnen oder eine persönliche Betreuung der Kunden zielführend Abschn. 14.3. Anderseits zeigen vor allem die Analysen des eGovernment-Monitors im Zeitverlauf, dass es mit dem Vertrauen in die staatliche eGovernment-Angebote nicht so weit her ist (vgl. z. B. Jahn et al., 2023, S. 39).
3. Im Rahmen der Entwicklung und Bearbeitung der Hypothese wurde etwas deutlich, was eigentlich naheliegend ist. Im Rahmen von Gesetz-

gebungsverfahren sollte die Umsetzung berücksichtigt bzw. mitbedacht werden. Nur so kann sichergestellt werden, dass der politische Wille auch tatsächlich bei den Menschen und in der Gesellschaft ankommt. Das viel diskutierte Gebäudeenergiegesetz (GEG) umfasst beispielsweise zahlreiche Ausnahmetatbestände und definiert sehr unterschiedliche Fördervoraussetzungen. Es handelt sich um einen politischen Kompromiss, der in der Praxis schwer durchsetzbar ist und dessen Einhaltung von der Verwaltung kaum geprüft werden kann. Man entfernt sich mit einem solchen Gesetz vom eigentlichen Sinn, dem Klimaschutz. Das Politisch-administrative System entfernt sich damit nicht nur von den Lebensrealitäten der Menschen. Es verhindert auch, dass eGovernment-Angebote geschaffen werden, die eine Umsetzung des Gesetzesvollzugs sinnvoll unterstützen können. Eine digitale und effizient und effektiv arbeitende Verwaltung, ist unter diesen Voraussetzungen kaum zu erwarten. Hieraus folgt, dass das Policy-Making ein Schlüsselfaktor für den Erfolg des eGovernments ist, worauf an anderer Stelle vertiefend eingegangen wird Abschn. 14.1.

Literatur

Grad. (04. August 2023). *360 one world one voice.* https://360info.org/interactive-trust-in-the-police-around-the-world/. Abgerufen.

Bundeszentrale für Politische Bildung. (04. August 2023). Das Politiklexikon. https://www.bpb.de/kurz-knapp/lexika/politiklexikon/18025/politisch-administratives-system/. Abgerufen.

Bannenberg, B. (2021). *Gewalt gegen Amtsträger.* https://www.bpb.de/shop/zeitschriften/apuz/im-dienst-der-gesellschaft-2021/329322/gewalt-gegen-amtstraeger/: Bundeszentrale für politische Bildung.

Bundesleitung des dbb beamtenbund und tarifunion. (2021). *Monitor öffentlicher Dienst 2022.* DBB Verlag GmbH.

Frijters, P., & Krekel, C. (2021). *A handbook for wellbeing policy-making.* Oxford University Press.

Hustedt, T., & Trein, P. (2020). Koordination und Integration im E-Government. In T. Klenk, F. Nullmeier, & G. Wewer (Hrsg.), *Handbuch Digitalisierung in Staat und Verwaltung* (S. 576–583). Springer VS.

Jahn, S., Kaste, S., Krcmar, H., Hein, A., Daßler, L., Paul, L., & Pleger, S. (2021). *eGovernment Monitor 2021.* Initiative D21.

Jahn, S., Türkay, S., Krcmar, H., Hein, A., Daßler, L., Paul, L., & Pleger, S. (2022). *eGovernment Monitor 2022.* Initiative D21.

Jahn, S., Kaste, S., Köhler, A., Müller, L.-S., van der Meyden, R., Helmut, K., . . . Pleger, S. (2023). *eGovernment Monitor 2023.* Initiative D21.

OECD. (2022). *Building Trust to Reinforce Democracy.* OECD.

OECD. (09. August 2023). *OECD Data.* https://data.oecd.org/gga/trust-in-government.htm. Abgerufen.

OECD. (09. August 2023). OECD.org. https://www.oecd.org/ueber-uns/mietglieder-und-partner/. Abgerufen.

OECD. (09. August 2023). OECD Public Governance. https://www.oecd.org/governance/. Abgerufen.

OECD. (2021). *Government at a Glance.* OECD.

Our World in Data. (04. August 2023). Our World in Data; Von https://ourworldindata.org/trust. Abgerufen.

Reinhardt, M. (10. September 2019). Wie KI in der öffentlichen Verwaltung gelingt. CIO, S. https://www.cio.de/a/wie-ki-in-der-oeffentlichen-verwaltung-gelingt,3605395.

Sozialdemokratische Partei Deutschlands, BÜNDNIS 90/DIE GRÜNEN, & Freie Demokratische Partei (FDP). (2021). *Mehr Fortschritt wagen, Koalitionsvertrag 2021–2025.* Schloemer & Partner GmbH.

V-Dem Institute. (2023). *Democracy Report 2023.* University of Gothenburg.

Voss, P. (05. August 2023). Politikskandale und Greenwashing in ARD und ZDF. *Frankfurter Allgemeine Zeitung.* https://www.faz.net/aktuell/feuilleton/medien/was-ard-und-zdf-sich-leisten-die-skandaldichte-ist-beachtlich-19081362.html.

World Health Organization. (15. August 2023). *WHO Coronavirus (COVID-19) Dashboard.* https://covid19.who.int/data. Abgerufen.

YouGov. (10. August 2023). *YouGov.* Von Überall Patrioten – außer in Deutschland: https://yougov.de/topics/international/articles-reports/2015/07/20/uberall-patrioten-ausser-deutschland. Abgerufen.

14 Empfehlungen

Zusammenfassung Die empirischen Analysen und die zugehörigen Interpretationen lassen Rückschlüsse darauf zu, warum Deutschland im internationalen Vergleich des eGovernments zurückliegt. Hieraus lassen sich konkrete Empfehlungen ableiten, die in diesem Kapitel dargestellt sind.

In diesem Kapitel sind in den nachfolgenden Unterabschnitten 11 Empfehlungen dargestellt, die sich im Laufe der Forschungsarbeit ergeben haben. Nachfolgende Abbildung gibt hierzu einen Überblick (vgl. Abb. 14.1):

In den ersten zwei Spalten sind die Empfehlungen dargestellt, wie sie nachfolgend in diesem Kapitel zu finden sind. Die Empfehlungen grenzen zum Teil aneinander an bzw. können gegenseitigen Einfluss ausüben. Wenn z. B. Gesetze reduziert werden Abschn. 14.7 dann führt dies auch zu einer Bekämpfung der Bürokratie Abschn. 14.6. Für die Beantwortung der übergreifenden Forschungsfrage Kap. 3, ob das administrative System in Deutschland überhaupt dazu in der Lage ist, ein mit anderen Nationen vergleichbares eGovernment-Angebot zu entwickeln, ist es unerheblich, welche Wechselwirkungen zwischen den Empfehlungen bestehen. Eine genaue Untersuchung der Zusammenhänge wäre perspektivisch ein interessanter Gegenstand für ein weiteres Forschungsprojekt.

Die meisten Empfehlungen sind nicht erst das Ergebnis vollständig bearbeiteter Hypothesen. Zum einen wurden im Rahmen der Herleitung schon Themen tangiert, die offensichtlich Einfluss auf die Ergebnisse ausüben könnten. Sie wiesen damit die den Weg in Richtung zugehöriger

A. Schmid, *eGovernment in Deutschland – eine unvermutete Erfolgsgeschichte,* Edition Innovative Verwaltung, https://doi.org/10.1007/978-3-658-44634-5_14

Empfehlung		Bezug zu Hypothese(n)	Empirische Belastbarkeit	Art des Zusammenhangs
1	Policy-Making verbessern	Vertrauen der Bürger, Nr. 7	Gering	Mittelbar
2	Korruption bekämpfen	Korruption, Nr. 1	Hoch	Unmittelbar
3	Informieren und Aufklären	Vertrauen der Bürger, Nr. 7	Gering	Mittelbar
4	Bruttoinlandsprodukt fördern	Unterentwickelter Staat, Nr. 6	Hoch	Unmittelbar
5	Bevölkerungskompetenzen stärken	Unterentwickelter Staat, Nr. 6	Hoch	Mittelbar
6	Bürokratie bekämpfen	Bürokratismus, Nr. 3 Wirtschaftliche Freiheit, Nr. 4	Hoch Hoch	Unmittelbar Mittelbar
7	Gesetze reduzieren und vereinfachen	Bürokratismus, Nr. 3 Wirtschaftliche Freiheit, Nr. 4	Hoch Hoch	Mittelbar Mittelbar
8	Bedarfe der Kunden erfüllen	Vertrauen der Bürger, Nr. 7	Gering	Mittelbar
9	Verwaltungskompetenzen stärken	Unterentwickelter Staat, Nr. 6	Hoch	Mittelbar
10	Verwaltungsautomation vorantreiben	Unterentwickelter Staat, Nr. 6	Hoch	Mittelbar
11	Zusammenarbeit neu justieren	Föderaler Staat, Nr. 2	Gering	Unmittelbar

Abb. 14.1 Übersicht über die Empfehlungen

Empfehlungen. Zum anderen wurde im Rahmen der Hypothesenbearbeitung deutlich, dass selbst bei geringer empirischer Belastbarkeit, Hinweise dafür existierten, dass bestimmte Empfehlungen Deutschland im Rahmen des eGovernments weiterbringen könnten. Es handelte sich zunächst um erste Gedanken, die im weiteren Verlauf konkretisiert wurden. Es führte in der Folge zu einem iterativen Prozess des Veränderns und Verwerfens von Empfehlungen. Besonders deutlich wird dies an der Empfehlung 11 „Zusammenarbeit neu justieren". Sie hat einen starken Bezug zum deutschen Föderalismus. Im Rahmen der Erarbeitung wurde aber deutlich, dass es nicht der Föderalismus an sich das Problem ist, sondern offensichtlich das, was daraus gemacht wird.

Im Ergebnis weisen die Empfehlungen unterschiedliche Bezüge zu den Hypothesen auf, die in der dritten Spalte dargestellt sind. In den Einleitungen zu den Empfehlungen werden sie kurz aufgegriffen, um in aller Kürze zu vermitteln, auf welchen Hintergründen die Ausführungen basieren. In der dritten Spalte fehlt die Hypothese 5 „Bevölkerungsdichte". Dies ist darauf zurückzuführen, dass sich keine empirisch belastbaren Ergebnisse der Untersuchung zeigten und sich die Inhalte auch nicht dafür eigneten, Empfehlungen abzuleiten.

In der Spalte „Empirische Belastbarkeit" ist vermerkt, wie die jeweiligen Hypothesenergebnisse einzuordnen sind. Details finden sich hierzu im jeweils zweiten Abschnitt der Hypothesenkapitel. Daher konnte sich für einen Überblick auf die Kategorisierung hoch, mittel, gering beschränkt werden, wobei keine „mittleren" Ergebnisse zu verzeichnen sind.

Die letzte Spalte, „Art des Zusammenhangs", gibt Auskunft darüber, ob ein mittelbarer oder unmittelbarer Zusammenhang mit der/den zugeordneten Hypothesen existiert. Ein unmittelbarer Zusammenhang ist gegeben, wenn die Ergebnisse der Hypothese direkt zur Empfehlung führten, wie es z. B. bei der Korruptionsbekämpfung und der Förderung des Bruttoinlandsprodukts der Fall ist. Anders verhält es sich beispielsweise bei der „Erfüllung der Kundenbedarfe", Empfehlung Nr. 8. Die empirische Belastbarkeit der Hypothese 7 „Bürgervertrauen in den Staat" ist gering. Im Rahmen ihrer konzeptionellen Entwicklung musste identifiziert werden, was die Bürgerinnen und Bürger am eGovernment eigentlich stört. Ohne an dieser Stelle vorzugreifen, sind es schlechte und kaum bekannte Lösungen, die sich durch viele Befragungsergebnisse untermauern lassen. Es handelt sich zwischen Hypothese und Empfehlung um einen mittelbaren Zusammenhang, da vor allem die Inhalte der Hypothesenkonzeption zur Empfehlung führten.

14.1 Empfehlung 1: Policy-Making verbessern

Unter Policy-Making oder auch Politikgestaltung versteht man allgemein den Prozess, durch den Regierungen Entscheidungen treffen und Maßnahmen ergreifen, um gesellschaftliche Probleme zu lösen. Konkreter ausgedrückt bedeutet Policy-Making die Formulierung, Implementierung, und schließlich auch Evaluierung von Politikinhalten (Policies) (vgl. Jann, 2019, S. 31). Letzteres kann in der beschriebenen Form in Deutschland kaum beobachtet werden. Wenn eine erstzunehmende Evaluierung betrieben werden würde, dann müssten viele Gesetze geändert oder gänzlich aufgehoben werden. In den Zeitungen und den öffentlichen Diskussionen wird in diesem Zusammenhang die überbordende Bürokratie schon seit Jahren kritisiert Abschn. 14.6, ohne dass sich etwas verändert hätte.

Auch wenn die empirischen Ergebnisse über das Vertrauen der Bürgerinnen und Bürger in den Staat als schwach eingeordnet werden müssen Kap. 13, wurde im Rahmen der Hypothesenbildung trotzdem deutlich, dass Policy-Making ein Schlüssel bzw. eine Voraussetzung für das Gelingen des eGovernments ist. Es geht im Wesentlichen um die Frage „...wie gesellschaftliche Probleme durch Politik und Verwaltung bearbeitet, bewältigt und – so würde man heute ergänzen – gelegentlich auch mit verursacht werden" (Bogumil & Jann, 2020, S. 33). Heutzutage werden die Folgewirkungen von Gesetzen und eine sinnvolle Umsetzung von Gesetzesvorhaben unzureichend berücksichtigt Abschn. 14.7.

Die zugrunde liegenden Entscheidungsprozesse stehen in einer Abhängigkeit vom politischen System eines Staates. Hierzu zählt z. B. der Grad des Föderalismus und die praktische Interaktion der Beteiligten. Letztere leisten beispielsweise Lobbyarbeit, sind in Interessengruppen vertreten oder greifen ganz konkret in das Leben der Menschen ein, wie es die „Letzte Generation" im Jahr 2023 auf den Straßen gezeigt hat. Daher ist Politikgestaltung ein komplexer und dynamischer Prozess, der nicht vorhergesagt werden kann und der von unterschiedlichen Entwicklungen beeinflusst wird. „Die zentrale Aufgabe politischer Systeme besteht darin, gesellschaftliche Probleme zu meistern. Diese bilden den Stoff, der dem politischen System Entscheidungen und Durchsetzungsfähigkeit abverlangt. Versagt es hierbei eklatant und anhaltend, so kommt seine Ablösung auf die Tagesordnung" (Rudzio, 2019, S. 491). Nimmt sich die Politik der gesellschaftlichen Probleme nicht an und/oder ignoriert Entwicklungen, die den Menschen wichtig sind, dann gerät die Akzeptanz des Systems in Gänze in Gefahr. Zum Zeitpunkt der Erstellung dieser Monografie ist dies z. B. im Kontext der Flüchtlingsfrage zu beobachten. Ehrliche Kommunikation von gesellschaftlichen Herausforderungen ist für das Funktionieren von politischen Systemen unabdingbar, um Transparenz zu schaffen und Unterstützung in der Gesellschaft zu gewinnen.

Versteht man eGovernment als Gestaltungsinstrument für die wechselseitigen Beziehungen zwischen Bürgerinnen und Bürgern, Wirtschaftsunternehmen, Einrichtungen im Non-Profit-Sektor, Politik, Regierung und Verwaltung etc. durch die neuen Strukturen geschaffen werden Abschn. 5.3, dann muss es ein zentrales Element im Prozess der Politikgestaltung und Politikumsetzung sein. eGovernment kann u. a. einen wichtigen Beitrag dazu leisten, um Politik konkret durchzusetzen und die notwendige Transparenz über das staatliche Handeln herzustellen. Hierdurch wird Partizipation ermöglicht, was das Vertrauen der Bürgerinnen und Bürger in den Staat stärken kann. Es ist auch deshalb von Bedeutung, weil eine vorhabensbezogene Effektivität sich vor allem dann einstellen kann, wenn sich Teilnehmende gehört fühlen, die Ergebnisse anerkennen und der durchführenden Organisation vertrauen (vgl. Misgeld, 2023, S. 378). Die Bedeutung von eGovernment für das Funktionieren des politischen Systems eines Staates kann daher gar nicht hoch genug eingeschätzt werden. „Die vor allem in der Entwicklungszusammenarbeit benutzte Terminologie des ‚E-Governance' erscheint hier gleichfalls anwendbar: Governance als Konzept der Policy-Analyse, das im engeren Sinne Effizienz des staatlichen Apparates und der öffentlichen Verwaltung untersucht, unter Einbeziehung von Transparenz,

Mitbestimmung, Menschenrechten und Zivilgesellschaft" (Scheidt et al., 2005, S. 137).

Die internationale Diskussion zu diesem Themenkomplex zeigt, dass man erst am Anfang einer Entwicklung steht: „Policy making and planning regarding the digital transformation of the organization itself is still in its early stages" (Jörgensen et al., 2023, S. 383). Insofern kann davon ausgegangen werden, dass es sich nicht nur um eine spezifisch deutsche Herausforderung handelt. Gleichwohl gibt es in Deutschland viel grundsätzliche Kritik am Handeln der Regierungen. Alexander Rabe, Geschäftsführer des Verbandes der Internetwirtschaft, führt zur aktuellen Situation beispielsweise folgendes aus: „Mangelhafte Koordination und eine Verantwortungsdiffusion in der Bundesregierung sind ursächlich für die schleppende Digitalisierung in Deutschland" (Budras, 2023a, b, c).

Ein kleiner Schritt des langen Weges in die richtige Richtung wurde in Deutschland zurückgelegt. Im Koalitionsvertrag der derzeitigen Bundesregierung wurde folgendes formuliert: „Voraussetzung für eine erfolgreiche Digitalisierung ist digital- und praxistaugliches Recht. Rechtsvorschriften müssen der Digitalisierung und den Bedürfnissen aller Betroffenen gerecht werden und den digitalen und nutzerfreundlichen Vollzug sicherstellen" (Sozialdemokratische Partei Deutschlands, BÜNDNIS 90/DIE GRÜNEN, & Freie Demokratische Partei (FDP), 2021, S. 9). Auf dieser Basis wurde zum 1. Januar 2023 der sogenannte „Digitalcheck" für Gesetze eingeführt. Zielsetzung ist es, digitaltaugliche Regelungen zu gestalten, da diese den einfachen und wirkungsorientierten Vollzug zum Nutzen aller Beteiligten gewährleisten sollen (vgl. Bundesministerium des Innern & für Heimat, 2023a, b, c, d). Dadurch, dass neue Gesetzesvorhaben ex-ante auf ihre Digitaltauglichkeit hin geprüft werden, lassen sie sich in der Ausführung einfacher elektronisch realisieren. Der Digitalcheck wird für neue Regelungen auf Bundesebene angewandt und soll vom Nationalen Normenkontrollrat überprüft werden.

Der Digitalcheck ist sicherlich sinnvoll und in Anbetracht der überschaubaren Erfolge des eGovernments in Deutschland überfällig. Gleichwohl ist er nicht mit dem Policy-Making gleichzusetzen. Ein Mitdenken der elektronischen Umsetzung im Rahmen der Politikgestaltung, bevor ein Gesetzestext produziert wird, wäre ein sinnvoller Beitrag für das Policy-Making. Hierdurch würden andere und vielleicht auch zusätzliche Diskussionen geführt und die Umsetzung im Rahmen der politischen Willensbildung berücksichtigt. In Zeiten der Digitalisierung ist dies unabdingbar, da sie der Schlüssel für nutzerfreundliche und leistungsfähige Angebote ist. Diesbezüglich sei an das mit Amazon vergleichbare „one-stop"-Modell nach Garson erinnert Abschn. 5.3. In diesem Zusammenhang zeigen sich zum Zeitpunkt der Erstellung dieser Veröffentlichung zumindest ermunternde Entwicklungen. Der im Rahmen des Onlinezugangsgesetzes entstandene Online-Portalverbund aus Bundes- und Länderportalen wird wahrscheinlich bald eine weitere Entwicklungsstufe nehmen. Einige Bundesländer haben signalisiert, ihre eigenen Portale zugunsten des Bundesportals aufzugeben. Das ist ein wichtiger Schritt und auch ein politisches Signal in Richtung eines bundesweit einheitlichen „one-stop"-Modells.

Es lassen sich in Deutschland zahlreiche Beispiele dafür finden, dass der Handlungsbedarf virulent ist. Die Rückerstattung des sogenannten „Klimagelds" gelingt in Österreich ohne Probleme durch die Überweisung des Geldes auf die Konten der Bürgerinnen und Bürger. In Deutschland ist dies allein schon deshalb unmöglich, weil es die Verwaltung einfach nicht kann (vgl. z. B. Bollmann, 2023a, b, c, d). Ein weiteres Beispiel ist das zum Zeitpunkt der Erstellung dieser Veröffentlichung noch nicht verabschiedete und hochumstrittene „Heizungsgesetz", richtigerweise Gebäudeenergiegesetz (GEG). Wirkungen, Förderungen, Umsetzungen sind trotz monatelanger Diskussionen völlig unklar. Ob das GEG sinnvoll ist oder nicht, spielt für die Ausführungen an dieser Stelle keine Rolle. Es frustriert allerdings die Bürgerinnen und Bürger, dass Unklarheit herrscht und niemand weiß, was auf ihn zukommt. Hätte man sich in diesem Prozess stärker an den Umsetzungsaspekten gerieben, dann wäre schon viel gewonnen gewesen. Hieran zeigt sich exemplarisch, woran es an vielen Stellen im Politisch-administrativen System in Deutschland hapert: gut gemeint ist nicht gut gemacht. Der tatsächliche Bedarf des Kunden spielt kaum eine Rolle. Ein weiteres Beispiel hierfür sind die kontraproduktiven Wirkungen der Rente mit 63 (vgl. z. B. Creutzburg, 2023), die absehbar waren. Jetzt profitieren von dem früheren Renteneintritt vor allem die Menschen, die genug Geld haben, weil sie sich ein früheres Ausscheiden aus dem Arbeitsleben leisten können. In den Verlautbarungen der Politik über ihre Motivation für die Rente mit 63 wurden gänzlich andere Gründe angeführt. Es sollte um die Menschen gehen, die lange in das Rentensystem eingezahlt haben und aufgrund körperlicher Herausforderungen, z. B. durch Tätigkeiten in Gesundheitsberufen oder im Handwerk, nicht in der Lage sind, länger als 63 zu arbeiten. Es verwundert in der Folge auch nicht, dass personelle Ressourcen auf dem Arbeitsmarkt fehlen. Gerade im Bereich von Regelungen zur sozialen Sicherung ist Deutschland nicht gut aufgestellt Abschn. 14.6. Das gesamte Politikfeld ist bekanntermaßen von Bürokratie geprägt, ineffizient und die vielen Leistungen kommen nicht gezielt bei den Bürgerinnen und Bürgern an (vgl. z. B. Rickens et al., 2019). Unterstellt man der Politik keine böse Absicht, dann bleibt nur die Erkenntnis, dass das Policy-Making im Bereich der sozialen Sicherung versagt hat.

Zieht man die Definition von Jann zum Policy-Making heran, dann geht es um die Formulierung, Implementierung und Evaluierung von Politikinhalten. eGovernment kann in allen drei Phasen einen wichtigen Beitrag leisten. Im Rahmen der Formulierung von Politikinhalten sind digitale Umsetzungen bzw. Unterstützungen mitzudenken, um den Anforderungen des digitalen Zeitalters gerecht werden zu können. Es entspricht in etwa dem oben beschriebenen Digitalcheck, obgleich es natürlich sinnvoller wäre, wenn politische Entscheider ohne Digitalcheck auskommen könnten. An dieser Stelle zeigt sich sehr deutlich die fehlende IT-Kompetenz in der Politik und vielen Verwaltungen. Die Bundesrepublik verfügt in diesem Zusammenhang generell über deutliche Defizite Abschn. 14.5.

Im Rahmen der Implementierung von Politikinhalten muss sich eine Digital-First-Kultur durchsetzen. Digitale Technologien und Prozesse müssen die bevorzugte Methode für alle politischen Umsetzungsvorhaben sein. In den Verwaltungen sollte dabei vor allem auf datengetriebene Entscheidungsfindungen gesetzt werden. Das ist deshalb von so großer Bedeutung, da viele Tätigkeiten mit Entscheidungen verbunden sind, wie z. B. im gesamten Antragswesen. In vielen Bereichen sind es zudem keine Ermessensentscheidungen, deren technische Realisierung komplexer ist. Es entstehen bisher kaum erkannte Potenziale für die Qualität, die Geschwindigkeit und die Effizienz der Verwaltung, die auch einen Beitrag dazu leisten können, dem bereits vorhandenen personellen Engpass zu begegnen. Auch im Rahmen der Evaluierung von Politikinhalten kann die Informationstechnik einen wichtigen Beitrag leisten. Es geht hierbei um die Bewertung und Analyse von politischen Programmen, Maßnahmen oder Gesetzen. Sie werden hinsichtlich ihrer Wirksamkeit, Effizienz etc. untersucht und bewertet. Gerade in den Untersuchungsbereichen von Indikatoren, der Datensammlung oder der Datenanalyse bestehen große Potenziale für eine Automatisierung durch Informationstechnik. Die bisher sehr aufwendigen manuellen Analysen und Auswertungen können zumindest durch den Einsatz von Informationstechnik geeignet unterstützt werden. Durch die hier skizzierte Begleitung des Policy-Making-Prozesses mittels Informationstechnik könnte ein wichtiger Schritt unternommen werden, um das politisch gewollte auch tatsächlich effizient gegenüber den Betroffenen durchzusetzen. Hierdurch kann ein wichtiger Beitrag zur Verwaltungseffizienz geleistet und die Akzeptanz politischer Entscheidung erhöht werden.

Von einer Krise der Demokratie in Deutschland zu sprechen ist wahrscheinlich zu weit hergeholt, auch wenn diesbezüglich immer mehr Stimmen laut werden (vgl. z. B. ARD, 2023). Besseres Policy-Making und eine Umsetzung mittels kundenbedarfsspezifischer Online-Angebote könnten zumindest einen kleinen dazu Beitrag leisten, die Akzeptanz des gesamten politischen Systems in Deutschlands zu stärken. Dies betrifft auch die Einstellung der handelnden Akteure im öffentlichen Dienst: „Auch jeder Beamte, jeder Diener der öffentlichen Sache muss sich fragen, ob er den Bürger im Blick hat. Es geht nicht darum, Abläufe und Hierarchien zu vergöttern, sondern einem Antragsteller zu helfen, Meldeangelegenheiten nicht zur Schikane zu machen und Baugenehmigungen oder Klagen nicht nur zu stapeln, sondern zu bearbeiten" (Müller, 2023). Diese Situationsbeschreibung wird der Vergangenheit angehören, wenn man sich des Policy-Makings auf Basis technischer Unterstützungssysteme wirklich annimmt. Die Verwaltungsbeschäftigten wachsen hierdurch in neue Rollen hinein. Sie werden Manager von End-to-End-Prozessen. Etablierte Hierarchien und herkömmliche Verwaltungsabläufe werden unter diesen Bedingungen zunehmend obsolet. Ein kundenorientiertes Selbstverständnis kann sich auf diesem Weg in den Verwaltungen durchsetzen, welches für alle Beteiligten von großem Nutzen wäre.

Es ist naheliegend, dass die Gründe für die Misere in den Eigenschaften des deutschen Staates zu suchen sind Abschn. 5.1 und 5.2. Hierfür stehen z. B. der „Juristenstaat" oder die rational-instrumentelle Verwaltung (vgl. Rudzio, 2019, S. 346). Auf eine tiefere Analyse der zahlreichen weiteren Faktoren kann an dieser Stelle verzichtet werden, da das eGovernment im Mittelpunkt dieser Untersuchung steht. Es zeigt sich zusammenfassend, dass für ein erfolgreiches eGovernment in Deutschland viel grundlegendere Weichen gestellt werden müssen als bisher angenommen.

Eine Kernfrage in diesem Zusammenhang lautet, ob die politischen Entscheider nicht erkennen können oder wollen, wie wichtig die Verzahnung von Policy-Making mit der Umsetzung im Zeitalter der Digitalisierung ist. Dieser Prozess ist aber entscheidend, damit politische Absichten in konkrete Handlungen umgewandelt werden. Fast 25 % der Abgeordneten des Bundestags sind Anwälte, Politikwissenschaftler oder Lehrer und nur 1,4 % Unternehmer (vgl. Haas & Seibel, 2021). Ohne diesen Personenkreisen ihre grundsätzliche Kompetenz abzusprechen, können es per se keine „natürlichen" Digitalisierungsexperten sein. In diesen Kontext passt die Aussage von Ramona Schumann, der Bürgermeisterin der Stadt Pattensen, die im Behördenspiegel wie folgt zitiert wird: „Ich fange alle vier Jahre wieder an, den Bundestagsabgeordneten Verwaltungsdigitalisierung zu erklären" (Behördenspiegel., 2023a, b, c, d, S. 2). Der Präsident des Kiel Instituts für Weltwirtschaft, Moritz Schularick, spricht unserem Staat in diesem Zusammenhang sogar die fehlenden Kompetenzen und die notwendige Leistungsfähigkeit ab (vgl. Bernau & Wulfers, 2024). Es kommt erschwerend hinzu, dass sich Informatiker und Juristen diametral gegenüberstehen, denn „Juristinnen und Juristen ordnen die Welt mit Regeln, Informatikerinnen und Informatiker sind Ingenieure, die komplexe Systeme aus einfachen Bausteinen errichten" (Schallbruch, 2018, S. 238). Da in den Verwaltungen und den Parlamenten eine juristische Vorherrschaft existiert, sind „einfache" Gesetze und Verordnungen nicht zu erwarten. Summarisch betrachtet keine guten Ausgangsvoraussetzungen für ein „Digitales Policy-Making".

Abschließend gilt es noch zu ergänzen, dass sich der Gesetzesvollzug, und damit die Umsetzung in eGovernment-Lösungen auch von Entscheidungen der Judikative beeinflusst wird. „Auch das Verfassungsgericht in Karlsruhe hat durch sein Beharren auf Gerechtigkeit im Einzelfall viele Dinge komplizierter gemacht – das derzeitige Grundsteuer-Chaos etwa geht auf seine Intervention zurück. Das hat auch historische Gründe: Das alte Preußen war früh ein Rechtsstaat und spät eine Demokratie, die Folgen spürt man bis heute im Alltag" (Bollmann, 2023a, b, c, d). Folgt man letzter Aussage, dann dürfte Deutschland von Kindesbeinen an auf eine präzise Ausführung von Rechtsakten konditioniert sein, wie es zentrales Element des rational-instrumentellen Verwaltungsmodells in Deutschland bis heute ist. Aus wissenschaftlicher Sicht stellt sich daher die Frage, ob im Rahmen der Staatenbildung schon die Weichen für erfolgreiches eGovernment gelegt werden. Der Verdacht liegt nahe, wenn man z. B. auf die Vereinigten Staaten von Amerika schaut. Freiheit und Individualität sind Merkmale, die einen überbordenden Staat ablehnen. Die baltischen Staaten, die als ständiges eGovernment-Vorbild hochgehalten werden, konnten sich nach dem Fall des Eisernen Vorhangs neu erfinden. Die Bürgerinnen und Bürger vereint ein starker Nationalstolz. Es macht es den Staaten leichter, eGovernment-Angebote zu unterbreiten die auch akzeptiert werden. Einfache und kostengünstige Lösungen werden von allen Bürgerinnen und Bürgern erwartet. Holger Hanselka, der Präsident der Fraunhofer-Gesellschaft, schlägt im deutschen Kontext genau in diese Kerbe: „Die Überregulierung und überbordende Bürokratie, in die wir hineingeraten sind, müssen dringend abgebaut werden, damit Deutschland Innovationsland bleibt. Wir müssen lernen, als Gesellschaft wieder mehr Zuversicht und Vertrauen in die Menschen zu haben, und ihnen mehr Freiraum geben" (Armbruster, 2023). Die Entstehungsgeschichte von Staaten zu analysieren und zu vergleichen, würde das Machbare dieser Untersuchung überschreiten.

Eine hohe intrinsische Motivation kann man sicherlich den meisten Parlamentariern unterstellen. Mit Blick auf ihren persönlichen Hintergrund ist aber nicht unbedingt davon auszugehen, dass sie die Probleme des Policy-Makings in Zeiten der Digitalisierung und die hieraus resultierenden Probleme erkennen (können). Es ist darüber hinaus zu vermuten und zu beobachten, dass politische Entscheider ihre Bedeutung und Kompetenz überschätzen. Da die Umsetzung politischer Entscheidungen in den „Niederungen“ der Verwaltungen erfolgt, muss ich Politik ex-ante auch nicht damit befassen. Ein fataler Fehler angesichts der damit verbundenen Kosten und der hieraus resultierenden Bürokratie Abschn. 14.6.

14.2 Empfehlung 2: Korruption bekämpfen

Es konnte im Rahmen dieser Untersuchung nachgewiesen werden, dass Staaten mit ausgeprägter Korruption über ein schlechteres eGovernment verfügen Kap. 7. Da durch Korruption wirtschaftliche Schäden entstehen, ist davon auszugehen, dass diese einen Beitrag dazu leisten, dass einem Staat die notwendigen Ressourcen fehlen, um in eGovernment zu investieren. Darüber hinaus ist es naheliegend, dass in Staaten mit einem hohen Grad an Korruption nicht unbedingt der beste Anbieter den Zuschlag erhält, was sich folglich negativ auf die Leistungsfähigkeit des eGovernments auswirken könnte. Es lassen sich zahlreiche weitere Zusammenhänge herstellen, die aufzeigen, warum die Korrelation zwischen eGovernment und Korruption so deutlich ausfällt.

Deutschland schneidet im „Corruption Perceptions Index“ (CPI) mit Platz 6 von 180 Staaten sehr gut ab. Hieraus lässt sich schließen, dass im Bereich der Korruptionsbekämpfung nicht nachgelassen werden darf. Bezogen auf die spezifisch deutsche Situation ist daher zu konstatieren, dass bisher schon viel erreicht worden ist. Die Tatbestandsmerkmale finden sich im Strafgesetzbuch, wodurch der rechtliche Rahmen abgesteckt ist, die Strafverfolgung findet in der Praxis statt etc. Summarisch betrachtet wird in Deutschland der Korruptionsbekämpfung der notwendige Stellenwert eingeräumt.

Darüber hinaus hat Korruption viel mit der Haltung in einer Gesellschaft zu tun. Wird sie gesellschaftlich nicht akzeptiert, dann haben es Täter ungemein schwer. Daher ist die Bekämpfung von Korruption auch immer mit einer Kultur der Integrität, der Transparenz und der Rechenschaft verbunden. „Fraud and corruption are major problems affecting economies around the world. Insome places, the preventive controls and likely regulatory and law enforcement/judicial involvement minimizes it; in others, this is less likely or consistent so fraud and corruption is more likely“ (Smith, 2022,

S. 1). Durch die Bekämpfung von Korruption wird das Vertrauen in die Institutionen eines Staates gestärkt. Darüber hinaus beeinflusst die Korruption eine Volkswirtschaft negativ, was zahlreiche Nachteile zur Folge hat. Unternehmer wägen ihre Investitionsentscheidungen beispielsweise sehr genau ab. Sie sind kaum bereit, „Zusatzgebühren" zu entrichten, nur um investieren zu dürfen.

Da in Deutschland sicherlich von einer Kultur der Integrität gesprochen werden kann, die formalen Grundlagen vorhanden sind und die Strafverfolgung auch tatsächlich stattfindet, muss sich das Augenmerk auf die Korruptionsprävention richten. Hierunter versteht man alle Maßnahmen, die ergriffen werden, um Korruption zu verhindern oder zumindest zu reduzieren. Es müssen Anreize und Gelegenheiten für Korruption begrenzt werden. Ein Schlüssel ist hierbei das Herstellen von Transparenz bei Entscheidungsprozessen. Das öffentliche Vergabewesen ist zwar für Außenstehende kaum zu verstehen und wird von vielen Unternehmen aufgrund seiner Komplexität abgelehnt. Es ist aber darauf ausgelegt, Transparenz über die Entscheidungsprozesse herzustellen und leistet damit einen wichtigen Beitrag zur Korruptionsprävention an einem neuralgischen Punkt: der öffentlichen Auftragsvergabe. Darüber hinaus werden Beschäftigte in Deutschland, vor allem im öffentlichen Sektor, umfangreich für das Thema Korruption sensibilisiert. Es mangelt auch nicht an der praktischen Umsetzung. In den meisten öffentlichen Institutionen müssen Beschäftigte beispielsweise Geschenke melden und Beziehungen zu Auftragnehmern offenlegen. Auch im geschäftlichen Verkehr hat sich in der Vergangenheit viel verändert. Die weit verbreiteten „Geschenkeorgien", vor allem in der Vorweihnachtszeit, gehören inzwischen der Vergangenheit an. Es gehört heutzutage zum guten Ton, Geschäftspartner dazu aufzufordern, auf Geschenke zugunsten einer Spende für einen karitativen Zweck zu verzichten.

Zusammenfassend kann konstatiert werden, dass das gute Abschneiden Deutschlands im Korruptionsranking wenig überraschend ist, wenn man sich die gelebte Realität vor Augen hält. Es stellt sich mithin die Frage, was in Deutschland neben einem „Nicht nachlassen" unternommen werden kann, um die Korruptionsprävention zusätzlich zu unterstützen. Hierbei rücken im digitalen Zeitalter die neuen technischen Möglichkeiten in das Blickfeld. Ein zentrales Instrument ist hierbei das sogenannte „Fraud-Management" (aus dem Englischen: fraud = Betrug). Fraud-Management umfasst alle Maßnahmen, um die unterschiedlichen Formen von Wirtschaftskriminalität und betrügerischen Aktivitäten zu erkennen und zu verhindern. Es handelt sich um ein organisationsspezifisches Sicherheits- und Überwachungskonzept. Die Bedarfe sind auf diesem Gebiet sehr unterschiedlich, da sich z. B. Branchen, Kunden, Beschäftigte oder Geschäftspartner deutlich unterscheiden. Es geht hierbei nicht nur um den naheliegenden Schutz der eigenen Vermögenswerte, sondern auch um den Ruf der Organisation und das Vertrauen der Stakeholder in die Organisation. „Aside from the financial costs, being a victim of fraud can cause serious reputational damage for businesses. Concern about adverse publicity probably contributes to underreporting" (Smith, 2022, S. 3).

Das Vertrauen der Stakeholder ist für den öffentlichen Sektor essenziell, da ihm sonst seine Legitimation abgesprochen wird. Darüber hinaus ist der öffentliche Sektor mit seinen vielen Geld- und Sachleistungen institutionell gefährdet. Er liefert Anreize und Potenziale zu „dolosem" (aus dem lateinischen: dolosus = arglistig) Handeln. Es ist der Fachbegriff für vorsätzlich oder grob fahrlässiges Verhalten zum Schaden einer Organisation. Dolose Handlungen sind nicht mit Korruption gleichzusetzen. Es geht vor allem um Diebstahl, Betrug oder Unterschlagung zu Ungunsten einer Organisation. Im öffentlichen Sektor gelten viele Regelungen, die dolosem Verhalten präventiv entgegenwirken und vielen Fällen auch strenger sind als im privaten Sektor. Durch den zunehmenden Einsatz von technischem Fraud-Management werden auch die Potenziale der Digitalisierung zunehmend ausgeschöpft. Das gilt sicherlich nicht flächendeckend. Summarisch betrachtet kann im internationalen Vergleich aber davon gesprochen werden, dass in Deutschland viel unternommen wird, um doloses Handeln und Korruption entgegenzuwirken.

Das Fraud-Management unterscheidet sich zwischen den Organisationen und kommt sehr unterschiedlich zum Einsatz. Es reicht von manuellen Tätigkeiten bis zum Einsatz komplexer technischer Lösungen. Klassische manuelle Aufgaben übernehmen z. B. die Innenrevisionen der Behörden. Ihre formalen Grundlagen unterscheiden sich zwischen den Bundesländern und dem Bund. Es gibt daher keine einheitlichen Prüfschemata oder Vorgaben. Insbesondere in größere Behörden kommen zunehmend technische Unterstützungssysteme zum Einsatz. Sie verfügen zum einen über die notwendigen Ressourcen. Zum anderen nutzen sie zumeist eine Informationstechnik, die es ermöglicht, mittels einfacher Abfrageroutinen Datenanomalien zu entdecken. Hierbei handelt es sich um die am meisten verbreitete Methode zur Identifikation von Regelverstößen (vgl. Trabold et al., 2021, S. 6). Ein wichtiges Instrument sind die ERP-Lösungen, da sie aufgrund ihrer standardisierten Datenstrukturen für Fraud-Management prädestiniert sind. Sie ermöglichen es relativ einfach, Datenanomalien zu identifizieren. Sie werden in der Regel im Anschluss manuell verifiziert. Dementsprechend verändern sich derzeit die Berufsbilder und Anforderungen in den Bereichen Prüfung/ Revision.

In Deutschland gibt es diverse Beispiele für den Erfolg von technisch unterstütztem Fraud-Management. In einem Fall sind beispielsweise Anomalien bei der Auszahlung von Sozialleistungen festgestellt worden. In der Folge wurde die Innenvision der Behörde mit einer manuellen Prüfung beauftragt. Die genehmigten Anträge lieferten aus formaler Sicht keine Hinweise auf doloses Verhalten und wären daher bei einer Routineprüfung nicht aufgefallen. Aufgrund der Anomalien wurden Einzelfälle genauer unter die Lupe genommen. Die Prüfungen führten zu dem Ergebnis, dass sich ein Behördensachbearbeiter mit Leistungsempfängern abgesprochen hat. Er gewährte die Leistungen und die Empfänger übergaben nachfolgend Barbeträge an den Behördensachbearbeiter. Ohne die identifizierten Anomalien wäre der Betrug wahrscheinlich niemals aufgefallen. Der Vorteil der technischen Lösungen besteht vor allem darin, dass sie Daten und Zusammenhänge aufdecken können, die einer „normalen" Revisionssachbearbeitung nicht aufgefallen wären.

Da viele Fälle unentdeckt bleiben, können keine Aussagen darüber gemacht werden, wie effektiv das Fraud-Management tatsächlich ist. Der Erfolg des Fraud-Managements kann vor allem daran gemessen werden, wie effektiv eine Organisation Betrug erkennt und verhindert. Über Kennzahlen wie z. B. die Verlustminimierung oder eigene Kosten-Nutzen-Analysen lassen sich entsprechende Nachweise führen, die aber aufgrund von Annahmen mit Unsicherheiten behaftet sind. Expertenschätzungen gehen davon aus, dass es in den Europäischen Staaten jedes Jahr um Milliardenbeträge geht (vgl. z. B. Smith, 2022, S. 2). Angesichts dieser Zahlen erscheint es unabdingbar, Fraud-Management einzusetzen. Nicht nur um die Schäden zu begrenzen, sondern auch um Prävention dahingehend zu betreiben, dass es ein institutionelles Entdeckungsrisiko gibt. Am vielversprechendsten ist ein ganzheitlicher Ansatz aus Technologie, Sensibilisierung der Beschäftigten und stichprobenbezogenen Einzelfallprüfungen. Der Aufwand für Fraud-Management darf natürlich nicht unterschätzt werden. Gleichwohl erscheint es angesichts der Risiken und potenziellen Schäden als unabdingbar, ein geeignetes Kontrollsystem zum Einsatz kommen zu lassen.

Da die Korruption in Deutschland gering ist, stellt sich abschließend die Frage, in welchen Bereichen zukünftig angesetzt werden sollte. Im digitalen Zeitalter richtet sich der Fokus damit auf die Technik, die sich jeden Tag weiterentwickelt. Nach einer Fraunhofer-Untersuchung aus dem Jahr 2021 (vgl. Trabold et al., 2021) liegt die „Proaktive Datenanalyse" auf Platz 16 von 18 untersuchten Merkmalen von Anti-Fraud-Maßnahmen. Sie kommt in 38 % der befragten Unternehmen zum Einsatz. An der Spitze liegt wenig verwunderlich die „Externe Jahresabschlussprüfung“ mit 83 %. Die proaktive Datenanalyse hat zum Ziel, Muster zu identifizieren und hierauf basierend Gegenmaßnahmen zu ergreifen. Es handelt sich, im Gegensatz z. B. zur Jahresabschlussprüfung, um einen vorhersagenden Ansatz. Die entstehenden Kosten sind gering und die inhaltlichen Komplexitäten beherrschbar, daher liegt es nahe, auf proaktive Datenanalysen zu setzen. Diese sind umso einfacher durchzuführen, umso leistungsfähiger die Fachverfahren und ERP-Lösungen in den Verwaltungen sind. Hieran hapert es in Deutschland, wie es z. B. die Landesrechnungshöfe regelmäßig adressieren (vgl. z. B. Landesrechnungshof Niedersachsen, 2023, S. 12). Die notwendige Ertüchtigung der Fachverfahrenslandschaft für die Digitalisierung der Verwaltungen leistet damit auch einen Beitrag zum Einsatz von Fraud-Management.

14.3 Empfehlung 3: Informieren und aufklären

Die Untersuchungen und Analysen zu der Frage des Vertrauens der Bürgerinnen und Bürger in den Staat (Kap. 12) haben, trotz aller Vorsicht aufgrund geringer empirischer Belastbarkeit, gezeigt, dass zumindest Unsicherheiten im Umgang mit eGovernment-Angeboten existieren. Das grundsätzliche Vertrauen in die eGovernment-Angebote eines Staates ist aber von großer Bedeutung, da es die Bereitschaft der Bürgerinnen und Bürger beeinflusst, digitale Dienste zu nutzen. Die Untersuchungsergebnisse haben gezeigt, dass auf der einen Seite das Vertrauen der Deutschen in ihren Staat vorhanden zu sein scheint (vgl. OECD-Ergebnisse OECD. (09. August 2023). OECD Data. https://data.oecd.org/gga/trust-in-government.htm. Abgerufen.). Auf der anderen Seite ist die Nutzung der eGovernment-Angebote überschaubar (vgl. EGDI-Ranking). Berücksichtigt man in diesem Zusammenhang die konkreten Befragungsergebnisse, dann zeigt sich, dass viele Deutsche weiterhin persönlich zum Amt gehen wollen. Dies lässt sich wahrscheinlich auf zwei wesentliche Gründe zurückführen. Zum einen haben sie Angst vor den Konsequenzen, wenn sie Daten online falsch eingeben Kap. 12. Zum anderen sind die Angebote schlichtweg nicht bekannt (vgl. z. B. Budras, 2023a, b, c). Dieser Befund deckt sich mit weiteren Untersuchungen (vgl. z. B. Jahn et al., 2023, S. 7).

Vertrauensbildende Maßnahmen einzuleiten und die Bevölkerung über eGovernment zu informieren, erscheint vordergründig wenig anspruchsvoll sein. Doch die öffentliche Verwaltung steht aufgrund der Umstände vor der größten kommunikativen Herausforderung ihrer Geschichte, da Social Media die Welt der Kommunikation prägt (vgl. Fehringer, 2021, S. 139).

Hierdurch kann die Kommunikation und die Weitergabe von Informationen von außen nicht beeinflusst werden. Es würde bereits ein Gerücht in Sozialen Medien über ein vermeintliches staatliches Datenleck genügen, um eine eGovernment-Lösung dauerhaft zu diskreditieren. Hieran zeigt sich auch, dass die Informationsverantwortung des Staates im digitalen Zeitalter besonders hoch ist. Da empirisch messbar ist, dass abwegige und exzentrische Positionen mehr Aufmerksamkeit in den Sozialen Medien gewinnen als abgewogene und sachlich begründete (vgl. Seewald, 2023), kommt der Informationsverantwortung des Staates in Zeiten der Digitalisierung eine immer größere Bedeutung zu. Der Staat sollte Partner der Bürgerinnen und Bürger sein und das Vertrauen in staatliche Angebote stärken und sie auch besser erklären.

Es kommt hinzu, dass wir in einer individualistischen Multioptionsgesellschaft leben (vgl. Breyer-Mayländer, 2019, S. 14). Sie bedeutet für die Individuen in einer Gesellschaft Herausforderungen und Chancen zugleich, weil es eine Vielzahl von Möglichkeiten gibt. Eine Multioptionsgesellschaft ist fluide, bindungsarm, sprunghaft, freiheitsliebend etc. und damit kaum greifbar. Diese Gesellschaft trifft auf eine Verwaltung, die noch immer den weberschen Organisationsprinzipien folgt. Beide waren vermutlich noch nie weiter voneinander entfernt als heute. Das ist keine gute Voraussetzung für staatliche Informations- und Aufklärungskampagnen.

Ausgangspunkt zur Nutzung von eGovernment-Angeboten ist die Authentifizierung, die in der Vergangenheit gefloppt ist (vgl. Einleitung) und in anderen Staaten durch Intermediäre, wie z. B. in Schweden über Geschäftsbanken, abgewickelt wird. Ob dieser Weg sinnvoller als die deutsche Lösung einer staatlichen Identitätsprüfung ist, muss nicht weiter diskutiert werden. Die Fakten sind in Deutschland mit dem sogenannten „neuen" Personalausweis bereits geschaffen worden. Er verfügt über einen RFID-Chip auf dem die persönlichen Daten, wie z. B. Name, Anschrift und Geburtsdatum gespeichert sind. Diese Merkmale sind mit einem NFC-fähigen Smartphone oder einem USB-Kartenleser auslesbar. Durch die sogenannte „Ausweis-App2" auf dem Smartphone können die Daten verschlüsselt an die entsprechende Behörde oder an andere Anbieter übermittelt werden. Trotz holprigem Start, wie fast immer bei eGovernment-Angeboten in Deutschland, ist letztgenannte Eigenschaft wichtig. Wenn sich Drittanbieter mit einschalten, ist das sicher von Vorteil, vielleicht sogar die einzige Chance für einen den Aufwand rechtfertigenden Nutzen. Statistisch gesehen haben Normalbürger, nach unterschiedlichen Untersuchungen, gerade einmal zwischen zwei und fünf Behördenkontakte pro Jahr. Lohnt sich hierfür das Herunterladen und Einrichten der App? Für viele sicherlich nicht, da die Deutschen nach Umfragen ohnehin lieber persönliche Verwaltungskontakte pflegen, als Online-Dienste zu nutzen. Schließen sich aber andere Anbieter der Lösung an, dann könnte die „AusweisApp2" zu einem Erfolg werden. Die App kann dann auch für Verwaltungsleistungen genutzt werden. Es wäre wünschenswert, wenn in Zukunft andere Anbieter bzw. zusätzliche Angebote mehr und mehr integriert würden. In diesem Zusammenhang kommt eine PwC-Studie aus dem Jahr 2021 zu dem Ergebnis, dass eine hohe Anzahl von Anwendungsfällen ausschlaggebend für den Erfolg ist (vgl. Schnepf et al., 2021, S. 10). Auch andere Untersuchungen kommen zu einem ähnlichen Ergebnis (vgl. Becker, 2020).

Erfreulicherweise zeigen sich erste Entwicklungen in diese Richtung. Die Bank „ING-DiBa AG" lässt beispielsweise seit November 2022 die digitale Legitimation mit der Online-Ausweisfunktion des Personalausweises zu (vgl. Göb, 2023). Des Weiteren wird die Liste staatlicher Akteure, die Angebote integrieren, immer länger (vgl. Governikus GmbH & Co. KG, 2023). Da die sichere Authentifizierung der Nukleus für den gesamten Informations- und Warenaustausch im Internet ist, haben grundsätzlich alle Stakeholder ein großes Interesse daran. Ein staatlicher Akteur ist für die Authentifizierung prädestiniert, da er ohnehin Rücksicht auf diverse Vorgaben und Rahmenbedingungen, wie z. B. den Datenschutz oder die Barrierefreiheit, nehmen muss. Die Sicherheit der Daten ist für den Erfolg der Authentifizierung von grundlegender Bedeutung (vgl. Schnepf et al., 2021, S. 10), was einen Vorteil für die AusweisApp2 darstellt. An dieser Stelle sei an die Vision Garsons zum eGovernment aus dem Jahr 2004 erinnert (Abschn. 5.3) der bereits davon ausging, dass alle Transaktionen mit dem Staat online ausgeführt werden können, was eine sichere Authentifizierung voraussetzt. Rund 20 Jahre nach dieser Vision verfügt Deutschland gerade einmal über eine zwar nutzbare, aber wenige genutzte Authentifizierungslösung des Staates. Des Weiteren existieren Webportale des Bundes und der Länder, über die inzwischen zwar viele Leistungen online angeboten werden, die aber unvollständig sind und nur überschaubar in Anspruch genommen werden. Nur rund 7 % der Bevölkerung haben die Onlineausweisfunktion überhaupt schon einmal genutzt (vgl. Schnepf et al., 2021, S. 11). Es finden sich auch in aktuelleren Quellen keine Hinweise darauf, dass es zu einem signifikanten Anstieg gekommen sein könnte. Selbst in der „Generation Tiktok" nutzt nur jeder Vierte die Möglichkeiten der AusweisApp2 (vgl. Budras, 2023a, b, c).

Die Ausführungen zeigen den Handlungsbedarf auf. Informations- und Aufklärungskampagnen sind notwendig, um die Bürgerinnen und Bürger auf den Weg in das eGovernment mitzunehmen. Es erscheint mit Blick auf die Authentifizierung fast noch wichtiger, Partner von außerhalb der

Verwaltung zu gewinnen, um das Interesse zu vergrößern und dem eGovernment als Ganzes den notwendigen Schwung zu geben. Neben dem Gewinnen von zusätzlichen Partnern müssen die Angebote bekannter gemacht werden. Es ist erfreulich, dass die Verantwortlichen die Herausforderungen erkannt haben. Im ersten Quartal 2024 soll eine lang geplante Informationskampagne des Bundesinnenministeriums des Innern gestartet werden (vgl. Budras, 2023a, b, c).

Die Geschichte der Onlineidentifikation in Deutschland ist Ausdruck eines politischen Scheiterns, denn es ist den verschiedenen Bundesregierungen bis heute nicht gelungen, dem Verfahren zum Durchbruch zu verhelfen (vgl. Reuter, 2023). Darüber hinaus zeigen die derzeitigen Nutzerzahlen, dass die Information und Kommunikation über staatliche Online-Angebote ungenügend war (vgl. z. B. Reuter, 2023) und auch nicht von Erfolg gekrönt worden ist. Das ist mehr als bedauerlich, da bereits in der Vergangenheit vereinzelt gute Angebote online gegangen sind. Begleitende Informationskampagnen sind wichtig da, anders als bei privatwirtschaftlichen Angeboten, der Kunde nicht intrinsisch motiviert nach ihnen sucht. Die Bürgerinnen und Bürger melden sich beim Staat nämlich nur dann, wenn er es aus einem bestimmten Grund muss. Begleitende Informationskampagnen machen unter diesen Bedingungen Sinn. Dabei gilt es zu berücksichtigten, dass schlechte Werbung nicht nur Ressourcen verschleudert. Sie wirkt oft auch kontraproduktiv. Die heutigen Verbraucher sind aufgrund der digitalen Informationsmöglichkeiten und der hohen Preistransparenz besonders sensibel, wie Studien zeigen (vgl. z. B. Absatzwirtschaft, 2018). Hieraus folgt für Informationskampagnen des Staates, dass sie gut durchdacht und professionell gestaltet werden müssen. Es bestehen allerdings Zweifel daran, dass die Verwaltung hierzu in der Lage ist. Es handelt sich um keine ihrer Kernkompetenzen und ihre Strukturen (Abschn. 5.2) sind nicht darauf ausgerichtet, sich in die Lage ihrer Kunden hineinzuversetzen.

Das führt zu der Grundsatzfrage, ob ein Staat überhaupt „Werbung" machen sollte. Die Verwaltung agiert nicht an einem Absatzmarkt, dessen Nachfrage nach den eigenen Produkten durch Marketingmaßnahmen gesteigert werden kann. Daher ist unklar, was staatliche Werbung eigentlich ausmachen sollte. Wirft man einen Blick in die Literatur, dann findet man unterschiedliche Meinungen über den Sinn und Zweck von Marketingmaßnahmen seitens des Staates. Versucht man beispielsweise zunächst den bekannten Begriff „Regierungskommunikation" zu interpretieren, stößt man bereits an seine Grenzen. Es existiert über verschiedene Forschungsdisziplinen hinweg keine allgemeingültige Definition von „Regierungskommunikation" (vgl. Grosch, 2023, S. 169). Grundsätzlich setzt das

Bundesverfassungsgericht enge Grenzen in Kommunikationsbereichen, in denen sich berechtigte Informationskampagnen mit (Partei-) politischen Interessen in Konflikt geraten könnten. Die Öffentlichkeitsarbeit ist in Grenzen möglich, um die Bürgerinnen und Bürger über die Wahrnehmung ihrer politischen Handlungsmöglichkeiten zu informierten, die aber sachgerecht und objektiv sein müssen (vgl. Wissenschaftlicher Dienst des Bundestags, 2007, S. 4). Hierzu zählen Informations- und Kommunikationsmaßnahmen mit Bezug zum eGovernment ganz sicher, denn sie eröffnen den Bürgerinnen und Bürgern Handlungs- und Beteiligungsmöglichkeiten.

Daher ist die Frage nach dem Sinn und einer möglichen Reichweite staatlicher Informations- und Kommunikationsmaßnahmen nicht einfach zu beantworten. Sie hängt von den staatlichen Strukturen, Interessen und Bedarfen ab und lenkt den Blick auf die Praxis in den deutschen Verwaltungen. Zumindest Großstädte verfügen in der Regel über Marketing- und Strategieabteilungen. Sie sollen z. B. die Lebensqualität und Standortvorteile nach außen tragen, da die Kommunen in einem (weltweiten) Wettbewerb um Ansehen, Fachkräfte, Tourismus und Wirtschaft stehen (vgl. Butzlaff, 2020, S. 509). Die Motivation liegt damit auf der Hand und das Marketing wird Bestandteil einer kommunalen Wirtschaftsförderung. Die Entscheidungsträger stehen parteiübergreifend dahinter. Auch viele Bürgerinnen und Bürger freuen sich beispielsweise aus lokalpatriotischen Gründen darüber, wenn sie sich die Silhouette ihrer Stadt an ihr Auto kleben können. Auf Ebene der Bundesländer wird vor allem für Förderprogramme und den Standort geworben, Ähnliches gilt für den Bund. Zusammenfassend betrachtet, findet man also nachvollziehbare Motive, um Werbung zu betreiben. Ob solche Maßnahmen sinnvoll und wirtschaftlich sind, kann für diese Forschungsarbeit außer Acht gelassen werden.

Marketing- und Informationsmaßnahmen des Staates stehen immer unter Beobachtung der Öffentlichkeit und werden nicht selten kritisch beurteilt (vgl. z. B. Maxwill, 2023). Dies hat sich vermutlich durch die Informationspolitik während der Covid19-Pandemie verstärkt. Ein derzeit viel kritisierte Initiative ist z. B. die des Bundesministeriums der Justiz „Wir sind Rechtsstaat" (vgl. Bundesministerium der Justiz, 2023a, b, c). Die Zeitschrift „Der Spiegel" formulierte hierzu folgendes: „Küssende Männer und fröhliche Muslime: Das Justizministerium startet eine aufwändige Kampagne für Gleichberechtigung, Pressefreiheit, Bürgerrechte. Muss der Staat nun schon für Selbstverständlichkeiten werben?" (Maxwill, 2019). Das Beispiel zeigt mit Blick auf mögliche Kommunikationsmaßnahmen für das eGovernment in Deutschland, dass diese gut durchdacht, kompetent entwickelt und professionell begleitet werden müssen.

Über allem schwebt, dass Marketing keine Kernkompetenz der Verwaltung ist (vgl. z. B. Schwab et al., 2020, S. 444). Letzteres zeigte sich auch im Rahmen des größten Verwaltungsreformvorhabens in der deutschen Geschichte, dem Neuen Steuerungsmodell. Die Erwartungshaltungen waren sehr hoch. Die erzielten Ergebnisse überschaubar, wenn man für diese Forschungsarbeit die zahlreichen Evaluationen und Veröffentlichungen zu der Reform vereinfachend zusammenfasst. Die Erfahrungen aus dem Neuen Steuerungsmodell sollten für eGovernment-Informationskampagnen herangezogen werden: „Zwischen der Ankündigungsrhetorik und der tatsächlichen Umsetzung bestand von Anfang an in vielen Fällen eine erhebliche Differenz, nicht zuletzt, weil viele Städte Verwaltungsmodernisierung unter dem Schlagwort des NSM als Marketing-Thema entdeckt hatten. Ein Teil der Umsetzung des NSM bestand daher vorrangig aus ‚folien-reifen Projekten', es überwogen konzeptionelle Absichtserklärungen gegenüber realisierten Reformvorhaben" (Jann, 2019, S. 34). Eine Ankündigungsrhetorik begleitete auch das eGovernment von Beginn an: „Die Daten müssen laufen, nicht die Bürger" wird Gerhard Schröder im Jahr 2001 im Spiegel zitiert (vgl. Der Spiegel, 2001).

Mit Blick auf die Umsetzungsergebnisse des OZG und in Anbetracht der hierfür aufgewendeten Mittel ergibt sich ein ernüchterndes Bild. Der eGovernment-Monitor des Jahres 2023 spricht eine eindeutige Sprache: „Aus Sicht der Bürger*innen sind die größten Hürden für die Nutzung von E-Government das unvollständige Angebot, die fehlende Bekanntheit und die schlechte Auffindbarkeit" (Jahn et al., 2023, S. 39). Diese Feststellung unterstreicht den Bedarf für begleitende eGovernment-Kommunikation. Die hohen Erwartungen, die in der Vergangenheit bezogen auf das eGovernment geschürt worden sind, konnten bis heute nicht erfüllt werden. Dementsprechend unterscheiden sich eGovernment- und NSM-Kommunikation kaum voneinander. Was man aus der NSM-Kommunikation lernen kann, ist, dass tatsächliche Ergebnisse kommuniziert werden sollten und keine Ankündigungen, die zu dieser Zeit besonders diffus waren. Die Verwaltung sollte „schneller", „wirtschaftlicher", „bürgerfreundlicher" etc. werden. Eine Messbarkeit war mit diesen Zielen in den meisten Fällen aber nicht verbunden. Dies ist beim eGovernment anders. Es werden Online-Lösungen entwickelt, die angewendet und deren Nutzen tatsächlich gemessen werden kann. Hieraus lässt sich schließen, dass begleitende Kommunikation zum einen die Eigenschaften der eGovernment-Lösung berücksichtigen sollte, um den Kunden einen für ihn konkreten Nutzen zu präsentieren. Dass die Deutschen eGovernment-Lösungen nutzen können und zumindest bei persönlichen Vorteilen auch wollen, zeigt das Beispiel „Elster". Es handelt sich um das Verfahren zur elektronischen Übermittlung von Steuererklärungen. Elster ermöglicht es den Steuerpflichtigen, ihre Steuererklärungen zu übermitteln und mit den Finanzbehörden zu kommunizieren. Das System existiert in seinen Grundzügen schon seit der Jahrtausendwende. Inzwischen werden über 40 Mio. Steuerklärungen mit steigender Tendenz elektronisch eingereicht.

Zum anderen müssen die Bürgerinnen und Bürger an die Hand genommen werden. Man muss ihnen die Lösungen erklären und ggf. könnten Anreize gesetzt werden Abschn. 14.5. Diese potenziellen Inhalte einer eGovernment-Begleitkommunikation lassen sich aus den Befragungsergebnissen der Kunden ableiten. Sie beklagen u. a. eine „Komplizierte Abwicklung/Formulare“ (47 %), eine „Mangelnde Durchgängigkeit“ (46 %) der Angebote und „Unzureichende Hilfestellung durch die Behörden“ (45 %) (vgl. Jahn et al., 2022, S. 33). Summarisch betrachtet zeigen sich große Unsicherheiten bei den Kunden, die es zu beseitigen gilt.

Nachdem die Inhalte einer möglichen Begleitkommunikation skizziert worden sind, stellt sich im Anschluss die Frage nach den zu adressierenden Zielgruppen. Grundsätzlich sollte keine Bevölkerungsgruppe ausgeschlossen werden: „Governments should adopt ‚inclusion by design‘ or ‚inclusion by default’ strategies, policies and regulations as an extension of the current ‚digital first’ or ‚digital by default‘ approaches, in e-government. It is important to recognize exclusion and embrace diversity as a prerequisite for activating the overarching principle of leaving no one behind“ (United Nations, 2022, S. 184). Ein Stichwort ist der Begriff „Digitale Teilhabe“. Hierunter wird die Fähigkeit und die Möglichkeit von gesellschaftlichen Gruppen verstanden, aktiv an der digitalen Gesellschaft teilzunehmen. Die digitale Teilhabe ist weites Themenfeld. Zu ihm zählen naheliegenderweise die Bevölkerungskompetenzen Abschn. 14.5. Des Weiteren geht es auch um soziale Aspekte, da die Möglichkeiten zur digitalen Teilhabe vom Einkommen abhängig sind. Darüber hinaus behindern Rücksichtnahmen auf alle möglichen Zielgruppen einfache eGovernment-Lösungen. Die Komplexitäten steigen, wenn auf jeden Bedarf eingegangen werden muss. Würde man hingegen dem Prinzip des „Digital by default“ folgen, dann könnte vieles einfacher gestaltet werden. Der Gedanke wird für diese Untersuchung nicht weiterverfolgt, da er sich gesellschaftspolitisch nicht durchsetzen ließe und es damit zu einer hypothetischen Diskussion führen würde.

Zur Thematik digitale Teilhabe existieren keine internationalen Rankings, sonst wäre eine entsprechende Hypothese für diese Untersuchung formuliert worden. Es kann trotzdem davon ausgegangen werden, dass Deutschland aufgrund seiner Bemühungen auf diesem Gebiet vergleichsweise gut abschneiden würde (vgl. z. B. Digital für alle gGmbH, 2023). Einen Indikator liefert der „Digital Inclusion Benchmark" (vgl. World Benchmarking Alliance, 2023). Der Digital Inclusion Benchmark bewertet die 150 global einflussreichsten Informations- und Telekommunikationsunternehmen. Es geht um die Frage, was sie unternehmen, damit Menschen die Chancen der Digitalisierung nutzen können. Die Deutsche Telekom liegt im aktuellen Ranking auf Platz 3 und war auch in den vergangenen Jahren immer in der Spitzengruppe. In diesem Zusammenhang ist zu berücksichtigen, dass der deutsche Staat mit rund 14 % an der Deutschen Telekom beteiligt ist. Das Ergebnis der Deutschen Telekom im Digital Inclusion Benchmark ist daher ein Hinweis darauf, dass die digitale Teilhabe in Deutschland ernst genommen wird.

Um sicherzugehen, dass Kommunikationsmaßnahmen auch tatsächlich wirksam werden, lohnt es sich, die betroffenen Akteure, ihre Ausgangssituation, Befindlichkeiten und Ziele zu untersuchen. Die deutsche Gesellschaft ist in diesem Zusammenhang sehr heterogen. Auf der einen Seite finden wir die Generation der „Digital Natives", die eine effiziente Bereitstellung öffentlicher Dienstleistungen und einfache digitale Interaktionen sowie fortlaufende Personalisierungs- und Anpassungsmöglichkeiten erwartet (vgl. Wirtz B., E-Government, 2022, S. 6). Auf der anderen Seite leben wir in einer alternden Gesellschaft, deren weitere Entwicklung, z. B. aufgrund der Migration, kaum vorausgesagt werden kann. Die Ausgangssituation für zielgruppenspezifische Informations- und Kommunikationsmaßnahmen ist daher herausfordernd.

Es ist unbestritten, dass Informations- und Aufklärungsarbeit für ältere Menschen und Menschen, die kaum Berührungspunkte mit der Informationstechnik haben, besonders anspruchsvoll ist. Gleichzeitig sieht sich die Gesellschaft immer professionelleren Cyber-Angriffen ausgesetzt. Sie zielen vor allem auf die schwächsten digitalen Glieder ab. Dies führt zu Unsicherheiten und beeinträchtigt die digitale Teilhabe vieler Menschen. Sie mit Informationskampagnen zu erreichen, ist kaum möglich. Hieraus folgt, dass man sich den Menschen anders nähern muss. Sie brauchen ein Erlebnis, dass sie persönlich bewegt. Erfreulicherweise tut sich auf diesem Gebiet etwas in Deutschland. Die Bundesregierung setzt u. a. auf sogenannte Digitallabore, um eine frühe Beteiligung der relevanten Stakeholder sicherzustellen. Es sollen Anwender, IT-Fachkräfte, Verwaltungsangestellte, Fachjuristen etc. an einem Ort zusammenkommen, um z. B. neue Verfahren zu denken (vgl. Richter, 2020). Auch auf Ebene der Bundesländer/Kommunen zeigen sich vergleichbare Initiativen. Die Dataport AöR, der Informations- und Kommunikationsdienstleister der öffentlichen Verwaltung für die

Bundesländer Hamburg, Schleswig–Holstein, Bremen und Sachsen-Anhalt sowie für die Steuerverwaltungen in Mecklenburg-Vorpommern und Niedersachsen, etabliert in verschiedenen Kommunen sukzessive sogenannte „Digital Hubs“ (vgl. Dataport AöR, 2023). Hierbei handelt es sich um Orte der Vernetzung, der Gestaltung, des Lernens und der Zusammenarbeit. Es sollen sich Netzwerke aus Verwaltung, Gesellschaft und Wirtschaft entwickeln, die Innovationen möglich machen. Es geht um eine bürgernahe Digitalisierung für den Bereich der digitalen Daseinsvorsorge. Es handelt sich damit nicht um eine vom Anbieter gesteuerte Außenkommunikation, sondern um an einen Anlaufpunkt vor Ort, in der Digitalisierung erlebbar wird. Durch Interaktion kann den Menschen gezeigt werden, wie sie mit eGovernment-Lösungen umgehen und von ihnen profitieren können. Durch einen persönlichen Kontakt lassen sich Ängste und Vorbehalte am besten abbauen. Digital Hubs sind daher das Mittel der Wahl, um nicht nur über die digitalen Angebote zu informieren, sondern den Menschen auch die notwendige Hilfestellung zu geben. Letzteres verlangen die Bürgerinnen und Bürger, was sich an den Befragungen des eGovernment-Monitors zeigt.

Zu Beginn dieses Abschnitts wurde die heutige Multioptionsgesellschaft angesprochen. Digital Hubs sind im Besonderen prädestiniert, um ihren Anforderungen gerecht zu werden. Sie sind zwanglose Orte des Zusammenkommens, des Diskutierens, des Ausprobierens und des Gestaltens. Menschen mit unterschiedlichen Hintergründen, Biografien und Lebensalter können zusammenkommen, um sich mit den Entwicklungen der Digitalisierung auseinanderzusetzen. Ein besseres Format für die digitale Teilhabe lässt sich kaum finden.

14.4 Empfehlung 4: Bruttoinlandsprodukt fördern

Es konnte ein starker Zusammenhang zwischen dem Bruttoinlandsprodukt und dem Erfolg des eGovernments hergestellt werden Abschn. 12.2. Über die genauen Gründe kann zwar nur spekuliert werden, aber es bleibt die Tatsache, dass ein hohes Bruttoinlandsprodukt einen positiven Einfluss auf das eGovernment hat. Der Aspekt, dass das Bruttoinlandsprodukt vermutlich nur mittelbar auf das eGovernment einwirkt (Kap. 12), kann für die weiteren Ausführungen außer Acht gelassen werden. Im Rahmen dieser Forschungsarbeit kann keine volkswirtschaftliche Diskussion darüber geführt werden, wie das Bruttoinlandsprodukt gesteigert werden kann. Es geht im Folgenden daher lediglich um die Aspekte, die wahrscheinlich mit dem eGovernment in Verbindung stehen.

Es stellt sich zunächst die Frage, was der Staat unternehmen kann, um das Bruttoinlandsprodukt zu steigern. Es handelt sich hierbei vor allem um eine politische Frage. Die Parteien würden die Frage unterschiedlich beantworten. Sie steht vor allem mit den volkswirtschaftlichen Denkschulen in Verbindung. Der Keynesianismus, der vor allem der SPD zugeschrieben wird, geht vereinfachend gesprochen davon aus, dass die Nachfrage in einer Volkswirtschaft durch staatliche Interventionen gesteigert/gestützt werden sollte. Im Gegensatz hierzu stehen liberale Ansätze, die vor allem der FDP zugeschrieben werden, die Interventionen zugunsten eine freien Marktspiels ablehnen. Es geht im Kern um die Wirtschaftspolitik, die im Idealfall das Bruttoinlandsprodukt positiv beeinflusst. Das Bruttoinlandsprodukt ist die zentrale volkswirtschaftliche Kennzahl und misst den Gesamtwert aller Waren und Dienstleistungen, die innerhalb eines Landes in einer bestimmten Periode produziert werden. Es ist daher der Maßstab für die wirtschaftliche Leistungsfähigkeit eines Staates und wird von einer Vielzahl unterschiedlicher Faktoren beeinflusst.

Die Wirtschaftspolitik umfasst Maßnahmen staatlicher Regierungen, um die wirtschaftliche Aktivität in ihrem Land zu beeinflussen und zu lenken. Es geht um den zielgerichteten Einsatz bestimmter Instrumente durch den Staat, um Zielvorstellungen mit der tatsächlichen Lage in Übereinstimmung zu bringen (vgl. Edling, 2023, S. 5). eGovernment kann einen Beitrag im Rahmen des Einsatzes zielgerichteter Instrumente leisten. Es ist unbestritten, dass die Wirtschaftspolitik einen erheblichen Einfluss auf das Bruttoinlandsprodukt nehmen kann. Über die Fiskalpolitik kann der Staat z. B. mehr oder weniger Geld ausgeben oder über die Geldpolitik die Zinssätze verändern, um die Wirtschaft zu drosseln oder zu stimulieren. Auf weitere theoretischen Ausführungen wird an dieser Stelle verzichtet. Der Fokus soll auf das eGovernment in Deutschland gerichtet werden. Hierfür werden zwei Aspekte konkretisiert, die im Rahmen dieser Untersuchung bereits aufgegriffen worden sind. Es geht zum einen über den Einfluss der Bürokratie auf das Bruttoinlandsprodukt und zum anderen um das Arbeitskräftepotenzial.

Zum Zeitpunkt der Erstellung dieser Veröffentlichung wird eine breite öffentliche Debatte darüber geführt, dass das Wirtschaftswachstum zu gering ist und die Perspektiven für die deutsche Wirtschaft schlecht sind. Als ein wesentlicher Grund für die Investitionszurückhaltung der Unternehmen wird die überbordende Bürokratie genannt (vgl. z. B. Astheimer, 2023). Es konnte an anderer Stelle dieser Untersuchung nachgewiesen werden, dass sich Bürokratie auch negativ auf das eGovernment auswirkt Kap. 9. Ein rational handelnder Unternehmer wägt seine Entscheidungen ab. Wenn ihm der bürokratische Aufwand für eine Investition zu hoch erscheint, dann wird er nicht investieren. Dies kann zur Folge haben, dass das Unternehmen weniger produziert, da veraltete Technik zum Einsatz kommt. Hierdurch verringert sich das Bruttoinlandsprodukt usw. Auf mögliche Maßnahmen zur Reduzierung der Bürokratie wird an anderer Stelle eingegangen Abschn. 14.6. Vereinfachend ausgedrückt müssen investitionsfreundliche Rahmenbedingen geschaffen werden, damit investiert wird. Solche Rahmenbedingungen wünschen sich die Unternehmen (vgl. Beeger et al., 2023). Die Praxis der vergangenen Jahre zeigt aber das Gegenteil. Die Politik greift immer stärker in die Märkte ein, was die Investitionsfreude bremst. Exemplarisch lassen sich die Einführung des Mindestlohns oder das Lieferkettengesetz anführen. Für eine mangelnde Investitionstätigkeit zum Nachteil des Bruttoinlandsprodukts kann daher im Wesentlichen die Legislative verantwortlich gemacht werden. Das eGovernment kann die Entscheidungen der Legislative nicht „verbessern". Es könnte aber die Auswirkungen für die Unternehmen zumindest abfedern. Wenn beispielsweise Nachweispflichten erfüllt werden müssen, dann könnten eGovernment-Lösungen Hilfestellung leisten und die Bürokratie für die Unternehmen auf ein Mindestmaß reduzieren. Hiervon ist in Deutschland bisher nichts zu sehen. Die Gründe hierfür liegen vor allem im schlechten Policy-Making (Abschn. 14.1) und in der Nicht-Berücksichtigung der Kundenwünsche Abschn. 14.8.

Ein zweiter Aspekt betrifft das Arbeitskräftepotenzial. Durch die Migration der letzten Jahre, durch den Zuzug von Kriegsflüchtlingen aus der Ukraine und durch bereits in Deutschland lebende Menschen, die keiner Erwerbsarbeit nachgehen, besteht ein großes Potenzial an Arbeitskräften. Gleichzeitig wird in nahezu allen Branchen und Berufszweigen händeringend nach Arbeitskräften gesucht. In der Volkswirtschaftslehre spricht man in diesem Zusammenhang vom ungenutzten Arbeitskräftepotenzial. Wirft man einen Blick auf die Zahlen, dann kann von einem Potenzial von mindestens 4 Mio. Arbeitskräften ausgegangen werden (vgl. Deutsches Statistisches Bundesamt, 2023). Es besteht daher eine offensichtliche Fehlallokation am Arbeitsmarkt. Das ungenutzte Potenzial ist verschwendet und könnte einen signifikanten Beitrag zur Steigerung des Bruttoinlandsprodukts leisten. Dies gilt im Besonderen für Deutschland, da Arbeitskräfte gesucht sind. Bereits ein kleiner Teil des Arbeitskräftepotenzials würde einen deutlichen Unterschied ausmachen. Auf die Hintergründe und mögliche Gegenmaßnahmen braucht an dieser Stelle nicht weiter eingegangen werden. Die Fehler sind der Politik zuzuschreiben. Es ist ihre Aufgabe, sich um gesellschaftliche Herausforderungen zu kümmern. Insofern sind es auch hier selbstgemachte deutsche Probleme, die sich bereits durch diese Forschungsarbeit ziehen.

14.5 Empfehlung 5: Bevölkerungskompetenzen stärken

Aus den Ergebnissen zum HDI und zum Bruttoinlandsprodukt lässt sich ableiten (Kap. 12), dass die Bildung und die Kompetenzen der Bürgerinnen und Bürger bezogen auf die Informationstechnik eine wichtige Rolle für die Inanspruchnahme von eGovernment-Angeboten spielen. Die digitalen Kompetenzen bewegen sich in Deutschland bestenfalls auf einem mittleren Niveau (vgl. Jahn et al., 2023, S. 12). Die Bevölkerungskompetenzen sind existenziell für eine Gesellschaft: „Ohne diese Kompetenzen können bereits einfache und alltagsrelevante Anwendungen wie Online-Banking oder -Shopping herausfordernd sein. Auch der Ausbau digitaler Anwendungen in der öffentlichen Verwaltung (E-Government) stellt Menschen ohne ausreichende digitale Grundkompetenzen vor gravierende Probleme. Fehlende oder nicht mehr zeitgemäße digitale Kompetenzen haben nicht nur negative Auswirkungen auf die Nachfrage nach diesen Angeboten, sondern beinträchtigen auch die Teilhabe am gesellschaftlichen Leben“ (Expertenkommission für Forschung & Innovation, 2023, S. 57). Die Kompetenzen sind daher nicht nur für das eGovernment von Bedeutung, sondern auch für das tägliche Leben in einer immer stärker werdenden Digitalgesellschaft. Es ist daher auch jeder selbst gefordert, sich weiterzuentwickeln. Die persönliche Teilhabe am gesellschaftlichen Leben wird davon abhängen.

Es gilt zunächst den Begriff „Bevölkerungskompetenz“ zu spezifizieren. Er gibt für ihn keine allgemeingültige Definition. Es findet sich in der Literatur auch keine passende wissenschaftliche Diskussion. Allgemein bezieht sich „Kompetenz“ auf die Fähigkeit, Aufgaben oder Herausforderungen erfolgreich bewältigen zu können. Bezogen auf die informationstechnischen Kompetenzen geht es vor allem um die Verständniskompetenz. Gemeint ist das Verstehen von Zusammenhängen und dahinterliegenden Mechanismen von digitalen Anwendungen (vgl. Initiative D21, 2021, S. 11).

Die Bundesbürger schneiden in Untersuchungen zu digitalen Kompetenzen nicht besonders gut ab. Die Europäische Kommission bescheinigt den Deutschen in ihren Untersuchungen („The Digital Economy and Society Index – Countries' performance in digitisation“), dass sie etwas unterhalb des Europäischen Bildungsdurchschnitts rangieren (vgl. Europäische

Kommission, 2022). Diesen Befund als „gar nicht so schlecht“ einzuordnen, kann zum einen nicht der Anspruch sein. Zum anderen ist der Blick auf die Details alarmierend. Das Teilergebnis „Basic digital skills“ wird von der Europäischen Kommission wie folgt charakterisiert: „A large part of the EU population still lacks basic digital skills, even though most jobs require such skills. The proposed 2030 target of the Path to the Digital Decade is that at least 80 % of citizens have at least basic digital skills“ (Europäische Kommission, 2022, S. 14). Vereinfacht übersetzt bedeutet es, dass mindestens 80 % der Bevölkerung in jedem Europäischen Staat bis zum Jahr 2030 über digitale Basisfähigkeiten verfügen müssen. Sie sind erforderlich, da in den meisten Berufen diese Fähigkeiten notwendig sind bzw. werden. Fehlen diese Kompetenzen, dann sinken zumindest die Chancen auf dem Arbeitsmarkt.

Der Zeitraum bis 2030 ist überschaubar und sollte Politik, Verwaltungen, Unternehmen und auch alle Bürgerinnen und Bürger in seiner Verantwortung wachrütteln. Denn letztlich spielt die Eigenverantwortung eine wesentliche Rolle, um im digitalen Zeitalter bestehen zu können (vgl. z. B. Schmid, 2022). Die Entwicklung einer Volkswirtschaft hängt u. a. von den digitalen Basisfähigkeiten der Bevölkerung ab. Sind sie nicht oder nur unzureichend vorhanden, sinkt das Bruttoinlandsprodukt. Es geht aber nicht nur um die Erwerbstätigen. Auch Erwerbslose benötigen diese Kompetenzen, um überhaupt in die Nähe des Arbeitsmarkts zu kommen. Es besteht daher dringender Handlungsbedarf.

Für Deutschland ist die Situation besonders beunruhigend. Das Land liegt nur auf Platz 24 von 28 untersuchten Staaten. Lediglich knapp über 50 % der Bundesbürger verfügt über die notwendigen Basisfähigkeiten (vgl. Europäische Kommission, 2022, S. 14). Fehlt es am notwendigen Basiswissen, dann können digitale Angebote nicht (richtig) bedient werden. Das geht zumeist mit einer zumindest impliziten Ablehnungshaltung einher, weil Unsicherheiten bestehen (vgl. z. B. Schmitt, 2019). Die Deutschen gelten in diesem Zusammenhang als besonders kritisch, was sich im jährlich erscheinenden „Technikradar – Was die Deutschen über Technik denken“ wiederkehrend zeigt (vgl. acatech & Körber-Stiftung, 2022). „Das liegt auch an der gesellschaftlichen Stimmung. Deutschland hat zwar gute Ingenieure, sieht aber ansonsten die Notwendigkeit neuer Techniken oft nicht so richtig ein“ (Bernau, 2023a, b). Unter diesen Umständen müssen es eGovernment-Angebote in Deutschland schwerer haben als in Ländern, in denen die digitalen Basisfähigkeiten in der Bevölkerung ausgeprägter sind und Technik weniger abgelehnt wird. Sie passt in das Stereotyp des „typischen Deutschen“, der grundsätzlich Angst vor Veränderungen hat. Die aus dem Englischen stammende Begrifflichkeit „German Angst“ bedeutet in etwa, dass die Deutschen gesellschaftliche Entwicklungen sehr zögerlich annehmen, das Handeln des Landes von Angst beeinflusst wird und es dabei sich auf jeden Einwohner erstreckt (vgl. Focus Online, 2023). Es handelt sich zwar nur ein Stereotyp, d. h. um eine vereinfachte Charakterisierung der deutschen Bevölkerung. Gleichwohl ist es bezeichnend, dass diese Wortkreation aus dem Englischen überhaupt existiert. Die Deutschen verfügen über Erfahrungen und ein kollektives Gewissen mit politischen Umbrüchen, wirtschaftlicher Instabilität und zwei Weltkriegen im 20. Jahrhundert. Hieraus resultiert ggf. ein vorsichtiger Umgang mit Neuem und die Tendenz, Stabilität und Sicherheit zu präferieren. Es lässt sich selbstverständlich darüber streiten, ob „German Angst" wirklich existiert und welchen Einfluss sie auf die Digitalisierungseinstellung der Bevölkerung nimmt. Es scheint in diesem Zusammenhang aber kein Zufall zu sein, dass Experten in ihren Äußerungen genau in diese Kerbe schlagen: „Wir scheitern auch an einer mangelnden Risikokultur, der Fähigkeit, Fehler und Misserfolge als positive Lernerfahrung zu verstehen", lässt sich Eberhardt Veit, Vorsitzender des Accenture-Industrial-Equipment-Beirats, in der „Computerworld" zitieren (vgl. Hafen, 2020).

Die Diskussion um den Einsatz von KI-Lösungen, wie z. B. ChatGPT, in der Aus- und Fortbildung wird in Deutschland von Skepsis begleitet (vgl. z. B. Münchner Merkur, 2023). Es ist vielleicht Ausdruck einer typisch deutschen Haltung gegenüber Veränderungen, die nicht beeinflusst werden können. In Hochschulen wurden sogar „Task Forces" gegründet, um den vermeintlichen Gefahren von ChatGPT zu begegnen. Ohne an dieser Stelle über die mögliche Motivation für solche Initiativen zu spekulieren, wird deutlich, dass der Einsatz von KI-Methoden für Aufsehen sorgt und bei vielen ein ungutes Gefühl auslöst (vgl. z. B. Gillmann, 2023). In diesem Zusammenhang ist es in Deutschland besonders widersprüchlich, wenn sich Befragte Fortbildungen für Lehrkräfte zur Digitalisierung wünschen, aber gleichzeitig Unterricht zum Umgang mit Künstlicher Intelligenz ablehnen (vgl. Werner et al., 2023, S. 3). Die Ausführungen verdeutlichen eine gewisse deutsche Ambivalenz im nicht einfach zu greifenden Themenkomplex der Veränderungsbereitschaft.

Neue Techniken wurden in der Menschheitsgeschichte schon immer mit großer Skepsis begleitet und in vielen Fällen abgelehnt. Um unberechtigter Kritik etwas entgegenzusetzen, müssen Innovationen den Menschen erklärt und von ihnen erlernt werden. Es sind entscheidende Voraussetzungen für die Akzeptanz. Es ist daher naheliegend, die Bevölkerungskompetenzen vor allem in diesem Bereich zu stärken. Hierfür existieren unterschiedliche Ansätze und Methoden. Die vermutlich bekannteste und am weitesten verbreitete ist das Technologie Akzeptanz Modell (TAM). Es beruht darauf, dass die Motivation zur Nutzung einer Technologie von zwei Variablen abhängt. Es handelt sich zum einen um die wahrgenommene Nützlichkeit und zum anderen um die wahrgenommene Benutzerfreundlichkeit. Möchte man die informationstechnischen Bevölkerungskompetenzen stärken, dann gilt es vor allem an diesen zwei Aspekten anzusetzen.

Um zumindest die von der EU geforderten „Basic-Skills" zu erreichen und der reservierten Haltung der Deutschen gegenüber der Digitalisierung zu begegnen, sollten Aus- und Fortbildungsangebote unterbreitet sowie Informationskampagnen (Abschn. 14.3) gestartet werden. Experten sind sich einig, dass gute Kommunikation und professionelle Veränderungsbegleitung wichtige Voraussetzungen für die Inanspruchnahme von Online-Leistungen sind (vgl. z. B. Hafen, 2020). Auf diesem Gebiet gibt es noch viel zu tun. Eine Kausalität zwischen verbesserungswürdigen Basis-Kompetenzen in der Bevölkerung und der Inanspruchnahme von eGovernment-Angeboten kann im Rahmen dieser Forschungsarbeit zwar nicht nachgewiesen werden, gleichwohl ist sie naheliegend. Wenn 71 % von Befragten betonen, sie brauchen die Online-Ausweisfunktion nicht (vgl. Schnepf et al., 2021, S. 11) dann handelt es ich um ein starkes Indiz dafür, dass die Nutzungsmöglichkeiten nicht bekannt oder/und nicht gewollt sind. Daher ist es sinnvoll, Maßnahmen zu Stärkung der Bevölkerungskompetenzen zu ergreifen.

In diesem Zusammenhang kann augenscheinlich auch ein wenig Zwang nützlich sein. Es hat sich bei der Gewährung der Energiepreispauschale für Studierende und Berufsschüler gezeigt Kap. 12. Die Leistung konnte nur online beantragt werden. Hierdurch stieg die Nutzung des digitalen Personalausweises nachweislich sprunghaft an (vgl. Budras, 2023a, b, c). Durch die Anreizsetzung durch eine Geldleistung wurden bestehende Bedenken offensichtlich beiseitegeschoben. Es bleibt aber unklar, ob die junge Zielgruppe nicht ohnehin offen für Online-Lösungen ist und auch aus diesem Grund eine hohe Inanspruchnahme erzielt werden konnte. Es ist nachgewiesen, dass ein nicht unerheblicher Anteil der Antragsteller erstmalig eine staatliche Online-Leistung mittels der Funktion des Personalausweises in Anspruch genommen hat. Allein das ist berechtigterweise als Erfolg zu werten, da es auf jeden Fall einen Beitrag leistet, um die notwendigen „Basic-Skills" zu erlangen. Die Erfahrungen mit der Energiepreispauschale für Studierende und Berufsschüler zeigt, dass die Bürgerinnen und Bürger die Potenziale erkennen können, wenn sie denn wollen. Anreize können offensichtlich unterstützend wirken und für die praktische Inanspruchnahme sollte das Online-Angebot intuitiv bedienbar sein. Dies entspricht in weiten Teilen dem Gegenstand des oben kurz skizzierten Technologie Akzeptanz Modells. Die Potenzialerkennung und die Inanspruchnahme hängen unmittelbar von den Fähigkeiten und Kenntnissen in der Bevölkerung ab. Daher sollte die Stärkung der Bevölkerungskompetenzen auf diesem Gebiet gezielt ansetzen.

Um die Bevölkerung zu befähigen und zu informieren, sollten ihre „Lebenslagen" Beachtung finden. Lebenslagen berücksichtigen die spezifischen Lebensumstände eines Bürgers. Sie werden von verschiedenen Faktoren beeinflusst und sind beispielsweise vom Bildungsgrad oder dem Einkommen abhängig. Lebenslagenanalysen sind vielfach Gegenstand sozialwissenschaftlicher Untersuchungen und richten sich an den konkret zu klärenden Fragestellungen aus. Ihre Charakterisierung hängt von den zugrunde liegenden Eigenschaften und Rollen einer Person ab. Daher gibt es auch keine „festen" Lebenslagen. Ein Rentner kann beispielsweise in die Lebenslage „nicht mehr im Arbeitsleben" kategorisiert werden, aber z. B. auch in die Lebenslage „bedürftig" oder „gesundheitlich eingeschränkt". Auf dem Gebiet der Lebenslagen gibt es inzwischen eine erfreuliche Entwicklung in der Deutschen Verwaltung. Erste große Behörden, wie z. B. die Bundesagentur für Arbeit, haben die Potenziale der Lebenslagenorientierung erkannt und richten hierauf ihre Online-Dienste aus Abschn. 14.8.

Bezogen auf die Bevölkerungskompetenzen stellt sich die Frage, welche Lebenslagen kategorisiert werden sollten, um sie bestmöglich zu stärken. Da die Kompetenzen im Zusammenhang mit der Informationstechnik stark von der Erfahrung und dem regelmäßigen Umgang geprägt sind, bieten sich altersspezifische Lebenslagenkategorien an.

Kinder können frühzeitig durch niederschwellige Angebote in Kindergärten/Grundschulen erreicht werden. Im Weiteren sollten bedarfsgerechte und begleitende Angebote mit steigendem Lebensalter den Schulalltag bestimmen. Hierauf aufbauend sind weitere Formate in der Berufsschul- und Hochschulausbildung sinnvoll. Theorie und Praxis sollten verzahnt werden, um die wirklich notwendigen Kompetenzen erlangen zu können. Nach Ausbildungsabschluss sind vor allem die Sozial- und Arbeitsmarktpartner gefragt, um die Arbeitsmarktfähigkeit der Beschäftigten zu erhalten und auszubauen. Hieraus entstehen Vorteile für alle Beteiligten und für die Gesellschaft als Ganzes.

Angebote für die Lebenslage „Senioren" sind ebenso essenziell, da es bei der Digitalisierung um gesamtgesellschaftliche Veränderungen geht und die Teilhabe aller einen Beitrag zum Zusammenhalt der Gesellschaft leistet. Es stärkt zudem das Ehrenamt, da sich vor allem viele Lebensältere engagieren. In diesem Zusammenhang ist es beispielsweise sinnvoll, dass viele Kommunen z. B. sogenannte „Seniorenbeiräte" eingerichtet haben, die sich u. a. mit digitalen Belangen lebensälterer Menschen beschäftigen.

Während es für die vorgenannten Gruppen zumindest punktuelle (Bildungs-) Angebote gibt, die von Schulen, Hochschulen oder Kreisvolkshochschulen etc. bereitgestellt werden, wird die Gruppe der Erwerbslosen bisher kaum zur Kenntnis genommen. Es handelt sich aus unterschiedlichen Gründen um einen großen Fehler. Zum einen geht es darum, die Arbeitsmarktfähigkeit dieser Lebenslage (wieder-) herzustellen. Ohne Basic-Skills wird man in allen Berufen den Anschluss verlieren. Zum anderen schreiten die Entwicklungen in der Informationstechnik jeden Tag voran. Erwerbstätige sind am technischen Fortschritt „zwangsbeteiligt“, wenn z. B. eine neue Software eingeführt wird oder digitale Lösungen immer mehr die Zusammenarbeit bestimmen. Die Covid19-Pandemie hat selbst nicht so digital affine Beschäftigte dazu genötigt, an Online-Meetings teilzunehmen, die mittlerweile Standard geworden sind. Erwerbstätige können sich dem digitalen Fortschritt gar nicht entziehen. Erwerbslose haben diesen Zugang nicht und ihre Arbeitsmarktfähigkeit sinkt daher in dem Tempo, indem sich die Informationstechnik weiterentwickelt. Gezielte Aus- und Fortbildungsangebote sind daher gefragt, um dieser Gruppe den Zugang zum Arbeitsmarkt nicht dauerhaft zu verschließen. Auf diesem Gebiet sind die betreuenden Organisationen, wie z. B. die Bundesagentur für Arbeit oder die kommunalen Jobcenter, gefordert, Angebote zu unterbreiten. Da die technischen Veränderungen rasant verlaufen und noch lange nicht abgeschlossen sind, sollte in die Gruppe der Erwerbslosen auch unabhängig von ihrer Arbeitsmarktfähigkeit investiert werden. Sie entfernen sich sonst schleichend immer mehr von den gesellschaftlichen Entwicklungen, werden zunehmend abgehängt und führen in der Folge ein Dasein in einem digitalen Prekariat.

Um den zuvor beschriebenen Weg zielgerichtet gehen zu können, muss die Ausgangssituation in Deutschland einer kritischen Analyse unterzogen werden. Das ernüchternde Ergebnis ist leider, dass sich unser Bildungswesen nicht auf Spitzenniveau befindet. Die weithin bekannten PISA-Studien (Programme for International Student Assessment) belegen es in regelmäßigen Abständen. Die PISA-Studie ist eine weltweite Bildungsstudie, die von der Organisation für wirtschaftliche Zusammenarbeit und Entwicklung (OECD) durchgeführt wird. Ziel der Studie ist es, die Leistungen von 15-jährigen Schülerinnen und Schülern auf verschiedenen Gebieten zu messen. Darüber hinaus werden weitere Faktoren bewertet, die etwas über das gesamte Bildungssystem eines Staates aussagen, wie z. B. die Bildungsgerechtigkeit. Auch in anderen Untersuchungen zum Bildungswesen schneidet Deutschland nicht sonderlich gut ab. Zum Zeitpunkt der Erstellung dieser Monografie treten die Probleme wieder offen zutage und werden in der Öffentlichkeit intensiv diskutiert (vgl. z. B. Schmoll, 2023a). Hieraus lässt sich schließen, dass die Voraussetzungen in Deutschland für die Entwicklung von digitalen Bevölkerungskompetenzen schlechter sind als in anderen Staaten.

Eine sinnvolle Initiative hat das Bundesministerium des Innern und für Heimat im März 2022 unter dem Titel „Deutschland sicher im Netz e. V." gestartet. Es handelt sich um ein Programm zur Steigerung digitaler Fähigkeiten. Es werden kostenlose interaktive Online-Kurse angeboten, die einfach gestaltet und lebensnah konzipiert sind. Die Teilnehmer können Zertifikate erhalten, mit denen die Kompetenzen nachgewiesen werden können. Es wird auch ein sogenannter „Digitalführerschein" angeboten, der als Nachweis der eigenen digitalen Kompetenzen dienen kann. Da sich das Angebot an unterschiedliche Gruppen mit spezifischen Inhalten richtet, z. B. Unternehmen, Lehrkräfte oder Vereine, wird der konkrete Bedarf berücksichtigt. Bei der Unterstützung von Vereinen geht es beispielsweise um die Fragen der Datenverarbeitung, der Gestaltung von Homepages und der Verwendung von Fotos und Videos.

Wirft man einen Blick auf die Angebote in den Schulen, dann muss konstatiert werden, dass Deutschland erst am Anfang steht. Im Vorreiterland Hessen wurde an Modellschulen das Unterrichtsfach „Digitale Welt" eingeführt, welches im Schuljahr 2023/2024 auf weitere Schulen ausgerollt wurde (vgl. Hessisches Kultusministerium, 2023). Dieser Entscheidung ging eine Evaluation des Unterrichtsfachs voraus. Analysiert man die öffentliche Meinung zu dem Unterrichtsfach, dann zeigt sich mehrheitlich eine gewisse Skepsis. Die taz titelte hierzu beispielsweise im November 2022 „Braucht es das wirklich?" (vgl. taz, 2022). Solche Schlagzeilen stützen die These, dass den Deutschen eine gewisse Skepsis innewohnt. Ob sie bezogen auf das eingeführte Unterrichtsfach berechtigt oder unberechtigt ist, soll an dieser Stelle nicht weiter diskutiert werden. Gleichwohl scheint die breite Öffentlichkeit den Ernst der Lage nicht zu erkennen, denn die EU fordert nicht umsonst „Basic-skills" bis zum Jahr 2030.

Blickt man auf die führende Nation im EGDI, Dänemark, dann wird klar, dass sich Deutschland viel abschauen könnte. Das „Deutsche Schulportal" der Robert Bosch Stiftung konstatiert hierzu im Dezember 2021, dass die Schulen in Dänemark für sich in Anspruch nehmen „…pädagogische Konzepte zu entwickeln und umzusetzen, die junge Menschen bestmöglich auf die Zukunft vorbereiten. Das Zukunfts-Paradigma schafft so einen diskursiven Rahmen zwischen den Akteur:innen – und ermutigt sie gleichzeitig, neue Dinge auszuprobieren" (Chammon & Steinl, 2021). Der Beitrag schließt u. a. mit dem Wunsch, dass sich das deutsche Bildungssystem offener, optimistischer und chancenorientierter geben sollte. Dem ist nichts hinzuzufügen.

14.6 Empfehlung 6: Bürokratie bekämpfen

Bürokratie ist vereinfachend ausgedrückt die Struktur von Regeln und Vorschriften in oder für eine Organisation. Die Ergebnisse zum Einfluss von Bürokratie auf das eGovernment sind eindeutig Kap. 9. Umso höher der Grad der Bürokratie, umso schlechter ist es um das eGovernment in einem Staat bestellt. Gleiches gilt für die Hypothese zum Zusammenhang zwischen der wirtschaftlichen Freiheit und dem eGovernment Kap. 10. Aus einer Einschränkung der wirtschaftlichen Freiheit resultiert Bürokratismus, da es zugehöriger Regelungen und Vorschriften bedarf.

Deutschland gilt als Land mit zumindest stark wahrgenommener Bürokratie. „Die Realität sieht so aus: Firmen werden permanent aus Brüssel, Berlin oder einem Bundesland mit neuen Verordnungen, Rechtsvorschriften und Paragrafen ge- und überfordert. Die Errichtung von Wohnhäusern wird von Bürokratie behindert, die den Bau häufig teuer macht und wegen der Ressourcen vergeudet werden. Allein das Heizungs- und das Lieferkettengesetz, das Unternehmen verpflichtet, rund um den Erdball auf Menschenrechte und Umweltstandards bei Zulieferern und Geschäftspartnern zu achten, sind neue ‚Bürokratiemonster'" (Schmoll, 2023b). Vor allem das im Kontext des Policy-Making (Abschn. 14.1) bereits adressierte „Heizungsgesetz" gilt als potenzielles Bürokratierisiko. Der Vorsitzende des Normenkontrollrates der Bundesregierung, Lutz Goebel, befürchtet großen bürokratischen Ballast, den es auf den Prüfstand zu stellen gelte (vgl. ntv, 2023). Es finden sich zahlreiche weitere Beispiele, die weniger prominent in der Öffentlichkeit stehen.

Die Objektivierung der wahrgenommenen Bürokratie ist eine große Herausforderung. Zum einen gibt es keinen weltweiten Bürokratieindex (Abschn. 9.1) und damit keinen Vergleichsmaßstab. Ganz zu schweigen von Staaten, in denen Korruption verbreitet ist Kap. 7. In diesen verschwimmt Bürokratie mit Korruption, was eine Unterscheidung im konkreten Fall kaum möglich macht. Zum anderen ist die wahrgenommene Bürokratie subjektiv und wird von der persönlichen Betroffenheit beeinflusst. Ein Unternehmer nimmt die ihn betreffende Bürokratie anders wahr als ein Bürgerin, der kaum mit der Verwaltung in Kontakt kommt Abschn. 14.3.

Der im Rahmen der Hypothesenanalyse herangezogene „Governance Effectiveness"-Index wird nur indirekt von der Bürokratie beeinflusst. Es fließen in diesen Index auch Variablen ein, in denen Deutschland überdurchschnittlich gut abschneidet, wie z. B. die politische Stabilität. Aus diesem Grund ist Deutschlands Platzierung auf Rang 23 erklärbar. Das Ergebnis kann aber nicht als reiner Bürokratisierungsmaßstab herangezogen werden. Dies lenkt den Blick auf verfügbare Daten zur Bürokratie in Deutschland. Die wesentliche Informationsquelle ist das Deutsche Statistische Bundesamt, das den Bürokratiekostenindex ermittelt. Die zugehörigen Daten wurden erstmalig im Jahr 2012 erhoben. Der Bürokratiekostenindex geht auf einen Beschluss der Bundesregierung zurück und war Teil des damaligen Programms „Bürokratieabbau und bessere Rechtsetzung".

Der Index ist ein Messinstrument, um die Belastungen für Unternehmen im Rahmen ihrer Geschäftstätigkeiten zu ermitteln. Seit Juni 2012 (Ausgangsbasiswert = 100) werden die notwendigen Daten erhoben und die Indexergebnisse ermittelt. Zum Zeitpunkt der Erstellung dieser Veröffentlichung liegen Ergebnisse bis zum Juni 2023 vor. Nachfolgende Abbildung zeigt die Entwicklung des Index im Zeitverlauf (vgl. Abb. 14.2):

Die Abbildung zeigt summarisch betrachtet ein positives Ergebnis über den Zeitverlauf der letzten 11 Jahre. Der letztverfügbare Wert lag im Juni 2023 bei 98,41 und damit 1,59 Punkte unter der Ausgangsbasis aus dem Jahr 2012. Diesen „Erfolg" schreibt sich der Nationale Normenkontrollrat selbst zu (vgl. Nationaler Normenkontrollrat, 2023). Ihm kommt die Aufgabe zu, die Bundesregierung, den Deutschen Bundestag und den Bundesrat bei Bürokratieabbau und besserer Rechtsetzung zu beraten. Ob dem Nationalen Normenkontrollrat die Ergebnisverantwortung zugeschrieben

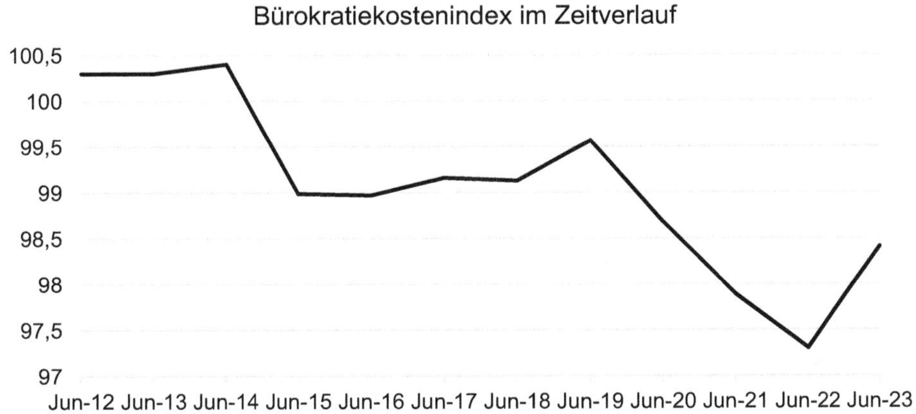

Abb. 14.2 Bürokratiekostenindex im Zeitverlauf (Datenquelle: Deutsches Statistisches Bundesamt)

werden kann, ist nicht unumstritten, muss aber nicht weiter thematisiert werden.

Das singulär betrachtete Ergebnis könnte zu dem vorschnellen Rückschluss verleiten, dass es in Deutschland um den Grad der Bürokratie doch gar nicht so schlecht bestellt ist. Immerhin weniger als vor 11 Jahren. Das Ergebnis ließe sich des Weiteren dahingehend interpretieren, dass die wahrgenommene Bürokratie lediglich ein subjektiver Trugschluss ist. Betrachtet man die Entwicklungen allerdings im Detail, dann ergibt sich ein differenzierteres Bild (vgl. Abb. 14.3):

In der Abbildung sind unten links die Einzelmaßnahmen aufgeführt, die zu einem deutlichen Rückgang des Index geführt haben. Auf sie und die Validität der Daten muss nicht weiter eingegangen werden. Interessanter sind die Entwicklungen, nachdem sich der Index verbessert hat. Die Indexwerte steigen anschließend wieder deutlich an. Hieraus lässt sich schließen, dass es einen Wettlauf zwischen Reduzierung und Erhöhung der Bürokratie gibt. Es gelingt nicht, die Bürokratie auf einem stabilen, niedrigeren Niveau zu halten. Es ist begrüßenswert, dass zumindest Teile der Politik dieses Problem erkannt haben (vgl. z. B. Volkhausen, 2023). Bedenklich muss aber stimmen, dass eine Institution wie der Nationale Normenkontrollrat es also bestenfalls schafft, die Volkswirtschaft vor noch Schlimmerem zu bewahren.

Die Gründe für die sich immer wieder erholende Bürokratie sind sicher vielfältig. Es liegt aber auf der Hand, dass die Probleme des Policy-Making

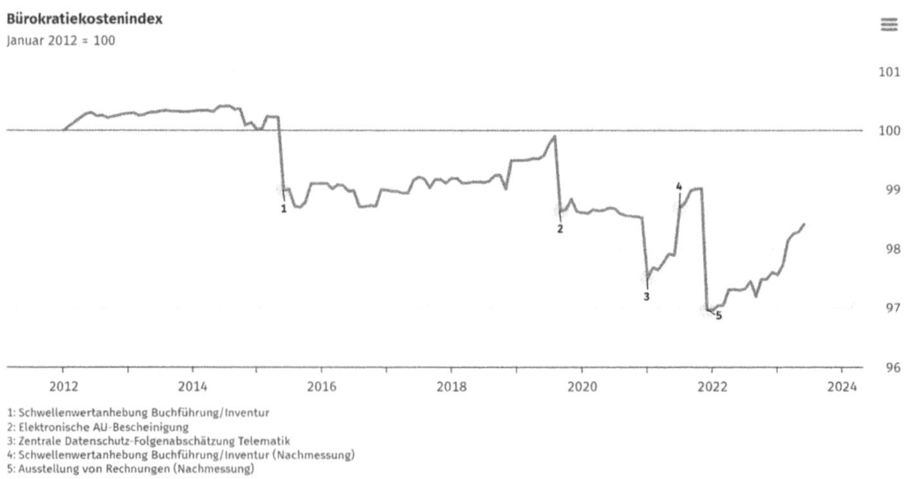

Abb. 14.3 Bürokratiekostenindex mit Einzelmaßnahmen im Zeitverlauf (Quelle: Deutsches Statistisches Bundesamt)

(Abschn. 14.1) eine gravierende Rolle spielen dürften. Es wurde in diesem Zusammenhang u. a. herausgearbeitet, dass Politik nicht über die Folgen ihrer Grundsatzentscheidungen nachdenkt. Hieraus folgt, dass Bürokratismus entstehen muss, der mit Blick auf die obigen Abbildungen kaum beherrschbar erscheint. „Noch nie war der laufende Erfüllungsaufwand so hoch wie heute. Gegenüber den Vorjahren ist die aus Bundesrecht stammende Belastung von Unternehmen, Behörden und Bevölkerung stark gewachsen – um 9,3 Mrd. € pro Jahr und einmalig um 23,7 Mrd. €" (Nationaler Normenkontrollrat, 2023, S. 3).

Die Abbildungen verdeutlichen zudem auch, dass es sich bei der wahrgenommenen Bürokratie nicht um subjektive Fehldeutungen handeln kann. Es kommen immer wieder neue Regelungen hinzu, die die Bürokratie in die Höhe treiben. Sie sind es, die in der Gesellschaft wahrgenommen werden. Ob die elektronische Arbeitsunfähigkeitsbescheinigung (in der Abbildung die Nr. 2) die Bürokratie deutlich reduziert, spielt für die Wahrnehmung bestenfalls eine untergeordnete Rolle. Es kommt zudem auf den Grad der Betroffenheit an. Ein Elterngeldantrag, der 24 Seiten umfasst (Kap. 9), kann nur zu Kopfschütteln führen. Die Betroffenheit ist beim Elterngeldantrag besonders hoch, da das Verfahren bei jedem geborenen Kind durchlaufen werden muss.

Unabhängig von der in Deutschland wahrgenommenen Bürokratie gilt es zunächst die Frage zu beantworten, welchen Leistungsumfang die Verwaltung überhaupt anbietet. Viele Leistungen bedeuten auch automatisch ein mehr an Verwaltungsaufgaben und Bürokratie. Ein Blick in die 575 OZG-Leistungen zeigt auch dem Laien, dass von einem breiten Leistungsangebot gesprochen werden muss (z. B. „Amtsblattveröffentlichung" mit der OZG-Kennung 10.127 oder „Lebensbescheinigung" mit der OZG-Kennung 10.102).

Politikfeldbezogene Analysen kommen zu ähnlichen Ergebnissen. Die Gesundheitsleistungen und der hiermit verbundene Leistungskatalog gelten beispielsweise im internationalen Vergleich als sehr umfangreich (vgl. Beske et al., 2005). Neben dem reinen Leistungsangebot, welches über eGovernment-Lösungen abgebildet werden muss, ist ein wichtiger Bürokratietreiber die Komplexität der Regelungen. So sind beispielsweise Förderprogramme zu kompliziert, wenn nicht sogar unverständlich und falls eine Inanspruchnahme tatsächlich gelingt, dann müssen in der Folge umfangreiche Nachweise erbracht werden (vgl. Glaser-Lotz, 2023). Hieran zeigt sich exemplarisch, dass gut gemeinte Regelungen ihre Wirkung kaum entfalten können, wenn sie zu bürokratisch ausgestaltet werden. Sie können sogar kontraproduktiv wirken, weil „Bürokratie-Experten" profitieren, die die Zeit und das

Know-how haben, um sich mit dem Regelwerk auseinanderzusetzen. Diese „Experten“ haben in der Praxis einen hohen Stellenwert. Sie finden sich beispielsweise in der Wirtschaftsförderung der Kommunen, im Bereich der Drittmittelakquise von Forschungseinrichtungen und Hochschulen oder in Wirtschaftsministerien der Bundesländer, wenn es beispielsweise darum geht, Fördermittel der EU zu akquirieren. Über solche „Apparate“ verfügen vor allem kleinere Unternehmen nicht. Dies ist ein Grund dafür, dass sie sich kaum auf öffentliche Aufträge bewerben, da sie den Administrationsaufwand scheuen und die Erfolgswahrscheinlichkeit als gering einschätzen. Das hat die Politik erkannt und greift auf unterschiedliche Fördermaßnahmen zurück. Die bekannteste ist wahrscheinlich das sogenannte „Mittelstandsförderungsgesetz“. Es soll kleinere und mittlere Unternehmen fördern und unterstützen. Gleichwohl führt jede gesetzliche Grundlage auch zu Bürokratie. Summarisch betrachtet wird also Bürokratie geschaffen, um Bürokratie in kleineren und mittleren Unternehmen zu bekämpfen. Im Mittelstandsförderungsgesetz des Landes Baden-Württemberg findet man in § 1, der Zweckbeschreibung, u. a. folgenden Passus: „…die Vermeidung, erforderlichenfalls der Abbau von Vorschriften, die Investitionen und Innovationen hemmen“ (Land Baden-Württemberg, 2000). Die Schaffung von Bürokratie dient daher der Bekämpfung von Bürokratie an anderer Stelle. Dabei ist nicht mal ausgemacht, dass es summarisch zu einer Reduzierung kommt. Vor allem im Bereich der Vergabe öffentlicher Aufträge ist die Verwaltung intensiv damit beschäftigt, die Einhaltung der Regeln der Mittelstandsförderung zu prüfen. Wenn sich aber kaum Unternehmen bewerben, stellt sich die Frage nach der Kosten-Nutzen-Relation.

Die Gesetzesevaluationen helfen bei der Aufdeckung von Bürokratie auch nur bedingt weiter, da sie vor allem auf Output-Ergebnissen, wie z. B. der Anzahl von Anträgen oder der Höhe der verausgabten Mittel, basieren (vgl. z. B. Deutscher Bundestag, 2019). In diesem Zusammenhang ließen sich zahlreiche weitere Beispiele anführen, die verdeutlichen, welche Komplexität die Regelungsdichte inzwischen angenommen hat. „Die Energiekosten in Deutschland sind absurd hoch, aber irgendwie berechenbar. Bei der Bürokratie hat man es jedoch mit reiner Willkür zu tun, das macht die Sache so schwierig“, lässt sich der Unternehmer Stefan Koziol in der Frankfurter Allgemeinen Zeitung zitieren (vgl. Andreae, 2023).

Es ist davon auszugehen, dass es Personenkreise gibt, der kein gesteigertes Interesse an einem Bürokratieabbau haben Abschn. 9.3. Sie werden von individuellen Motiven getrieben, wie z. B. der Angst vor Veränderung oder dem Verlust von persönlichen Vorteilen, und steht damit nicht exemplarisch für das gesamte Politisch-administrative System in Deutschland.

Verantwortlich für die Bürokratie sind Politik und Verwaltung. Die Politik verabschiedet Gesetze, die zu Bürokratie führen. Daneben hat die Verwaltung aber eine mindestens genau so große Verantwortung. Insbesondere die sogenannte „Politische Verwaltung" spielt hierbei eine bedeutende Rolle. Sie ist vor allem in der Gesetzesvorbereitung tätig und begleitet bzw. verantwortet die Umsetzung politischer Entscheidungen. „In einzelnen Fällen sind es Ministerialbeamte, welche Lösungsalternativen auswählen und sich um öffentlichen Konsens bemühen. Gerade wenn ein Gesetzentwurf auf diese Weise umsichtig abgesichert worden ist, schrecken Minister und Kabinett davor zurück, ihn durch gravierende Veränderungen noch in Frage zu stellen" (Rudzio, 2019, S. 218). An dieser Stelle zeigt sich, welche Bedeutung der Politischen Verwaltung in Deutschland zukommt. Berücksichtigt man zusätzlich, dass viele und vor allem höher dotierte Positionen in der öffentlichen Verwaltung mit Juristen besetzt sind, dann schwant einem bezüglich der Bürokratie nichts Gutes Abschn. 14.1.

Unabhängig von der besonderen Rolle der Politischen Verwaltung stehen auch alle anderen Verwaltungen in der Verantwortung, Bürokratie zu begrenzen. In § 10 des Verwaltungsverfahrensgesetzes, der „Nichtförmlichkeit des Verwaltungsverfahrens", heißt es hierzu: „Das Verwaltungsverfahren ist an bestimmte Formen nicht gebunden, soweit keine besonderen Rechtsvorschriften für die Form des Verfahrens bestehen. Es ist einfach, zweckmäßig und zügig durchzuführen" (Verwaltungsverfahrensgesetz (VwVfG), 2003). Ins Auge springt hierbei das Adjektiv „einfach". Es liegt daher in vielen Fällen in der Hand der Verwaltung, wie bürokratisch sie agiert und was sie ihren Kunden abverlangt. Die Verwaltung ist daher ein bürokratiekritischer Faktor. Sie hat keinen Anreiz, Bürokratie zu bekämpfen. Sie würde sich ein Stück weit selbst infrage stellen müssen. Es fehlt zudem am Marktregulativ und an Politikern, die Bürokratie tatsächlich begrenzen wollen.

Unterstellt man, dass Politik und Verwaltung nicht vorsätzlich bürokratisieren, dann bleibt die Frage, warum die Regelungen und Vorschriften so anspruchsvoll ausgestaltet sind und werden. Naheliegend erscheint, dass die Entscheider in Politik und Verwaltung davon überzeugt sind, richtig zu handeln, denn sonst würden sie es nicht tun. Es muss daher mit der eigenen Einstellung bzw. dem eigenen Verständnis von Bürokratie in Verbindung stehen. Das zugrundliegende Bürokratieverständnis stellt daher die Weichen für die Entscheidungsfindungen. Es geht um die Frage, welches Selbstverständnis Politik und Verwaltung von der Art und Weise haben, wie der Staat organisiert sein soll und wie er Gesetze in der Praxis umsetzt. Berücksichtigt man in diesem Zusammenhang die konstituierenden Eigenschaften des deutschen Staates, wie z. B. das rational-instrumentelle Verwaltungsmodell oder die Staatsquote (Abschn. 5.2), dann finden sich zumindest deutliche Hinweise darauf, dass ein pro-bürokratisches Selbstverständnis vorherrschend ist.

Für die Politik in Deutschland finden sich zahlreiche Hinweise, dass es sich beim Bürokratieabbau nur um reine Lippenbekenntnisse handelt (vgl. z. B. Bollmann, 2023a, b, c, d). Ein aktuelles und prominentes Beispiel ist die sogenannte „Kindergrundsicherung". Das auch in der Bundesregierung umstrittene Vorhaben hat nach offizieller Lesart eigentlich einen bürokratieabbauenden Kern. Das Gesetz soll dazu beitragen, das bestehende System der Sozialleistungen für Kinder und Jugendliche dadurch zu vereinfachen, das bisherige Einzelleistungen zusammengeführt werden. Doch diesem Anspruch wird das Gesetz nicht gerecht, das Gegenteil ist der Fall. Von den veranschlagten Ausgaben in Höhe von 2,4 Mrd. € für das Jahr 2025 sollen nach übereinstimmenden Berichten (vgl. z. B. taz, 2023) 500 Mio. € Verwaltungskosten anfallen. Eine stolze Quote von rund 21 %. Es verwundert daher nicht, dass der deutsche Landkreistag eine Petition beim deutschen Bundestag eingereicht hat, in der u. a. folgendes ausgeführt wird: „Das erwünschte Ziel einer Kindergrundsicherung, die alle bisherigen Einzelleistungen wie Kindergeld, Kinderfreibetrag, Kinderzulage, Bildungs- und Teilhabepaket zusammenfasst ist es ja Bürokratie abzubauen und u. a. durch die eingesparten Verwaltungskosten die Kinderarmut deutlich zu verringern. Das Präsidium des Deutschen Landkreistages warnt vor einem weiteren Bürokratieaufbau. Zudem würde die Schaffung neuer Strukturen den Verwaltungsaufwand nicht wie gewünscht verringern, sondern erhöhen" (Deutscher Landkreistag, 2023). Weitere bürokratische Kritikpunkte sind u. a. die ungenügende Abstimmung mit weiteren Regelungen, wie z. B. dem Bürgergeld (vgl. Gelinsky, 2023). Der Streit über die Bürokratie führte am Ende sogar dazu, dass Karsten Bunk, der Leiter der Familienkasse der Bundesagentur für Arbeit, und der damit Verantwortliche für die spätere operative Umsetzung der Kindergrundsicherung, seinen Job verloren hat. Bunk war in der Behörde und bei seinen Beschäftigten sehr beliebt. Die Presse geht davon aus, dass er sich bei der Frage des Aufwands zur Umsetzung der Kindergrundsicherung mit der Führung des Hauses überworfen hat (vgl. z. B. Lehner, 2023).

Das Beispiel der Kindergrundsicherung wurde gewählt, weil es zum einen prominent und zum Zeitpunkt der Erstellung dieser Veröffentlichung aktuell ist. Zum anderen strotzt die Sozialpolitik nur so von bürokratischen Regelungen. Das Handelsblatt führte in einem längeren Artikel unter der Überschrift „Die Vollkasko-Republik – Wie Deutschland seine Bürger immer mehr gängelt" (vgl. Rickens et al., 2019) unter anderem folgendes aus: „Immer mehr Geld fließt in die Sozialkassen. Doch statt Gerechtigkeit blüht die Bürokratie. Die Bürger fühlen sich alleingelassen und zugleich gegängelt". Berücksichtigt man in diesem Zusammenhang, dass für das Jahr 2023 über 38 % der Ausgaben des Bundeshaushalts für das Bundesministerium für Arbeit und Soziales vorgesehen sind, dann wird deutlich, wo angesetzt werden muss. Bürokratie ist in diesem Politikfeld ein strukturelles Problem. Es gilt daher „…die Gestaltungsmacht zurückzugewinnen, denn das wohlfahrtsstaatliche Institutionensystem kennzeichnet eher Erstarrung als Dynamik" (Heinze, 2020, S. 49). Die Gründe für die Erstarrung in diesem Politikfeld sind vielfältig. Durch das hohe Volumen der Ausgaben handelt es sich um eine sehr sensible Thematik. Es wird in diesem Zusammenhang u. a. von einem „Sozialstaatsklientel" gesprochen, welches bis zu 40 % der Wahlberechtigen ausmacht (vgl. Rudzio, 2019, S. 515). Es handelt sich daher für die Politik um „vermintes" Gelände, da jede Justierung zu einem Aufschrei der Presse und der Sozialverbünde führen kann. Neben diesem inhaltlichen Aspekt hat die Politik aus anderen Gründen kein gesteigertes Interesse an einer Entbürokratisierung. Letztere wirkt nur langfristig, was sie für politische Akteure unattraktiv macht (vgl. Jantz & Veit, 2019, S. 519). In einem sensiblen Politikfeld auf langfristige Verbesserungen hinzuarbeiten, steigert keine Wiederwahlchancen. Daher sind auch in Zukunft keine Verbesserungen zu erwarten.

Die vorigen Ausführungen sind deswegen so bedeutsam, weil ein unmittelbarer Zusammenhang mit dem eGovernment besteht. Wenn die Einstellung von Politik und Verwaltung, aus welcher Motivation heraus auch immer, pro-bürokratisch ist, dann kann es das eGovernment nur schwer haben. Es ist der Appendix am Ende der verwaltungstechnischen Nahrungskette. Das eGovernment muss das umsetzen, was zuvor beschlossen und vorgegeben wurde. Hiermit sind zahlreiche Herausforderungen im Rahmen der Umsetzung verbunden. Hohe Kosten und Risiken, wenig nutzerfreundliche Lösungen etc. In vielen Fällen dient das eGovernment zur Technisierung der Bürokratie. Die Befragungsergebnisse des eGovernment-Monitors bestätigen es eindrücklich.

Es gibt aber auch Hoffnungsschimmer für die weitere Entwicklung in Deutschland. Die Authentifizierung als Zugang zu digitalen Verwaltungsleistungen hat sich in den letzten Jahren deutlich verbessert Abschn. 14.3. Diese Entwicklung lag die Erkenntnis zugrunde, dass der Anmeldeprozess so kompliziert war, dass man zum Handeln gezwungen wurde (vgl. Jahn et al., 2023, S. 23–24). Ein vereinfachter Zugang ist die Voraussetzung für eine steigende Inanspruchnahme. Sie wird dazu führen, dass sich viel mehr Anwender mit eGovernment-Lösungen vertraut machen, was die

Bürokratiekritik auf ein neues Level heben kann. Die Anwender werden die elektronischen Leistungen des Staates mit denen aus ihrem täglichen Leben vergleichen, wie z. B. einer Amazon-Bestellung. Da ein kulturell und organisational verankertes Bürokratieverständnis die Einführung und Umsetzung des eGovernments beeinträchtigt (vgl. Wirtz, 2022, S. 491), besteht daher die Hoffnung, dass mit steigenden User-Zahlen den Verantwortlichen ein Spiegel vorgehalten wird. Als Abstimmung mit den Füßen könnte in diesem Zusammenhang gewertet werden, wenn es weiterhin bei einer geringen Inanspruchnahme elektronischer Angebote in Verbindung mit der Nutzung herkömmlicher Antragswege bleibt.

Eine positive Einstellung gegenüber der Bürokratie zielt darauf ab, die Stabilität des Systems zu gewährleisten und die Gleichbehandlung der Bürgerinnen und Bürger sicherzustellen. Die Effizienz des Verwaltungshandelns gerät hierdurch in den Hintergrund und wird auch gar nicht als Wert an sich gesehen. Diese Einstellung ist in vielen Behörden Deutschlands zu beobachten. Es ist aufgrund des rational-instrumentellen Verwaltungsmodells sogar in der DNA der deutschen Verwaltung verankert. Es basiert auf den Prinzipien einer detaillierten und permanenten Verteilung der Zuständigkeiten, einer Bindung an Recht und verwaltungsinterne Regeln, einer Schriftlichkeit von Verwaltungsentscheidungen und einer Bindung an jährliche Haushaltspläne (vgl. Rudzio, 2019, S. 346). Da dieses System u. a. sicherstellt, dass bei einem Wechsel der politischen Führung die Verwaltungskontinuität gewahrt bleibt, könnte man daraus schließen, dass man gar nichts verändern sollte. Es ist zudem bequem, sich hinter formalen Regeln zu verstecken und die Kunden auf Abstand zu halten. Auf eine Diskussion über die Sinnhaftigkeit dieses Bürokratieverständnisses kann an dieser Stelle verzichtet werden. Es hat aber zur Folge, dass eGovernment ungemein schwerer zu realisieren sein muss als bei einer Einstellung, die vor allem auf einer Effizienzorientierung basiert bzw. sich an den Prinzipien des „Neuen öffentlichen Managements" (vgl. z. B. Rudzio, 2019, S. 346 ff.) ausrichtet.

Damit sich etwas verändert, benötigen Politik und Verwaltung daher einen Verständnis- und Kulturwandel. Ein solcher wurde bereits im Rahmen des New Public Managements gefordert und bestenfalls in Ansätzen erreicht. Dieses Mal stehen die Chancen deutlich besser. Das digitale Zeitalter eröffnet Optionen, die zuvor nicht vorhanden waren. Das Verwaltungshandeln wird durch die Nutzung der Informationstechnik jeden Tag ein Stück effizienter und transparenter. Es existiert ein großes Potenzial, die gewonnen Daten und Informationen zu nutzen, um einen Verständnis- und Kulturwandel einzuläuten. Wenn beispielsweise bekannt wäre, was einzelne Verwaltungsmeetings an Vollkosten verursachen, dann könnte es dazu führen, dass die Effizienz der Meetings – wenn sie denn dann überhaupt noch stattfinden würden – steigt. Politik und Verwaltung müssen daher einen kulturellen Wandel vorantreiben und sich einem Diskurs auf Basis von Verwaltungsdaten stellen (vgl. Beck et al., 2017, S. 39). Hierdurch wird Transparenz erzeugt und eine Bürokratiekritik ermöglicht, die diesen Namen auch verdient. Erfreulicherweise existieren hierfür erste Lösungen in Deutschland. Die SMART-City-Initiativen zeigen, welche Potenziale vorhanden sind. Smart Cities sollen mit digitalen Netzwerk- und Kommunikationstechnologien die Arbeit von Stadtplanung und -regierung ökonomisch wettbewerbsfähig und effizient gestalten sowie die Lebensqualität der Bürgerinnen und Bürger und die Responsivität von Politik und Verwaltung erhöhen (vgl. Butzlaff, 2020, S. 507). Über für alle zugängliche Dashboards werden die gesammelten Informationen bereitgestellt. Sie liefern wertvolle offene Daten, z. B. von Feinstaubbelastungen über Verkehrsflüsse bis hin zur Erreichbarkeit von Ärzten oder Indizes über den gesellschaftlichen Zusammenhalt in einer Stadt. In den letzten Jahren ist fast schon ein Trend in Richtung offener Daten erkennbar geworden. Ein Beispiel ist u. a. das Dashboard für das Monitoring der Umsetzung des OZG (vgl. https://dashboard.ozg-umsetzung.de/).

Die Dashboards sind derzeit die Speerspitze einer Entwicklung, die nicht mehr aufzuhalten sein wird. Durch mehr offene Daten wird Bürokratie transparent und liefert damit die Voraussetzungen für einen offenen Diskurs über die Notwendigkeiten von staatlichen Regelungen. „Eine Vernetzung offener Daten über das Internet oder andere Datennetzwerke eröffnet die Möglichkeit, diese aus ihrer sektoriellen Isoliertheit zu befreien, über bisherige Domänen- und Organisationsgrenzen hinweg zu verknüpfen und auch komplexe Sachverhalte im Lichte neuer Fakten zu prüfen“ (von Lucke & Gollasch, 2022, S. 51). Letzteres sind die Schlüsseleigenschaften, um Bürokratie transparent werden zu lassen. Das eGovernment selbst spielt hierbei eine zentrale Rolle, da es die technische Basis für die Datentransparenz ist und zugleich als Datengenerator dient. Im Rahmen der Konzeption und Implementierung der Dashboards muss man sich u. a. mit der Frage auseinandersetzen, was den Informationsadressaten eigentlich interessiert und welchen Nutzen er aus den Daten ziehen kann. Das eröffnet großes Potenzial für eine Aufgabenanalyse und eine Aufgabenkritik, da der Blickwinkel des Kunden die entscheidende Rolle spielt. Es ist daher nicht zu unterschätzen, wie viel Bürokratie im Rahmen der Entwicklung und des Designs technischer Lösungen transparent wird und sich damit potenziell auch einsparen ließe.

Eine transparente Verwaltung ist ein Schlüssel für die Reduzierung der Bürokratie und die Akzeptanz der Institutionen. Die zahlreichen Projekte zur Einführung der elektronischen Akte beweisen es. Neben den logistischen Vereinfachungen im Umgang mit Papierakten führen die Umstellungen zu zahlreichen positiven Effekten. Die einfache Transparenz darüber, wer den Vorgang gerade in Bearbeitung hat, sorgt beispielsweise dafür, dass sich das Verwaltungshandeln beschleunigt. „Transparenz in Politik, Verwaltung und Justiz verbessert die Nachvollziehbarkeit des Regierungshandelns und damit jede Form der Rechenschaftslegung. Sie vereinfacht Kontrollen und fördert das Pflichtbewusstsein von politischen Amtsinhabern und Beamten" (von Lucke & Gollasch, 2022, S. 44). Bezogen auf die elektronische Akte wird der Flaschenhals im Prozessablauf transparent – und niemand will der Flaschenhals sein.

Die elektronische Akte hat sich schon in weiten Teilen der deutschen Verwaltung durchgesetzt und wird in den kommenden Jahren zum Standard sämtlicher Behörden. Neben den von den Rechnungshöfen mehrfach hervorgehobenen positiven Effekten geht mit der Nutzung der elektronischen Akte auch ein anderes Bewusstsein einher. Es basiert im Gegensatz zu früher auf Prozessabläufen, die eine fachbereichsübergreifende Zusammenarbeit erfordern und praktisch aussteuern. Das durch das webersche Organisationsmodell geförderte Silodenken in den Verwaltungen gerät dadurch zumindest ins Wanken. Hierdurch steigert sich automatisch die Organisationskompetenz der Beschäftigten – ein wichtiger Beitrag für die erfolgreiche Digitalisierung der Verwaltung insgesamt. „Deshalb sind Verwaltungsformen wie z. B. das (am besten IT-gestützte) Projektmanagement, das die Kooperation in und zwischen Organisationen optimiert, weiterzuentwickeln und flächendeckend einzuführen … regt außerdem an, Kooperationsverhalten in die Leistungsbewertungen aufzunehmen" (Normenkontrollrat Baden-Württemberg, 2021, S. 5). Letzteres kann einen wichtigen Beitrag dazu leisten, um das Silodenken zu überwinden, da Anreize bekanntermaßen Verhalten erzeugen. Vor allem die jüngere Generation in den Verwaltungen steht diesen Ansätzen offen gegenüber, da sie nicht in den herkömmlichen Verwaltungsstrukturen sozialisiert wurden.

Über die elektronischen Akten lassen sich Behörden digital vernetzen, was heutzutage kaum der Fall ist. Es bieten sich enorme Effizienz- und Spezialisierungspotenziale, indem Prozesse über flexible Leistungsnetzwerke hinweg integriert werden (vgl. Beck et al., 2017, S. 24). Ergänzend kann die Distributed Ledger Technologie (Blockchain) zum Einsatz kommen. Ihr wird sogar das Potenzial zugeschrieben, die gesamte öffentliche Verwaltung zu verändern, wenn nicht sogar zu ersetzen (vgl. z. B. Rehfeld, 2020, S. 60).

Grund hierfür ist, dass die Verwaltung vor allem durch ihre hoheitliche Funktion als Intermediär tätig wird. Distributed Ledger Technologie kann diese Funktion technisch ersetzen (vgl. z. B. Schmid, 2019). Auch wenn die Anfangseuphorie auf diesem Gebiet in den letzten Jahren etwas verfolgen ist (vgl. z. B. Schürmeier, 2021, S. 70), sind die Potenziale unbestritten. Die Distributed Ledger Technologie ermöglicht, aufbauend auf Eigenschaften der Dezentralität und Unveränderbarkeit des Datenbestands, ein hohes Maß an Transparenz und Sicherheit, womit Prozesse der Behördenkooperation vereinfacht und datenschutzgerecht gestaltet werden können (vgl. Evers-Wölk et al., 2022, S. 121). Gerade Letzteres ist ein wichtiges Argument für die Nutzung dieser Technologie in den Verwaltungen. Die Potenziale zur Reduzierung von Bürokratie sind überdeutlich. Alle Prozesse müssen daher konsequent industrialisiert, umfassend automatisiert und standardisiert werden (vgl. Beck et al., 2017, S. 31).

Die elektronischen Akten und die Distributed Ledger Technologie sind Blaupausen für alle weiteren Digitalisierungen in der öffentlichen Verwaltung. Es müssen durchgängig Prozesse definiert und analysiert werden, damit sie hierauf aufbauend einer elektronischen Realisierung zugeführt werden können, um damit die Bürokratie zu bekämpften. Diese Erkenntnis ist nicht neu und in den Unternehmen „daily business". Auch in vorherigen Verwaltungsreformen wurde das Ziel propagiert, der Bürokratisierung entgegenzutreten. Im Rahmen des New Public Management sollte z. B. eine umfassende Aufgabenkritik geübt werden (vgl. z. B. Reinermann, 2009). Zu dieser Zeit waren die IT-technischen Möglichkeiten von denen heutiger Prägung noch sehr weit entfernt. Es wurde aber sehr früh erkannt, welche Potenziale zur Rationalisierung durch das eGovernment bestehen: „E-Government ist bei konsequenter Umsetzung innerhalb der Verwaltung auch eine Privatisierung sui generis und in ihrer Rationalisierungswirkung heftiger als ein innerbetrieblicher Optimierungsvorgang einzuschätzen" (Landsberg, 2002, S. 22). Die Ausführungen verdeutlichen, welche ungenutzten Potenziale zur Bürokratiebekämpfung durch das eGovernment existieren. Genau hier gilt es anzusetzen, da die institutionelle und organisatorische Stärkung des Themas Bürokratieabbau in der Verwaltung vielversprechender als auf politischer Ebene ist (vgl. Jantz & Veit, 2019, S. 519).

Vor allem im Rahmen der Konzeption und der Einführung des eGovernments zeigen sich in der Praxis vielfach ungenutzte Möglichkeiten, Bürokratie zu identifizieren und abzubauen. Grundlage hierfür sind End-to-End-Prozesse, die ohne Zwischenschritte ablaufen und dabei die gesamte Wertschöpfungskette der Verwaltung abbilden können. Die Bedeutung von End-to-End-Prozessen hat die Politik zwischenzeitlich erkannt. Im

Gesetzentwurf der Bundesregierung für die Änderung des Onlinezugangsgesetzes, umgangssprachlich „OZG 2.0“, ist eine „Regelung zur vollständigen elektronischen Abwicklung (Ende-zu-Ende-Digitalisierung) wesentlicher Verwaltungsleistungen (§ 6 EGovG)“ (Deutscher Bundestag, 2023) enthalten. Diese Regelung geht überraschend weit und deckt sich mit den skizzierten Notwendigkeiten, ganzheitlicher und durchgängiger Prozesse. Dieser Bestandteil des Gesetzes wird in der Öffentlichkeit leider kaum zur Kenntnis genommen. Es wird vor allem Kritik daran geübt, dass, anders als im Vorgängergesetz, keine Umsetzungsfristen enthalten sind (vgl. z. B. Budras, 2023a, b, c). Des Weiteren wurde von Experten sogar gefordert, einen gesetzlichen Anspruch auf elektronische Bereitstellung staatlicher Leistungen zu verankern. So nachvollziehbar die einzelnen Forderungen auch sein mögen, die fachlichen Inhalte sind wichtiger als Zwänge oder Fristen, die beim letzten Mal auch zu nichts geführt haben.

In der Praxis enden Prozesse oft an der Grenze zwischen Referaten oder Abteilungen, was der Transparenz über die Bürokratie mehr als abträglich ist. Um die vorgenannten Aspekte praktisch zu verdeutlichen, findet sich nachfolgend ein Beispiel aus der Praxis. Die deutsche Verwaltungsrealität sieht bei einem der aktuell drängendsten Themen, der Fachkräfteeinwanderung, wie folgt aus (vgl. Abb. 14.4):

Die Abbildung ist nur ein kleiner Ausschnitt. Er basiert auf einer Darstellung, die die Abläufe zwischen deutschen Behörden im Rahmen der Visaerteilung für Fachkräfte zum Gegenstand hat (vgl. Tollenaere & Çelik, 2023). Auf der rechten Seite ist mit „3“ gekennzeichnet, dass es sich lediglich um den dritten von sechs Schritten im Rahmen des Visumserteilung handelt. An dem Prozess sind, je nach Fallgestaltung, mindestens sechs voneinander unabhängige Behörden beteiligt. Ob das sinnvoll ist, darf stark bezweifelt werden, da die Flüchtlingskrise des Jahres 2015 bewiesen hat, das zersplitterte Zuständigkeiten zwischen Behörden eine verwaltungstechnische Katastrophe sind (vgl. Bogumil et al., 2016). Hierauf muss nicht näher eingegangen werden, da das Fachkräfteeinwanderungssystem, wie oben dargestellt, in dieser Form Realität ist. In diesem System wird jedes Jahr mehr als 100.000 Fälle bearbeitet (vgl. Haufe online, 2023). Das Potenzial, um mittels eines elektronischen Datenaustauschs Prozesse zu vereinfachen und Bürokratie abzubauen ist daher sehr hoch. Die Realität sieht anders aus. Die in der Abbildung zwischen den Behörden dargestellten Pfeile verdeutlichen eine Online-Lösung, das Briefzeichen steht für den postalischen Weg. In diesem Zusammenhang muss berücksichtigt werden, dass es sich hierbei lediglich um ein Beispiel aus der deutschen Verwaltungspraxis handelt.

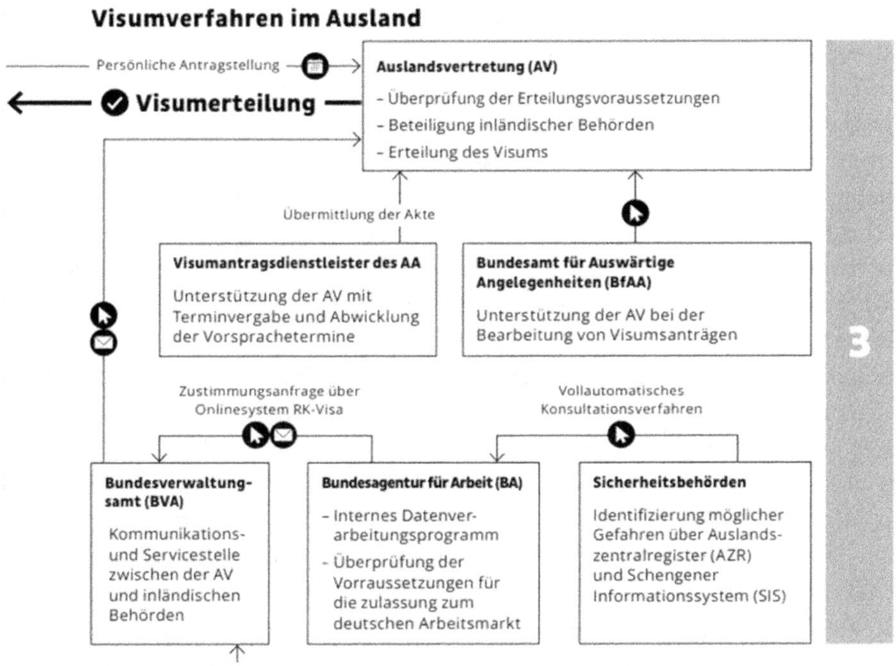

Abb. 14.4 Teilausschnitt der Zuständigkeiten für den Bereich Fachkräfteeinwanderung (Quelle: Tollenaere & Çelik, 2023, S. 7)

Als ein Lösungsansatz für eine „Zwangszusammenarbeit" werden seit geraumer Zeit „Shared Service Center" auch für Verwaltungen diskutiert, die in der Privatwirtschaft schon lange etabliert sind. Es handelt sich um eine Form der Zentralisierung von Funktionen, bei der Aufgabenteile verschiedener Behörden zusammengezogen werden. Es besteht das Potenzial, die oftmals redundanten Strukturen in den Verwaltungen abzubauen. Durch professionelle Strukturen und dem Arbeiten mit neuester Technik lässt sich Bürokratie deutlich reduzieren. Shared Service Center werden in der Verwaltung oftmals als Dienstleistungszentren bezeichnet (vgl. Bundesministerium des Innern & für Heimat, 2023a, b, c, d). Potenzielle Spezialisierungs- und Skalenvorteile liegen auf der Hand. Dies gilt im Besonderen für die Verwaltung, da z. B. in allen Ministerien Z-Abteilungen vergleichbare Leistungen erbringen. Für die kommunale Ebene rücken neben den betriebswirtschaftlichen Vorteilen weitere Aspekte in den Vordergrund. Die in der Vergangenheit durchgeführten Verwaltungsstrukturreformen in Deutschland werfen mit Blick auf die Evaluationen Licht und Schatten. Es werden positive Ergebnisse konstatiert (vgl. z. B. Schleswig–Holstein, 2014), es mangelt aber auch nicht an kritischen Stimmen (vgl. z. B Bogumil, 2011). Besondere Aufmerksamkeit erlangen Untersuchungen, die sich mit den Wirkungen auf die lokale Demokratie beschäftigen. Sie kommen teilweise zu dem Ergebnis, dass sie unter Strukturreformen leidet und sich das Wählerverhalten dadurch verändern kann (vgl. z. B. Rösel, 2016). In dieser Gemengelage sind Shared Service Center eine Alternative, da mit ihnen keine Gebietsreformen verbunden sind (vgl. Schuppan, 2019, S. 299), die betriebswirtschaftlichen Potenziale aber trotzdem gehoben werden können. In der Praxis finden sich einige Beispiele für Shared Services in der Verwaltung. In vielen Bundesländern existieren staatseigene IT-Dienstleister, wie z. B. in Niedersachsen „IT. Niedersachsen" oder in Nordrhein-Westfalen „IT.NRW". Im Bereich der Informationstechnologie, vor allem in der Infrastruktur, liegen die Skaleneffekte auf der Hand. Auf Bundesebene fungiert z. B. die Bundesnetzagentur als Shared Service Center für den Geschäftsbereich des Bundesministeriums für Wirtschaft und Klimaschutz. Sie bietet Leistungen aus dem Personalbereich an, wie z. B. im Rahmen der Besoldung oder der Reiseorganisation. Hierbei handelt es sich um standardisierbare Angebote, da das Regelwerk für alle Verwaltungen identisch ist. Die Voraussetzungen für eine Umsetzung sind daher sehr gut. In Anbetracht der Potenziale und der Entwicklungen der letzten Jahre stellt sich zu Shared Services abschließend die Frage, warum sie sich nicht flächendeckend durchgesetzt haben. In diesem Zusammenhang treten die weiter oben bereits beschriebenen Herausforderungen durchgängiger End-to-End-Prozesse in den Vordergrund. Die Bereitschaft, sich von gewohnten Betriebsabläufen zugunsten eines Shared Service-Standards zu lösen, ist in vielen Behörden nicht sehr ausgeprägt. Eine mangelnde Prozessstandardisierung wird dann mit einem Verlust an Effizienz „erkauft" (vgl. Schuppan, 2019, S. 303), was die Vorhaben in Gänze infrage stellt. Es zeigt sich, dass hier vor allem der Wille der Beschäftigten und der Verwaltungsleitungen gefragt ist. Werden Shared Services Center in der Praxis etabliert, besteht nicht selten die Tendenz, dass sie sich auf unterschiedliche Prozesse der Kundenbehörden einlassen, um die Akzeptanz zu erhöhen (vgl. Schuppan, 2019, S. 303). Dies ist nicht nur der Wirtschaftlichkeit, sondern auch der Akzeptanz abträglich. Warum sollte man sich auf geänderte Betriebsabläufe und neue Ansprechpartner einlassen, wenn der messbare Nutzen für die eigene Organisation überschaubar ist?

Damit ein Austausch zwischen Behörden und zwischen den Gebietskörperschaften gelingen kann, bedarf es einer einheitlichen Registerlandschaft. Register sind Aufzeichnungen über bestimmte Merkmale. Das bekannteste Register ist in Deutschland das Personenstandsregister. Es wurde bereits 1876 eingeführt und umfasst z. B. den Namen und das Geburtsdatum einer

Person. Die Bedeutung der End-to-End-Prozesse wurde in diesem Abschnitt bereits herausgearbeitet. Um sie zu realisieren, braucht es eine Registerlandschaft, die einen reibungslosen Datenaustausch ermöglicht. Nur wenn die Daten von Bürgerinnen und Bürgern sowie Unternehmen verlässlich und sicher zwischen den Verwaltungen ausgetauscht werden können, sind End-to-End Prozesse überhaupt realistisch (vgl. z. B. Proll, 2021, S. 46). Es verwundert daher einerseits nicht, dass die Mängel in der Registerlandschaft zum Scheitern des Onlinezugangsgesetzes mit beigetragen haben (vgl. z. B. Röhl, 2023). Anderseits verwundert es schon, denn die Probleme waren bereits zuvor bekannt. In der Begründung für das Registermodernisierungsgesetz (RegMoG) aus dem Jahr 2021 heißt es daher wenig verwunderlich: „Wird die Verwaltung zunehmend digitalisiert, muss in der digitalen Kommunikation im Interesse der Verwaltung und der betroffenen Personen gewährleistet sein, dass Personenverwechslungen ausgeschlossen und vorhandene Datenbestände in den Registern den betroffenen Bürgerinnen und Bürgern fehlerfrei zugeordnet werden können“ (Deutscher Bundestag, 2020a, b, S. 1). Hierdurch wird das „Once-Only“-Prinzip realisierbar. Bürgerinnen und Bürger, Unternehmen und auch die Verwaltungen selbst müssen ihre Daten nur einmal, beim ersten Kontakt, bei einer Behörde angeben. Die Daten können dann von anderen weiterverwendet werden. Das Einsparungspotenzial wird auf Europäischer Ebene auf rund 5 Mrd. veranschlagt (vgl. Stocksmeier et al., 2019, S. 88).

Die derzeitige Behördenpraxis sieht gänzlich anders aus. Sie „lebt“ von Mehrfacherhebungen praktischer Natur, wie sie jedem Antragsteller bekannt sind, z. B. im Bereich des Führerscheinwesens, der Personalausweisdokumente oder standesamtlicher Unterlagen. Das Potenzial Bürokratie zu verringern und die Kundenzufriedenheit zu steigern ist sehr groß. Aus diesem Grund ist die Registermodernisierung zusammenfassend betrachtet ein elementarer Baustein zur Bekämpfung der Bürokratie. Dies hat auch die Politik erkannt. Im Sonderbericht „Bessere Rechtsetzung und Bürokratieabbau“ des Bundesministeriums für Justiz wird das Ziel bekräftigt, Once-Only schnellstmöglich umzusetzen (vgl. Bundesministerium der Justiz, 2023a, b, c, S. 9). Das Projekt zur Registermodernisierung schreitet zwischenzeitlich voran. Bis zum Ende des Jahres 2025 sollen alle wesentlichen Meilensteine erreicht werden (vgl. Projekt Gesamtsteuerung Registermodernisierung, 2022).

Neben der Registermodernisierung müssen sich die pro-bürokratischen Verhaltensmuster in Politik und Verwaltung verändern. Mit Blick auf die handelnden Akteure in den Parlamenten besteht hier wenig Hoffnung. Zum einen lassen sie sich ihre politischen Vorhaben mit dem Hinweis auf die damit verbundene Bürokratie ohnehin nicht ausreden. Zum anderen fehlt die Fantasie, wie man auf politischer Ebene Überzeugungsarbeit leisten könnte. Das richtet den Blick auf die Verwaltungen, die wahrscheinlich sogar eine wichtigere Rolle bei der Bürokratiebekämpfung spielen. Um einen Bewusstseinswandel zumindest anzustoßen, bedarf es vor allem der Führungskräfte, denn es gibt viele Rechtsbegriffe, die Interpretationsspielräume lassen. Die Führungskräfte sollten sich mit mehr Risikobereitschaft, der Akzeptanz einer Fehlerkultur und vor allem Pragmatismus beschäftigen (vgl. Normenkontrollrat Baden-Württemberg, 2021, S. 1). „Ein solches neues Denken und Handeln steht bei der Qualifizierung der Beschäftigten im öffentlichen Dienst bisher nicht genügend im Focus" (ebd.). Aus diesem Grund rückt das Thema „Digital Leadership" in den Vordergrund. Wie es die Bezeichnung schon vermuten lässt, geht es um die Führung von Organisationen unter den Bedingungen der Digitalisierung. Mittels „Digital Leadership" werden die Führungskräfte den Herausforderungen im digitalen Zeitalter besser gerecht und können die erforderlichen digitalen Transformationsprozesse koordinieren (Wirtz, 2022, S. 495). Bezogen auf den Bürokratieabbau kommt der Transformation der Verwaltung eine zentrale Rolle zu. Erkennen die Führungskräfte die Potenziale und sind sie gewillt, etwas zu verändern, dann setzt der Bürokratieabbau automatisch ein. Die Führungskräfte mit „Digital Leadership" vertraut zu machen ist mehr als vielversprechend. In den Verwaltungen sind Führungspositionen kaum mit IT-affinem Personal besetzt. Durch das Erkennen und Verstehen der Potenziale der Digitalisierung werden Führungskräfte in die Lage versetzt, die Ist-Situation in ihrer Organisation kritisch zu hinterfragen. Allein das wäre ein wichtiger Schritt. Hierdurch kann sich organisationsinterner Druck aufbauen, da deutlich wird, woran es den praktischen Betriebsabläufen mangelt und wie diese Mängel beseitigt werden können. Genau hieran fehlt es in den Verwaltungen. Es muss ein Bewusstseinswandel erzeugt werden, da nur durch ihn Veränderungen eingeleitet werden können. In den Unternehmen muss im Gegensatz hierzu aus Wettbewerbsgründen alles digitalisiert werden, was digitalisierbar ist, denn der Markt erzeugt Druck. Da der Markt als Regulativ für die Verwaltungen ausscheidet, braucht es eines anderen Korrektivs. Wer, wenn nicht die Führungskräfte, sind in der Lage und in der Verantwortung, die eigene Organisation in die richtige Richtung zu lenken? Es ist eine große Herausforderung, die Führungskräfte in ihren Einstellungen und ihrem Verhalten zu verändern. Frank-Jürgen Weise, der ehemalige Vorstandsvorsitzende der Bundesagentur für Arbeit (2004–2013), der die Organisation durch Ziele, Zielvereinbarungen und Controlling neu ausrichtete, berichtete in einem Interview von seinen Erfahrungen. Er beklagte u. a. falsches Verhalten von Führungskräften (vgl. Bollmann, 2023a, b, c, d). Um auf diesem Gebiet die Weichen neu zu stellen, müsste sich bereits bei der Auswahl des Personals und in der Ausbildung einiges ändern.

In den letzten Jahren zeigt sich eine Entwicklung, die für den Bürokratieabbau vielleicht wegweisend sein kann, ohne dass man etwas dafür tun müsste. Die Erwartungshaltungen der Bürgerinnen und Bürger an die Leistungsfähigkeit des Staates steigen kontinuierlich an. Sie vergleichen die Angebote der Verwaltung mit denen, die sie aus dem täglichen Geschäftsverkehr kennen, wie z. B. von Amazon. „Häufig orientieren sich die Erwartungen der Bürger*innen hinsichtlich der staatlichen Digitalisierung an ihren Erfahrungen mit der Privatwirtschaft" (Jahn et al., 2023, S. 26). Ein interessantes Beispiel ist in diesem Zusammenhang der sehr bürokratische Prozess der Beihilfegewährung für Beamte. In einigen Bundesländern muss weiterhin ein schriftlicher Antrag gestellt, die verauslagten Belege müssen beigefügt und an das zuständige Landesamt postalisch versandt werden. In den Landesämtern muss der Prozess der Annahme und der Bearbeitung ähnlich bürokratisch organisiert sein. Aus eigennutzorientierten Motiven gehen die privaten Krankenversicherungen einen anderen Weg. Über eine App können die Belge abfotografiert werden und der Erstattungsprozess verläuft automatisch. Die erhebliche Reduzierung der Bürokratie liegt auf der Hand. Ein gewinnorientiertes Unternehmen hat offenbar ein größeres Vertrauen in die Beamten als der Staat selbst, der in vielen Bundesländern immer noch auf Papierbelegen besteht. Mittlerweile haben auch einige Bundesländer Apps entwickelt und eingeführt. Es ist davon auszugehen, dass sich der Staat ohne die Privatwirtschaft nicht beweget hätte. Folgende Aussage des deutschen Beamtenbundes lässt in diesem Zusammenhang aufhorchen: „Nutzerinnen und Nutzer der Krankenkassen-App dürfte der Ablauf der Antragstellung überdies vertraut sein, denn die Beihilfe App zeichnet deren Abläufe im Wesentlichen nach" (vgl. dbb Beamtenbund & tarifunion Berlin, 2023). Diese Entwicklung kommt Garsons Vision eines eGovernments (Abschn. 5.3) sehr nahe. Es kann ein vielversprechender Ansatz sein, sich an den Lösungen der Privatwirtschaft zu orientieren und diese „nachzubauen". Sie sind konstitutionell bürokratiearm, weil eine Gewinnerzielungsabsicht dahintersteht. Es lassen sich zudem Aufwände reduzieren und Risiken vermeiden, wenn man sich an etablierten Lösungen orientiert.

Inzwischen tut sich erfreulicherweise auch etwas auf politischer Ebene. Der Staatssekretärs-Ausschuss für „Bessere Rechtsetzung und Bürokratieabbau" hat in Zusammenarbeit mit Spitzenverbänden aus Wirtschaft und Zivilgesellschaft einen Maßnahmenkatalog erarbeitet, der letztlich im Bürokratieentlastungsgesetz IV münden soll (vgl. Bundesministerium der Justiz,

2023a, b, c). Die Maßnahmen erstrecken sich auf unterschiedliche Politikfelder und sind geeignet, die Bürokratie sinnvoll zu bekämpfen. Ob die versprochene Entlastung in Höhe von rd. 2,3 Mrd. € tatsächlich eintritt und das Versprechen gehalten wird, den Bürokratiekostenindex auf den tiefsten Stand seit seiner Einführung zu drücken, (vgl. Bundesministerium der Justiz, 2023a, b, c), muss zum Zeitpunkt der Erstellung dieser Veröffentlichung offenbleiben. Gleichwohl sind aufgrund der nachgezeichneten Bürokratieentwicklungen in Deutschland zumindest Zweifel angebracht. Da sich aber auch die Opposition mit einem eigenen Gesetzentwurf der Sache angenommen hat (vgl. Deutscher Bundestag, 2023), besteht zumindest die Hoffnung, dass sich etwas verändert. Analysiert man die Vorhaben beider Seiten, dann fällt auf, dass es sich oftmals um sehr einfache Lösungen handelt. Es sollen z. B. Schwellenwerte für geringwertige Wirtschaftsgütern angehoben werden. Gegen solche Vorschläge ist nichts einzuwenden. Es handelt sich aber nicht um Vorhaben, die strukturelle Verbesserungen erzeugen würden. Erforderlich wäre eine bürokratiebezogene Gesetzeskritik, die beispielsweise zur Abschaffung von gesetzlichen Regelungen führen könnte Abschn. 14.1. Das Anheben von Schwellenwerten tut nicht weh und führt auf politischer Ebene schnell zu einem Konsens. Es handelt sich aber um keine Maßnahme, die geeignet wäre, um die dahinterliegende Bürokratie in ihrem ganzen Ausmaß zu erfassen und zu reduzieren.

Die Herausforderungen der Bürokratie werden Deutschland noch lange begleiten. Es kommen daher Stimmen auf, sogenannte „Bürokratielotsen" zu etablieren, um den Bürgerinnen und Bürgern sowie den Unternehmen den Umgang mit der Verwaltung zu vereinfachen (vgl. z. B. Bernau, 2023a, b). Sie sollen die Betroffenen durch den bürokratischen Dschungel navigieren. Hierzu gehören z. B. die Informationsbereitstellung, die Erteilung von Ratschlägen, das Ausfüllen von Formularen oder das Managen von Behördenkontakten. Themenbezogene Bürokratielotsen findet man in der Praxis häufiger, vor allem für vulnerable Gruppen (vgl. z. B. Meinhardt, 2021) und im Bereich der Migration, hier sind es die sogenannten „Integrationslosten". Auch wenn an der Motivation zur Etablierung und dem Nutzen solcher Funktionen keine Zweifel bestehen, dann muss trotzdem die Frage gestellt werden, warum sie vonnöten sind. Die Antwort auf diese Frage ist ernüchternd. Es liegt an zu großer Bürokratie und einer komplizierten Gesetzgebung Abschn. 14.7. Ein einfaches und verständliches staatliches System der Leistungserbringung würde dazu führen, dass Lotsenfunktionen obsolet wären.

Es wurden verschiedene Aspekte aufgezeigt, mittels derer Bürokratie beschränkt und ggf. sogar abgebaut werden kann. Sie sind eine entscheidende

Voraussetzung für ein leistungsfähiges und kundenorientiertes eGovernment-Angebot. Es gilt abschließend den Blick darauf zu lenken, warum der Weg für einen Bürokratieabbau eine langer sein wird. „Obwohl Bürokratieabbau auf einer abstrakten und symbolischen Ebene ein gesamtgesellschaftliches Konsensthema ist, treffen konkrete Abbaumaßnahmen auf den Widerstand derjenigen Akteure, die von den betreffenden Regulierungen profitieren" (Jantz & Veit, 2019, S. 517). Daher soll auf institutionelle Herausforderungen eingegangen werden.

„Politiker, die einerseits Gesetze mit engen Vorgaben beschließen, dann aber von der Verwaltung verlangen, ‚unbürokratisch' zu handeln, stehlen sich aus ihrer Verantwortung" (Cremer, 2023). Dieser Habitus ist typisch für die Politik in Deutschland. Er zeigt zudem auf, dass sich die Politik mit dem Hinweis auf die von ihr ausgelöste Bürokratie nicht disziplinieren lässt. „...Politiker denken nicht daran, dass die Gesetze, für die sie verantwortlich sind, auch bürokratiearm umgesetzt werden sollten" (Schlesiger, 2022) lässt sich Jörg Bogumil, einer der wohl renommiertesten Verwaltungswissenschaftler im deutschsprachigen Raum, in der Wirtschaftswoche zitieren. Lässt man daher die Politik aufgrund ihrer inhaltlichen Agenda, die sich kaum von Bürokratiekritik beeinflussen lässt, außen vor, dann richtet sich der Blick auf die Verwaltungen und die Bürgerinnen und Bürger Sie sind ein nicht zu unterschätzender Bürokratiefaktor.

Verwaltungen können kein gesteigertes Interesse an einer Bürokratiereduzierung haben. Mit einem Bürokratieabbau gehen Ressourcen und Macht verloren. Darüber hinaus kann es sogar zu Gehaltseinbußen bei Führungskräften kommen. Durch reduzierte Bürokratie werden ggf. Stellen überflüssig. Wenn sie nicht nachbesetzt werden, kommt es nicht zur zu einem Machtverlust für die Führungskräfte. Auch eine Verringerung der Bezüge ist möglich, wenn sich z. B. die Leitungsspannen reduzieren. Es existieren darüber hinaus keine Anreizsysteme für einen Bürokratieabbau. Eine mögliche Effizienzrendite kommt bestenfalls der eigenen Organisation zugute. In den meisten Unternehmen verhält es sich anders. Beschäftigte werden an gehobenen Effizienzpotenzialen beteiligt, denn es ist zum Vorteil des Arbeitgebers und des Arbeitnehmers.

Die fehlende Motivation zum Bürokratieabbau zeigt sich in der Praxis vieler Verwaltungen. Betriebsabläufe sind teilweise seit Jahrzehnten etabliert, Neues wird kaum ausprobiert und Veränderungen in der Gesellschaft werden kaum zur Kenntnis genommen etc. Es herrscht Stillstand und Lethargie, denn es läuft ja irgendwie. Es ist auch ein Grund dafür, dass Beschäftigte desillusioniert sind, wenn es um das Veränderungspotenzial der eigenen Organisation geht. Viele Beschäftigte sind daher kaum motiviert, sich für

Veränderungen einzusetzen. Damit sich etwas verändert, zwingt der Gesetzgeber die Verwaltungen oftmals zu ihrem Glück. Er erlässt Gesetze, wie z. B. das OZG oder die eGovernment-Gesetze in den Bundesländern, um sicherzustellen, dass die Verwaltungen auch tatsächlich tätig werden. Dieses Vorgehen führt auch zu tatsächlichen Ergebnissen, wie z. B. zur Einführung der Elektronischen Akte. Am bürokratischen Habitus verändert sich aber nichts. Hieran kann vielleicht die neue, junge Generation etwas verändern, denn ihr Wertekanon ist ein anderer, sie hinterfragt etablierte Strukturen und Prozesse und hat andere Erwartungshaltungen Abschn. 5.2.

Neben den Verwaltungen stellt sich die Frage, ob die Bürgerinnen und Bürger überhaupt ein Interesse an einem Bürokratieabbau haben. Würde man eine Umfrage starten, spräche sich sicher ein Großteil für einen Bürokratieabbau aus. Das Deutsche Statistische Bundesamt befragt die Bürgerinnen und Bürger regelmäßig nach ihrer Zufriedenheit mit behördlichen Leistungen (vgl. Bundesregierung, 2023). Bezogen auf die Bürokratie fallen hierbei vor allem zwei Aspekte auf. Zum einen sind die Bürgerinnen und Bürger grundsätzlich mit der Leistungserbringung der Verwaltung zufrieden. Auf einer Skala von −2 bis +2 liegt die Zufriedenheit seit 2015 immer mindestens bei +1,1. Zum anderen ist der meistgenannte Grund für Unzufriedenheit mit der Verwaltung die lange Bearbeitungszeit. Dieses Ergebnis kann auf zu viel Bürokratie hindeuten. Summarisch liefern die Ergebnisse aber ein respektables Ergebnis, aus dem nicht abgeleitet werden kann, dass die Bürgerinnen und Bürger unter einer zu bürokratischen Verwaltung leiden würden.

Im Weiteren zeigen Beispiele, dass es mit der Bereitschaft der Bürgerinnen und Bürger zu einem Bürokratieabbau nicht so weit her sein kann. In diesem Abschnitt wurde bereits auf die Sensibilität der Bevölkerung im Politikfeld Soziales eingegangen. Ein weiteres, weithin bekanntes Beispiel findet sich im Steuerrecht. Revolutionäre Vereinfachungsideen, wie z. B. das Steuerkonzept des vormaligen Verfassungsrichters Prof. Paul Kirchhoff, wurden öffentlich zerrissen. Die abfällige Aussage von Gerhard Schröder über Kirchhoff „…der Professor aus Heidelberg…“ im Wahlkampf 2005 ist in diesem Zusammenhang Legende. Durch seine verächtliche Äußerung diskreditierte Schröder Prof. Kirchhoff nicht nur persönlich, sondern auch inhaltlich. In diesem Zusammenhang ist Politik auch das Opfer der deutschen Bevölkerung. Schröder hätte sich nie so geäußert, wenn er sich nicht für seine Wiederwahl etwas davon versprochen hätte. Vermeintliche Ungerechtigkeiten verlangen in Deutschland reflexartig nach Eingriffen des Staates. „Tatsächlich haben wir in der Bevölkerung ein Mentalitätsproblem. Die Deutschen nehmen jede Ungleichbehandlung sensibel wahr“ (Schlesiger, 2022), lässt sich Jörg Bogumil in einem Interview mit der Wirtschaftswoche zitieren. Beim damaligen Steuerkonzept wurde sofort kritisiert, dass die hart arbeitende Krankenschwester ihre Nachtzuschläge versteuern müsste, was die Öffentlichkeit in Aufruhr versetzte. Es verwundert daher auch nicht, dass es nie zu einer echten Steuerreform in Deutschland gekommen ist. „Die Hindernisse, auf die die Politik regelmäßig stößt, haben ihre Wurzeln in zwei sehr deutschen Vorlieben: dem Streben nach Gerechtigkeit für jeden noch so komplizierten Sonderfall und dem Wunsch, möglichst jedes Risiko entweder von vornherein auszuschließen oder zumindest im Nachhinein irgendjemanden verantwortlich zu machen, der eine Vorschrift übertreten hat" (Bollmann, 2023a, b, c, d). Summarisch betrachtet bestehen also Zweifel daran, ob die Bevölkerung an einem wirklichen Bürokratieabbau Interesse zeigt. Es ist zu vermuten, dass sie ihn dort befürwortet, wo die eigene Betroffenheit gering ist.

Zu einer besonders skeptischen Einschätzung kommt der Präsident des Kiel Instituts für Weltwirtschaft, Moritz Schularick: „Gerade im öffentlichen Sektor sehen wir in vielen Bereichen überbordende Bürokratie und unflexibles, risikoarmes Denken. Erfolge gibt es im öffentlichen Sektor oft nur noch dann, wenn Sie Kniffe kennen, wie Sie um die Regeln herumkommen. Das ist die Definition eines dysfunktionalen Systems" (vgl. Bernau & Wulfers, 2024). Es ist zu hoffen, dass die richtigen Maßnahmen ergriffen werden, um das System wieder funktional werden zu lassen.

14.7 Empfehlung 7: Gesetze reduzieren und vereinfachen

Die Ergebnisse des Zusammenhangs zwischen einem hohen Grad an Bürokratie und damit einher gehendem suboptimalen eGovernment sind eindeutig Kap. 9. In diesem Zusammenhang wurde bereits herausgearbeitet, dass Deutschland im internationalen Vergleich viele Gesetze produziert. In Verbindung mit der Rechtsprechung kommt es zu einer „Nanny-Mentalität" des Staates. Er traut den Menschen und Organisationen in Deutschland wenig Eigenverantwortung zu. Ein exemplarisches Beispiel findet sich im Straßenverkehrsgesetz. Danach kann „Mit Freiheitsstrafe bis zu einem Jahr oder mit Geldstrafe wird bestraft, wer … als Halter eines Kraftfahrzeugs anordnet oder zulässt, dass jemand das Fahrzeug führt, der die dazu erforderliche Fahrerlaubnis nicht hat …" (§ 21 Abs. 1 Nr. 2 Straßenverkehrsgesetz). Hieraus folgt in der Praxis, dass z. B. in einem Handwerksbetrieb der

Eigentümer mindestens zweimal pro Jahr das Vorhandensein der Führerscheine seiner Beschäftigten überprüfen muss. Es besteht sonst die Gefahr, den Versicherungsschutz zu verlieren. Welches Verständnis von Eigenverantwortung hat ein Staat, der solche Regeln erlässt?

In diesem Zusammenhang ist auf die Hypothese zur „Wirtschaftlichen Freiheit" zu verweisen Kap. 10. Das Korrelationsergebnis ist eindeutig: Umso größer die Eingriffe des Staates, umso schlechter ist es um das eGovernment bestellt. Eine große Anzahl von Gesetzen beschränkt aus naheliegenden Gründen die wirtschaftliche Freiheit. Die Forderung nach einer Reduzierung und Vereinfachung von Gesetzen ergibt sich vor allem daraus, dass staatliche Interventionen eGovernment-Lösungen verkomplizieren. Muss sich die Verwaltung mit vielen Gesetzen befassen, dann werden Ressourcen gebunden, die dem eGovernment nicht zugutekommen können.

Im Unterschied zum Policy-Making (Abschn. 14.1) geht es in diesem Abschnitt nicht um eine inhaltliche Kritik, sondern um den Umfang und die Ausgestaltung der Gesetze. Denn die Gesetze werden immer zahlreicher und komplizierter (vgl. Bernau, 2023a, b). Ihre Anzahl und ihr Inhalt könnte deutlich reduziert und vereinfacht werden, ohne dass Politik, Staat oder Bürgerinnen und Bürger Schaden nehmen. Zentrale Kritikpunkte sind z. B. die Normenflut, eine unnötige Verrechtlichung von Sachverhalten, die gar nicht geregelt werden müssten oder die Unverständlichkeit der Gesetzestexte, die die wissenschaftliche Diskussion schon lange begleiten (vgl. Isensee, 1985, S. 139). Die Politik hat diese Herausforderungen zumindest erkannt. „Tatsächlich hat es auch in der Vergangenheit Versuche gegeben, die Rechtsetzung zu optimieren. So wurden in den 70er-Jahren des vorigen Jahrhunderts die so genannten Prüffragen in der Bundesverwaltung und in einer Reihe von Landesverwaltungen eingeführt. Mit ihnen sollten die zuständigen Gesetzgebungsreferenten angehalten werden, Angaben zur Notwendigkeit eines Gesetzes, zu seinen Kostenwirkungen, zu alternativen Handlungsmöglichkeiten und anderen Kriterien darzulegen. Allerdings erwies sich dieses Instrument nur als mäßig geeignet. Regelmäßig hieß es bei der Beantwortung der Prüffragen: Kosten und Alternativen keine" (Konzendorf, 2005, S. 460). Die Versuche setzten sich auch in den 80er und 90er Jahren des 20. Jahrhunderts fort. Es gab verschiedene Anstrengungen zur Verbesserung der Rechtsetzung und des Vorschriftenbestandes, die allerdings nicht von Erfolg gekrönt waren (vgl. Fliedner, 2004, S. 3).

Allein die Normenflut wäre eine eigene wissenschaftliche Untersuchung Wert. Das Bundesministerium der Finanzen rühmt sich beispielsweise damit, im Zeitraum 2005–2010 knapp 4000 BMF-Schreiben aufgehoben zu haben (vgl. Bundesministerium der Finanzen, 2023). Bereits dieses

Beispiel aus einem Ministerium zeigt, wie virulent das Problem ist. Die Normenflut führt u. a. zu mehrfachen Datenerhebungen und damit zu mehr Bürokratie. Eine Information wird zu einem bestimmten Zweck abgefragt, die dann in ähnlicher Form zu einem anderen Zweck marginal anders mitgeteilt werden muss. Wesentlicher Grund für diese unnötigen Doppelerfassungen ist das och nicht realisierte Once-Only-Prinzip Abschn. 14.6. Es befindet durch die Registermodernisierung erfreulicherweise in der Umsetzung. Es wird aber noch einige Jahre dauern und zunächst vermutlich themenbezogen oder in einzelnen Politikfeldern umgesetzt (vgl. z. B. Stocksmeier et al., 2019). Once-Only ist für den Erfolg einer Volkswirtschaft elementar, weil die Bürokratie automatisch begrenzt und die Antragsverfahren deutlich vereinfacht werden. Bürgerinnen und Bürger sowie die Unternehmen profitieren gleichermaßen von Once-Only. Die Notwendigkeiten für Once-Only wären in Deutschland allerdings deutlich geringer, wenn es nicht so viele Gesetze und Verordnungen geben würde.

Eine der Hauptkritiken an der Gesetzgebung war schon immer die stetig steigende Anzahl an Gesetzen (vgl. z. B. Fliedner, 2001). Als einfache Gegenmaßnahme kann die „One-in-one-out"-Regel zur Anwendung kommen. Sie findet man auch im Bereich der Bürokratiebegrenzung und besagt, dass neue Belastungen durch Gesetze oder Verordnungen für Unternehmen, Bürgerinnen und Bürger, ausgeglichen werden müssen, indem bestehende Belastungen im zugehörigen Politikbereich reduziert werden. Eine solche Regelung ist wünschenswert, existiert in Deutschland aber nicht. Zu Beginn des neuen Jahrtausends wurde ein erstes Handbuch zu Gesetzesfolgenabschätzung in Deutschland entwickelt. Unter Gesetzesfolgenabschätzung wird der Prozess verstanden, bei dem die potenziellen Auswirkungen und Konsequenzen eines geplanten Gesetzes oder einer Verordnung vor einer Verabschiedung analysiert und bewertet werden. Eine Gesetzesfolgenabschätzung soll den Politisch-administrativen Prozess der Gesetzgebung unterstützen und zu seiner Rationalisierung beitragen (vgl. Konzendorf, 2005, S. 461). Die Gesetzesfolgenabschätzung gilt auf Bundesebene bis heute und stützt sich auf die §§ 43 und 44 der „Gemeinsamen Geschäftsordnung der Bundesministerien" (GGO). Für die ex-ante Gesetzesfolgenabschätzung existieren Vorlagen und Arbeitshilfen, die den Ressorts zur Verfügung gestellt werden, aber nicht verbindlich zur Anwendung kommen müssen (vgl. Konzendorf & Jung, 2009).

Betrachtet man die Entwicklung der Bürokratie im Zeitverlauf (Abb. 14.2), dann liegt der Verdacht nahe, dass die Gesetzesfolgenabschätzung die Gesellschaft bestenfalls vor Schlimmerem bewahrt hat. Die Verpflichtung zur Gesetzesfolgenabschätzung brachte keine erkennbaren

Erfolge, da sie weder in eine Gesamtkonzeption integriert war noch konsequent umgesetzt wurde (vgl. Fliedner, 2006, S. 5). Ob diese Aussagen aus dem Jahr 2006 noch Bestand haben kann, ließe sich über aktuellere Untersuchungen beurteilen. Das Schrifttum ist in diesem Zusammenhang jedoch überschaubar. Eine Untersuchung des Bundesrechnungshofs aus dem Jahr 2010 kommt zu folgendem Ergebnis: „…stuft die bisherige Praxis als unzureichend ein. Die Vorgaben der GGO für die Begründung der Gesetzentwürfe wurden weitgehend nicht eingehalten…" (Präsident des Bundesrechnungshofes, 2010, S. 1). Der wissenschaftliche Dienst des Bundestags hat im Jahr 2020 eine Analyse „Zur praktischen Umsetzung und Evaluierung von Gesetzen" vorgelegt (vgl. Wissenschaftlicher Dienst des Bundestags, 2020). In diesem heißt es wörtlich „Zur Frage, wie häufig die Umsetzung von Gesetzen oder Rechtsverordnung in der Praxis auf Schwierigkeiten stößt, können keine Angaben gemacht werden" (Wissenschaftlicher Dienst des Bundestags, 2020, S. 3).

Die Ergebnisse sind in Anbetracht der Bedeutung einer effizienten und effektiven Gesetzgebung ernüchternd. Analysiert man konkrete Fälle, in denen Gesetze ex-post evaluiert wurden, offenbaren sich weitere Herausforderungen. Die Evaluationen basieren oftmals auf Befragungen von mit der Sache betrauten Personen, Organisationen, Ministerien etc. Dieses Vorgehen ist grundsätzlich nachvollziehbar. Auskunft können die geben, die von einem Gesetz betroffen sind oder es umzusetzen haben. Gleichwohl bestehen die Evaluation dann lediglich aus einem individuellen Meinungsbild (vgl. z. B. Bundesministerium für Familie, 2023) und keiner kritischen Analyse bzw. Aufbereitung differenzierter Ergebnisse. Summarisch betrachtet liefern die Berichte Aussagen dahingehend, ob mit dem Gesetz überhaupt etwas erreicht worden ist. Kosten-Nutzen-Relationen o.Ä. darf man nicht erwarten. Dies kritisiert konkret der Bundesrechnungshof für den Bereich der finanziellen Auswirkungen von Gesetzen: „Aus diesem Grund ist es unerlässlich, dass die finanziellen Auswirkungen eines Gesetzes vollständig und transparent dargelegt werden, bevor darüber beraten wird" (Bundesrechnungshof, 2022, S. 37). Da es u. a. hieran fehlt, bleiben viele Evaluationsergebnisse schwammig und es werden, auch mangels öffentlicher Aufmerksamkeit, keine Konsequenzen gezogen. Selbst „schlechte" Evaluationsergebnisse haben keine Folgen. Es wäre wünschenswert, dass zumindest ein automatischer Prozess angestoßen wird, der mittels Bürokratieevaluation ein Gesetz infrage stellen könnte. Die Öffentlichkeit würde sich für die Ergebnisse interessieren und der Druck, bürokratiearme Gesetze oder gar keine Gesetze zu erlassen, würde deutlich steigen. Die in derzeitiger Form etablierte der Gesetzesevaluation ist hiervon weit entfernt und ein zahnloser Tiger. Man kann der ex-ante durchgeführten Gesetzesfolgenabschätzung aber zugutehalten, dass sie zumindest zum Handeln und Nachdenken anregt. Inwiefern es sich in der Praxis positiv auswirkt, lässt sich aufgrund fehlender Daten nicht beurteilen. Ein Schritt in die richtige Richtung ist die Gesetzesfolgenabschätzung aber ganz sicher. Wenn sie vereinzelt Wirkung zeigt, dann leistet es einen Beitrag zur Vereinfachung von eGovernment-Lösungen.

Auf die große Bedeutung der „Politischen Verwaltung" für die Gesetzgebung wurde bereits an anderer Stelle näher eingegangen Abschn. 14.6. Geht man der Frage nach, wer die Schuld an der Gesetzeskomplexität trägt, dann rückt die Politische Verwaltung abermals ins Blickfeld. In der Praxis spricht man z. B. von der „...Vorbereitungsherrschaft der Exekutive..." (Konzendorf, 2005, S. 466). Die Verwaltung bereitet die Gesetze und ihre Ausführungsbestimmungen vor. Es ist auch gar nicht anders möglich, da der Politik die Kompetenzen und die Kapazitäten fehlen. Die Verwaltung kann, wie auch am Beispiel der Bürokratie gezeigt, kein gesteigertes Interesse an einfachen gesetzlichen Regelungen haben, weil sie davon am Ende nicht profitiert.

Um Gesetze und Verordnungen zu vereinfachen, müsste vor allem bei der Politischen Verwaltung angesetzt werden. Doch dies scheint ein fast unmögliches Unterfangen zu sein: „... bedeutet dies, dass jedes Ministerium, teilweise sogar das jeweilige Referat im Rahmen seiner Zuständigkeit ‚seine' Gesetze nach seinen eigenen Vorstellungen gestaltet, da es weder Qualitätskriterien für gute Gesetze gibt noch innerhalb der Bundesregierung Strukturen bestehen, die das Ziel haben, eine hohe Qualität der Gesetzentwürfe zu gewährleisten" (Fliedner, 2004, S. 3). Dieser Befund ist einerseits ernüchternd. Vor allem wenn man sich vor Augen führt, welcher Personenkreis an der Spitzer der Politischen Verwaltung steht. Es sind vornehmlich Politische Beamte, die nach § 30 Abs. 1 des Beamtenstatusgesetzes in fortdauernder Übereinstimmung mit den grundsätzlichen politischen Ansichten und Zielen der Regierung handeln müssen. Ihre Berufung erfolgt i. d. R. aus parteipolitischen und nicht aus fachlichen Gründen. Hierdurch kann die Politische Verwaltung ihren Wissen- und Informationsvorsprung ausnutzen und eigen Akzente setzen. Es ist unerheblich, ob sie es bewusst oder unbewusst tut. Durch die Konstruktion des Systems bestehen Zweifel daran, dass es so verändert werden könnte, dass die Anzahl von Gesetzen und Verordnungen tatsächlich begrenzt wird.

Andererseits bietet die Analyse auch Chancen. Es ist bekannt, an welchen Stellenschrauben zu drehen wäre, um die Abläufe zumindest zu beeinflussen. An der Konstruktion bzw. am Handeln der Politischen Verwaltung müsste etwas verändert werden. Denkbar sind z. B. Anreize für einfachere

Gesetze und/oder eine Gesetzesfolgenabschätzung, die diesen Namen auch verdient. Des Weiteren bedarf es einer Durchlässigkeit von Karrieren zwischen der Privatwirtschaft und der Verwaltung. Hierdurch würden neue Perspektiven gewonnen und Etabliertes könnte infrage gestellt werden. Entsprechende Forderungen stehen schon länger im Raum. Bereits das New Public Management basierte auf der Idee, sich stärker an betriebswirtschaftlichen Grundlagen zu orientieren und entsprechendes Personal aus der Privatwirtschaft zu rekrutieren, um einen Paradigmenwechsel einzuläuten. Dies ist sicherlich nur bedingt gelungen. Gerade unter den Vorzeichen der Digitalisierung wäre ein Austausch zwischen Privatwirtschaft und Verwaltung mehr als angezeigt (vgl. z. B. Brüesch et al., 2017). Für eine Durchlässigkeit zwischen Verwaltung und Privatwirtschaft müssten Anreize existieren. Während der Wechsel zu einem anderen Unternehmen in der Privatwirtschaft typischerweise als Karrierebeschleuniger genutzt wird, gibt es Vergleichbares in der Verwaltung kaum. Ein Wechsel zwischen Verwaltungen, Ministerien oder Ressorts und ggf. wieder zurück ist die Ausnahme. Man spricht in diesem Zusammenhang von „Kaminkarrieren" (vgl. z. B. Welskop-Deffaa, 2011), denn man muss sich nicht bewegen. Die Voraussetzungen für eine Durchlässigkeit zwischen Verwaltung und Privatwirtschaft sind daher grundsätzlich eingeschränkt. Eine Veränderung der Politischen Verwaltung durch Personalimpulse von außen ist daher kaum zu erwarten.

Die Politische Verwaltung kann darüber hinaus für ihren Einfluss auf die Gesetzgebung nicht „belangt" werden. Sie erhält kein Feedback, welches ihr den Spiegel vorhalten könnte. Letzteres wäre angezeigt, damit sie versteht, was durch die Gesetzgebung ausgelöst wird. Feedbackschleifen könnten einen Beitrag dazu leisten, dass sich ein anderes Bewusstsein durchsetzt. Derzeit werden Gesetze erlassen und Verordnungen geschrieben, ohne persönlich davon betroffen zu sein. Das ist einfach und man fragt den Kunden auch gar nicht erst nach seiner Meinung. Hiervon auszunehmen sind die Anhörungsverfahren im Rahmen der Gesetzgebung, die aber auf die Inhalte und nicht auf den bürokratischen Aufwand abzielen. Es ist davon auszugehen, dass sich viele Gesetze und ihre Ausformulierungen anders gestalten würden, wenn das Bewusstsein für die Auswirkungen geschärft wäre. Es kommt hinzu, dass politische Entscheider für sich in Anspruch nehmen zu wissen, was gut für die Menschen ist – ohne sie zu fragen oder zu beteiligen. Hierzu ein praktisches Beispiel aus der Entwicklung einer eGovernment-Lösung auf Bundesebene (vgl. auch Schmid & Schäfer, 2020). Die Bundesagentur für Arbeit betrieb im Jahr 2017 noch mehr als 300 eigene Geldauszahlungsautomaten in ihren Dienststellen, um Bedürftige schnell und unkompliziert mit Bargeld zu versorgen. Der Wartungsvertrag lief aus und die

Organisation Stand vor der Frage einer Ersatzbeschaffung. Es wäre die risikoärmste Entscheidung gewesen und hätte sich nahtlos in das herkömmliche Verwaltungshandeln eingefügt. Gleichwohl wären mit dieser Entscheidung hohe Kosten verbunden gewesen und auch weitere Gründe sprachen nicht unbedingt für eine Ersatzbeschaffung, wie z. B. regelmäßiger Vandalismus. Ganz im Sinne des Subsidiaritätsprinzips wurde eine Lösung entwickelt, die eine Auszahlung an Supermarktkassen ermöglichte. Sozialverbände und vor allem linksorientierte Politiker stigmatisierten die Lösung als Gängelung und Herabwürdigung der Betroffenen. Durch Befragungen der Kunden und begleitende Evaluationen konnte aber klar nachgewiesen werden, dass die Befürchtungen völlig unbegründet waren. Ein Meinungsbild war u. a., dass man sich sicherer fühle, weil kein Bargeld mehr bis zum Supermarkt transportiert werden müsse. Die Kritik ebbte in der Folge schnell ab und wurde von der Presse nicht weiter aufgegriffen. Die entwickelte Lösung wurde als bestes eGovernment-Projekt des Jahres 2019 prämiert (vgl. Cisco Systems GmbH, 2023). An diesem Beispiel zeigt sich exemplarisch, wie wichtig es ist, sich mit den Bedürfnissen der Kunden auseinanderzusetzen und ihr Feedback einzuholen.

Die obigen Ausführungen werden von der Skepsis begleitet, ob sich in der Gesetzgebungspraxis wirklich etwas verändern ließe. Es erscheint Stand heute zumindest unsicher. Damit rückt die Frage in den Vordergrund, wie es gelingen könnte, die Regelungen zumindest zu vereinfachen, was auch die Bürokratie deutlich senken könnte Abschn. 14.6. Der bekannte Verwaltungswissenschaftler Jörg Bogumil spricht sich in diesem Zusammenhang z. B. für mehr Pauschalierungen aus (vgl. Schlesiger, 2022). Es soll auf Einzelfallprüfungen zugunsten von z. B. Pauschalbeträgen verzichtet werden. Dieses Vorgehen könnte vor allem im Sozialrecht für deutliche Entlastungen sorgen, wenn z. B. Verwaltungsbeschäftigte auf einen Hausbesuch zur Prüfung des Anspruches auf ein neues Bett verzichten könnten. Bezogen auf das eGovernment ist in diesem Zusammenhang von Interesse, ob Pauschalierungen mit Ermessensentscheidungen einher gehen könnten. Ermessensentscheidungen bedeuten, dass sich die verantwortliche Person nicht zwingend an bestimmte Regeln oder Vorschriften halten muss, sondern Raum für eine individuelle Entscheidung besteht. Ermessen ist in der Gesetzgebung weit verbreitet. Eine Pauschalierung von Leistungen ohne Ermessen wäre für die Effizienz des Verwaltungshandelns optimal. Wird ein Antrag fehlerfrei gestellt, wird er mit einem Pauschalbetrag automatisch bewilligt. Das eGovernment könnte bei dieser Fallgestaltung seine großen Potenziale ausspielen. Sobald aber Ermessensentscheidungen notwendig werden, steigen die Herausforderungen für das eGovernment deutlich an. Ein Ermessen muss legitimiert sein, was Dokumentationserfordernisse nach sich zieht. Die Effizienz des Verwaltungshandelns verringert sich und eine eGovernment-Lösung wird verkompliziert. Bezogen auf die Gesetzespraxis folgt hieraus, dass Pauschalierungen ohne Ermessen aus Effizienzgesichtspunkten das Mittel der Wahl wären. Ob sich der Gesetzgeber hierzu durchringen kann, darf stark bezweifelt werden. Der Grund hierfür ist die ausgeprägt Nanny-Mentalität des deutschen Staates, die von vielen Bürgerinnen und Bürgern auch so gewollt ist Abschn. 14.6.

Es gibt auch optimistische Stimmen. Sie sprechen zum Zeitpunkt der Erstellung dieser Veröffentlichung von einem „Gelegenheitsfenster“ für Veränderungen. Als Grund hierfür wird die derzeitig große öffentliche Aufmerksamkeit angeführt (vgl. z. B. Bernau, 2023a, b). Das Beispiel der Kindergrundsicherung (Abschn. 14.6) lässt allerdings Zweifel daran aufkommen, dass sich die Gesetzgebung wirklich verbessert. Nach derzeitigem Stand kommt es durch das Gesetz nicht nur zu einem deutlichen mehr an Bürokratie, sondern auch zu einer schlechteren Leistungserbringung gegenüber den Empfängern (vgl. Creutzburg & Gelinsky, 2023). Ohne an dieser Stelle auf die Gründe für ein solches Gesetz eingehen zu wollen ist sich die Öffentlichkeit darüber einig, dass es sich bei der Kindergrundsicherung um ein elementar wichtiges Thema für die Partei BÜNDNIS 90/DIE GRÜNEN handelt (vgl. z. B. ZEIT ONLINE, 2019).

Die Beherrschbarkeit der Masse an Gesetzen ist für die Verwaltung schon eine besondere Herausforderung. Kommen inhaltliche Komplexitäten hinzu, dann ist der Gesetzesvollzug kaum mehr zu gewährleisten. Die Folge sind z. B. Einsprüche und Gerichtsverfahren, wie sie derzeit im Rahmen der Grundsteuererhebung tausendfach zu beobachten sind. Hierauf reagiert die Verwaltung, aus nachvollziehbaren Gründen, mit „Gerichtsfestem Verwaltungshandeln“. Ziel ist es, so zu handeln, dass es einer gerichtlichen Überprüfung standhält. Diese Art des Verwaltungshandelns hat in Deutschland Tradition. Eine Tendenz zur Selbstbindung, zur Verrechtlichung von Verwaltungshandeln auch dort, wo es dem Gesetz nach nicht unbedingt sein müsste, findet man in Deutschland bereits in Vorkriegszeiten (vgl. Müller & Sturm, 2010, S. 192). Ein gerichtsfestes Verwaltungshandeln kann nicht effizient und effektiv sein. „Eine solche Verwaltungskultur ist wenig innovativ, scheut Risiken, neigt zu Formalismus und begünstigt einen übermäßig rigiden Vollzug“ (Normenkontrollrat Baden-Württemberg, 2021, S. 4). Die Auswirkungen für die Bürgerinnen und Bürger sowie die Unternehmen sind dramatisch und es schadet letztlich auch dem Ansehen des Staates und seiner Institutionen. Die Verwaltung entfernt sich durch gerichtsfestes Verwaltungshandeln von den Realitäten der Betroffenen. Es wirkt sich zudem negativ auf eGovernment-Lösungen aus. Sie werden nicht kundenorientiert, sondern vor allem gerichtsfest entwickelt und umgesetzt Abschn. 14.8.

Neben der in deutschen Verwaltungen ausgeprägten Kultur für gerichtsfestes Verwaltungshandeln wird es durch Gesetzgeber weiter gefördert. Wenn in Deutschland zum Zeitpunkt der Erstellung dieser Veröffentlichung rund 3 Mio. Klagen gegen die Grundsteuerbescheide anhängig sind (vgl. Au, 2023) und im Schnitt der letzten Jahre rund 40 % der abgelehnten Asylanträge beklagt werden (vgl. Bundeszentrale für Politische Bildung, 2023), dann sind die Probleme in der Gesetzgebung überdeutlich. Eine Verwaltung reagiert in der Folge so, wie es zu erwarten ist. Sie richtet ihren Fokus im Rahmen des Verwaltungshandelns auf die Rechtssicherheit. Um diesem Verhalten entgegenzuwirken und die Bürokratie zu reduzieren, muss sich die Anzahl der Klagen verringern. Das kann dadurch erreicht werden, dass die Anzahl der Gesetze sinkt, Klagemöglichkeiten eingeschränkt und Komplexitäten reduziert werden. Letzteres ist auch dahingehend vielversprechend, dass mögliche Klagen einfacher beschieden werden könnten. Es würde den Druck, vor allem gerichtsfest zu handeln, deutlich reduzieren. Es könnte einen Beitrag dazu leisten, dass sich das vor allem gerichtsfeste Verwaltungshandeln zugunsten einer Effizienz- und Kundenorientierung verändert.

Die Anzahl der Klagen lässt sich beispielsweise dadurch reduzieren, dass man standardisierte Lösungsräume schafft. In einem Beschlussvorschlag für die Justizministerkonferenz (JuMiKo) am 10. November 2023 ist beispielsweise vorgesehen, die Entschädigungsverfahren für Flug- und Bahngastrechte vor einem Gericht zu verhindern (vgl. Legal Tribune Online, 2023). Hierfür soll eine Legal-Tech-Anwendung zum Einsatz kommen. Unter Legal Tech-Anwendungen versteht man digitale bzw. automatisierte Lösungen, um die Rechtsprechung zu unterstützen bzw. zu ersetzen. Im vorliegenden Fall könnten die Beförderungsunternehmen dazu verpflichtet werden, eine Legal-Tech-Anwendung bereitzustellen. Hierüber können Betroffene ihre Ansprüche geltend machen, die dann automatisch beschieden werden. Die Anzahl der Gerichtsverfahren könnte hierdurch deutlich reduziert werden. Ganz zu schweigen von den Bürokratiekosten, die den Beteiligten erspart blieben.

Neben den Legal-Tech-Anwendungen wird die sogenannte „Elektronische Gesetzgebung" vorangetrieben. „Elektronische Gesetzgebung bezeichnet ein durchgängig elektronisches Verfahren vom Textentwurf bis zur Verkündung eines Gesetzes, das Format- und Medienbrüche vermeiden und sowohl den Aufwand als auch die Fehleranfälligkeit einzelner Prozessschritte verringern soll" (Piesker et al., 2020, S. 313). Zur elektronischen Gesetzgebung läuft ein Projekt auf Bundesebene, welches bereits im Jahr 2016 gestartet wurde und nach derzeitiger Planung im Jahr 2024 abgeschlossen werden soll (vgl. z. B. CIO des Bundes, 2023). Zwischenergebnisse des Projekts werden auf einer eigenen Internetseite präsentiert (vgl. Bundesministerium des Innern & für Heimat, 2023a, b, c, d). Das Projekt umfasst verschiedene Aspekte der Gesetzgebung, von der Erstellung von Gesetzesentwürfen über die Zeitplanung bis zu einer elektronischen Nachhaltigkeitsprüfung. Teilweise sind die Lösungen bereits fertig entwickelt und können auf der Internetseite getestet werden.

Die elektronische Gesetzgebung kann sicher dazu beitragen, dass die notwendigen Prozesse effizienter ablaufen und sich das Gesetzgebungsverfahren transparenter und zugänglicher gestaltet. Hierfür lassen sich Beispiele aus anderen Bereichen der Verwaltungspraxis finden. Die mittlerweile etablierten Online-Vergabeplattformen haben nachgewiesen, welche Effizienz- und Effektivitätspotenziale für die Betroffenen existieren. Da öffentliche Auftragsvergaben wie die Gesetzgebung sehr formal organisiert sind, lassen sich die Sachverhalte gut miteinander vergleichen. Über die Vergabepattformen müssen beispielsweise die Stammdaten eines Auftragsbewerbers oder dessen formale Nachweise, nur einmalig hinterlegt und in der Folge ggf. aktualisiert werden. Die Potenziale liegen daher vor allem in der Wiederverwendbarkeit von Daten und Informationen. Ähnlich verhält es sich bei der elektronischen Gesetzgebung. Bestimmte Formulierungen, eine Präambel etc. können als Vorschläge übernommen werden, erleichtern die Arbeit und verkürzen den Prozess.

Das Gesamtprojekt „Elektronische Gesetzgebung" umfasst verschiedene Teillösungen. Es ist in diesem Zusammenhang positiv hervorzuheben, dass die Lösung „Elektronische Vorbereitung von Regelungsentwürfen" (eVor) auf den Vorgaben des Bundesministeriums des Innern und für Heimat zur Gesetzesfolgenabschätzung basiert. Das ist ein wichtiger Schritt, um eine Gesetzesfolgenabschätzung in Deutschland zu etablieren, die diesen Namen auch verdient. Die Notwendigkeiten hierfür wurden weiter oben bereits herausgearbeitet. Experten gehen darüber hinaus davon aus, dass es durch eine elektronische Gesetzgebung auch zu einer größeren Akzeptanz der am Verfahren beteiligten Akteure und zu einer Verbesserung der Qualität der Gesetzgebung kommen kann (vgl. Piesker et al., 2020, S. 313). Eine solche Entwicklung wäre wünschenswert. Hierdurch ließen sich auch eGovernment-Lösungen vereinfachen, was ihre Erfolgswahrscheinlichkeit erhöht. Gleichwohl bleibt die Skepsis, ob sich Politik und Politische Verwaltung durch eine elektronische Abwicklung von ihrer Regelungsfreude abhalten lassen würden. Vielleicht wirkt es sogar kontraproduktiv: Wenn die

Erstellung von Gesetzen technisch immer einfacher wird und schneller geht, warum sollte man sich dann beschränken?

Als Zwischenergebnis lässt sich festhalten, dass die Anzahl der Gesetze reduziert und ihre Komplexität verringert werden muss, um das eGovernment zu unterstützen. Das Vorhaben der elektronischen Gesetzgebung ist zu begrüßen, da das Potenzial zur Reduktion administrativer Aufwände erheblich ist. Des Weiteren sollten Evaluations- oder Kontrollmaßnahmen wie z. B. die Gesetzesfolgenabschätzung oder der Digitalcheck (Abschn. 14.1) ihren Intentionen auch gerecht werden können. Es wird ohne Prüfungen, Evaluationen, Konsequenzen und Sanktionen kaum möglich sein. Da sich die Politische Verwaltung nicht abschaffen lässt, sollten Anreize etabliert und Feedbackschleifen eingebaut werden, damit ihr die Folgen ihres Handelns deutlicher bewusst werden. Ein Bewusstseinswandel ist zudem auf staatlicher Ebene angezeigt. Er sollte seine Nanny-Mentalität ablegen und die Eigenverantwortung stärken. Diese Notwendigkeit lässt sich am Thema Migration verdeutlichen. Es bewegt die Menschen und wird Deutschland in den kommenden Jahrzehnten weiter vor eine der größten Herausforderungen seiner Geschichte stellen. Gerade in diesem Bereich zeigt sich, dass vermeintlich gut gemeinte gesetzliche Regelungen die Probleme eher verschärfen als lösen. Die ankommenden Menschen werden daran gehindert, ihre Angelegenheiten selbst zu regeln (vgl. z. B. Soldit & Locke, 2023). So wird z. B. die Arbeitsaufnahme an zahlreiche Bedingungen geknüpft, die von unterschiedlichen Behörden bearbeitet werden. Diese Mentalität rührt vermutlich aus der Vergangenheit, als versucht wurde, deutsche Arbeitnehmer vor ausländischer Konkurrenz zu schützen. Doch die Welt hat sich offensichtlich verändert und die Lösungen aus der Vergangenheit tragen in der Gegenwart nicht mehr. Hier bedürfte es mutiger Vereinfachungsinitiativen aus der Politik, die aber derzeit nicht erkennbar sind. Sie sind auch nicht zu erwarten, da das Thema Migration die meisten Parteien zu einem politischen Spagat zwingt, den sie kaum aushalten.

Abschließend wird in kurzer Form auf das Digitalrecht eingegangen. Mit ihm sollen technische Innovationen gesteuert, Risiken begrenzt und Folgen des Technologieeinsatzes beherrschbar gemacht werden (vgl. Boehme-Neßler, 2018, S. 63). Es steht nicht unmittelbar mit der, diese Empfehlung begründenden, Hypothese in Verbindung. Das Digitalrecht hat aber einen großen Einfluss auf das eGovernment und kann daher nicht gänzlich außer Acht gelassen werden. Wichtig für spürbare Fortschritte im E-Government sind nicht nur die Online-Leistungen, wie sie das OZG vorsieht, sondern auch eine digitaltaugliche Rechtsetzung (vgl. Röhl, 2023, S. 14). Darüber hinaus ist der Handlungsbedarf für den Gesetzgeber überaus groß: „Unser

Digitalrecht ist am Ende. Hochkompliziert, widersprüchlich, kaum nachvollziehbar“ (Schallbruch, 2018, S. 225).

Unter Digitalrecht wird das Rechtsgebiet verstanden, welches sich mit den verschiedenen Aspekten der Digitalisierung und der zugehörigen Informationstechnologie beschäftigt. Es umfasst damit eine breite Palette von Sachverhalten, die sich aus der Nutzung und Entwicklung von Technologien ergeben. Aufgrund des Umfangs dieses Themengebiets können an dieser Stelle nur einige Impulse gesetzt werden. Es wird sich im Wesentlichen auf die Sachverhalte konzentriert, die in einem konkreten Zusammenhang mit dem eGovernment stehen.

Für das eGovernment selbst existieren in Bund und den Ländern eigene gesetzliche Grundlagen, auf die nicht weiter eingegangen werden muss. Die Gesetze sind teilweise sehr konkret, wie z. B. die Pflicht zur Annahme elektronischer Rechnungen oder die Einführung der Elektronischen Akte. Sie richten sich damit vor allem an die Exekutive, damit die Digitalisierung in den Verwaltungen Fahrt aufnimmt. Auch wenn diese Vorgaben vor allem auf die Binnenstrukturen der Verwaltungen abzielen, profitieren hiervon auch alle anderen Stakeholder. Unternehmen können ihre Rechnungen elektronisch einreichen, Antragsprozesse werden durch die elektronische Akte beschleunigt etc. An diesen Beispielen zeigt sich, dass die Chancen für Verwaltungsstrukturreformen nie größer waren als heute. Das New Public Management ist vor allem an seiner Binnenorientierung gescheitert (vgl. z. B. Gourmelon et al., 2011). Es fehlte die Bindung nach außen, um wirklich etwas zu verändern, was bei den Kunden der Verwaltung ankommt.

Die Digitalisierung sorgt für andere Voraussetzungen, um Veränderungen herbeizuführen. Die Binnenstrukturen der Verwaltungen werden durch die Digitalisierung effizienter. Sie müssen zudem effizienter werden, da es an den personellen Ressourcen dauerhaft fehlen wird Abschn. 5.2. Der Druck ist im Gegensatz zum New Public Management hoch. Es setzte auf die Selbstheilungskräfte betriebswirtschaftlicher Kennzahlen, was im Nachhinein naiv erscheint. Da sich mit der Digitalisierung die Technik ändert, wird Anpassungsdruck erzeugt, wie es z. B. die elektronische Akte unter Beweis gestellt hat Abschn. 14.6. Bedeutender als binnenorientierter Druck sind die Beziehungen und Erwartungshaltungen der Stakeholder. Anders als beim New Public Management gehen Geschäftsprozesse von Stakeholdern und Verwaltung ineinander über, wenn z. B. Anträge digital gestellt und beschieden werden. Diese Verbindung zwischen Verwaltung und Stakeholdern gab es in deutschen Verwaltungsreformhistorie noch nie. Hierdurch sitzt die Öffentlichkeit viel stärker mit im Boot und baut Druck auf, der die Politik und die Verwaltungen zum Handeln zwingt. Es vergeht kaum ein Tag, an dem nicht über die vermeintlich rückständigen Amtsstuben berichtet wird. Aus Sicht der Gesetzgeber in Bund und Ländern ist es daher sinnvoll, Digitalstrategien zu entwickeln und in eGovernment-Gesetze zu gießen Abschn. 14.8.

Die Kritik am Digitalrecht speist sich im Wesentlichen daraus, dass die juristischen Prinzipien der Vergangenheit in die Zukunft übertragen werden. Man setzt auf Einzelfallentscheidungen und auf Detailgenauigkeit, was die Gesetzgebung verkompliziert. Sie kann in der Praxis kaum funktionieren, da herkömmliches juristisches Vorgehen auf eine neue Technik trifft, deren finale Entwicklung noch gar nicht abgesehen werden kann. Es bestehen daher Zweifel daran, ob das Digitalrecht überhaupt mit der enormen Innovationsgeschwindigkeit der Digitalisierung Schritt halten kann. Das Recht soll eine Technik regulieren, die sich gerade erst entwickelt bzw. noch gar nicht im Einsatz ist. Dieses Vorhaben scheint zum Scheitern verurteilt zu sein, wenn man sich die bereits vorhandenen Herausforderungen der Gesetzgebung in Deutschland vor Augen führt. Die meisten Bürgerinnen und Bürger erinnern sich in diesem Zusammenhang an die Umsetzung der Datenschutzgrundverordnung, deren Auswirkungen sich bis heute zeigen. Es verwundert daher nicht, dass es nach herrschender Meinung an einer Praxisorientierung in der Gesetzgebung fehlt (vgl. z. B. Behördenspiegel, 2023a, b, c, d). Letztere war maßgeblich dafür verantwortlich, dass der Beginn der Umsetzung der Datenschutzgrundverordnung als chaotisch und bis heute als unbefriedigend bezeichnet werden kann.

Auch im Digitalrecht finden sich Beispiele dafür, dass die Gesetzgebung kontraproduktiv wirken kann. Die sogenannte „Cookie-Richtlinie" (vgl. Europäische Union, 2009) bestimmt, dass Cookies nur erlaubt sind, wenn der User ausdrücklich zustimmt. Der Schutz der Verbraucher vor unberechtigter Überwachung durch den Betreiber von Internetseiten ist sicherlich lobenswert. Aber in der Praxis werden die entsprechenden Zwangsabfragen auf den Webseiten durch die User einfach bestätigt, da sie von der Abfrageflut genervt sind. Die auf den Schutz der Verbraucher ausgelegte Regelung verkehrt sich hierdurch in das Gegenteil. Der Nutzen solcher Regelungen kann daher in Zweifel gezogen werden und es zeigt die weit verbreitete Praxisferne der Gesetzgebung. Ganz zu schweigen von den hiermit verbundenen Bürokratiekosten.

Die Gründe für die unzureichende Ausgestaltung des Digitalrechts sind in den handelnden Akteuren und handwerklichen Fehlern zu suchen. Ein Großteil der politischen Entscheidungsträger und die Spitzen der Verwaltungen haben keine Ahnung von der Digitalisierung. Sie reihen sich hierbei in die Schlange der Gesamtbevölkerung ein (vgl. Jahn et al., 2021, S. 11).

Auf Basis von fehlender Kompetenz Gesetze zu entwerfen und zu beschließen, kann zu keinem guten Ergebnis führen. Es kommt hinzu, dass die Digitalisierung von Juristen gestaltet wird, die über gänzlich andere Kompetenzen verfügen (vgl. Behördenspiegel, 2023a, b, c, d, S. 1). In der Gesellschaft ist die Digitalisierung längst angekommen. Alle Menschen spüren die Veränderungen oder sind Teil von ihr. Gleichzeitig versuchen Juristen mit herkömmlichen Methoden Gesetze zu formulieren und umzusetzen. Es ist ein fast schon absurder Versuch, ohne den Juristen eine böse Absicht zu unterstellen. Der Kampf vieler Regierungen gegen die monopolistischen Strukturen der großen Digitalkonzerne beweist, dass viele Versuche einer gesetzlichen Regulierung gescheitert sind.

Die handwerklichen Fehler in der Gesetzgebung liegen vor allem darin, dass versucht wird, die Technologie in ein Regelkorsett zu pressen. Es folgt dem Prinzip des „Verbots mit Erlaubnisvorbehalt", welches in Deutschland verbreitet ist. Es wird etwas verboten, es sei denn, es liegt eine ausdrückliche Erlaubnis oder Genehmigung vor. Ein Beispiel ist das Fahren eines Fahrzeugs. Es ist nur erlaubt, wenn es regelkonform zugelassen und angemeldet ist etc. Der Fahrzeugführer muss über die richtige, aktuelle etc. Fahrerlaubnis verfügt. Das Verbot mit Erlaubnisvorbehalt bedingt, dass der Gesetzgeber zum einen in der Lage sein muss, etwas explizit zu verbieten. Zum anderen muss er in der Lage sein, die Einhaltung des Verbots zu überwachen und bei Nichteinhaltung zu sanktionieren. Ansonsten haben alle gesetzlichen Regelungen keinen Wert. Hieraus folgt, dass der inhaltliche Gegenstand rechtlich, technisch und faktische greifbar sein muss. Alle diese Merkmale treffen auf die meisten digitalen Technologien nicht zu. Die TÜV-Prüfung eines Fahrzeugs erfolgt nach klaren Regelungen und definierten Standards. Am Ende wird die notwendige Erlaubnis zum Betrieb erteilt oder versagt. Im Gegensatz hierzu entzieht sich die Digitalisierung bereits der technischen Spezifikation. Ein leicht nachvollziehbares Beispiel liefert die Künstliche Intelligenz. Die Tagespresse ist voll von Mitteilungen über die mit dieser Technik verbundenen Vor- und Nachteile, ihre Risiken etc. Selbst Experten sind sich uneinig darüber, ob und wie die Künstliche Intelligenz reguliert werden sollte bzw. könnte. Daher kommt dem Gesetzgeber in diesem Fall nur noch die Rolle des Zaungasts zu. Er ist, anders als z. B. bei der Kindergrundsicherung, nicht Initiator und Treiber eines politisch gewollten Vorhabens, der das Steuer in der Hand hält. Der Gesetzgeber ist bei der Digitalisierung nur noch ein Getriebener. Getriebene haben nicht die Zeit, kühl zu analysieren und rational zu entscheiden, was sich an der Diskussion zur Regulierung der Künstlichen Intelligenz im Besonderen zeigt. Trotzdem maßt sich der Staat an, über die notwendigen Kompetenzen zu verfügen, um entsprechende

Gesetze zu erlassen. Dabei setzen die Technologiefirmen die Standards, die von einem Gesetz in Nachhinein nicht mehr eingefangen werden können. Dies ist auch ein wesentlicher Grund für die Marktmacht der großen Digitalkonzerne. Viele Beobachter kommen daher wenig überraschend zu dem Schluss, dass sich der Gesetzgeber beim Digitalrecht zurücknehmen und sich stärker auf Grundsätze konzentrieren sollte, die für alle Bereiche des digitalen Lebens Geltung haben (vgl. Schallbruch, 2018, S. 225). Es wird vor allem davon abgeraten, technische Kriterien in den Gesetzen und Verordnungen zu verankern (Behördenspiegeln, 2023a, b, c, d, S. 1). „Der bisherige Ansatz des Staates wird uns dabei wenig helfen. Ein paar mehr Regeln für Cloud-Dienste, ein paar mehr Auflagen für die Sicherheit von Geräten, ein paar mehr Sorgfaltspflichten für Provider, hier wird sich einiges tun … Aber mit der Komplexität unserer digitalen Welt … damit lässt er uns allein" (Schallbruch, 2018). Hieraus spricht auch die Besorgnis, dass der Staat in der digitalen Welt das Heft des Handelns nicht mehr in der Hand hat.

An anderen Stellen dieser Veröffentlichung wurde bereits auf den „Digitalcheck" für neue Gesetze eingegangen Abschn. 14.1. Es handelt sich um einen sinnvollen ersten Schritt, um nicht nur die Gesetzgebung zu verbessern, sondern auch ein anderes Bewusstsein zu schaffen. Das gesetzte Ziel, bis zum Ende der Legislaturperiode den Digitalcheck als festen Bestandteil der Gesetzesvorbereitung zu etablieren und dabei einen hohen Reifegrad zu erreichen (vgl. Bundesministerium des Innern & für Heimat, 2023a, b, c, d) ist für die weiteren Entwicklungen auf diesem Gebiet wichtig. Vor allem in Anbetracht dessen, was in den Jahren davor auf diesem Gebiet verpasst worden ist. Die Anzahl der Befürworter des Digitalchecks sind deutlich in der Überzahl. Im Rahmen der Umsetzung wird allerdings kritisiert, was bereits weiter oben in diesem Abschnitt thematisiert wurde. Es bedarf eines Bewusstseins, was mit den Gesetzen ausgelöst wird. Die Zielrichtung des Digitalchecks ist zu eng gefasst, da die Anwender der Gesetze – Gerichte, Anwälte, aber auch Bürgerinnen und Bürger sowie Unternehmen als Adressaten der Regelungen – bislang kaum berücksichtigt werden (vgl. Röhl, 2023, S. 14). Der Einbezug der relevanten Zielgruppen ist essenziell, um zu einfacheren und praxistauglicheren Gesetzen zu kommen, die letztlich die Bürokratie ganz automatisch begrenzen.

14.8 Empfehlung 8: Bedarfe der Kunden erfüllen

In der Kap. 13 wurde herausgearbeitet, dass ein schwacher Zusammenhang zwischen dem Vertrauen der Bürgerinnen und Bürger in ihren Staat und dem Entwicklungsgrad des eGovernments besteht. Statistisch kann der Zusammenhang aber nicht hinreichend bewiesen werden. Im Weiteren wurden die Ergebnisse u. a. dahingehend interpretiert, dass vor allem in Deutschland ein Vertrauensproblem in den Staat existieren könnte Abschn. 13.3. Ein solches würde sich negativ auf die Inanspruchnahme von eGovernment-Angeboten auswirken.

„Schlimm sind bestimmte Arbeitsweisen … oder Abläufe, die nicht auf den Kunden ausgerichtet sind“ lässt sich der ehemalige Vorstandsvorsitzende der Bundesagentur für Arbeit, Frank-Jürgen Weise in der FAZ zitieren (vgl. Bollmann, 2023a, b, c, d). Er gilt als einer der versiertesten Kenner der Szene, da er nach seiner Zeit bei der Bundeswehr in der Industrie gearbeitet hat und diese Erfahrungen in die Verwaltung einbrachte. Er wurde, im Gegensatz zu den meisten anderen Führungskräften, nicht durch die Verwaltung sozialisiert. Die Einführung privatwirtschaftlicher Methoden in der Bundesagentur für Arbeit wurde, wie zu erwarten, auch von Kritik begleitet. Sein Personalkonzept, welches Anreize für die Beschäftigten außerhalb des öffentlichen Tarifrechts schuf, brachte ihm die Bezeichnung „Gutsherr von Nürnberg“ (vgl. Bohsem, 2010) ein. Unter seiner Ägide veränderte sich in der Behörde das Kundenverständnis grundlegend. Die Prozesse wurden auf die Kunden ausgerichtet und zugehörige Kennzahlen etabliert, um die Leistungsfähigkeit der Organisation zu messen. Damit es das Verwaltungshandeln auch tatsächlich prägt, wurde ein System von Zielvereinbarungen und ein zugehöriges Controlling eingeführt. Die Maßnahmen leisteten den entscheidenden Beitrag, um eine so große Behörde überhaupt steuern zu können. Vergleichbare Ansätze, in Verbindung mit einem personenbezogenen Durchsetzungswillen, sucht man bei den meisten Verwaltungen in Deutschland vergebens.

Die Ausrichtung der eGovernment-Lösungen auf die Bürgerinnen und Bürger kann nur gelingen, wenn in den Verwaltungen eine Kundenorientierung einsetzt. Zufriedene Bürgerinnen und Bürger vertrauen mit einer 10-mal höheren Wahrscheinlichkeit dem Staat und seinen Institutionen (vgl. Stern et al., 2018, S. 7). Allein diese Statistik macht deutlich, wie wichtig die Kundenorientierung in den Verwaltungen ist. Die elementare Bedeutung des Vertrauens des Kunden in einen Anbieter ist betriebswirtschaftliche

Legende. Es gibt eigene Methoden bzw. Disziplinen, wie z. B. die „Customer Journey", die sich mit der Kundenbeziehung und dem Kundenvertrauen beschäftigen. Die deutsche Übersetzung einer „Kundenreise" beschreibt es sehr zutreffend. Der Kunde soll auf eine Erlebnisreise mitgenommen und und begeistert werden. Eine Customer Journey sollte sogar so weit reichen, dass die kognitiven, affektiven, emotionalen, sozialen und physischen Reaktionen des Kunden gegenüber Lieferanten berücksichtigt werden (vgl. Verhoef et al., 2009, S. 32). So weit muss man für bessere eGovernment-Angebote in Deutschland sicherlich nicht gleich gehen. Gleichwohl kann ein wichtiger Bestandteil der Customer Journeys hilfreich sein, um den Fokus deutlich besser auf die Kunden auszurichten. Die sogenannten „Touchpoints" (Berührungs- bzw. Kontaktpunkte) mit den Kunden sind elementar, um sie besser zu verstehen und adäquat zu bedienen. Die Begriffe spiegeln allerdings nur in Ansätzen wider, was unter Touchpoints zu verstehen ist (vgl. Kruse et al., 2018, S. 329). Touchpoints sind Berührungspunkte zwischen Organisationen und ihren Kunden (vgl. z. B. Schüller, 2013, S. 15) und damit die „Momente der Wahrheit", wie sie von Jan Carlzon, dem ehemaligen Chief Executive Officer der SAS Group, in seiner sehr bekannten Veröffentlichung (vgl. Carlzon, 1989) skizziert wurden.

Negative „Momente der Wahrheit" findet man leider regelmäßig in Kundenbefragungen zum eGovernment. „Alle Bürger*innen müssen früher oder später Behördendienste in Anspruch nehmen. Für die meisten ist dieser Kontakt aktuell sehr anstrengend" (Jahn et al., 2023, S. 39). Die Touchpoint-Erfahrungen sind durchweg negativ, was keine gute Voraussetzung für die Inanspruchnahme der eGovernment-Angebote ist. Das Problem wurde bereits früh erkannt: „Zur Messung der Zielerreichung des E-Government-Programms ist eine fortlaufende Bewertung des Fortschritts und der Erfolge vorgesehen. Im Rahmen des Programms werden entsprechende Kosten-Nutzen-Analysen von den Behörden durchgeführt, die insbesondere den Nutzen auch auf Kundenseite bzw. bei den Adressaten berücksichtigen" (Bundesministerium des Innern, 2006, S. 26). Eine wirkungsvolle Berücksichtigung des Kundennutzens findet man bis heute vergebens. Hätte man die Forderungen aus dem Jahr 2006 erfüllt, würden viele eGovernment-Lösungen heute anders aussehen. Es muss daher leider konstatiert werden, dass das Problem erkannt, aber nicht behoben wurde. Die meisten Analysen (vgl. z. B. Deutsches Institut für Urbanistik, 2023) und Expertenmeinungen (vgl. Bogumil & Holtkamp, 2005) sprechen auf diesem Gebiet eine deutliche Sprache. Mittlerweile kann man den Verwaltungen aber nicht mehr vorwerfen, die Kunden grundsätzlich zu ignorieren. Die Kundenorientierung hat aber weiterhin keine vordringliche Priorität, wie aus den unterschiedlichen

Befragungsergebnissen hervorgeht. Behörden schneiden beispielsweise bei Kundenzufriedenheitsbefragungen deutlich schlechter als Unternehmen ab (Stern et al., 2018, S. 5).

Ein weiterer Aspekt ist im Kontext der Touchpoints mindestens von ebenso großer Bedeutung. Es wird kaum berücksichtigt, wie stark die Beziehungsebene zwischen Kunde und Lieferant bei ungenügenden Online-Leistungen (=Touchpoint) belastet wird. Es ist dabei völlig unerheblich, ob es sich tatsächlich um eine Schlechtleistung handelt, oder diese nur als solche wahrgenommen wird. Customer Journeys sind Kundenreisen und kein Instrument zur Rechtfertigung des Lieferanten. Zu Letzterem neigen Verwaltungen. Sie erklären, warum etwas nicht oder nur bürokratisch geht, um sich und ihr Handeln zur rechtfertigen. Es ist genau das Gegenteil eines Kundenerlebnisses, nämlich eine Enttäuschung der Erwartungshaltungen.

Durch eine, ggf. vom Kunden auch nur gefühlte, Schlechtleitung kann nicht nur kein Vertrauen entstehen, es wird darüber hinaus sogar abgebaut. In Kombination mit dem staatlichen Angebotsmonopol entsteht beim Kunden schnell ein Gefühl der Ohnmacht, der sich nicht selten lautstark Luft macht. Da das behördliche Beschwerdemanagement nicht die oberste Priorität genießt, leidet die Kundenbeziehung weiter. Das Image ist schon reichlich ramponiert. Im Ansehen einzelner Berufsgruppen liegen Feuerwehrleute (93 %) und Krankenpfleger (88 %) ganz vorne, weit hinten finden sich Beamte (31 %) und Politiker (17 %) (vgl. dbb Beamtenbund und Tarifunion, 2023, S. 41). Die Ignoranz der Kundenwünsche ist Wasser auf die Mühlen derer, die den Staat und seine Institutionen ablehnen. Hierbei darf nicht unterschätzt werden, dass man sich durch die sozialen Medien noch einfacher Luft verschaffen kann. „Gleichfalls bedeutet demokratische Staatsbürgerschaft nicht mehr nur Wählen und Demonstrieren, sondern auch voten und bashen“ (Roleff, 2011, S. 24). Auch hierauf hat die Verwaltung noch keine adäquate Antwort gefunden. Ein kundenorientiertes Verwaltungshandeln könnte eine wichtige Rolle spielen, um Vertrauen in den Staat aufzubauen bzw. wieder herzustellen. Hierdurch ließe sich auch der Politikverdrossenheit zumindest etwas entgegensetzen.

Der kurze Ausflug zu den Customer Journeys zeigt auf, dass der Kundenbedarf ernst genommen und bedient werden muss, um Vertrauen in eGovernment-Angebote zu erzeugen. Der Kundenbedarf sollte bei allen eGovernment-Vorhaben von Beginn an im Mittelpunkt stehen. Nur so kann ein Beitrag dazu geleistet werden, dass eine positive Wahrnehmung des Staates und seiner Institutionen entsteht oder zumindest keine Verschlechterung eintritt. Ein positives Beispiel liefert in diesem Zusammenhang der Bezirk Friedrichshain-Kreuzberg in Berlin. Zum Zeitpunkt der Erstellung dieser

Veröffentlichung läuft dort das Modellprojekt „Bürgeramt der Zukunft“ (vgl. Behördenspiegel, 20232023a, b, c, d). Es hat zum Ziel, den Besuch im Bürgeramt zu einem Erlebnis für die Kunden zu machen und folgt damit der Idee einer Customer Journey. Das Bürgeramt der Zukunft umfasst u. a. einen „Self-Check-in“ wie man ihn vom Flughafen kennt, ein Wegeleitsystem für die Bürgerinnen und Bürger und eine Fotostation. Alles ist auf den Bedarf bzw. den Verlauf des Besuchs der Kunden in der Behörde ausgerichtet. Datenanalysen ergaben, dass viele Kunden, trotz Terminvergabe, zu früh erscheinen. Durch den Self-Check-in können sie nun auch früher bedient werden, was Wartezeiten verringert (vgl. CityLAB Berlin, 2023) und das Verwaltungshandeln effizienter macht. Solche Lösungen sind bürgernah und die Investitionen zahlen sich mit Sicherheit aus. Selbsterklärende Bedienungssteuerungssysteme schaffen Akzeptanz, die auch erfolgskritisch für das eGovernment sind (vgl. Evers-Wölk et al., 2022). Die Kunden müssen in ihren Lebenswelten abgeholt werden. Um sie zu verstehen, muss man sich in sie hineinversetzen. Ein wichtiger Aspekt ist die Lebenslagenorientierung Abschn. 14.5. Die herkömmliche funktionale Aufbauorganisation der Verwaltungen müsste sich zukünftig lebenslageorientiert ausrichten. Bisher ist es leider noch keiner Verwaltung in Deutschland gelungen, es umzusetzen. Es ist auch verständlich, da sich die Arbeitsroutinen, die Arbeitsmittel, die Aufgaben, die Hierarchien etc. grundlegend verändert würden. Es käme nicht nur zu erheblichen Widerständen in den Organisationen. Die Beschäftigten müssten in einigen Bereichen auch neu angelernt werden und verfügen zum Teil gar nicht über das erforderliche Know-how.

Neben dem positiven Beispiel des Bürgeramts der Zukunft, muss der Blick auf die Realitäten des deutschen Verwaltungshandelns gerichtet werden. Denn 42 % der Deutschen, die das E-Government-Angebot ihrer Stadt oder Gemeinde kennen, sind damit nicht zufrieden (vgl. Jahn et al., 2023, S. 7). Den Kontakt mit der Verwaltung empfindet die Mehrheit (59 %) der Menschen in Deutschland meist als sehr anstrengend, Tendenz sogar steigend (+5 zum Vorjahr) (vgl. Jahn et al., 2023, S. 6). Die Ergebnisse sind vor allem angesichts der jahrzehntelangen Bemühungen um das eGovernment ernüchternd. Es zeigt, dass auf diesem Gebiet dringender Handlungsbedarf besteht.

Unter dem Titel „Per Liegendtransport ins Bürgeramt“ (vgl. Biener, 2023) wurde die Erfahrung einer älteren Dame mit der Beantragung eines Personalausweises publik, die sinnbildlich für die Kundenorientierung der Verwaltung in Deutschland steht. Die Dame benötigte einen neuen Personalausweis, für den allerdings die Fingerabdrücke vonnöten sind. Da sie bettlägerig ist, aber vieles noch allein regeln kann – was sich eine Gesellschaft von betagten Mitbürgerinnen und Mitbürgern sicherlich wünscht – benötigte sie den Ausweis aus ganz praktischen Gründen, wie z. B. die Eröffnung eines neuen Bankdepots per Video-Zertifizierung. Die Verwaltung bot als Ausweg eine Befreiung von der Ausweispflicht an, was der Dame nicht dabei weitergeholfen hätte, ihr selbstbestimmtes Leben weiterzuführen. Die Tochter bemühte sich zwei Jahre um eine Lösung. Es wurde u. a. das Hessische Innenministerium und der Beauftragte des Bundes für die Belange von Behinderten eingeschaltet. Am Ende kam es zu einem Liegendtransport der betagten Dame in das Bürgeramt.

Es stellt sich die Frage, warum die Kunden nicht in den Mittelpunkt des Verwaltungshandelns gestellt und ihre Bedürfnisse im Rahmen der Entwicklung von eGovernment-Lösungen unzureichend berücksichtigt werden. Ein Grund ist sicher das rational-instrumentelle Verwaltungsmodell (Abschn. 5.2), welches Deutschlands Exekutive prägt. Eine sich an der präzisen Ausführung von Rechtsakten orientierende und an Hierarchie klammernde Verwaltung kann gar nicht anders, als den Kunden zu ignorieren. Hinzu kommt das gerichtsfeste Verwaltungshandeln (Abschn. 14.7), was nur den eigenen Nutzen im Blick hat und sich damit von den Realitäten der Kunden immer weiter entfernt. Neben diesen Eigenschaften der deutschen Verwaltung ist ihr oftmals unklar, in welche Richtung sie sich entwickeln soll. Wer sich orientierungslos in die digitale Welt aufmacht, der braucht sich nicht wundern, wenn die Ergebnisse enttäuschend sind. Die Herausforderung der deutschen Verwaltung besteht in diesem Zusammenhang darin, dass sie oftmals strategielos um sich her irrt Kap. 3. Es ist erfreulich zu beobachten, dass dieses Problem in den letzten Jahren zumindest erkannt wurde. Es sind beispielsweise eGovernment- und Digitalstrategien entwickelt und verabschiedet worden, die diesen Namen auch verdienen. Zuvor waren es meist nur allgemeine Formulierungen, die sich vor allem in den typisch deutschen Koalitionsregierungen einfach zur Konsensfindung verabschieden ließen.

Es ist erkannt worden, dass es klarer Zielrichtungen bedarf, damit in die richtigen Maßnahmen investiert und ein Monitoring des Fortschritts ermöglicht wird. Erfreulich ist in diesem Zusammenhang auch, dass es teilweise zu einer Verzahnung von Koalitionsverträgen und IT-Strategie gekommen ist. Der politische Wille kann hierdurch auf das eGovernment übertragen werden. Es ist aber nicht alles Gold, was glänzt. Die Strategien sind sehr unterschiedlich ausgeprägt und unterscheiden sich sowohl zwischen den föderalen Ebenen und als auch innerhalb dieser. Es wird zudem kritisiert, dass die Kundenperspektive nur unzureichend berücksichtigt wird. „Der Fokus einer Digitalstrategie muss darauf liegen, dass die eingeleiteten Maßnahmen auch bei den Menschen ankommen. Davon ist bisher allerdings nur wenig zu sehen“, lässt sich Lena-Sophie Müller, die Geschäftsführerin des Digitalvereins Initiative D21, in der Frankfurter Allgemeinen Zeitung zitieren (vgl. Budras, 2023a, b, c). Ein Unternehmen würde niemals auf die Idee kommen, die Perspektive des Kunden aus den Augen zu verlieren. Ganz im Gegenteil, es setzt alles daran herauszufinden, was der Kunde möchte.

Es sind daher zusammenfassend betrachtet vorwiegend die Eigenschaften der Verwaltung in Deutschland, gepaart mit Strategieschwächen, die dazu führen, dass man die Bedarfe der Kunden nicht im Blick hat. Es ließe sich argumentieren, dass es eigentlich gar nicht so schlimm ist. Die Anzahl der Verwaltungskontakte liegt nach unterschiedlichen Untersuchungen bei Bürgerinnen und Bürgern zwischen zwei und fünf pro Jahr. Anders kann es, in Abhängigkeit vom jeweiligen Geschäftsmodell, bei den Unternehmen aussehen. Eine Gleichgültigkeit gegenüber dem eGovernment ist aber nicht nur institutionell zu kurz gesprungen (Abschn. 5.5), sondern verkennt die dahinter liegenden Potenziale für eine technikgetriebene Verwaltungsreform. Die Implikationen der Kundenerwartungen auf das konkrete Verwaltungshandeln wurden in diesem Zusammenhang schon sehr früh erkannt: „Nur wenn durch die elektronisch angebotenen Verwaltungsdienstleistungen für die Anwender ein zusätzlicher Nutzen geschaffen wird, werden diese sich gegenüber traditionellen Arbeitsweisen und -strukturen durchsetzen können“ (von Lucke & Reinermann, 2002, S. 3). Jörn von Lucke und Heinrich Reinermann sind im deutschsprachigen Raum von Beginn an die renommiertesten Begleiter der eGovernment-Entwicklungen. Ihre Aussage zielt darauf ab, dass der Anwendernutzen als Treiber für Veränderungen in den Verwaltungen dienen kann. Dies deckt sich mit den Überlegungen, dass durch die Digitalisierung eine große Chance besteht, die Verwaltung nachhaltig zu verändern und zu modernisieren Abschn. 14.7. Die hierfür notwendigen End-to-End-Prozesse dürfen nicht an den Verwaltungsgrenzen halt machen. Die Berücksichtigung der Kundenbedarfe hat daher nicht nur positive Auswirkungen auf die Inanspruchnahme der eGovernment-Lösungen. Sie bietet zudem die Chance, die Erwartungshaltung der Kunden in die Verwaltung zu tragen und damit nachhaltige Veränderungen auszulösen. Das rational-instrumentelle Verwaltungshandeln in Deutschland wird damit zumindest auf die Probe gestellt, da es sich neuen Forderungen ausgesetzt sieht. Es wäre seit der Gründung der Bundesrepublik Deutschland erstmals der Fall. Es ist ein wesentliches Unterscheidungsmerkmal zu allen Verwaltungsreformvorhaben zuvor. Diese wurden von der Politik initiiert und waren zumeist, wie beim New Public Management, von finanziellen Zwängen getrieben. Die Verwaltungen kämpften nicht selten erfolgreich gegen die von außen aufoktroyierten Maßnahmen an. Unter den Bedingungen der

Digitalisierung gelingt dies nicht mehr, weil sich formale Grenzen auflösen (vgl. u. a. „Open Data", Abschn. 5.4), die Transparenz des Verwaltungshandelns steigt und sich die Erwartungshaltungen der Kunden aus den von der Industrie gesetzten Standards ableiten. Die Verwaltung ist zu einem Vergleichsobjekt mit allen anderen Akteuren in der Gesellschaft geworden und wird an diesen Maßstäben gemessen. Wenn man bei Amazon innerhalb weniger Klicks etwas bestellen kann, dann erwartet man es auch von der Verwaltung. Aus diesem Grund kann und darf sich die Verwaltung der Kundenperspektive nicht verschließen.

Aus diesen Überlegungen folgt, dass die Kundenperspektive von den Digital-Strategien bis zu den einzelnen Maßnahmen verankert werden muss. An Methoden und Instrumenten mangelt es hierfür nicht. Die oben kurz skizzierten Customer Journeys sind genauso geeignet, wie z. B. das Design Thinking. Letzteres lebt u. a. von seiner Multidisziplinarität. Gemeint sind unterschiedliche fachliche Expertisen, Geschlechterperspektiven, spezifische Wahrnehmungen etc. Durch die Kombination der Blickwinkel können Innovationen für Problemlösungen generiert werden (vgl. Kerguenne et al., 2017, S. 8–9). Im Design Thinking spielt die Kundenperspektive eine wichtige, wenn nicht sogar die entscheidende Rolle. „Design Thinking ist eine Innovationsmethode, die Kundenbedürfnisse in den Mittelpunkt der Entwicklungsarbeit rückt" (Vetterli et al., 2012).

Eine weitere, weit verbreitete Methode ist „Scrum". Sie gehört zum agilen Projektmanagement und wird vor allem in der Softwareentwicklung eingesetzt. Scrum basiert auf einem strukturierten, iterativen Vorgehen, dass vor allem die Zusammenarbeit in einem Projekt und das Einholen von Kundenfeedback in den Vordergrund stellt. Ein Scrum-Team besteht aus definierten Rollen und hiermit klar definierten Aufgaben, für die Verantwortung übernommen werden muss. Daneben existieren die Stakeholder, die in unterschiedliche Gruppen gegliedert werden. Das Stakeholdermanagement ist auch außerhalb von Scrum von großer Bedeutung. Den Stakeholdern muss Aufmerksamkeit geschenkt, der konkrete Umgang mit ihnen geplant und entsprechende Umsetzungsmaßnahmen müssen definiert werden (vgl. Krips, 2017, S. 1). Zu den Stakeholdern zählen bei Scrum u. a. die Kunden. Es handelt sich damit um eine Methode, in der die Kundensicht institutionell „eingebaut" ist. Scrum ist daher, ebenso wie die Customer Journeys oder das Design Thinking geeignet, um die notwendige Kundensicht in die Verwaltung hineinzutragen.

Es existieren weitere Methoden, die geeignet wären, den Kunden stärker im Bewusstsein der Verwaltung zu verankern und hierdurch die eGovernment-Lösungsentwicklung neu zu justieren. Die drei in aller Kürze dargestellten Methoden sind die wahrscheinlich bekanntesten und weit verbreitetsten. Sie kommen in den Verwaltungen teilweise zum Einsatz. Ein wichtiger Anfang ist damit gemacht. Gleichwohl zeigen sich in der Verwaltungspraxis die Herausforderungen, die mit einem neuen Instrumenteneinsatz immer verbunden sind. Das in den Verwaltungen geltende webersche Organisationsmodell mit seiner ausgeprägten Hierarchie (Abschn. 5.2) steht beispielsweise im Widerspruch zu den Rollenvorgaben von Scrum. Ein „normaler" Verwaltungsbeschäftigter kann die ihm zugedachte Rolle gar nicht ausfüllen, weil er nicht dazu befugt ist, die mit der Rolle verbundenen Entscheidungen zu treffen. Es kommt in der Praxis daher nicht selten zu einer Überforderung der Beschäftigten, die in krankheitsbedingten Ausfällen und Personalfluktuation münden. Es wirkt sich negativ auf die Leistungsfähigkeit aus und beeinträchtigt die eGovernment-Projekte. Eine von allen Expertinnen und Experten als sinnvoll anerkannte Methode wie Scrum kann daher unter den herrschenden Verwaltungsbedingungen ihre Stärken gar nicht richtig ausspielen.

Ein weiterer Aspekt, der die neuen Methoden in der Verwaltungspraxis ausbremst, sind die Prioritätensetzungen und die Methodenmodifikationen. Es wird aus verständlichen Gründen versucht, die Methoden so gut es geht in die Verwaltungswelt zu übertragen, um sie überhaupt zum Einsatz kommen lassen zu können. Es gibt beispielsweise Überlegungen hinsichtlich einer eignen Verwaltungslösung, genannt „Government Scrum". Hierunter wird die Anwendung von Scrum-Prinzipien für Projekte im öffentlichen Sektor verstanden. Alle Anpassungen und Einpassungen in die Verwaltungsarbeit erfordern allerdings Kompromisse. Diese gehen zulasten der ursprünglichen Intentionen und vernachlässigen daher auch die Kundenperspektive. Da sie schon im Status Quo keinen besonderen Stellenwert in der Verwaltungsarbeit genießt, kann sie auch als erstes bei Scrum unter den Tisch fallen. Diese Einschätzung lässt sich zwar nicht durch empirische Quellen belegen. Gleichwohl ist das strukturierte Aufnehmen von Kundenbedarfen vor einem eGovernment-Projekt, welches das Design der Lösung in der Folge tatsächlich beeinflusst, die Ausnahme. Im vorgestellten Projekt „Cash-BA" (Abschn. 14.7) war die Berücksichtigung der Kundenbedarfe und der Einbezug der Kunden, die zu diesem Zweck u. a. mehrfach kontaktiert wurden, absolut erfolgskritisch. Hieraus lässt sich ableiten, dass die Verwaltungen vor jedem eGovernment-Vorhaben von außen mit der Kundenperspektive „beglückt" werden müssen, wenn sie keine intrinsische Motivation an den Tag legen sollten. Erfreulicherweise bestehen auch auf diesem Gebiet bereits Lösungsansätze. Die bekannteste und wohl auch beste Methode zur Ermittlung und Nachhaltung der Wirtschaftlichkeit eines

IT-Projekts ist die vom Beauftragten der Bundesregierung für Informationstechnik (CIO) herausgegebene IT-Wirtschaftlichkeitsberechnung, in Kurzform und im allgemeinen Sprachgebrauch „IT-WiBe" genannt (vgl. CIO des Bundes, 2023). Sie basiert auf vier monetären und nicht monetären Bewertungskategorien, die aus unterschiedlichen Kriterien bestehen. Eine der vier Kategorien sind die sogenannten „Externen Effekte". Sie ist nicht monetär und befasst sich unter anderem mit der „Ablösedringlichkeit aus Perspektive des externen Kunden" und der „Benutzerfreundlichkeit aus Kundensicht". Diese Kriterien zwingen die Verwaltungen, sich mit den Kundenbedarfen auseinanderzusetzen, auch wenn es sich nur um einen kleinen Ausschnitt der gesamten IT-WiBe handelt. Aber das dahinterstehende Prinzip der institutionellen Auseinandersetzung mit den Kundenbedarfen ist beispielgebend. Es sollte sich in allen Verwaltungen und für alle eGovernment-Vorhaben durchsetzen. Hierfür bedarf es gar nicht viel. Ein Gemeinde-, Stadtrat, Landtag etc. kann Vorgaben machen, um die Verwaltungen zu ihrem Glück zu zwingen. Sie tun es teilweise schon in anderen Themenfeldern, wie z. B. im Bereich der Public Governance. Hierunter versteht man im Wesentlichen das System, durch das öffentliche Ressourcen verwaltet und eingesetzt werden. Es bestimmt die Mechanismen zur Entscheidungsfindung und setzt Rahmenbedingungen für das Handeln im öffentlichen Sektor. Public Governance wird daher oft mit dem „Regierungshanden" gleichgesetzt. In der Praxis umfasst es vor allem Vorgaben für öffentliche Unternehmen. Es geht hierbei um einen sehr großen Bereich der öffentlichen Daseinsvorsorge in Deutschland. Es sind mehr als 19.000 Unternehmen (vgl. z. B. Sidki, 2019) betroffen, auf die vor allem durch kommunale Entscheidungsträger Einfluss genommen wird. Es wäre daher nicht schwer, eine kundenbezogene Governance für das Verwaltungshandeln zu etablieren, die sich positiv auf das eGovernment auswirken würde.

Ein diskutierter, aber zumindest in der deutschen Praxis kaum anzutreffender Lösungsansatz ist die sogenannte „Digital Era Governance" (DEG). Traditionelle Governance-Modelle sollen durch die Anwendung digitaler Technologien auf ein neues Niveau gehoben werden. eGovernment wird hierbei als ein Bestandteil von DEG verstanden. Es kommen weitere hinzu, die in dieser Veröffentlichung an anderer Stelle thematisiert wurden, wie beispielsweise die Smart-Citys (Abschn. 14.6), Open-Data (Abschn. 5.4) oder Distributed Ledger (Abschn. 14.6). In einigen Themenfeldern hinkt Deutschland nicht einmal hinterher: „Hinsichtlich des Indikators ‚Offene Daten' schneidet Deutschland gut ab, doch die Interaktion zwischen staatlichen Stellen und Öffentlichkeit könnte verbessert werden. Deutschland sollte seine aktuellen Bemühungen fortsetzen, um das im Programm für die digitale Dekade enthaltene Ziel einer 100 %igen Online-Bereitstellung wesentlicher öffentlicher Dienste für europäische Bürger und Unternehmen zu erreichen“ (Europäische Union, 2022, S. 4).

DEG kann einen wichtigen Beitrag dazu leisten, um die Forderungen der Europäischen Union zu erfüllen. Die Integration digitaler Technologien wird als ganzheitlicher Ansatz verstanden und unterscheidet sich von der deutschen Verwaltungspraxis deutlich, die vor allem das Umsetzen von Einzelmaßnahmen im Blick hat. Hierdurch gerät ein ganzheitliches Stakeholdermanagement aus dem Fokus, was im Rahmen von DEG stehts im Blick behalten wird: „DEG is identified as a pervasive and revolutionary concept that emphasizes contemporary technologies as the drivers of innovative, sustainable and competitive public administration, including public governance“ (Ravšelj et al., 2022). Durch den ganzheitlichen Ansatz können technische und gesellschaftliche Veränderungen einfacher integriert werden, was der Kundenorientierung letztlich zugutekommt. Für Regierungen und Verwaltungen ist dies mehr als wichtig: „In this changing world, government authorities simultaneously face two challenges: the importance of fulfilling the new needs and expectations of their citizens and the reality of reduced budgets“ (Verdegem & Verleye, 2009, S. 487). Um diesen Herausforderungen zu begegnen, müssen neue Wege beschritten werden. DEG könnte als Rahmenwerk für die Entwicklung von eGovernment-Lösungen positiv wirken.

Wie es kundenorientiert gehen kann, hat unlängst die Stadt Wiesbaden bewiesen. Für eine Erstanmeldung in der Stadt ist kein Besuch im Bürgerbüro mehr notwendig, es genügt ein Videoanruf (vgl. Bock, 2023). Diese Lösung ist kundenorientiert, kostengünstig und leistet einen Beitrag dazu, die knappen personellen Ressourcen zu schonen. Die Wiederbesetzung von Stellen ist schon heute eine große Herausforderung, sodass der Verwaltung auch gar nichts anderes übrigbleibt, als zu automatisieren (Abschn. 14.10) und Lösungen zu finden, die vor allem bei Routinearbeiten entlasten.

Neben DEG bietet das Prinzip des „Customer Centric Management Models“ (CCMM) die Chance, den Kundenbedarf ins Zentrum des Organisationshandelns zu stellen. Im Mittelpunkt aller Entscheidungen stehen die Kunden. Die Wertschöpfungskette der eigenen Organisation muss regelmäßig auf den Prüfstand gestellt werden, um sie an den Bedarfen der Kunden auszurichten. Hierdurch übertragen sich die Wünsche der Kunden auf die anbietende Organisation. Durch das Schaffen von Mehrwerten soll die Beziehungsebene so gestaltet werden, dass gar kein Interesse an den Lösungen der Konkurrenz aufkommen kann. Diese Mehrwerte sind es, die der Verwaltung fehlen und im Rahmen der Authentifizierung angesprochen worden sind Abschn. 14.3. Für die Akzeptanz und Nutzung von digitalen Verwaltungsangeboten müssen sie zum einen bekannt sein und zum anderen einen wahrnehmbaren Mehrwert, wie z. B. eine Zeitersparnis, liefern (vgl. Evers-Wölk et al., 2022, S. 124). An beiden Aspekten mangelt es derzeit. Es zeigt auf, worauf sich die Verwaltung konzentrierten sollte.

CCMM ist aber viel weitergehender, als das bloße Aufsetzen der Kundenbrille. „The capabilities required for true customer-centricity go far beyond just placing the customer prominently on the company radar screen" (Galbraith, 2005). Es sollen langfristige Beziehungen zu den Kunden aufgebaut werden. Hierfür müssen die Bedürfnisse, Vorlieben und Verhaltensweisen der Kunden verstanden werden, um als anbietende Organisation erfolgreich sein zu können. So weit muss man für bessere eGovernment-Angebot vielleicht nicht gleich gehen. Gleichwohl sind die Erfahrungen aus der Privatwirtschaft hilfreich. Sie zeigen auf, wie Unternehmen ihren Fokus auf die Kunden ausrichten, um ihre eigenen Ziele zu erreichen. Hieran fehlt es in den Verwaltungen. Die unterschiedlichen Ansätze aus der Privatwirtschaft verbindet die Kundenorientierung. Es ist daher kaum verwunderlich, dass sie sich in Teilen überschneiden. Die weiter oben skizzierten Customer Journeys werden beispielsweise in einigen Veröffentlichungen als Teil eines CCMM angesehen.

Die in diesem Abschnitt dargestellten Methoden für eine bessere Kundenorientierung sollten in die Verwaltungspraxis integriert werden. Darüber hinaus gibt es weitere Ansatzpunkte, um den Kundenbedarfen besser gerecht zu werden. Das zentrale Thema, welches für großes Unverständnis sorgt, ist, dass die Bürgerinnen und Bürger beim Beantragen von Leistungen immer wieder die gleichen Daten angeben müssen, obwohl diese an anderer Stelle bereits vorhanden sind (vgl. z. B. Deutscher Bundestag, 2020a, b, S. 1). Es sagt viel über den Habitus der Verwaltung aus, dass man bisher nicht auf die Idee gekommen ist, vorhandene Daten zum Wohl des Kunden wiederzuverwenden. Das gesamte Antragswesen in deutschen Verwaltungen lebt von den Stammdaten des Antragstellers, wie z. B. Name und Adresse. Auf diesem Gebiet tut sich, wie dargestellt (Abschn. 14.7), mit der Registermodernisierung und dem Once-Only-Prinzip erfreulicherweise einiges.

Unabhängig von der Zufriedenheit der Kunden geht es vor allem um die Effizienz des Verwaltungshandelns. Denn einer der größten Hebel zur Reduzierung von Verwaltungsaufwand ist die Wiederverwendung von Daten (vgl. Behördenspiegel, 20232023a, b, c, d, S. 4). In Digitalisierungsprojekten der öffentlichen Verwaltung, die sich mit Online-Anträgen befassen, hat man viele positive Effekte nachweisen können. Umso strukturierter der Kunde durch einen Antrag geführt wird, umso weniger Aufwand entsteht der

Verwaltung beispielsweise in der Nachbearbeitung. Darüber hinaus wird die Weiterverarbeitung der Informationen deutlich vereinfacht etc. Die fehlende Wiederverwendung von bereits vorhandenen Daten ist ein institutionelles Problem der Verwaltungen. Sie könnten an vielen Stellen, auch ohne Once-Only und Registermodernisierung, viel mehr tun. Wer als Beschäftigter des öffentlichen Dientes eine Reise oder Beihilfe beantragt hat, kennt die Problematik. An diesen kleinen Beispielen zeigt sich bereits, wie groß der Effizienzhebel allein durch die Nutzung vorhandener bzw. verfügbarer Daten ist.

Neben der Wiederverwendung von Daten wären Informationen über den Bearbeitungsstatus eines Verwaltungsverfahrens sinnvoll (vgl. z. B. Behördenspiegel, 2023a, b, c, d, S. 1). Es könnte einen Beitrag zur Vertrauensbildung leisten, wenn man über das eigene Anliegen unaufgefordert informiert werden würde. Es erhöht darüber hinaus die Planungssicherheit des Antragstellers und unnötige Rückfragen ließen sich vermeiden, die auf beiden Seiten Kosten verursachen. Hierbei gilt es zu berücksichtigten, dass sich zufriedene Bürgerinnen und Bürger nur etwa halb so oft mit Rückfragen an Behörden wenden, wie unzufriedene Bürgerinnen und Bürger (vgl. Stern et al., 2018, S. 7). Die Kunden sind es von Anbieten wie beispielsweise Amazon gewohnt, mitgeteilt zu bekommen, wie der Bestellstatus ihres Auftrages ist. Ähnliche Lösungen wären auch in der Verwaltung denkbar und kämen Garsons Vision eines eGovernments sehr nahe Abschn. 5.3. Des Weiteren könnten ähnliche Effekt wie bei der elektronischen Akte (Abschn. 14.6) eintreten. Durch ein größeres Maß an Transparenz und Außenwirkung steigt der interne Druck. Das Verwaltungshandeln wird durchsichtiger und angreifbarer. Es würde die Verwaltung vor neue Herausforderungen stellen und könnte zu einer Neujustierung der Kundenbeziehung führen.

Um mit dem eGovernment Erfolg haben zu können, muss der Ausbau des Angebots mit einer Verbesserung der Nutzerfreundlichkeit einhergehen (vgl. Expertenkommission für Forschung & Innovation, 2016, S. 89). Es geht nicht nur um eine Bewusstseinsveränderung in den Verwaltungen, sondern auch um den konkreten Einbezug der Kunden. Sie sind es, die mit den Lösungen leben müssen und daher das notwendige Feedback geben können. Hierfür „…müssen IT-Services der Öffentlichen Hand konsequent auf ihre Nutzerfreundlichkeit getestet werden. Dies gilt nicht nur für Bürger- und Unternehmensdienstleistungen, sondern auch für die eigene Verwaltungs-IT. Bevor eine IT-Lösung zum Einsatz kommt, muss eine Prüfung durch den Endnutzer vollzogen werden“ (Behörden Spiegel & Prognos, 2017, S. 27). Um dies zu gewährleisten, könnten in Projektmanagementvorgaben Verpflichtungen zum Einbezug der Endnutzer verankert werden.

Abschließend bleibt festzuhalten, dass auf dem Gebiet der Kundenorientierung noch viel zu tun ist. Die Verwaltungen würden sich automatisch engagieren, wenn es ihnen ein Vorteil verschaffen würde. Zusätzliche Einnahmen oder Ressourcen lassen sich durch Kundenorientierung nicht erzielen und scheiden daher als Motive aus. Es bestehen darüber hinaus auch Zweifel, ob die Politik überhaupt ein Interesse an einer transparenten und kundenorientierten Verwaltung hat. Werden z. B. Missstände bekannt oder das Ausmaß der Bürokratie transparent, dann könnten sich Wiederwahlchancen verringern. Hieraus lässt sich ableiten, dass die Chancen für Veränderungen nicht sonderlich gut stehen. Gleichwohl kann die Motivation für eine stärkere Kundenorientierung aus den derzeitigen Begleitumständen erwachsen Abschn. 5.2. Es zeichnet sich mehr als deutlich ab, dass der Personalbedarf auf Dauer nicht mehr zu decken sein wird. Dieser Entwicklung lässt sich nur durch eine stärkere Digitalisierung begegnen. „Der Personalnotstand gefährdet die Handlungsfähigkeit von Staat und Verwaltung. Es gibt nur eine Antwort: Vereinfachen, digitalisieren, automatisieren!" (Nationaler Normenkontrollrat, 2023, S. 4). Es ist daher zu erwarten, dass sich die Verwaltungen automatisch viel stärker als bisher mit den Kundenbedarfen auseinandersetzen müssen. Nur wenn diese bekannt sind, dann können eGovernment-Lösungen realisiert werden, die für signifikante Entlastungen im Tagesgeschäft der Verwaltungen sorgen. Hierfür bedarf es engagierter Beschäftigter, die neue Wege beschreiten und die Perspektive der Kunden berücksichtigten. Dass der Erfolg entsprechender Maßnahmen entscheidend von den Beschäftigten abhängt, ist naheliegend. Auch auf diesem Gebiet besteht daher die Hoffnung, dass sich mit der deutlich IT-affineren jungen Generation in den Verwaltungen etwas verändern wird.

14.9 Empfehlung 9: Verwaltungskompetenzen stärken

Neben den Bevölkerungskompetenzen (Abschn. 14.5) gilt es auch die Kompetenzen in den Verwaltungen zu stärken. Unabhängig von den technologischen Entwicklungen fehlt es bereits heute an kompetenten Projektmanagern in der öffentlichen Verwaltung, was die Abhängigkeit von externen Beratungsunternehmen teilweise erklärt und von den Rechnungshöfen schon seit Jahrzehnten kritisiert wird. „Der Bundesrechnungshof ist in seinen Prüfungen immer wieder auf unzureichend begründete, unwirtschaftliche und nicht ordnungsgemäße Beratungsprojekte gestoßen" (Bundesbeauftragte für Wirtschaftlichkeit, 2006, S. 7).

Der Personalbedarf wird in der öffentlichen Verwaltung in Deutschland ohnehin nicht mehr zu decken sein. Alle Experten sich hier einig. Sie setzen in diesem Zusammenhang auf stärkere Automatisierung und den Einsatz von Künstlicher Intelligenz: „Ohne Datengetriebene KI-Anwendungen werden Kernaufgaben der Verwaltung in Zukunft nicht mehr aufrechterhalten werden können" (Rombach, 2022). Ein bereits virulenter Personalengpass, z. B. bei Lehrern oder Pflegekräften, trifft bereits heute auf ein unzureichendes Arbeitskräfteangebot. Es ist eine für die Aufrechterhaltung der Funktionsfähigkeit des Staates bedenkliche Situation. In der Politik und in den Verwaltungen scheint man es nicht ausreichend zur Kenntnis zu nehmen. Das lässt sich daran festmachen, dass andere Prioritäten gesetzt werden. Es wird z. B. nicht mehr ausreichen, mit Verbeamtungen neues Personal zu locken. Die Digitalisierung muss vorangetrieben werden, damit die fehlenden Ressourcen kompensiert werden können. Hierfür bedarf es nicht nur Investitionen in die erforderliche Technik. Sie ist die Voraussetzung für ein erfolgreicheres eGovernment. Die beste Technik hilft aber nicht, wenn man sie nicht bedienen bzw. einsetzen kann. Daher rückt vor allem die Stärkung der Verwaltungskompetenzen der Belegschaften in den Vordergrund.

In diesem Zusammenhang gilt es zunächst zu klären, was „Verwaltungskompetenzen" eigentlich sind. Sie müssen mit den Kernaufgaben der Verwaltung in Verbindung stehen, da es sonst eines öffentlichen Dienstes, wie wir ihn kennen, nicht bedürfte. Eine Verwaltung ist erforderlich, um politische Entscheidungen gegenüber Herrschaftsadressaten, z. B. den Bürgerinnen und Bürgern, durchzusetzen, die Politik zu beraten und dabei kostenminimierend zu handeln (vgl. Rudzio, 2019, S. 345). Hieraus abgeleitet erstreckt sich die Verwaltungskompetenz vor allem auf die Fähigkeit, öffentliche Angelegenheiten effektiv und effizient zu bearbeiten. Letzteres ist ohne den Einsatz von Informationstechnik nicht mehr möglich, was die Bedeutung der Stärkung der Verwaltungskompetenzen auf diesem Gebiet unterstreicht. Es ist naheliegend, dass das Wissen über die Einsatzmöglichkeiten und Potenziale der Informationstechnik viele Beschäftigte erst befähigt, das herkömmliche Verwaltungshandeln infrage zu stellen. „Mitarbeiter in allen Bereichen der öffentlichen Verwaltung benötigen veränderte Kompetenzen, um die Potenziale der Digitalisierung erfolgreich in Behördenreformen umsetzen zu können" (Beck et al., 2017, S. 29–30).

Der Aufbau von technologiebezogenem Wissen gilt unter Experten als wesentliche Voraussetzung für einen vermehrten Einsatz von Informationstechnologie in Verwaltungen und der Wirtschaft. Wirft man einen Blick auf den Status Quo der Verwaltungen in Deutschland (Stichworte: „Verwaltungsstaat“, „Juristenstaat“, Altersstruktur der Beschäftigten etc., Abschn. 5.2), dann stehen die Chancen für Veränderungen nicht besonders gut. Die deutsche Verwaltung muss Antworten auf die Frage finden, wie ihre traditionellen Werte ins digitale Zeitalter transportiert werden können, da die Digitalisierung neue Anforderungen an Geschwindigkeit und Veränderungsfähigkeit stellt (Beck et al., 2017, S. 29–30).

Die Situation kann aber auch als Chance begriffen werden. Das Potenzial für Nachholeffekte ist groß. Die Beschäftigten können erkennen, dass ihre Arbeitsplätze von Routineaufgaben entlastet werden. Hierdurch bieten sich z. B. Perspektiven auf höherwertige und anspruchsvollere Tätigkeiten. „Um Akzeptanz und Momentum zu erhöhen, muss die Digitalisierung der Verwaltung in ein überzeugendes Narrativ eingebettet werden, das den Nutzen für Bürgerinnen und Bürger, Wirtschaft und Verwaltung in den Vordergrund stellt. Warum brauchen wir die digitale Verwaltung? Welchen Nutzen haben wir alle ganz konkret? Es gilt, die gesamtgesellschaftlichen Win–win-Situationen in den Vordergrund zu stellen und zu kommunizieren. Dazu braucht es Personen in Regierungen und Verwaltungen, aber auch in den Parlamenten in den Ländern und auf Bundesebene, die die Digitalisierung der Verwaltung vorantreiben und einfordern“ (Behörden Spiegel & Prognos, 2017, S. 27). Der formulierte Anspruch ist sehr hoch und kann nur erfüllt werden, wenn in den Verwaltungen hinreichende Kompetenzen vorhanden sind. Dies ist in der Breite und vor allem an der Spitze der Verwaltungen ganz sicher nicht der Fall.

Im Zentrum der Weiterentwicklung der Verwaltungskompetenzen stehen die Führungskräfte. Sie stehen in der Verantwortung, das eGovernment in Deutschland entscheidend voranzubringen. Kontinuierliche Weiterbildungen für öffentliche Führungskräfte im Bereich „Digital Leadership“ sind in diesem Zusammenhang von grundlegender Bedeutung (vgl. Wirtz, 2022, S. 495). Es stellt sich mit Blick auf die aktuelle Situation in den Verwaltungen die Frage, ob der Anspruch von „Digital Leadership“ nicht zu hoch gegriffen ist. Allgemein gesprochen geht es um den Einsatz von Instrumenten und Werkzeugen der Digitalisierung für die Führung in und von Organisationen. Hierdurch sollen u. a. die Strukturen der Organisationen, die Kollaboration mit anderen und die Geschäftsmodelle hinterfragt werden. Ob man diesen großen Ansprüchen mit einfachen Weiterbildungsmaßnahmen gerecht werden kann, darf zumindest bezweifelt werden. Für diese These sprechen vor allem drei Gründe. Zum einen ist Deutschland vor allem ein „Juristenstaat“ Abschn. 5.2. Die Rechtmäßigkeit des Verwaltungshandelns steht über allem und viele Führungspositionen sind von Juristen besetzt. Auf ein verändertes Verhalten im Sinne von „Digital Leadership“ durch Weiterbildungsmaßnahmen zu hoffen, erscheint daher naiv. Als zweiter Grund lassen sich die allgemeinen Defizite in der Bevölkerung anführen (Abschn. 14.5), die auch vor Verwaltungsbeschäftigten nicht halt machen können. Es wäre daher wahrscheinlich sinnvoller, zunächst das Basiswissen zu stärken, bevor man einen „Digital Leadership“-Anspruch verfolgt. Ein dritter Grund findet sich in der Personalstruktur der öffentlichen Verwaltung in Deutschland Abschn. 5.2. Die öffentlichen Bediensteten sind überaltert und es kommen nur wenige junge Menschen nach. Da vor allem die Älteren die Führungspositionen innehaben, kann davon ausgegangen werden, dass die Bereitschaft und die Fähigkeit, sich den neuen technischen Möglichkeiten zu stellen, überschaubar ausgeprägt ist. Es gibt darüber hinaus keinen Grund sich zu engagieren. Zum einen fehlen die Anreize aufgrund der Regelungen des Tarifrechts. Zum anderen erzeugen (IT-) Veränderungsprozesse für Unruhe in den Belegschaften. Es besteht daher kein Grund, sich freiwillig auf diesem Gebiet zu engagieren.

Der öffentliche Dienst in Deutschland befindet sich daher in einem Dilemma. Die Erfahrungen und das Wissen der älteren Beschäftigten müssen stärker genutzt werden, da die Zahl der nachrückenden jungen Arbeitskräfte zurückgeht (vgl. z. B. Deutscher Bundestag, 2020a, b, S. 11). Es muss daher ein Weg gefunden werden, um die Lebensälteren von der Digitalisierung zu überzeugen. Eine wichtige Voraussetzung hierfür ist das Erkennen der Potenziale für einen selbst und die Kunden. Damit eine grundlegende Veränderung in den Verwaltungen einsetzen kann, müsste ein neues „Mindset“ verankert werden. Hierunter werden im allgemeinen Denkweisen und Einstellungen der Menschen gegenüber bestimmten Aspekten des Lebens verstanden. Aufgrund der besonderen Herausforderungen in den deutschen Verwaltungen ist es naheliegend genau auf diesem Gebiet anzusetzen. „Die Kompetenzen der Mitarbeiter der öffentlichen Verwaltung müssen den neuen Anforderungen, die sich vor allem aus den neuen Technologien ergeben, angepasst werden, d. h., Politik und Verwaltung sollten ein Digital Mindset entwickeln“ (Beck et al., 2017, S. 29–30).

Es müssen sich die Einstellungen zur Informationstechnik verändern und ein „Digital First“-Selbstverständnis implementiert werden. Die Beschäftigten sollten damit beginnen, digitalen Lösungen und digitaler Technologie oberste Priorität einzuräumen. Nur so kann die Verwaltung ihrer Aufgabe, Leistungen effizient und effektiv zu erbringen, in der heutigen Zeit noch nachkommen. Um diesen Status zu erreichen, sind klassische Aus- und Fortbildungsangebote hilfreich, aber unzureichend. Es müssen Maßnahmen ergriffen werden, um die Beschäftigten zu motivieren und sie von den

Vorteilen der Veränderungen zu überzeugen. Es ist ein Hoffnungsschimmer, dass Behördenleitungen erkannt haben, dass ein systematisches Wissensmanagement notwendig ist, um eine agile Arbeitswelt tatsächlich zu fördern (vgl. Hammerschmid et al., 2019, S. 20). Es handelt es sich um eine wichtige Voraussetzung, um Impulse in den Verwaltungen zu setzen. Nur so können sie den Herausforderungen des digitalen Zeitalters gerecht werden und die erforderlichen digitalen Transformationsprozesse einleiten (vgl. Wirtz, 2022, S. 495). Ein Paradigmenwechsel wird ohne die Beschäftigten und vor allem ohne die Führungskräfte nicht erreicht werden können.

Da die technologische Entwicklung nicht aufzuhalten ist, muss ein gewisses Basiswissen zeitnah in den Verwaltungen auf allen Ebenen vermittelt werden. Darüber hinaus bieten die neuesten technischen Entwicklungen, vor allem die der Künstlichen Intelligenz, die wahrscheinlich größten Möglichkeiten zur Verwaltungsmodernisierung und Verwaltungsrationalisierung. Es besteht die Chance, sich den besonderen Herausforderungen der deutschen Verwaltung zu stellen (Abschn. 5.2) und sie grundlegend zu verändern. Die Methoden der Künstlichen Intelligenz sind besonders geeignet, um menschliches manuelles Handeln obsolet werden zu lassen. Sie bietet darüber hinaus ein sehr großes Potenzial, um die Interaktion mit den Verwaltungskunden zu vereinfachen und zu verbessern, wie es am Beispiel der Chatbots nachvollzogen werden kann. Leider erkennen gerade auf diesem Gebiet die Behördenleitungen die größten Wissensdefizite in ihren Belegschaften (vgl. Hammerschmid et al., 2019, S. 10). Auch dieser Befund unterstreicht, welchen Stellenwert die Stärkung der Verwaltungskompetenzen, und zunächst einmal die Vermittlung von Basiswissen, haben sollten.

Vor allem am Beispiel der Künstlichen Intelligenz zeigt sich, wie wichtig Kompetenzen im Vergleich zur heutigen Konzentration auf fachliche Anforderungen sind. Denn Kompetenz steht für Wissen, Fertigkeiten, Werte, Erfahrungen etc. in einem bestimmten Bereich, um sie in die berufliche Praxis einzubringen. Hiernach verlangen die Digitalisierung und die Künstliche Intelligenz im Besonderen. Es ist nicht erforderlich, ein KI-Lösung programmieren zu können. Eine kompetente und motivierte Verwaltungskraft muss die Potenziale der Digitalisierung und der Künstlichen Intelligenz erkennen und auf die eigene Arbeit übertragen können. „So wird in der digitalen Behörde 2030 vor allem die Bereitschaft verlangt werden, sich auf kontinuierliche Veränderungen aktiv einzulassen und mit Komplexität umzugehen" (Prognos AG & Behördenspiegel, 2018, S. 20). Sollte der Weg in diese Richtung beschritten werden, dann führt er in letzter Konsequenz zu einer Vielzahl von Veränderungen. Es müssten z. B. neue Besoldungs- und Vergütungsstrukturen etabliert werden, die sich nicht mehr an formalen Abschlüssen orientieren, sondern an den Problemlösungsfähigkeiten einer Person. Es ist ein Paradigmenwechsel, der vom rechtssicheren zum lösungsorientierten Verwaltungshandeln führt.

Summarisch betrachtet wird zum einen deutlich, dass der Weiterentwicklungsbedarf in den Verwaltungen sehr hoch ist. Zum anderen sind klassische Aus- und Fortbildungsformate unzureichend, um einen Paradigmenwechsel in den Amtsstuben einzuleiten. Dies wirft ein Schlaglicht auf die Anbieter entsprechender Formate und die bestehenden Angebote. In allen Bundesländern haben sich beispielsweise Studiengänge zu den Inhalten „eGovernment", „Verwaltungsdigitalisierung" oder „Verwaltungsinformatik" etabliert, die in den letzten Jahren aufgrund des Personalbedarfs in der öffentlichen Verwaltung auf- bzw. ausgebaut worden sind. Um den Bedarfen der Behörden entgegenzukommen, können viele Studiengänge zudem nebenberuflich studiert werden. Es eröffnet vor allem Beschäftigten aus dem mittleren Dienst den Aufstieg in den gehoben ggf. sogar höheren Dienst. Gleichwohl zeigen die Studierendenzahlen und die Maßnahmen einiger Bundesländer, z. B. mit Verbeamtungen zu locken oder Stipendien zu vergeben, dass es nahezu unmöglich sein wird, den Personalersatzbedarf auf diesem Gebiet auch nur annähernd zu decken. Der Landesrechnungshof des Landes Niedersachsen moniert in einer Untersuchung aus dem Jahr 2021, dass 35 Studienplätze bei weitem nicht ausreichen werden, um allein den Ersatzbedarf auf Landesebene zu decken (vgl. Landesrechnungshof Niedersachsen, 2021, S. 48–49). Ganz allgemein kommen zu wenig junge Nachwuchskräfte nach. Erschwerend kommt aber im digitalen Zeitalter hinzu, dass die so wichtigen IT-Kompetenzen im Besonderen nicht gewonnen werden können. In Zeiten der fortschreitenden Digitalisierung in Gesellschaft und Wirtschaft ist es eine schwere Hypothek für die Exekutive, die sich auch auf die Legislative auswirkt. Wenn eine Verwaltung handlungsunfähig wird, dann lassen sich politische Vorhaben nicht mehr umsetzen. Es zeigt sich, wie wichtig Bildungsinvestitionen in die vorhandenen Belegschaften sind. Ohne sie wird es kein besseres eGovernment in Deutschland geben.

Es gibt für die Beschäftigten entsprechende Angebote von verschiedenen Bildungsträgern, die staatlich oder halbstaatlich organisiert sind, wie z. B. „Wissenstransfer" in Niedersachsen, GIBT College e. V. in Berlin oder VHW in Bayern. Es ist darüber hinaus erfreulich, dass der Bedarf von der Politik erkannt wurde und sich hieraus in den letzten Jahren zahlreiche Initiativen ergeben haben, wie z. B. den „Digital.Campus Bayern". Als gemeinsame Initiative des Bundes und der Länder wurde im Rahmen der Umsetzung des Onlinezugangsgesetzes das Projekt „eGov-Campus" gestartet. Es werden hochschulübergreifende Bildungsangebote entwickelt und angeboten, um die vorhandenen Ressourcen und Kompetenzen bestmöglich zu bündeln. Die Angebote werden permanent weiterentwickelt und eine Anbindung an die deutsche Universität für Verwaltungswissenschaften in Speyer nimmt derzeit konkrete Formen an. Es ist der logische und richtige Schritt zur weiteren Institutionalisierung des eGov-Campus. Er wird sich sehr wahrscheinlich als zentrales online Aus- und Fortbildungsangebot in Deutschland durchsetzen.

In der Praxis werden die Aus- und Fortbildungsangebote durchaus angenommen. Dabei finden sich unterschiedliche Beschäftigtengruppen zusammen, was in der Erwachsenenbildung üblich ist und befruchtend wirken kann. Auch die Motivation der Teilnehmer ist sehr unterschiedlich. Es werden Beschäftigte beispielsweise beauftragt, sich einmal mit einem IT-technischen Thema auseinanderzusetzen, Personalvertretungen wollen sich informieren oder IT-Experten lassen sich inspirieren. Was in den Veranstaltungen die meist sehr heterogene Gruppenzusammensetzung eint, ist die Frage nach der Durchsetzbarkeit in der eigenen Organisation. Wie überzeuge ich den Bürgermeister oder die Verwaltungsleitung von den Notwendigkeiten und vor allem davon, tatsächlich Ressourcen zu investieren? An diesem Beispiel zeigt sich wieder die Skepsis vieler Entscheider und ihr fehlendes Mindset. Insofern kann trotz aller Kritik am Onlinezugangsgesetz (Abschn. 5.1) festgehalten werden, dass der Realisierungszwang inklusive einer Terminvorgabe der richtige Weg war, um endlich einen Digitalisierungspfad einzuschlagen, der diesen Namen auch verdient. Gleichwohl sollte nicht Zwang, sondern Selbsterkenntnis zu einem besseren eGovernment führen.

Es existieren im Bereich der Aus- und Fortbildung viele sinnvolle Angebote. Sie verpuffen aber, wenn sie nicht mit einer strategischen Personalentwicklung verbunden sind. Auf die grundsätzlichen Defizite der Strategieorientierung der Verwaltungen wurde bereits an anderer Stelle eingegangen Abschn. 5.5. Die Konsequenzen zeigen sich im Bereich der Aus- und Fortbildung im Besonderen. Eine Aus- oder Fortbildung lohnt sich nur, wenn das gewonnene Wissen auch eingebracht wird. Das kann nur gelingen, wenn die fachlichen Inhalte auf die eigene Arbeit übertragen werden können. Hierfür bedarf eines Personalentwicklungsplans, der die Erwerbsbiografie mit dem Ziel begleitet, persönliche und berufliche Ziele in Einklang zu bringen. Nur so können die erworbenen Kompetenzen in die Praxis übertragen werden. Selbstverständlich existieren Personalbeurteilungen in der öffentlichen Verwaltung. Bei Licht betrachtet geht es hierbei aber nur in Ausnahmefällen um eine strategische Personalentwicklung. Auch an dieser Stelle zeigt sich, dass sich Deutschland, trotz vorhandener Ressourcen selbst im Weg steht.

Zusammenfassend betrachtet ist der Bedarf zur Stärkung der Verwaltungskompetenzen auf dem Gebiet der Informationstechnik sehr hoch und wird auch nicht infrage gestellt. Am Markt existieren zahlreiche Angebote, die in den letzten Jahren gestärkt worden sind. Es stellt sich daher abschließend die Frage, wie es wirklich gelingen kann, die breite Masse der Verwaltungsbeschäftigten mit dem notwendigen Wissen zu versorgen, um einen echten Paradigmenwechsel einzuleiten. In der Ausbildung muss darauf geachtet werden, dass in den Lehrplänen und Curricula das eGovernment ausreichend verankert wird. Im Bereich der Fortbildung sollte zumindest darüber nachgedacht werden, verbindliche Basisschulungen für alle Beschäftigten einzuführen. Hierdurch können Vorbehalte abgebaut und Potenziale vermittelt werden, die ein modernes Verwaltungshandeln wesentlich unterstützen können.

14.10 Empfehlung 10: Verwaltungsautomation vorantreiben

Im Zusammenhang mit der Unterscheidung von eGovernment und Digitalisierung wurde in aller Kürze auf die Verwaltungsautomation eingegangen Abschn. 5.5. Sie war nicht explizierter Gegenstand der in dieser Arbeit geprüften Hypothesen. Gleichwohl zeigen die Ergebnisse an verschiedenen Stellen, dass an einer Verwaltungsautomation vor allem aufgrund der sich abzeichnenden Personalengpässe nichts mehr vorbeiführt Abschn. 14.9. „Der Personalmangel ist doch gerade der ideale Anstoß, um Dinge effizienter zu machen! Mit dem äußeren Druck wächst die Fantasie der Leute. Wir müssen Arbeiten, die niemand gern macht, durch Digitalisierung vereinfachen. Dann können weniger Leute anspruchsvollere Arbeiten erledigen und dadurch bessere Leistungen für die Bürger erbringen“ lässt sich Frank-Jürgen Weise in der FAZ zitieren (vgl. Bollmann, 2023a, b, c, d). Der Nationale Normenkontrollrat geht davon aus, dass ohne einen Modernisierungsschub in den Verwaltungen die Handlungsfähigkeit von Staat und Verwaltung gefährdet werden könnte (vgl. Nationaler Normenkontrollrat, 2023, S. 4). Neben dem Personalmangel zeigt sich auch, dass durch Automatisierungen in den Verwaltungen bessere eGovernment-Lösungen für die externen Kunden entstehen können. Daher ist die interne Automatisierung der Verwaltung ein Instrument zur besseren Bedienung der Kundenbedarfe Abschn. 14.8.

Verwaltungsautomation ist der einfachste Weg, um knappe Ressourcen besser zu allokieren. Sie ist damit auch geeignet, um das Bruttoinlandsprodukt zu steigern. In vielen Bereichen der Wirtschaft hat sich die Automation bereits durchgesetzt. Die elektronische Rechnungseingangsverarbeitung ist wahrscheinlich die am weitesten verbreitete Automation in der Praxis. Nach einer Umfrage des BITKOM e. V. aus dem Jahr 2023, dem Branchenverband der deutschen Informations- und Telekommunikationsbranche, wenden entsprechende Lösungen 96 % der Unternehmen ab 500 Beschäftigten (100 bis 499 Beschäftigte 82 % und 20 bis 99 Beschäftigte 52 %) an (vgl. Bitkom e. V., 2023).

Unter Automation oder auch „Robotic Process Automation" (RPA) wird eine robotergesteuerte Prozessautomatisierung verstanden. Es handelt es sich um die Automatisierung eines zuvor manuellen Prozessablaufs, was durch den Einsatz eines Softwareroboters ermöglicht wird. Das „Institute For Robotic Process & Artificial Intelligence" definiert RPA wie folgt: „Robotic process automation … is the application of technology that allows employees in a company to configure computer software or a ‚robot' to capture and interpret existing applications for processing a transaction, manipulating data, triggering responses and communicating with other digital systems" (IRPAAI, 2021). Für die nachfolgend dargestellte Verwaltungsautomation ist vor allem die Aussage „…processing a transaction…" von Bedeutung.

Unter Verwaltungsautomation lässt sich verstehen, dass bisher manuell bediente (Teil-) Prozessabläufe und einzelne Aktivitäten in den Verwaltungen durch den Einsatz von Softwarerobotern automatisiert werden. Hierdurch können manuelle Tätigkeiten vor allem in Bereichen entfallen, in denen wenig komplexe Aufgaben wahrgenommen werden. Der Vorteil der Methode liegt vor allem darin, dass z. B. nicht erst End-to-End-Prozesse aufgesetzt werden müssen (vgl. z. B. Abschn. 14.6), die einen hohen Aufwand verursachen können und deren Umsetzung von Widerständen begleitet wird. Die webersche Verwaltungsorganisation lässt an dieser Stelle grüßen. Ein Softwareroboter kann auf der Ist-Aufgabenwahrnehmung aufsetzen, um einzelne Aktivitäten zu automatisieren. Die Effizienz des Verwaltungshandelns kann hierdurch unmittelbar gesteigert werden, ohne an den Fundamenten der einzelnen Organisation rütteln zu müssen.

Der Vorteil der Automatisierung liegt vor allem darin, dass sie einfach umzusetzen ist. Ein Softwareroboter kann über einfache Befehle bzw. vorkonfigurierte Einstellungen bedient werden. Es ist nicht erforderlich, dass die Beschäftigten über besondere Programmierkenntnisse verfügen (vgl. Langmann & Turi, 2021, S. 44). Die Verwaltungen können die Ausprägung der Roboter selbst in die Hand nehmen, was die Wirtschaftlichkeit der

Methodik maßgeblich unterstützt. Es bedarf darüber hinaus keiner besonderen vorgeschalteten Konzeptionsarbeit. Auch die Schnittstellen zwischen einzelnen Abteilungen oder Referaten müssen in vielen Fällen nicht beseitigt werden, da ein Softwareroboter punktuell zum Einsatz gebracht werden kann. All dies reduziert Abstimmungsaufwände und erhöht die Erfolgswahrscheinlichkeit entsprechender Vorhaben. Neben diesen organisationsspezifischen Vorteilen rücken auch die Besonderheiten der Verwaltungen in den Vordergrund. Grundsätzlich müssen sie über eigene Softwarelösungen verfügen, da sie Aufgaben wahrnehmen, die von keiner anderen Institution übernommen werden. In Deutschland kommt zum einen hinzu, dass die Verwaltung sehr viel mehr Aufgaben übernimmt als in anderen Staaten Abschn. 14.6. Zum anderen sorgen der Föderalismus und die Selbstverwaltung dafür, dass die Heterogenität und die Anzahl von unterschiedlichen Softwarelösungen vermutlich weltweit ihresgleichen suchen.

Allein schon zwischen den rund 11.000 Städten und Gemeinden in Deutschland existieren erhebliche Unterschiede trotz eines sehr ähnlichen Aufgabenspektrums. Die Automatisierung kann in diesem System ihre Stärken besonders entfalten, weil sie für die unterschiedlichen Lösungen individuell ausprägbar ist. Es kann auf einer bestehenden Präsentationsschicht, z. B. der Oberfläche des Systems, aufgesetzt werden, wodurch keine Veränderungen an den vorhandenen Anwendungssystemen notwendig sind (vgl. Czarnecki & Auth, 2018, S. 116). Letztere sind in vielen Verwaltungen veraltet und kaum für eine Digitalisierung geeignet. Die Rechnungshöfe adressieren diese Herausforderungen regelmäßig (vgl. z. B. Landesrechnungshof Niedersachsen, 2021, S. 14). Da die Automatisierung nur die transaktionale Ebene einer Fachanwendung betrifft, sind die dahinterliegenden Strukturen unerheblich.

Neben der einfachen Ausprägung der Softwareroboter kommt einer Verwaltung entgegen, dass sie viele Aufgaben wahrnimmt, die repetitiven Charakter haben. Es werden z. B. Anträge bearbeitet, deren gesetzliche Grundlage stabil ist. Viele Teile öffentlicher Rechtsgebiete wie z. B. im Meldewesen oder im Bau- oder Abgabenrecht wurden in vielen Jahrzehnten nur marginal verändert. Auf dieser Basis ist das Nachahmen menschlichen Verhaltens durch einen Softwareroboter sehr einfach, weil es regelbasiert abläuft. Hierdurch lassen sich zeitintensive und repetitive manuelle Tätigkeiten in den Behörden erheblich reduzieren und damit die Arbeitsbelastung der Beschäftigten senken (vgl. Balka et al., 2018, S. 6).

Die Effizienz- und Einsparpotenziale in den Verwaltungen sind enorm. Sie dürften aufgrund der skizzierten Aufgabenwahrnehmung deutlich höher liegen als in den Unternehmen. Sie müssen sich den verändernden

Marktbedingungen stellen und damit permanent Aufgaben anpassen und damit Ressourcen neu allokieren. Die Stabilität des Aufgabenportfolios ist in der Verwaltung deutlich höher, wodurch das Automatisierungspotenzial steigt. Es verwundert daher nicht, dass einige Autoren davon ausgehen, dass rund ein Drittel der Verwaltungsressourcen eingespart werden könnte (vgl. Kühn et al., 2018, S. 9–10). Andere Untersuchungen gehen noch weiter und sprechen beispielsweise von 42 % Automatisierungspotenzial im öffentlichen Dienst und 64 % in der öffentlichen Verwaltung (vgl. Balka et al., 2018, S. 9–10). Diese Unterscheidung kommt dadurch zustande, dass das erste Ergebnis sich auf die Tätigkeiten und das zweite Ergebnis auf die Berufsgruppe bezieht. Wie hoch das Potenzial wirklich ist, lässt sich sicherlich nicht genau sagen. Es wird aber deutlich, dass es erheblich ist. Um den demografischen Herausforderungen im öffentlichen Dienst durch Automatisierung zu begegnen, müssen die unterschiedlichen Berufsgruppen in den Blick genommen werden. Polizei, Feuerwehr oder Pflege sind beispielsweise etwas anderes als die Antragsbearbeitung in einer Behörde. Gleichwohl sind die beschriebenen Potenziale so hoch, dass es, über alle Berufsgruppen betrachtet, ausreicht, um die entstehende Personallücke durch altersbedingtes Ausscheiden aus dem öffentlichen Dienst zu schließen. Diese Erkenntnis ist bei den Entscheidern offensichtlich noch nicht gereift. Zum Zeitpunkt der Erstellung dieser Veröffentlichung wird darüber diskutiert, dass für das OZG 2.0 weniger Ressourcen bereitgestellt werden sollen. Gleichzeitig wird beklagt, dass es an Nachwuchs in den Verwaltungen fehlt. Es handelt sich um einen Widerspruch in sich.

Neben den bekannten demografiebedingten Personalengpässen ist ein weiterer Aspekt wichtig. An verschiedenen Stellen dieser Arbeit wurde deutlich, wie herausfordernd das Arbeitsumfeld für die Beschäftigten des öffentlichen Dienstes aufgrund des Policy-Makings (Abschn. 14.1) oder des Bürokratismus (Abschn. 14.6) ist. Hieraus resultieren, im Besonderen für lebensältere Beschäftigte, Überlastungen, die dazu beitragen, dass ggf. Pflichtaufgaben nicht mehr erfüllt werden können (vgl. Nationaler Normenkontrollrat, 2023, S. 4). Die Untersuchungen zu krankheitsbedingten Fehlzeiten kommen unisono zu dem Ergebnis, dass Beschäftigte im öffentlichen Dienst überdurchschnittlich oft ausfallen (vgl. z. B. iwd, 2023). Der öffentlich ausgetragene Streit vor allem zwischen den Gewerkschaftsvertretern und den Arbeitgebern über die möglichen Gründe, wie z. B. der größeren Arbeitsplatzsicherheit im Vergleich zur Privatwirtschaft, ist Legende. Für die Beantwortung der Forschungsfrage dieser Arbeit spielt es keine Rolle. Es fehlt an empirischen Belegen und es ist faktisch so, dass Beschäftigte des öffentlichen Dienstes öfter ausfallen. Hierfür müssen Gründe existieren, die, so oder so, kein gutes Licht auf die Arbeitsumstände werfen. Die Arbeitsbedingungen, die Verdienstmöglichkeiten, die offensichtlichen Modernisierungsrückstände, die von Hierarchie geprägt Strukturen etc. sind für junge Menschen im Zeitalter der Digitalisierung nicht sonderlich attraktiv. Sie fordern u. a. Work-Life-Balance, großzügige Homeoffice-Regelungen und flexible Arbeitszeiten. Die Automatisierung kann sowohl Überlastungen in den Behörden verhindern als auch die Attraktivität der Arbeit erhöhen. Einfache, repetitive und wenig ansprechende Tätigkeiten können von Softwarerobotern übernommen werden. Die Digitalisierung wird damit zum Gradmesser der Arbeitgeberattraktivität und leistet einen Beitrag, um engagierte Arbeitskräfte zu gewinnen (vgl. z. B. Behördenspiegel, 2023a, b, c, d, S. 6). Die Digitalisierung und Automation der Verwaltung werden Arbeitskräfte nicht automisch in Scharen anlocken. Es müssen beispielsweise langfristige Planungen durch iterative Vorgehensweisen, feste Laufbahnen durch durchlässige Hierarchien und Autorität durch Agilität ersetzt werden (vgl. Klenk et al., 2020, S. 14).

Die Verwaltung muss sich aus den angeführten Gründen der Automation in allen Organisationsbereichen stellen. Neben den quantitativen Einsparungen und den Potenzialen zur Entlastung der Beschäftigten kommen weitere Effekte hinzu. Es lässt sich die Qualität und die Effizienz des Verwaltungshandelns steigern. Es werden Prozesse beschleunigt und Fehlerquoten gesenkt (vgl. Balka et al., 2018, S. 6). Das steigert unmittelbar die Zufriedenheit der Kunden Abschn. 14.8. Durch eine Senkung der Fehlerquoten kann sich zudem die Anzahl der Widersprüche gegen Verwaltungsakte verringern. Vor allem sie verursachen einen hohen Bearbeitungsaufwand, der sich vermeiden lässt. In der Folge sind auch weniger Fälle vor den Verwaltungsgerichten zu erwarten.

Die Softwareroboter ahmen das menschliche Verhalten nach. Sie rufen beispielsweise Transaktion in einer Fachanwendung auf, geben Werte ein und prüfen die Verarbeitung. Damit die Software die einzelnen Arbeitsschritte ausführen kann, müssen die Abläufe hinterlegt werden. Bei den meisten Lösungen werden manuelle Eingaben vorgenommen oder Arbeitsabläufe werden elektronisch aufgenommen. Hierfür kommen sogenannte Emulatoren zum Einsatz, die die Fähigkeit besitzen, Anwendungen auszuführen, die für ein anderes System entwickelt wurden. Die technische Umsetzung ist dementsprechend einfach. Fast schon herausfordernder ist es, die Frage zu beantworten, welche Verwaltungsleistungen in welchen Bereichen der Organisation einer Automation zugeführt werden sollten. Im Rahmen einer Potenzialanalyse sind daher Kriterien heranzuziehen, die vor allem auf die Stärken der Automatisierung abzielen. Beispiele hierfür sind die

Häufigkeit, die Komplexität oder die Fehleranfälligkeit der Verwaltungsleistungen (vgl. Kühn et al., 2018, S. 4). Zu Beginn einer Automatisierungsinitiative eignen sich vor allem einfache Aufgaben mit einem relevanten Arbeitsanfall, um zeitnah und nachvollziehbar den Nutzen nachweisen zu können. Hierdurch kann Überzeugungsarbeit geleistet werden, da automatisierte Anwendungen nicht selten Widerstände erzeugen. Sie sind nicht rational und oft diffus wie z. B. die Angst vor Verlust des Arbeitsplatzes, Angst vor einer Maschine, Angst vor Machtverlust oder Zukunftsangst. Es muss daher Überzeugungsarbeit entlang der Stakeholderinteressen geleistet werden. In vielen Fällen ist nicht die technische Automation die Herausforderung, sondern das begleitende Change-Management.

Die in diesem Abschnitt aufgezeigten Potenziale richten den Blick vor allem auf die Arbeit innerhalb der Verwaltungen. Das ist aber zu kurz gedacht: „Um die Onlineangebote der öffentlichen Verwaltung im Frontend, also beim direkten Bürgerkontakt zu verbessern, ist die Automatisierung in den nachgelagerten und kontrollierenden Backend-Prozessen eine wichtige Voraussetzung" (Balka et al., 2018, S. 7). Hieraus lässt sich schließen, dass die Backend-Prozesse in den Verwaltungen einen positiven Einfluss auf das eGovernment nehmen. Automatisierung in den Verwaltungen leistet damit einen Beitrag, um das eGovernment insgesamt zu unterstützen.

Die Automatisierung bietet viel mehr als nur die Einsparung von Arbeitszeiten. Automatisierte Lösungen in den Verwaltungen sorgen für ein anderes Selbstverständnis zum Einsatz der Digitalisierung. Sie eröffnen einen Blick über den eigenen Tellerrand hinaus. Auch wenn Softwareroboter nur singulär einzelne Arbeitsschritte automatisieren, werden durch ihren Einsatz weitere Potenziale sichtbar, die einer Organisation vorher verschlossen geblieben sind. Das ist in der Praxis vieler Verwaltungen zu beobachten. Mit dem erfolgreichen Einsatz einer Automatisierungslösung geht in der Folge oftmals die Frage einher, in welchen Bereichen die nächste Anwendung etabliert werden kann. Darüber hinaus können beispielsweise automatisierte Prüfungen (Backend) von eingehenden Online-Anträgen (Frontend) dazu führen, dass Prozesse ganzheitlich gedacht und weiterentwickelt werden. Automatisierung wird hierdurch von der singulären zur prozessualen Lösung.

Zusammenfassend betrachtet sind die Potenziale für eine Automatisierung in den Verwaltungen immens. Die meisten Verwaltungen stehen aber erst ganz am Anfang. Die Lösungen sind teilweise noch so wenig ausgereift, dass es auch zu Mehraufwänden in den Verwaltungen kommen kann (vgl. z. B. Bogumil et al., 2016). Anlaufschwierigkeiten sind beim Einsatz neuer Instrumente allerdings immer an der Tagesordnung.

In Abschn. 5.5 wurde herausgearbeitet, dass das eGovernment auf die Gemeinwohlorientierung des staatlichen Handelns ausgerichtet ist und die Digitalisierung vornehmlich zur Automatisierung eingesetzt wird. Ein erfolgreicher Einsatz von Digitalisierung in Verwaltungen ist vor allem dann möglich und sinnvoll, wenn Automatisierungen zur Gemeinwohlsteigerung beitragen, was in diesem Abschnitt aufgezeigt werden konnte.

14.11 Empfehlung 11: Zusammenarbeit neu justieren

Die Ergebnisse zum Einfluss des Föderalismus auf das eGovernment sind eindeutig Kap. 8. Es lassen sich keine Hinweise dafür finden, dass föderale Staaten schlechter abschneiden als andere. Ganz im Gegenteil, der föderale Wettbewerb scheint einen positiven Einfluss auszuüben. Gleichwohl sind die erzielten Ergebnisse statistisch nicht hinreichend belastbar, da die Anzahl föderaler Staaten weltweit überschaubar ist. Deutschland liegt auf Platz 6 von 25 föderalen Staaten. Es handelt sich um kein gutes Ergebnis, wenn die Entwicklungsländer außer Acht gelassen werden.

Zu der kleinen Zahl derer, die den Föderalismus sogar als Chance für die Weiterentwicklung des eGovernments betrachten, gehört der Staatssekretär im Bundesministerium des Innern und für Heimat sowie Beauftragter der Bundesregierung für Informationstechnik (CIO), Dr. Markus Richter. In einem Beitrag für die Zeitschrift „eGovernment" führte er unter der Überschrift „Föderalismus treibt die Digitalisierung" aus, warum aus seiner Sicht die Vorteile des Föderalismus überwiegen (vgl. Richter, 2020). Man kann der Funktion des CIO des Bundes natürlich unterstellen, dass so etwas qua Funktion geäußert werden muss. Gleichwohl führt er in dem Beitrag u. a. folgendes aus: „Föderale Systeme können auch ein Vorteil bei der Digitalisierung sein. Wenn es gelingt, aus der Vielfalt an Ideen, die besten Lösungen zu identifizieren. Nur so können wir nachhaltige Lösungen finden…" (vgl. Richter, 2020). Diese Feststellung deckt sich mit den Ergebnissen der zugehörigen Föderalismushypothese Kap. 8. Es deutet einiges darauf hin, dass die unbestrittenen institutionellen Stärken des Föderalismus, die Vielfalt, den Wettbewerb um die beste Lösung unterstützen.

Da der Föderalismus als Begründung für schlechtes eGovernment auf Basis obiger Ergebnisse zunächst einmal ausscheidet, stellt sich die Frage, warum so viele Experten und die Öffentlichkeit vom Gegenteil überzeugt zu sein scheinen. Die Kommission für Forschung und Innovation, eine Gruppe von wissenschaftlichen Experten, konstatiert im Jahr 2016 folgendes: „Das größte Hemmnis beim Aufbau bzw. Ausbau von E-Government sind die föderalen Strukturen in Deutschland" (Expertenkommission für Forschung & Innovation, 2016, S. 88). Diese Aussage ist umso bemerkenswerter, wenn man bedenkt, dass schon in den Jahren 2009/2010 der IT-Planungsrat gegründet und die entscheidende Änderung des Grundgesetztes durch Art. 91c vollzogen wurde Abschn. 5.1. Hieraus lässt sich schließen, dass trotz der Erkenntnis einer notwendigen föderalen Zusammenarbeit und der hierfür formal geschaffenen Voraussetzungen mindestens sechs Jahre wenig passiert ist. An dieser Stelle muss man die Frage stellen, ob es ein Problem des Föderalismus oder eines der Zusammenarbeit ist. Herausforderungen in der Zusammenarbeit lassen sich aus unterschiedlichen Gründen finden. Es könnten profane persönliche Animositäten sein, es könnte das Verhältniswahlrecht in Deutschland sein aus dem Koalitionsregierungen erwachsen, deren Reformfähigkeit institutionell beschränkt ist etc. Ohne diese Gedanken zunächst weiter zu vertiefen, lohnt sich ein Blick auf das aktuelle Meinungsbild von Experten und der Öffentlichkeit.

Basanta Thapa, Geschäftsführer des Nationalen E-Government Kompetenzzentrums e. V. in Berlin, kommt u. a. zu folgendem Ergebnis: „‚Föderalismus' ist ein Reizwort in der E-Government-Szene. Für die einen trägt er die Hauptschuld an der Misere der deutschen Verwaltungsdigitalisierung. Für die anderen ist die Digitalisierung die Schere, mit der sich gut ein bis drei Verwaltungsebenen stutzen ließen – natürlich zum Schrecken der Betroffenen" (Thapa, 2023). Es handelt sich um eine persönliche Einschätzung. In Anbetracht des derzeitigen Status Quo der Verwaltungsdigitalisierung in Deutschland fehlt die Fantasie, wie aus diesem ein neuer Schwung in die Föderalismusdiskussion gebracht werden könnte. Der bekannte Kenner der Szene und Blogger Sascha Lobo führte im Spiegel unter der Überschrift „Föderalismus ist nur noch ein Euphemismus für Kleinstaaterei" u. a. aus, dass der Föderalismus der Hauptgrund für das nationale IT-Dauerdebakel sei (vgl. Lobo, 2023). Die Liste ähnlicher Äußerungen ließe sich verlängern, worauf an dieser Stelle verzichtet werden kann. Das Meinungsbild in der Öffentlichkeit ist, dass der Föderalismus die Hauptschuld daran trägt, dass Deutschland beim eGovernment noch nicht dort ist, wo es sein sollte.

Die Einschätzungen der Rechnungshöfe sind des Weiteren von großer Bedeutung. Sie befassen sich mit den konkreten Sachverhalten im Detail und es kann ihnen unterstellt werden, keine vorschnellen oder unqualifizierten Rückschlüsse zu ziehen. Die Rechnungshöfe sind daher besondere Kenner der Herausforderungen rund um das eGovernment. Auf eine umfassende Sichtung ihrer Stellungnahmen kann hier verzichtet werden. Es soll lediglich der Blick auf eines der teuersten und am längsten laufenden (seit 2007) Digitalisierungsvorhaben in der deutschen Verwaltung gerichtet werden. Das Vorhaben „KONSENS" (Koordinierte neue Software-Entwicklung der Steuerverwaltung) hat bis heute nach Angaben der Rechnungshöfe rund 1,6 Mrd. € gekostet und soll bis zum Jahr 2026 mit weiteren 1,25 Mrd. € zu Buche schlagen. Zu KONSENS gehört u. a. „Elster", das System zur elektronischen Einreichung der Steuererklärung und zur Kommunikation mit den Finanzämtern Abschn. 14.3. Es befindet sich bekanntermaßen im praktischen Einsatz, ist aber nur ein Teil des Gesamtvorhabens KONSENS. Die Präsidentinnen und Präsidenten der Rechnungshöfe des Bundes und der Länder sind inzwischen so verzweifelt, dass sie eine „Augsburger Erklärung" verfasst haben. In dieser wird u. a. ausgeführt, dass bis heute trotz des immensen Aufwands erfolglos versucht wurde, die Kernverfahren zu realisieren (vgl. Bundesrechnungshof, 2023). Die Probleme bei KONSENS werden im Wesentlichen dem Föderalismus zugeschrieben. So seien Länderegoismen und unterschiedliche Systeme dafür verantwortlich, dass das Gesamtvorhaben nicht effizient und effektiv abgewickelt werden kann (vgl. Ramthun, 2021). Um dem Einhalt zu gebieten, wurde sogar ein eigenes Gesetz erlassen (Gesetz über die Koordinierung der Entwicklung und des Einsatzes neuer Software der Steuerverwaltung (KONSENS-Gesetz – KONSENS-G)). Die Probleme scheinen bis heute nicht gänzlich behoben zu sein, wie aus der Antwort der Bundesregierung auf eine Anfrage der CDU-Fraktion hervorgeht (vgl. Deutscher Bundestag, 2022). Auf die Frage „Welche derzeitigen Probleme weist das Vorhaben auf?" antwortet die Bundesregierung „…Herausforderungen und Probleme, die IT-Großprojekte regelmäßig mit sich bringen… Hinzu kommen die Herausforderungen in einem föderalen Umfeld" (Deutscher Bundestag, 2022, S. 3).

Die kritischen Stimmen bezogen auf den Föderalismus sind deutlich in der Überzahl und Zusammenarbeitsprobleme, nicht zur im Vorhaben KONSENS, nachweisbar. Richtet man den Blick auf die Fakten des Föderalismus in Deutschland, dann werden die Komplexitäten deutlich. Es existieren neben dem Bund noch 16 Bundesländer und rund 11.000 Kommunen. Dies ist nicht nur numerisch eine hohe Anzahl. Die Selbstverwaltung des Föderalismus lässt es nicht nur zu, sondern verlangt es in Teilen auch, dass die Gebietskörperschaften ihre Angelegenheiten in eigener Verantwortung regeln (vgl. z. B. Artikel 20 Abs. 3 GG und Abschn. 5.1). Hieraus resultiert, dass es „Die Verwaltung" nicht gibt, denn der Föderalismus und die kommunale Selbstverwaltung haben in Deutschland zu tausenden, weitgehend selbstständigen Verwaltungen geführt (vgl. Behörden Spiegel & Prognos, 2017, S. 3). Hieraus resultiert u. a. eine komplexe Gemengelage aus

Partikularinteressen und Vetopositionen, die ein auf ein Ziel ausgerichtetes gemeinsames Vorgehen zumindest deutlich erschwert. Der wesentliche Auslöser dieser Entwicklungen ist die Politik auf der Ebene der Gebietskörperschaften in Deutschland. Hierbei gilt es zu berücksichtigen, dass verfassungsbedingt die politischen Meinungsbildungsprozesse voneinander entkoppelt und in versetzten Zyklen verlaufen, was, unabhängig vom eGovernment, ein Problem für eine gemeinsame Willensbildung darstellt (vgl. Beck et al., 2017, S. 21). Es stellt sich daher die Frage, ob es neben einem fehlenden Willen der Zusammenarbeit auch einen deutschen Konstruktionsfehler des Föderalismus gibt.

In Demokratien kommt eine fehlende Kontinuität der handelenden Akteure hinzu. Die kurzfristige Orientierung der Politik an Wählerstimmen und Legislaturperioden führt zu einer unzureichenden Unterstützung für ein Langfristprojekt wie dem eGovernment, obwohl es sich grundsätzlich um ein wahlkampffreundliches Thema handelt (vgl. Wirtz, 2022, S. 52). Das Fordern von digitalen und bürgerfreundlichen Lösungen gehört nicht erst seit Gerhard Schröders Aussage aus dem Jahr 2001 („Die Daten müssen laufen, nicht die Bürger") zum guten Ton. Die „Bürgerfreundlichkeit" war auch schon im Rahmen des Neuen Steuerungsmodelles der Kit, der die unterschiedlichen Interessengruppen zusammengehalten hat. Geht es aber um die konkrete Finanzierung eines langfristigen Projekts wie dem eGovernment, dann gestaltet sich die Sache schon anders, wie sich auch zum Zeitpunkt der Erstellung dieser Veröffentlichung im Rahmen der Diskussion über das OZG 2.0 zeigt (vgl. z. B. Stopa & Schinkels, 2023). Hieran lassen sich die politischen Diskontinuitäten festmachen, die langfristigen und tiefgreifenden Transformationsprozessen im Wege stehen (vgl. Wirtz, 2022, S. 52). Die Verantwortung reflexartig bei den Politikern und ihren Eigeninteressen zu suchen, greift allerdings zu kurz. Tim Höttges, Vorstandsvorsitzender der Deutschen Telekom AG, lässt sich in der FAZ wie folgt zitieren: „Ich glaube gar nicht, dass es hilft, wenn wir Politiker kritisieren. Die meisten Politiker haben das Herz am rechten Fleck und ein europäisches, patriotisches Interesse, wirklich etwas besser zu machen für die Bevölkerung" (Armburster et al., 2023). Auch andere Praktiker weisen darauf hin, dass im föderalen System viel erreicht werden kann. Frank Jürgen Weise, der langjährige Vorstandsvorsitzende der Bundesagentur für Arbeit, stellt mit Bezug zum Arbeitsmarkt in Deutschland folgendes fest: „Mit gutem Willen kann man auch im föderalen System viel verändern. Eigentlich hatte ich mich sehr darauf gefreut, dass die aktuelle Regierung das endlich anpackt" (Bollmann, 2023a, b, c, d).

Summarisch betrachtet zeigen die Ausführungen, dass trotz des deutschen Föderalismus mehr zu erreichen sein müsste als Platz 22 im EGDI-Ranking. Ein in diesem Zusammenhang kaum beachteter Aspekt sind die technischen Herausforderungen der Verwaltungen in Deutschland. Die auf Eigenverantwortlichkeit ausgerichteten föderalen Strukturen haben über Jahrzehnte dafür gesorgt, dass man nicht nach links oder rechts schauen musste. Einheitliche IT-Infrastrukturen findet man punktuell bestenfalls auf Ebene der Bundesländer und des Bundes. Sie werden aber immer schon durch die Staatsgewalten und durch Ressorteigeninteressen durchbrochen. Allein schon zwischen den Ressorts auf Bundesebene und in den Bundesländern gibt es erhebliche Unterschiede, was den Einsatz von Standardsoftware betrifft. Dies kann bedarfsgerecht sein, denn ein Bundesland mit geringer Einwohnerzahl und einer überschaubaren Anzahl an Kommunen hat andere Anforderungen als z. B. das größte Bundesland Nordrhein-Westfalen. Gleichwohl sind die Voraussetzungen für Interaktionen und Datenaustausch durch die heterogene IT-Landschaft besonders herausfordernd. Bezogen auf die Eigeninteressen der Ressorts, geht der geschäftsführende Gesellschafter der Henkelhausen Gruppe und Leiter des Nationalen Normenkontrollrates, Lutz Goebel, sogar so weit, das Ressortprinzip abschaffen zu wollen (vgl. Bollmann, 2023a, b, c, d).

Gemäß Informationstechnikzentrum des Bundes gibt es in Deutschland mehr als 30.000 Fachverfahren, die im Deutschen Verwaltungsdiensteverzeichnis (DVDV) hinterlegt sind. Das DVDV ist der Kern für den Datenaustausch der Fachverfahren in der deutschen Verwaltung und die zentrale Registrierungsstelle (vgl. Informationstechnikzentrum Bund, Governikus KG, & Dataport AöR, 2023, S. 4). Durch die Spezifikationen im Verzeichnis können eGovernment-Anwendungen deutschlandweit rechtskonform Daten austauschen. Es ist davon auszugehen, dass es zahlreiche weitere Fachverfahren gibt, die sich nicht im DVDV wiederfinden, da sie z. B. als Insellösung zum Einsatz kommen. Für die weitere Diskussion ist es an dieser Stelle auch unerheblich, ob man von 30.000 oder vielleicht auch 50.000 Fachverfahren ausgeht. Die Anzahl ist sehr hoch und mit großer Wahrscheinlichkeit höher als in EGDI-Vorreiterländern wie z. B. Dänemark, Finnland oder Island. Die hohe Anzahl resultiert nicht nur aus den föderalen Strukturen. Sie ist auch das Ergebnis der umfangreichen Aufgabenwahrnehmung des deutschen Staates mit seinen besonderen bürokratischen Merkmalen Abschn. 14.6. In diesem Zusammenhang lässt sich argumentieren, dass eine hohe Anzahl von IT-Lösungen in Zeiten der Digitalisierung kein allzu großes Problem mehr darstellen sollte. Entscheidend ist die

Konnektivität der Lösungen. Das ist zutreffend und das Registermodernisierungsgesetz zielt genau hierauf ab Kap. 10. Die besondere und viele größere Herausforderung als die Anzahl der Fachverfahren in Deutschland sind ihre Eigenschaften. Sie haben unterschiedliche Architekturen, sind auf unterschiedlichen Ertüchtigungsniveaus und es gibt nichts, was es nicht gibt. Die Rechnungshofberichte zu dem Thema „Fachverfahren" sind daher wenig überraschend Legende. Der Rechnungshof des Landes Baden-Württemberg weist beispielsweise auf problematische Schnittstellen zwischen dem Arbeitsplatz, den Fachverfahren und einem möglichen Cloud-Einsatz hin (vgl. Rechnungshof Baden-Württemberg, 2022). In Hessen kommt es zu Problemen bei der Umsetzung von IT-Sicherheitsrichtlinien in den Fachverfahren (vgl. Hessischer Rechnungshof, 2020, S. 154). In Mecklenburg-Vorpommern empfiehlt der Landesrechnungshof eine Abkehr von monolithischen Strukturen in der Fachverfahrensentwicklung, um Abgängigkeiten von Dienstleistern zu vermeiden und eine Interoperabilität sicherzustellen (vgl. Landesrechnungshof Mecklenburg-Vorpommern, 2022, S. 4–6). In Bremen geht es im Zusammenhang mit den Fachverfahren um die Sicherstellung des Betriebs in eigener Verantwortung versus Beauftragung externer Unternehmen (vgl. Rechnungshof der Freien Hansestadt Bremen, 2022, S. 65–71).

Die Beispiele ließen sich immer weiterführen. Es wird zum einen deutlich, wie schwierig die deutsche Situation in der Fachverfahrenslandschaft ist. Die Bedienung der Kunden aus einer Hand kann daher derzeit kaum gelingen. Zum anderen muss zum Zeitpunkt dieser Veröffentlichung festgehalten werden, dass die Probleme nicht kurzfristig beseitigt werden können. Es fehlt vor allem an den notwendigen personellen Ressourcen und den notwendigen Kompetenzen in den Verwaltungen Abschn. 5.1.

Die Fachverfahrensproblematik geht auf die föderalen IT-Investitionsentscheidungen aus der Vergangenheit zurück. Es wurden unterschiedliche Pfade beschritten, die aufgrund von Lock-in-Effekten kaum verlassen werden können (vgl. Beck et al., 2017, S. 21). Diese Situation bedeutet nicht, dass es über Jahrzehnte keine hochleistungsfähige IT in der öffentlichen Verwaltung in Deutschland gegeben hat. Es bedeutet, dass die föderalen Strukturen zu einer IT-Landschaft geführt haben, die den heutigen Anforderungen der Digitalisierung nicht unbedingt gerecht werden können. Um dem zu begegnen, sind verschiedene Maßnahmen ergriffen worden. Hierzu zählen beispielsweise die Registermodernisierung (Abschn. 14.6) und die Konsolidierung der Verwaltungsportale (Abschn. 14.1). Es sind Möglichkeiten, die Schwächen der Fachverfahrenslandschaft zu beseitigen, ohne sie grundlegend infrage zu stellen. Im Rahmen der Registermodernisierung müssen die Verfahren „nur" dahingehend ertüchtigt werden, bestimmte

Austauschstandards einzuhalten. Über Portale werden Möglichkeiten geschaffen, um Daten, Informationen oder Anwendungen auf einer Oberfläche bereitzustellen. Auch hierfür ist es in vielen Fällen nicht notwendig, ein Fachverfahren gänzlich neu aufzusetzen.

Zu den infrastrukturellen Herausforderungen, die als ein Resultat des deutschen Föderalismus gewertet werden können, gesellen sich weitere. Es ist offensichtlich, dass aufgrund des Föderalismus komplexe Abstimmungsstrukturen geschaffen wurden, die eine Zusammenarbeit deutlich erschweren. Ein Symbol hierfür ist das sogenannte „Wimmelbild" (vgl. Abb. 2.1). Es zeigt die bundesdeutschen Komplexitäten im Rahmen der Umsetzung des OZG auf. Selbst dem Laien wird bei diesem Bild klar, dass so etwas im Sinne der Sache nicht funktionieren kann. Es ist zudem naheliegend, dass vom Grundgesetz ein solches Wirrwarr von Zuständigkeiten und Abhängigkeiten gar nicht verlangt wird. Hieraus resultiert der naheliegende Verdacht, dass es nicht am deutschen Föderalismus liegt, sondern daran, was daraus gemacht wird. In dieser Forschungsarbeit sind verschiedene Aspekte tangiert worden, woran es liegen könnte. Vielleicht sind es die deutsche Übervorsichtigkeit (Stichwort: „German Angst", Abschn. 14.5), die Konsenskultur oder der Bürokratismus (Abschn. 14.6) – oder alle zusammen – die Entscheider dazu verleiten, eine breite Beteiligungskultur zu kultivieren. Die Diskussion über das Policy-Making zeigt darüber hinaus (Abschn. 14.1), dass man sich nur allzu gerne selbst im Weg steht. Ohne die Kausalität beweisen zu können, ist es vor allem im Vergleich mit den Europäischen Vorreiterländern beim eGovernment, wie z. B. Dänemark, den Niederlanden, Finnland oder Schweden augenscheinlich, dass in Deutschland etwas nicht stimmt.

Für diese Annahme lassen sich zusätzliche Belege finden. Die Expertenkommission für Forschung und Innovation, die in ihrem Jahresbericht 2016 noch den Föderalismus für das größte Hemmnis beim Auf- und Ausbau des eGovernments ausmachte (siehe oben), zeichnet im Jahr 2023 ein anderes Bild: „Die Zuständigkeiten sind fragmentiert, es gibt keine klare Kompetenzverteilung und keine eindeutigen Verantwortlichkeiten" (Expertenkommission für Forschung & Innovation, 2023, S. 30). Die Aussage verzichtet auf eine pauschale Verurteilung des Föderalismus und formuliert Anforderungen, die das „Wimmelbild" entschlacken und der Gesamtheit der Bemühungen neue Schlagkraft verleihen könnten. Eine Entwirrung der Zuständigkeiten ist dringend angezeigt, um die sich selbst blockierenden Strukturen aufzubrechen. „Die zentrale Herausforderung für die deutsche Verwaltung ist es, im föderalen System koordiniert zu handeln" (Beck et al., 2017, S. 21). Ein solches Handeln kann aber nur gelingen, wenn man sich Strukturen bedient, die sich auch koordinieren lassen. Mit Blick auf das

„Wimmelbild" bestehen daran sehr große Zweifel. Es ist daher nicht verwunderlich, dass die komplexe mehrdimensionale Verantwortungsverteilung innerhalb Deutschlands für den geringen Fortschritt der Digitalisierung öffentlicher Leistungen verantwortlich ist (vgl. Schallbruch, 2018, S. 143). Eine Teilung der Verantwortung macht in föderalen Strukturen einerseits Sinn, denn jede Ebene kann einen eigenen, nichtredundanten Beitrag leisten. Die derzeitige Umsetzung des OZG basiert auf dieser Idee. Das EfA-Prinzip (Abschn. 5.1) wurde genau aus diesen Gründen ins Leben gerufen.

Anderseits kann eine Verantwortungsteilung zu Koordinationsproblemen und zu einem Silodenken innerhalb der verantwortlichen Einheiten führen (vgl. Hammerschmid et al., 2019, S. 18). Koordinationsprobleme lassen sich derzeit u. a. dahingehend ausmachen, dass es mit der Nachnutzung zentral entwickelter EfA-Leistungen nicht so weit her ist. Das Silodenken wird dadurch unterstützt, dass es zu wenig Austausch zwischen den Partnern gibt. Die Akteure in den Ressorts und IT-Stellen, in Kommunen, Ländern und Bund verfolgen dabei unterschiedliche Ziele (vgl. Beck et al., 2017, S. 21). Sie hätten koordiniert und gesteuert werden müssen, um gemeinsam zielgerichtet zu handeln: „Dem Bundesrechnungshof ist bewusst, dass das BMI nicht allein sämtliche organisatorischen und fachlichen Grundlagen schaffen konnte. Gerade weil das OZG arbeitsteilig umgesetzt wird, wären jedoch frühzeitig einheitliche Vorgaben erforderlich gewesen" (Bundesrechnungshof, 2023, S. 6).

Durch das auf sich bezogene agieren wird das „große Ganze" ein Stück weit aus den Augen verloren. Es ist zum Teil auch verständlich. Die einzelnen Akteure müssen z. B. auf unterschiedliche Rahmenbedingungen und Befindlichkeiten vor Ort Rücksicht nehmen. In diesem Zusammenhang wird von einer „Digitalen Kleinstaaterei" gesprochen, die nur durch die Überwindung der zu starren Strukturen beseitigt werden kann (vgl. Budras, 2023a, b, c). Dieses Urteil erscheint in Anbetracht der Entwicklungen der letzten Jahre als recht hart. Der IT-Planungsrat versteht sich als gemeinsam handelndes Gremium, das EfA-Prinzip wäre vor 10 Jahren kaum vorstellbar gewesen, die Registermodernisierung wurde angeschoben etc. Das EfA-Prinzip und die Registermodernisierung verhindern zudem ganz konkret eine „Digitale Kleinstaaterei", weil alleiniges Agieren keinen Sinn ergibt. Gleichwohl denkt selbstverständlich jedes Bundesland oder jede Kommune zunächst an sich selbst, was vor allem in einem föderalen System gar nicht verhindert werden kann.

Um die skizzierten Herausforderungen in den Griff zu bekommen, bedarf es anderer Strukturen und einer entsprechenden Governance. „Aber die Governance, die wir uns gegeben haben, in Deutschland mit dem föderalen

System nach dem Krieg und in Europa mit den Lissabon-Verträgen sind so kompliziert, dass wir zwar Ideen und Menschen mit den richtigen Einstellungen haben. Aber die nicht die Fähigkeiten haben, diese Ideen umzusetzen" (Armburster et al., 2023) lässt sich Tim Höttges, Vorstandsvorsitzender der Deutschen Telekom, in der Frankfurter Allgemeinen Zeitung zitieren. Diese eher allgemeine Feststellung lässt sich auch auf die Digitalisierung in Deutschland übertragen. Denn es fehlt an einer geeigneten Digitalisierungs-Governance, wodurch die Definition und Umsetzung einheitlicher technischer Standards und Schnittstellen bis zur kommunalen Ebene deutlich erschwert wird (vgl. Expertenkommission für Forschung & Innovation, 2023, S. 30). Die Forderung ist berechtigt und nachvollziehbar. Gleichwohl wird der Ruf nach „Governance" schnell laut. Dabei wird oft verkannt, wie anspruchsvoll bereits die Definition des Begriffs ist. Es ist vermutlich auch der Grund dafür, warum bei komplexen Problemlagen oftmals „Governance" in Spiel gebracht wird. Ohne auf diese Diskussion näher einzugehen, sollte aufgrund der Komplexität der Zusammenhänge zumindest das disziplinäre Denken überwunden werden (vgl. Seitz, 2017, S. 8). Ein zusammenhängendes fachübergreifendes Problemverständnis wäre ein wichtiger Schritt in die richtige Richtung. Hier mit Augenmaß zu agieren, erscheint auch deshalb sinnvoll, da die bisherigen Digitalisierungsstrukturen in den Verwaltungen noch nicht so weit ausgereift sind, dass sie ein mehr an Regulierung vertragen würden (vgl. Behördenspiegel, 2023a, b, c, d, S. 4). Dies gilt im Besonderen im deutschen Kontext, aufgrund der Herausforderungen des Policy-Makings (Abschn. 14.1) und dem hohen Grad der Bürokratie Abschn. 14.6.

Governance hat etwas mit Regeln, Strukturen und Führung zu tun. Daher sind im Weiteren die Führung und Unterstützung durch die Politik unabdingbar. Die Behördenleitungen verlangen nach einem klaren politischen Willen für die Umsetzung von eGovernment (vgl. Hammerschmid et al., 2019, S. 17). Nur hierdurch werden sie in die Lage versetzt, den digitalen Wandel mit Nachdruck voranzutreiben. Auch wenn bereits an anderer Stelle auf die besonderen Herausforderungen bei der Besetzung von Behördenleitungen eingegangen wurde (Abschn. 14.1) kann ohne politische Unterstützung nichts gewonnen werden. Die Digitalisierung der Verwaltung in Deutschland braucht ein Mandat und eine klare, gemeinsame Vision und Strategie für die Verwaltung von morgen (vgl. Behörden Spiegel & Prognos, 2017, S. 26). Auch hier schließt sich ein Kreis in dieser Forschungsarbeit, denn die Strategiedefizite in deutschen Verwaltungen sind bekannt und unübersehbar Abschn. 14.8. Die Rechnungshöfe kritisieren die Strategielosigkeit bezogen auf die Informationstechnik regelmäßig (vgl. z. B. Rechnungshof der Freien Hansestadt Bremen, 2022, S. 65). Der Bundesrechnungshof geht noch einen Schritt weiter und schreibt der fehlenden IT-Strategie zumindest in Teilen die Verantwortung für das Scheitern des OZG zu: „Der Bund sollte zudem auf eine föderale Digital- und IT-Strategie hinwirken, die den Rahmen für eine erfolgreiche Transformation der öffentlichen Verwaltung bildet" (Bundesrechnungshof, 2023, S. 2).

Zusammenfassend betrachtet ist es nicht der deutsche Föderalismus, der das eGovernment hemmt. Die gegenteiligen Meinungen in der Öffentlichkeit verkennen die deutschen Spezifika und ein Eigenverschulden der handelnden Akteure. Der Föderalismus hat seine Stärken in der Offenheit für unterschiedliche Lösungen und in der Innovationskraft der einzelnen Akteure, die durch Informationsaustausch, Zusammenarbeit und Absprachen Kooperationsdividenden erwirtschaften können (vgl. Behörden Spiegel & Prognos, 2017, S. 26). Die Kooperationsdividenden sind derzeit viel gering und können aus unterschiedlichen Gründen nicht erzielt werden. Es liegt z. B. an der Beteiligung zu vieler mitbeteiligter Akteure, Stichwort: „Wimmelbild". Des Weiteren waren die Startvoraussetzungen in Deutschland aufgrund zehntausender inhomogener Fachverfahren im Vergleich zu anderen Staaten schlecht, was sich auch auf absehbare Zeit kaum beheben lassen wird. Erschwerend kommt hinzu, dass der deutsche Staat viele Aufgaben übernimmt und dabei von einer Nanny-Mentalität (Abschn. 14.7) getrieben wird, die eine Einführung technischer Unterstützungssysteme deutlich erschwert. Letzteres kann dem Föderalismus nicht zugeschrieben werden. Es hat etwas mit der Einstellung zum und der Erwartungshaltungen an den Staat zu tun und liegt letztlich in der Hand der Wahlberechtigten.

Am Ende bleibt die Erkenntnis, dass die Zusammenarbeit zwischen den Stakeholdern neu zu justieren ist. Die Strukturen müssen gestrafft und Strategien, die diesen Namen verdienen, tatsächlich umgesetzt werden. Aus technischer Sicht führt kein Weg daran vorbei, die Fachverfahren zu ertüchtigen, um sie digitalisierungsfähig zu machen. Eine Reform des Föderalismus wird sich aus der Digitalisierung von Staat und Verwaltung nicht ergeben. Es erscheint auch gar nicht erforderlich, wenn die Stakeholder ihre Hausaufgaben machen und den eingeschlagenen Weg weiter beschreiten. Sie haben alle ein Eigeninteresse am Erfolg der Verwaltungsdigitalisierung. Es werden knappe Ressourcen geschont, Verwaltungsverfahren vereinfacht und beschleunigt, die Bürgerfreundlichkeit erhöht etc.

Literatur

Absatzwirtschaft. (27. Oktober 2018). Studie belegt: Schlecht platzierte Werbung ist nicht nur nutzlos, sondern kontraproduktiv für die Marke. *Absatzwirtschaft.* https://www.absatzwirtschaft.de/studie-belegt-schlecht-platzierte-werbung-ist-nicht-nur-nutzlos-sondern-kontraproduktiv-fuer-die-marke-221547/#:~:Text=Hulu%20%2F%20Marketing%20%2F%20Werbung-,Studie%20belegt%3A%20Schlecht%20platzierte%20Werbung%20ist%20nic.

acatech, & Körber-Stiftung. (2022). *TechnikRadar 2022. Was die Deutschen über Technik denken.* Acatech.

Andreae, P. (19. September 2023). Bei der Bürokratie hat man es mit reiner Willkür zu tun. *Frankfurter Allgemeine Zeitung.* https://www.faz.net/aktuell/rhein-main/wirtschaft/koziol-kaempft-gegen-auflagen-von-behoerden-19183315.html.

ARD. (15. August 2023). *Tagesschau.* https://www.tagesschau.de/inland/demokratie-gefaehrdet-umfrage-deutschland-100.html. Abgerufen.

Armbruster, A. (28. August 2023). Überregulierung muss dringend abgebaut werden. *Frankfurter Allgemeine Zeitung.* https://www.faz.net/aktuell/wirtschaft/digitec/fraunhofer-praesident-hanselka-ueberregulierung-muss-dringend-abgebaut-werden-19131606.html.

Armburster, A., Astheimer, S., & Jan, J. (12. Oktober 2023). „Ich würde Deutschland die Note 5 geben". Frankfurter Allgemeine Zeitung. https://www.faz.net/aktuell/wirtschaft/unternehmen/digitalisierung-in-deutschland-von-telekom-chef-tim-hoettges-mit-5-bewertet-19235287.html.

Astheimer, S. (14. August 2023). Deutschland, ehre deine Unternehmer! Frankfurter Allgemeine Zeitung. https://www.faz.net/aktuell/wirtschaft/unternehmen/buerokratie-deutschland-darf-seine-unternehmer-nicht-frustrieren-19100478.html.

Au, B. v. (2023). „Wäschekörbeweise Einsprüche" bei Finanzämtern. https://www.tagesschau.de/wirtschaft/verbraucher/grundsteuer-klage-einspruch-steuerzahler-100.html: Tagesschau online.

Balka, K., Daub, M., & Pflanzer, A. (2018). *Automatisierung im öffentlichen Sektor.* McKinsey&Company.

Beck, R., Hilgers, D., Krcmar, H., Krimmer, R., Margraf, M., Parycek, P., . . . Schuppan, T. (2017). *Digitale Transformation der Verwaltung.* Bertelsmann-Stiftung.

Becker, B. (13. November 2020). Warum der elektronische Personalausweis gefloppt ist. *Wirtschaftswoche.* https://www.wiwo.de/politik/deutschland/digitalisierung-warum-der-elektronische-personalausweis-gefloppt-ist/26621934.html.

Beeger, B., Brandis, C., Diemand, S., & Kaiser, O. (17. August 2023). Deutschlands lähmende Bürokratie. *Frankfurter Allgemeine Zeitung.* https://www.faz.net/aktuell/wirtschaft/unternehmen/buerokratie-so-wird-die-wirtschaft-in-deutschland-gebremst-19095668.html.

Spiegel, B., & Prognos. (2017). *Projekt „Digitaler Föderalismus"*. ProPress Verlagsgesellschaft mbH.

Behördenspiegel. (18. Oktober 2023a). Bremer Bürgermeister kündigt mehr digitale Services an. *Behördenspiegel – newsletter – Digitaler Staat und Cyber Security*, S. 7.

Behördenspiegel. (18. Oktober 2023b). In den Grenzen des Rechts. *Behördenspiegel – newsletter – Digitaler Staat und Cyber Security*, S. 1–2.

Behördenspiegel. (23. August 2023c). Bürgeramt der Zukunft. Behördenspiegel, S. 1–2.

Behördenspiegel. (November 2023d). NKR: Digitalisierung könnten Hebel für Bürokratieabbau sein. *Behördenspiegel newsletter Digitaler Staat und Cyber Security*, S. 4.

Bernau, P. (04. November 2023). Weg mit der Bürokratie – aber wie? *Frankfurter Allgemeine Zeitung*. https://www.faz.net/aktuell/wirtschaft/regulierungswahn-weg-mit-der-buerokratie-aber-wie-19288245.html?GEPC=s9&premium=0xed8f4f186423e85540c8e2b290eb612ebfac0b1a8b3d0789fe9ef5304e474e4f.

Bernau, P. (10. Dezember 2023). Das sind Deutschlands 13 Probleme. Frankfurter Allgemeine Zeitung. https://www.faz.net/aktuell/wirtschaft/das-sind-deutschlands-13-probleme-in-der-wirtschaft-wohlstand-wackelt-19371178.html.

Bernau, P., & Wulfers, A. (7. Januar 2024). „Ich glaube nicht, dass alle deutschen Autobauer das Jahrzehnt überleben". *Frankfurter Allgemeine Zeitung*. https://www.faz.net/aktuell/wirtschaft/oekonom-schularick-ueber-deutschlands-wirtschaftliche-probleme-19426635.html.

Beske, F., Drabinski, T., & Golbach, U. (2005). *Leistungskatalog des Gesundheitswesens im internationalen Vergleich*. Fritz Beske Institut.

Biener, B. (10. Oktober 2023). Per Liegendtransport ins Bürgeramt. *Frankfurter Allgemeine Zeitung*, S. https://www.faz.net/aktuell/rhein-main/frankfurt/per-liegendtransport-ins-buergeramt-um-fingerabdruck-zu-nehmen-19222544.html.

Bitkom e. V. (23. November 2023). www.bitkom.org. https://www.bitkom.org/Presse/Presseinformation/E-Rechnungen-auf-Vormarsch. Abgerufen.

Bock, O. (26. Oktober 2023). Erstanmeldung per Videoanruf in Wiesbaden. *Frankfurter Allgemeine Zeitung*. https://www.faz.net/aktuell/rhein-main/wiesbaden-erste-deutsche-stadt-mit-erstanmeldung-per-videoanruf-19270981/ganz-ohne-nummerziehen-in-19271049.html.

Boehme-Neßler, V. (2018). *Das Ender der Demokratie?* Springe Gabler.

Bogumil, J. (2011). Verwaltungsreformen auf Länderebene und ihre Auswirkungen auf die Kommunen. In H.-J. Dahme & N. Wohlfahrt (Hrsg.), *Handbuch Kommunale Sozialpolitik* (S. 65–73). VS Verlag.

Bogumil, J., & Holtkamp, L. (2005). Bürgerkommune. In B. Blanke, S. Bandemer, F. Nullmeier, & G. Wewer (Hrsg.), *Handbuch zur Verwaltungsreform* (S. 28–135). VS Verlag.

Bogumil, J., & Jann, W. (2020). *Verwaltung und Verwaltungswissenschaft in Deutschland*. Springer VS.

Bogumil, J., Hafner, J., & Kuhlmann, S. (2016). *Verwaltungshandeln in der Flüchtlingskrise. Verwaltung & Management*, S. 126–136. https://doi.org/10.5771/0947-9856-2016-3-126

Bohsem, G. (17. Juni 2010). Gutsherr von Nürnberg. *Süddeutsche Zeitung.* https://www.sueddeutsche.de/wirtschaft/frank-juergen-weise-der-gutsherr-von-nuernberg-1.961235.

Bollmann, R. (07. August 2023). Wann gibt der Finanzminister den Bürgern ihr Geld zurück? *Frankfurter Allgemeine Zeitung.* https://www.faz.net/aktuell/wirtschaft/klimageld-warum-gibt-lindner-den-buergern-ihr-geld-nicht-zurueck-19034518.html?_ga=2.259423566.553427298.1690784025-40448931.1635492585.

Bollmann, R. (11. September 2023). Alle sind schuld an der Bürokratie. *Frankfurter Allgemeine Zeitung.* https://www.faz.net/aktuell/politik/inland/deutsche-haben-zu-hohe-ansprueche-an-der-buerokratie-sind-alle-schuld-19161035.html.

Bollmann, R. (14. November 2023). „Ineffizienz verdirbt den Charakter". *Frankfurter Allgemeine Zeitung.* https://www.faz.net/aktuell/wirtschaft/ex-arbeitsmarkt-reformer-frank-juergen-weise-ueber-wege-zu-besserer-buerokratie-19289169.html.

Bollmann, R. (20. August 2023). Lemke verschleppt den Bürokratieabbau. *Frankfurter Allgemeine Zeitung.* https://www.faz.net/aktuell/wirtschaft/ampel-koalition-umweltministerin-steffilemke-verschleppt-buerokratieabbau-19112634.html.

Breyer-Mayländer, T. (2019). *Marketing für Kommunalverwaltung und Kommunalpolitik.* Springer Gabler.

Brüesch, C., Brüesch, C., Mertes, A., Flick , M., Giger, M.-A., & Steinbrecher, M. (2017). *Digitale Verwaltung.* ZHAW School of Management and Law.

Budras, C. (10. Oktober 2023). Ohne Druck keine Digitalisierung. Frankfurter Allgemeine Zeitung. https://www.faz.net/aktuell/wirtschaft/ozg-2-0-ohne-druck-keine-digitalisierung-19233504.html.

Budras, C. (29. August 2023). Mittlerweile ist es peinlich – Ein Jahr Digitalstrategie. Frankfurter Allgemeine Zeitung, S. https://www.faz.net/aktuell/wirtschaft/digitec/ein-jahr-digitalstrategie-der-ampel-mittlerweile-wird-es-peinlich-19134255.html.

Budras, C. (9. Oktober 2023). Union warnt vor „Anti-Digitalisierungspolitik" der Ampel. *Frankfurter Allgemeine Zeitung,* S. https://www.faz.net/aktuell/wirtschaft/haushaltskuerzungen-sorgen-um-digitalisierung-19228548.html.

Bundesbeauftragte für Wirtschaftlichkeit. (2006). *Einsatz externer Berater in der Bundesverwaltung.* Präsident des Bundesrechnungshofes.

Bundesministerium der Finanzen. (30. Oktober 2023). Bundesministerium der Finanzen. https://www.bundesfinanzministerium.de/Web/DE/Themen/Steuern/Steuerverwaltungu-Steuerrecht/Eindaemmung_der_Normenflut/eindaemmung_normenflut.html. Abgerufen.

Bundesministerium der Justiz. (15. August 2023). Wir sind Rechtsstaat. https://www.wir-sind-rechtsstaat.de/WebS/WSR/DE/Home/home_node.html. Abgerufen.

der Justiz, B. (2023b). *Sonderbericht Bessere Rechtsetzung und Bürokratieabbau.* Bundesministerium der Justiz.

Bundesministerium der Justiz. (30. Oktober 2023). www.bmj.de. https://www.bmj.de/DE/themen/bessere_rechtsetzung/buerokratieabbau/buerokratieabbau_buerokratiekostenindex.html. Abgerufen.

Bundesministerium des Innern und für Heimat. (14. November 2023). *E-Gesetzgebung im Internet.* https://plattform.egesetzgebung.bund.de/cockpit/#/cockpit. Abgerufen.

Bundesministerium des Innern und für Heimat. (2023b). *Der Digitalcheck: Digitaltaugliche Regelungen schreiben.* Bundesministerium des Innern und für Heimat.

Bundesministerium des Innern und für Heimat. (2023c). *Eckpunkte zum Digitalcheck.* Bundesministerium des Innern und für Heimat.

Bundesministerium des Innern und für Heimat. (2023). *Organisationshandbuch.* https://www.orghandbuch.de/OHB/DE/Organisationshandbuch/3_Aufgabenkritik/32_Begriffserkl%C3%A4rung/Exkurs_AufgabenbuendelungInDienstleistungszentren_SharedServiceCentern.html: Bundesministerium des Innern und für Heimat.

Bundesministerium des Innern. (2006). *E-Government 2.0.* Bundesministerium des Innern.

Bundesministerium für Familie, S. F. (2023). *Zweiter Bericht der Bundesregierung zur Evaluation des Gesetzes zur Weiterentwicklung der Qualität und zur Verbesserung der Teilhabe in Tageseinrichtungen und in der Kindertagespflege (KiQuTG),* Bundesministerium für Familie, Senioren, Frauen und Jugend.

Bundesrechnungshof. (2022). *Bericht nach § 88 Absatz 2 BHO an den Haushaltsausschuss des Deutschen Bundestages über die Grundbedingungen zur Sicherung nachhaltiger Staatsfinanzen.* Bundesrechnungshof.

Bundesrechnungshof. (2023). *Bericht nach § 88 Absatz 2 BHO – Umsetzung des Onlinezugangsgesetzes.* Bundesrechnungshof.

Bundesrechnungshof. (29. November 2023). www.bundesrechnungshof.de. https://www.bundesrechnungshof.de/SharedDocs/Kurzmeldungen/DE/nachrichten/augsburger_erkl%C3%A4rung_kurzmeldung.html. Abgerufen.

Bundesregierung. (30. Oktober 2023). www.amtlich-einfach.de. https://www.amtlich-einfach.de/DE/Ergebnisse/Buerger2021/Ueberblick_node.html. Abgerufen.

Bundeszentrale für Politische Bildung. (01. November 2023). Asylentscheidungen und Klagen. https://www.bpb.de/themen/migration-integration/zahlen-zu-asyl/265711/asylentscheidungen-und-klagen/. Abgerufen.

Butzlaff, F. (2020). Smart Citys. In T. Klenk, F. Nullmeier, & G. Wewer (Hrsg.), *Handbuch Digitalisierung in Staat und Verwaltung* (S. 508–515). Springer VS.

Carlzon, J. (1989). *Moments of truth.* Harper Business.

Chammon, J., & Steinl, V. (2021). Mehr „hygge" in Schulen? Von der dänischen Schulpolitik lernen. https://deutsches-schulportal.de/expertenstimmen/schulen-in-daenemark-jacob-chammon-von-der-daenischen-bildungspolitik-lernen/: Deutsches Schulportal der Robert Bosch Stiftung.

CIO Bund. (21. April 2023). *CIO Bund.de*. https://www.cio.bund.de/Webs/CIO/DE/digitale-loesungen/digitale-verwaltung/digitalcheck/digitalcheck-artikel.html. Abgerufen.

CIO des Bundes. (08. November 2023). www.cio.bund.de. https://www.cio.bund.de/Webs/CIO/DE/digitaler-wandel/Achitekturen_und_Standards/IT_Architektur_Bund/wirtschaftlichkeitsbetrachtung/fachkonzept-kriterienkatalog/fachkonzept-kriterienkatalog-node.html. Abgerufen.

Cisco Systems GmbH. (07. November 2023). eGovernment Wettbewerb. https://www.egovernment-wettbewerb.de/gewinner/gewinner-2019.html. Abgerufen.

CityLAB Berlin. (11. November 2023). *CityLAB Berlin;*. https://citylab-berlin.org/de/projects/buergeramt-der-zukunft-tagebuchstudie/. Abgerufen.

Creutzburg, D. (10. 08 2023). Ökonomen empfehlen Abschaffung der Rente mit 63. *Frankfurter Allgemeine Zeitung*. https://www.faz.net/aktuell/wirtschaft/oekonomen-empfehlen-abschaffung-der-rente-mit-63-19094406.html.

Creutzburg, D., & Gelinsky, K. (7. November 2023). „Ergebnis ist, dass Leistungen noch schlechter bei Familien ankommen". Frankfurter Allgemeine Zeitung. https://www.faz.net/aktuell/wirtschaft/arm-und-reich/kindergrundsicherung-bda-spricht-von-buerokratieaufbau-ohne-mehrwert-19295108.html?GEPC=s9&premium=0x11559dc697ac8ca22ba85a59240ec055af2686a729f9b213750e8476ed03f030.

Czarnecki, C., & Auth, G. (2018). Prozessdigitalisierung durch Robotic Process Automation. In T. Barton, C. Müller, & C. Seel (Hrsg.), *Digitalisierung in Unternehmen* (S. 113–129). Springer Vieweg.

Dataport AöR. (27. 11 2023). https://www.dataport-kommunal.de. https://www.dataport-kommunal.de/stark-fuer-kommunen/digitalhubs/. Abgerufen.

dbb Beamtenbund und tarifunion Berlin. (30. Oktober 2023). www.dbb.berlin.de. https://www.dbb.berlin/aktuelles/news/becker-ich-bin-begeistert/. Abgerufen.

Der Spiegel. (15. Mai 2001). „Die Daten müssen laufen, nicht der Bürger". Der Spiegel. https://www.spiegel.de/netzwelt/web/gerhard-schroeder-die-daten-muessen-laufen-nicht-die-buerger-a-133931.html.

Bogumil, J., Hafner, J., & Kuhlmann, S. (2016). *Verwaltungshandeln in der Flüchtlingskrise. Verwaltung & Management,* 126–136.

Bundestag, D. (2019). *Bericht über die Programme zur Innovations- und Technologieförderung im Mittelstand in der laufenden Legislaturperiode, insbesondere über die Entwicklung des Zentralen Innovationsprogramms Mittelstand (ZIM).* Deutscher Bundestag.

Bundestag, D. (2020a). *Der demografische Wandel im öffentlichen Dienst.* Deutscher Bundestag.

Bundestag, D. (2020b). *Entwurf eines Gesetzes zur Einführung und Verwendung einer Identifikationsnummer in der öffentlichen Verwaltung und zur Änderung weiterer Gesetze – Drucksache 19/24226.* Deutscher Bundestag.

Bundestag, D. (2022). *Digitalisierung der Steuerverwaltung – Vorhaben KONSENS; Antwort der Bundesregierung.* Deutscher Bundestag.

Bundestag, D. (2023). *Innovation ermöglichen, Investitionen erleichtern – Agenda für Bürokratieabbau – Antrag der CDU/CSU-Fraktion.* Deutscher Bundestag.

Cremer, G. (23. September 2023). Die Verwaltung ist kein Monster. Die Zeit, S. https://www.zeit.de/wirtschaft/2023-09/buerokratie-sozialstaat-buerokratieabbau-verwaltung.

Landkreistag, D. (2023). *Kinder- und Jugendhilfe – Transparentere/Unbürokratische Gestaltung der Kindergrundsicherung, Petition 152343.* Deutscher Landkreistag.

Deutsches Institut für Urbanistik. (10. November 2023). www.difu.de. https://difu.de/nachrichten/was-ist-eigentlich-e-government. Abgerufen.

Deutsches Statistisches Bundesamt. (08. August 2023). Erwerbstätigkeit. https://www.destatis.de/DE/Themen/Arbeit/Arbeitsmarkt/Erwerbstaetigkeit/Tabellen/ungenutztes-arbeitskraefte-potenzial_internet_maenner.html. Abgerufen.

Digital für alle gGmbH. (15. August 2023). Digitaltag 2023. https://digitaltag.eu/sites/default/files/2023-06/230615prasentationpressekonferenzstudienergebnisse.pdf. Abgerufen.

Edling, H. (2023). *Volkswirtschaftslehre schnell erfasst.* Springer Gabler.

Europäische Kommission. (2022). *Digital Economy and Society Index (DESI) 2022 – Thematic Chapters.* Europäische Kommission.

Europäische Union. (2009). Richtlinie 2009/136/EG DES Europäischen Parlaments und des rates. Europäische Union.

Europäische Union. (2022). *Index für die digitale Wirtschaft und Gesellschaft (DESI).* Europäische Union.

Evers-Wölk, M.-W., Kluge, J., & Steiger, S. (2022). *Künstliche Intelligenz und Distributed-Ledger Technologie in der öffentlichen Verwaltung.* TAB-Bericht 201.

Expertenkommission für Forschung und Innovation. (2016). *Gutachten zu Forschung, Innovation und technische Leistungsfähigkeit Deutschlands.* EFI.

Expertenkommission für Forschung und Innovation. (2023). *Gutachten zu Forschung, Innovation und technologischer Leistungsfähigkeit Deutschlands 2023.* Expertenkommission Forschung und Innovation.

Fehringer, D. (2021). Social Media in der öffentlichen Verwaltung. In T. Breyer-Mayländer & C. Zerres (Hrsg.), *Social Media im kommunalen Sektor* (S. 139–152). Springer Gabler.

Fliedner, O. (2001). Gute Gesetzgebung. Bonn: Friedrich-Eberst-Stiftung.

Fliedner, O. (2004). *Moderner Staat – moderne Gesetzgebung?* Friedrich-Ebert-Stiftung.

Fliedner, O. (2006). *Qualitätskriterien für die Bundesgesetzgebung und für Bundesgesetze.* Friedrich-Eberst-Stiftung.

Focus Online. (23. August 2023). Focus Online Politik. https://www.focus.de/politik/praxistipps/german-angst-was-ist-das-eigentlich_id_7705190.html. Abgerufen.

Galbraith, J. (2005). *Designing the customer-centric organization.* Jossey-Bass.

Gelinsky, K. (19. September 2023). Zeitplan für Kindergrundsicherung in Gefahr. *Frankfurter Allgemeine Zeitung.* https://www.faz.net/aktuell/wirtschaft/bundesagentur-fuer-arbeit-gegen-kindergrundsicherung-19164316.html.

Gillmann, B. (29. März 2023). Wenn der Chatbot das Denken übernimmt. Handelsblatt, https://www.handelsblatt.com/politik/deutschland/chatgpt-in-schulen-wenn-der-chatbot-das-denken-uebernimmt/29038816.html.

Glaser-Lotz, L. (12. September 2023). Immer mehr bürokratische Hindernisse. *Frankfurter Allgemeine Zeitung.* https://www.faz.net/aktuell/rhein-main/region-und-hessen/buergermeister-hessischer-kommunen-fordern-mehr-selbstbestimmung-19166832.html.

Göb, S. (14. September 2023). www.ing.de. https://www.ing.de/ueber-uns/presse/pressemitteilungen/ing-deutschland-fuhrt-digitale-legitimation-mit-eid-ein/. Abgerufen.

Gourmelon, A., Mroß, M., & Seidel, S. (2011). *Management im öffentlichen Sektor.* Rehm.

Governikus GmbH & Co. KG. (14. September 2023). www.ausweisapp.bund.de. Von https://www.ausweisapp.bund.de/anbieterliste abgerufen

Grosch, F. (2023). Messenger-Dienste in der Regierungskommunikation. In F. Brettschneider (Hrsg.), *Smart Cities, Digitalisierung und Bürgerbeteiligung* (S. 161–248). Springer VS.

Haas, C., & Seibel, K. (27. September 2021). Weniger Landwirte, mehr Steuerberater – das sind die Berufe der neuen Abgeordneten. Die Welt. https://www.welt.de/wirtschaft/article234058756/Bundestagswahl-Das-sind-die-Berufe-der-neuen-Abgeordneten.html.

Hafen, T. (04. Juni 2020). Warum Digitalisierungsprojekte scheitern. Computerworld, https://www.computerworld.ch/business/digitalisierung/digitalisierungsprojekte-scheitern-2541279.html?ganzseitig=1.

Hammerschmid, G., Lorenz, O., & Wierwille, K. (2019). *Ergebnisse des Zukunftspanels 2019.* Wegweiser.

Haufe online. (2023). *Arbeitsmigration nach Deutschland steigt stark.* https://www.haufe.de/personal/hr-management/fachkraefteeinwanderung-arbeitsmigration-nach-deutschland_80_593548.html: Haufe.

Heinze, R. (2020). *Gesellschaftsgestaltung durch Neujustierung von Zivilgesellschaft, Staat und Markt.* Wiesbaden: Springer VS.

Hessischer Rechnungshof. (2020). *Bemerkungen 2020.* Darmstadt: Hessischer Rechnungshof.

Hessisches Kultusministerium. (30. August 2023). Digitale Schule Hessen. Von https://digitale-schule.hessen.de/ . Abgerufen

Identifikationsnummer in der öffentlichen Verwaltung und zur Änderung weiterer Gesetze – Drucksache 19/24226. Deutscher Bundestag.

Bund, I., Governikus, K. G., & AöR, D. (2023). *Deutschen Verwaltungsdiensteverzeichnisses.* Informationstechnikzentrum Bund; Governikus KG; Dataport AöR.

Initiative D21. (2021). *Digital Skills Gap – So (unterschiedlich) digital kompetent ist die deutsche Bevölkerung.* Initiative D21.

IRPAAI. (26. Oktober. 2021). *Definition and Benefits.* http://irpaai.com/definition-and-benefits/. Abgerufen.

Isensee, J. (1985). *Mehr recht durch weniger Gesetzes? Zeitschrift für Rechtspolitik* (S. 139–145).

iwd. (2023). *Der Krankenstand in Deutschland.* https://www.iwd.de/artikel/krankenstand-in-deutschland-498654/: Informationsdienst des Instituts der deutschen Wirtschaft.

Jahn, S., Kaste, S., Köhler, A., Müller, L.-S., van der Meyden, R., Helmut, K., . . . Pleger, S. (2023). *eGovernment Monitor 2023..* Initiative D21.

Jahn, S., Kaste, S., Krcmar, H., Hein, A., Daßler, L., Paul, L., & Pleger, S. (2021). *eGovernment Monitor 2021.* Initiative D21.

Jahn, S., Türkay, S., Krcmar, H., Hein, A., Daßler, L., Paul, L., & Pleger, S. (2022). *eGovernment Monitor 2022.* Initiative D21.

Jann, W. (2019). Verwaltungswissenschaft, Policy-Forschung und Managementlehre. In S. Veit, C. Reichard, & G. Wewer (Hrsg.), *Handbuch zur Verwaltungsreform* (S. 27–36). Springer.

Jantz, B., & Veit, S. (2019). Entbürokratisierung und bessere Rechtsetzung. In S. Veit, C. Reichard, & G. Wewer (Hrsg.), *Handbuch zur Verwaltungsreform* (S. 509–520). Springer VS.

Jörgensen, S., Lindroth, T., Magnusson, J., Tinjan, M., Torell, J., & Åhlén, R. (2023). The vicious cycle of magical thinking: how IT governance counteracts digital transformation. In I. Lindgren, C. Csáki, E. Kalampokis, M. Janssen, G. Viale Pereira, S. Virkar, . . . A. Zuiderwijk (Hrsg.), *Electronic government* (S. 381–396). Springer.

Kerguenne, A., Schaefer, H., & Taherivand, A. (2017). *Design thinking.* Haufe.

Klenk, T., Nullmeier, F., & Wewer, G. (2020). Auf dem Weg zum Digitalen Staat? In T. Klenk, F. Nullmeier, & G. Wewer (Hrsg.), *Handbuch Digitalisierung in Staat und Verwaltung* (S. 4–22). Springer VS.

Konzendorf, G. (2005). Gesetzesfolgenabschätzung. In B. Blanke, S. Bandemer von, F. Nullmeier, & G. Wewer (Hrsg.), *Handbuch zur Verwaltungsreform* (S. 460–472). VS Verlag für Sozialwissenschaften.

Konzendorf, G., & Jung, S. (2009). *Arbeitshilfe zur Gesetzesfolgenabschätzung.* Bundesministerium des Innern.

Krips, D. (2017). *Stakeholdermanagement.* Springer Vieweg.

Kruse Brandão, T., & Wolfram, G. (2018). *Digital connection.* Springer Gabler.

Kühn, H., Plazek, M., Schuster, F., Czanderle, F., & Peper, B. (2018). *Nicht beim Onlinezugang stehen bleiben – Potenziale der Automatisierung nutzen.* Institut für den öffentlichen Sektor.

Land Baden-Württemberg. (2000). Gesetz zur Mittelstandsförderung. *Gesetz vom 19.12.2000 (GBl. S. 745).*

Landesrechnungshof Mecklenburg-Vorpommern. (2022). *Öffentliche Anhörung des Finanzausschusses zum Thema „Effizienter Mitteleinsatz bei der Digitalisierungsstrategie".* Landesrechnungshof Mecklenburg-Vorpommern.

Landesrechnungshof Niedersachsen. (2021). *Beratende Äußerung gem. §88 Abs. 2 LHO – Verwaltungsdigitalisierung.* Landesrechnungshof Niedersachsen.

Landesrechnungshof Niedersachsen. (2023). *IT in Niedersachsen – Denn sie tun nicht, was sie wissen..* Landesrechnungshof Niedersachsen.

Langmann, C., & Turi, D. (2021). *Robotic Process Automation (RPA) – Digitalisierung und Automatisierung von Prozessen.* Springer Fachmedien.

Legal Tribune Online. (01. November 2023). www.lto.de. https://www.lto.de/recht/nachrichten/n/justizministerkoferenz-jumiko-hamburg-beschlussvorschlag-entschaedigungsansprueche-flug-bahn-fahrgast-entlastung-gerichte/. Abgerufen.

Lehner, J. (2023. September 2023). Personalrat erhebt schwere Vorwürfe gegen Nahles. *Die Welt.* https://www.welt.de/wirtschaft/plus247594904/Nahles-Pruefung-von-Entlassung-Schwere-Vorwuerfe-gegen-Nahles.html.

Lobo, S. (14. September 2023). Föderalismus ist nur noch ein Euphemismus für Kleinstaaterei. *Der Spiegel.* https://www.spiegel.de/netzwelt/netzpolitik/foederalismus-ist-nur-noch-ein-euphemismus-fuer-kleinstaaterei-kolumne-a-ca47249d-9875-4a34-b44e-570a6f473089.

Maxwill, P. (15. August 2023). Der Rechtsstaat wirbt jetzt für den Rechtsstaat. Der Spiegel. https://www.spiegel.de/panorama/gesellschaft/wir-sind-rechtsstaat-werbung-der-bundesregierung-riesenreklame-a-1287641.html.

Maxwill, P. (19. September 2019). Der Rechtsstaat wirbt jetzt für den Rechtsstaat. Der Spiegel. https://www.spiegel.de/panorama/gesellschaft/wir-sind-rechtsstaat-werbung-der-bundesregierung-riesenreklame-a-1287641.html.

Meinhardt, Y. (26. August 2021). Lotse durch die Bürokratie machte in Zeitz Station. *Mitteldeutsche Zeitung.* https://www.mz.de/lokal/zeitz/lotse-durch-die-burokratie-machte-in-zeitz-station-3227902.

Misgeld, M. (2023). *Der öffentliche Mehrwert einer digitalen partizipativen Politikgestaltung.* Springer VS.

Müller, M., & Sturm, R. (2010). *Wirtschaftspolitik kompakt.* VS Verlag.

Müller, R. (16. August 2023). Die Erosion der öffentlichen Sache. Frankfurter Allgemeine Zeitung, S. https://www.faz.net/aktuell/politik/inland/beamtenbund-umfrage-die-erosion-der-oeffentlichen-sache-19105248.html.

Münchner Merkur. (29. August 2023). KI im Unterricht: Viele Eltern sind skeptisch. *Münchner Merkur.* https://www.merkur.de/leben/ki-im-unterricht-viele-eltern-sind-skeptisch-zr-92380172.html.

Nationaler Normenkontrollrat. (10. Oktober 2023). *Für Bürokratieabbau, bessere Rechtssetzung und eine digitale Verwaltung.* Von Nationaler Normenkontrollart: https://www.normenkontrollrat.bund.de/Webs/NKR/DE/der-nkr/aufgabe/aufgabe_node.html. Abgerufen.

Baden-Württemberg, N. (2021). *Ursachen übermäßiger Bürokratie.* Normenkontrollrat Baden-Württemberg.

ntv. (04. September 2023). *ntv.* Von Normenkontrollrat rät zu Vorsicht bei Heizungsgesetz: https://www.n-tv.de/politik/Normenkontrollrat-raet-zu-Vorsicht-bei-Heizungsgesetz-article24369638.html. Abgerufen.

OECD. (09. August 2023). OECD Data. https://data.oecd.org/gga/trust-in-government.htm. Abgerufen.

Piesker, A., Schweizer, P., & Steffens, C. (2020). Elektronische Gesetzgebung. In T. Klenk, F. Nullmeier, & G. Wewer (Hrsg.), *Handbuch Digitalisierung von Staat und Verwaltung* (S. 313–323). Springer VS.

Präsident des Bundesrechnungshofes. (2010). *Gutachten über Maßnahmen zur Verbesserung der Rechtsetzung und der Pflege des Normenbestandes.* Präsident des Bundesrechnungshofes.

Prognos AG, & Behördenspiegel. (2018). *Auf dem Weg zur digitalen Organisation.* ProPress Verlagsgesellschaft mbH.

Projekt Gesamtsteuerung Registermodernisierung. (2022). *Bericht zum Umsetzungsstand.* Projekt Gesamtsteuerung Registermodernisierung.

Proll, E.-C. (2021). Die Umsetzung des OZGs in Deutschland. In J. Stember, W. Eixelsberger, A. Spichiger, A. Neuroni, F.-R. Habbel, & M. Wundara (Hrsg.), *Aktuelle Entwicklungen zum E-Government* (S. 53–75). Springer Gabler.

Ramthun, C. (9. März 2021). Die Elfe will nicht fliegen. *Wirtschaftswoche*, https://www.wiwo.de/my/politik/deutschland/software-projekt-finanzverwaltung-die-elfe-will-nicht-fliegen/26972732.html.

Ravšelj, D., Umek, L., Todorovski , L., & Aristovnik, A. (2022). A review of digital era governance research in the first two decades: A bibliometric study. *Future Internet.* https://www.mdpi.com/1999-5903/14/5/126#B74-futureinternet-14-00126.

Rechnungshof Baden-Württemberg. (2022). *Sicherer Betrieb der IT-Systeme.* Rechnungshof Baden-Württemberg.

Rechnungshof der Freien Hansestadt Bremen. (2022). *Jahresbericht 2022.* Rechnungshof der Freien Hansestadt Bremen.

Rehfeld, D. (2020). Blockchain in der öffentlichen Verwaltung. In T. Klenk, F. Nullmeier, & G. Wewer (Hrsg.), *Handbuch Digitalisierung in Staat und Verwaltung* (S. 63–73). Springer VS.

Reinermann, H. (2009). *New public management.* Deutsche Universität für Verwaltungswissenschaften.

Reuter, M. (23. Januar 2023). Keine Strategie bei der elektronischen Identität. *Netzpolitik.org,* S. https://netzpolitik.org/2023/online-ausweis-keine-strategie-bei-der-elektronischen-identitaet/.

Richter, M. (16. November 2020). Föderalismus treibt die Digitalisierung. eGovernment – Verwaltung digital. https://www.egovernment.de/foederalismus-treibt-die-digitalisierung-a-bb760f1b59e3c2dade38b3f8a54436d8/.

Rickens, C., Waschinski, G., Greive, M., Specht, F., & Demling, A. (08. Februar 2019). Die Vollkasko-Republik – Wie Deutschland seine Bürger gängelt. Handelsblatt. https://www.handelsblatt.com/politik/deutschland/sozialleistungen-rente-gesundheit-die-vollkasko-republik-wie-deutschland-seine-buerger-gaengelt/23955014.html.

Röhl, K.-H. (2023). *Verwaltungsdigitalisierung in Deutschland.* Institut der Deutschen Wirtschaft.

Roleff, D. (Oktober 2011). Digitale Politik – E-Democracy, E-Government und E-Partizipation. *Neue Gesellschaft – Frankfurter Hefte* (S. 24–26).

Rombach, D. (2022). Wo steht die digitale Verwaltung heute? In S. Jeschke, C. Bauckhage, & D. Rombach (Hrsg.), *Die Zukunft der öffentlichen Verwaltung datenbasiert gestalten* (S. 6). Deloitte/Fraunhofer.

Rösel, F. (2016). *Gibt es Einspareffekte durch Kreisgebietsreformen? – Evidenz aus Ostdeutschland.* Ifo Schnelldienst.

Rudzio, W. (2019). *Das politische System der Bundesrepublik Deutschland.* Springer VS.

Schallbruch, M. (2018). *Schwacher Staat im Netz.* Springer Nature.

Scheidt, P., Karger , O., & Rüß, N. (2005). E-Government. In B. Blanke , S. Bandemer , F. Nullmeier, & G. Wewer, *Handuch zu Verwaltungsreform* (S. 136–146). Wiesbaden: VS Verlag für Sozialwissenschaften.

Schlesiger, C. (10. Juli 2022). „In den Verwaltungen sitzen zu viele Juristen". *Wirtschaftswoche.* https://www.wiwo.de/unternehmen/dienstleister/buerokratie-forscher-in-den-verwaltungen-sitzen-zu-viele-juristen/28493158.html.

Schleswig-Holstein, L. (2014). *Ergebnis der Verwaltungsstrukturreform im kreisangehörigen Bereich.* Landesrechnungshof Schleswig-Holstein.

Schmid, A. (2019). Verwaltungsinformatik und eGovernment im Zeichen der Digitalisierung – Zeit für ein neues Paradigma. In A. Schmid (Hrsg.), *Verwaltung, eGovernment und Digitalisierung* (S. 3–22). Springer.

Schmid, A. (2022). *Electronic Governance – Über die Notwendigkeit einer neuen Managementaufgabe* (S. 197–201). Zeitschrift für Corporate Governance.

Schmid, A., & Schäfer, E. (2020*). Disruptive Verwaltung: Alles eine Frage des (Projekt-) Managements?* (S. 85–91). Verwaltung & Management.

Schmitt, J.-L. (11. November 2019). Deutschland fehlen die richtigen Lernprozesse. WirtschaftsWoche. https://www.wiwo.de/technologie/digitale-welt/digitalisierung-deutschland-fehlen-die-richtigen-lernprozesse/25205102.html.

Schmoll, H. (31. August 2023a). Alarmierende Befunde zur Bildung in Deutschland. Frankfurter Allgemeine Zeitung. https://www.faz.net/aktuell/politik/inland/bildung-in-deutschland-alarmierende-befunde-zum-bildungsniveau-19138181.html.

Schmoll, T. (03. September 2023b). Das Bürokratie-Monster ist nicht totzukriegen. *Ntv*. https://www.n-tv.de/politik/politik_kommentare/Das-Buerokratie-Monster-ist-nicht-totzukriegen-article24365658.html.

Schnepf, S., Pagel, D., & Störk, S. (2021). *Der Online-Ausweis auf dem Smartphone und die digitale Brieftasche.* https://www.pwc.de/de/branchen-und-markte/oeffentlicher-sektor/pwc-studie-der-online-ausweis-auf-dem-smartphone-und-die-digitale-brieftasche.pdf: PwC.

Schüller, A. (2013). *Touchpoints.* Gabal.

Schuppan, T. (2019). Shared Service Center. In S. Veit, C. Reichard, & G. Wewer (Hrsg.), *Handbuch zur Verwaltungsreform* (S. 297–304). Springer VS.

Schürmeier, C. (2021). Blockchain in deutschen Verwaltungen. In J. Stember, W. Eixelsberger, A. Spichiger, A. Neuron, F.-R. Habbel, & M. Wundara (Hrsg.), *Aktuelle Entwicklungen zum E-Government* (S. 54–71). Springer VS.

Schwab, C., Bogumil, J., Kuhlmann, S., & Gerber, S. (2020). Digitalisierung von Verwaltungsleistungen In Bürgerämtern. In T. Klenk, F. Nullmeier, & G. Wewer (Hrsg.), *Handbuch Digitalisierung in Staat und Verwaltung* (S. 438–447). Springer VS.

Seewald, J. (15. August 2023). Wer titelt „Mehr Diktatur wagen“, der liegt falsch. Frankfurter Allgemeine Zeitung. https://www.faz.net/aktuell/feuilleton/medien/julian-nida-ruemelin-ueber-cancel-culture-und-demokratie-19102593.html.

Seitz, T. (2017). *Design Thinking und der neue Geist des Kapitalismus.* Transkript Verlag.

Sidki, M. (2019). *Öffentliche Unternehmen in Deutschland.* Potsdam-Babelsberg: Friedrich-Naumann-Stiftung für die Freiheit.

Smith, D. (2022). *Fraud and corruption.* Springer.

Soldit, R., & Locke, S. (06. November 2023). Die Risse in der Gesellschaft werden immer tiefer. Frankfurter Allgemeine Zeitung. https://www.faz.net/aktuell/politik/inland/einwanderung-die-risse-in-der-gesellschaft-werden-tiefer-19289093.html.

Sozialdemokratische Partei Deutschlands, BÜNDNIS 90/DIE GRÜNEN, & Freie Demokratische Partei (FDP). (2021). *Mehr Fortschritt wagen, Koalitoinsververtrag 2021–2025.* Schloemer & Partner GmbH.

Stern, S., Klier, J., Weber, T., Fanderl, H., Roggenhofer, S., Tesfu, S., . . . Wagner, J. (2018). *Der Bürger im Mittelpunkt: Mehr Vertrauen in Behörden durch besseres Bürgererlebnis.* McKinsey&Company.

Stocksmeier, D., Wimmer, M., Führer, M., & Essmeyer, K. (2019). Once-Only in Deutschland und Europa: Eine Roadmap grenzüberschreitender Vernetzung im Bereich Steuern. In M. Räckers, M. Halsbenning, D. Rätz, D. Richter, & E. Schweighofer (Hrsg.), *Digitalisierung von Staat und Verwaltung* (S. 87–98). Universität Münster.

Stopa, J., & Schinkels, P. (11. August 2023). Die Ein-Prozent-Digitalisierung. *Die Zeit*, .https://www.zeit.de/digital/2023-08/onlinezugangsgesetz-umsetzung-bmi-digitalisierung.

Straßenverkehrsgesetz in der Fassung der Bekanntmachung vom 5. März 2003 (BGBl. I S. 310, 919), das zuletzt durch Artikel 8 des Gesetzes vom 21. November 2023 (BGBl. 2023 I Nr. 315) geändert worden ist.

taz. (22. 11 2022). Braucht es das wirklich? taz – Die Tageszeitung. https://taz.de/Digitales-Schulfach-in-Hessen/!5893762/.

taz. (3. September 2023). Paus veranschlagt 2,4 Milliarden Euro. Taz. https://taz.de/Prognose-fuer-Kindergrundsicherung/!5957344/.

Thapa, B. (18. Juli 2023). Vision gesucht: E-Government im Bundesstaat. *Tagesspiegel.* https://background.tagesspiegel.de/smart-city/vision-gesucht-e-government-im-bundesstaat.

Tollenaere, M., & Çelik, A. (2023). *Von analog zu digital: Derzeitige Abläufe zwischen deutschen Behörden in der Visaerteilung für Fachkräfte.* Bertelsmann Stiftung.

Trabold, D., Blankertz, R., & Schrader, L. (2021*). Effiziente Betrugserkennung durch Maschinelles Lernen.* Fraunhofer IAIS.

United Nations. (2022). *E-Government survey 2022.* United Nations.

Verdegem, P., & Verleye, G. (2009). User-centered E-Government in practice: A comprehensive model for measuring user satisfaction. *Government Information Quarterly, 26,* 487–497.

Verhoef, P., Schlesinger, L., Lemon, K., Parasuraman, A., Roggeveen, A., & Tsiros, M. (2009). Customer experience creation: determinants, dynamics and management strategies. *Journal of Retailing, 85.* 31–41.

Verwaltungsverfahrensgesetz (VwVfG). (2003). Verwaltungsverfahrensgesetz in der Fassung der Bekanntmachung vom 23. Januar 2003 (BGBl. I S. 102), das zuletzt durch Artikel 24 Absatz 3 des Gesetzes vom 25. Juni 2021 (BGBl. I S. 2154) geändert worden ist.

Vetterli, C., Brenner, W., & Uebernic, F. (2012). *Die Innovationsmethode Design Thinking.* Symposion Publishing.

Volkhausen, L. (19. August 2023). Hier sehen wir das deutsche Wachstum. Bild Zeitung. https://www.bild.de/politik/inland/politik-inland/die-buerokratiekosten-steigen-die-wirtschaft-schrumpft-hier-sehen-wir-das-deutsc-85082142.bild.html.

von Lucke, J., & Gollasch, K. (2022). Open government. In H. Hünemohr, J. von Lucke, J. Stember, & M. Wimmer (Hrsg.), *Open Government* (S. 1-45). Springer Gabler.

von Lucke, J., & Reinermann, H. (2002). *Electronic Government in Deutschland* (S. 226). Speyer Forschungsberichte.

Welskop-Deffaa, E. (11. April 2011). BGleiG und BGremBG – Ergebnisse und Einschätzungen. *Zeitschrift des Deutschen Juristinnenbundes,* https://www.nomos-elibrary.de/https://doi.org/10.5771/1866-377X-2011-4-181.pdf.

Werner, K., Freundl, V., Wedel, K., Pfaehler, F., & Wößmann, L. (2023). *Was die Deutschen über die Qualität der Schulen denken – Ergebnisse des zehnten ifo Bildungsbarometers 2023.* Ifo Institut.

Wirtz, B. (2022). *E-Government.* Springer Gabler.

Wissenschaftlicher Dienst des Bundestags. (2007). *Zulässigkeit der Öffentlichkeitsarbeit von Regierungen in zeitlicher Nähe zu Wahlterminen.* Deutscher Bundestag.

Wissenschaftlicher Dienst des Bundestags. (2020). *Zur praktischen Umsetzung und Evaluierung von Gesetzen*. Wissenschaftlicher Dienst des Bundestags.

World Benchmarking Alliance. (27. November 2023). https://www.worldbenchmarkingalliance.org/. https://www.worldbenchmarkingalliance.org/publication/digital-inclusion/rankings/. Abgerufen.

ZEIT ONLINE. (13. Juni 2019). Grüne fordern Kindergrundsicherung von mindestens 280 €. Die Zeit. https://www.zeit.de/politik/deutschland/2019-06/familie-kindergrundsicherung-staatliche-hilfe-die-gruenen.

15

Fazit: eGovernment ist in Deutschland eine unvermutete Erfolgsgeschichte

Zusammenfassung Der Titel dieser Veröffentlichung wirkt für viele verstörend. Doch wenn man sich mit der Materie befasst, dann wird deutlich, dass sich Deutschland an vielen Stellen selbst im Wege steht. Unter den Umständen, unter denen die Verwaltungen in Deutschland agieren müssen, ist es ein Wunder, dass man beim eGovernment überhaupt so weit gekommen ist. In diesem Kapitel werden die Gründe zugespitzt erläutert.

Zu Beginn dieser Arbeit wurde auf die Hintergründe (Kap. 1 und 2) und die Zielsetzungen (Kap. 3) eingegangen. Hieraus wurde die Forschungsfrage „Warum liegt Deutschland im internationalen Vergleich beim eGovernment zurück?“ abgeleitet. Die Frage lässt sich abschließend sehr einfach beantworten: Weil wir uns selbst im Wege stehen. Diese Antwort basiert vor allem auf den herausgearbeiteten Empfehlungen Kap. 14. Hieraus resultiert auch die Erkenntnis, dass Ranking-Platz 22 im EGDI unter den Umständen, unter denen in Deutschland agiert wird, als Erfolg gewertet werden muss. Es führte zu dem provokant wirkenden Titel dieser Veröffentlichung. Nachfolgend finden sich zugespitzte Argumente dafür, dass eGovernment in Deutschland eine unvermutete Erfolgsgeschichte ist.

1. Der (Wirtschafts-) Politik Deutschlands und das eGovernment
   Die statistischen Belege sind hierfür eindeutig Kap. 12. Ein höherer Entwicklungsgrad eines Staates und ein größeres Bruttoinlandsprodukt führen, ungeachtet der Diskussion, warum dem so ist, zu einem besseren

A. Schmid, *eGovernment in Deutschland — eine unvermutete Erfolgsgeschichte,* Edition Innovative Verwaltung , https://doi.org/10.1007/978-3-658-44634-5_15

eGovernment. Daher sollte man vermuten, dass Deutschland im eGovernment gut abschneiden muss. Die Unternehmen sorgen für Arbeitsplätze, Steuereinnahmen, Innovationen usw. Sie haben aber kaum gestalterischen Einfluss auf die für sie geltenden Rahmenbedingungen. Vor allem die Politik durch ihre Richtungsentscheidungen und die Verwaltungen durch die praktische Umsetzung des politischen Willens, haben auf diesen Gebieten das Heft des Handelns in der Hand. Es ist offensichtlich, dass Deutschland in diesen Bereichen über großes Verbesserungspotenzial verfügt Abschn. 14.4. Würdigt man diese Umstände, dann kann das eGovernments in Deutschland als Erfolg gewertet werden.

2. Das digitale Bewusstsein und das eGovernment
   An verschiedenen Stellen konnte belegt werden, dass Bildung bzw. digitale Kompetenzen für den Erfolg von eGovernment-Angeboten unabdingbar sind Kap. 11. Darüber wurde nachgewiesen, dass Deutschland auf diesen Gebieten besonders schlecht abschneidet Abschn. 14.5. Die Befunde spiegeln sich auch in Befragungen der Bürgerinnen und Bürger wider Kap. 12. Sie geben beispielsweise an, dass sie lieber zum Amt gehen, als Leistungen online in Anspruch zu nehmen. Hieraus ist zu schließen, dass es zum einen am Willen, zum anderen an den Fähigkeiten und hieraus resultierend an einem digitalen Bewusstsein fehlt. Diese Schlussfolgerung lässt sich dadurch untermauern, dass fast alle Staaten, die im EGDI vor Deutschland liegen, auch bei den Kompetenzen der Bürgerinnen und Bürger vor Deutschland rangieren. Bedenkt man das fehlende digitale Bewusstsein in weiten Teilen der Bevölkerung, dann kann das eGovernment in Deutschland als Erfolg eingeordnet werden.
3. Die Regelungswut und das eGovernment
   Die Politik wird durch ihr Handeln zum Erfolgsfaktor für das eGovernment. Werden unnötige Gesetze erst gar nicht eingeführt und die notwendigen einfacher gestaltet, dann steigen die Erfolgschancen für das eGovernment erheblich. Was wir in Deutschland seit Jahrzehnten erleben, ist aber das genaue Gegenteil Abschn. 14.6. Verantwortlich sind hierfür alle Regierungen, unabhängig davon, welche Koalitionspartner sich zusammengefunden haben. Umso komplizierter die Regelungen, umso schwerer haben es technische Lösungen wie z. B. das eGovernment. Berücksichtigt man die Entwicklungen der vergangenen Jahrzehnte, dann muss Deutschlands eGovernment als Erfolg gewertet werden.
4. Die technischen Anforderungen und das eGovernment
   Die adressierten Herausforderungen, die durch politische Entscheidungen und das Policy-Making auf das eGovernment wirken, führen im Vergleich mit anderen Staaten zu besonderen Umsetzungsanforderungen. Wenn

beispielsweise, wie an anderer Stelle ausgeführt (Kap. 9), ein Elterngeldantrag 24 Seiten in Deutschland umfasst, dann ist die technische Realisierung aufwendig. Da Deutschland ein bürokratischer Staat ist, steht das eGovernment damit stetig vor der Herausforderung, komplexe Anforderungen abbilden zu müssen. Dies führt nicht nur zu einer geringeren Erfolgswahrscheinlichkeit im Vergleich zu anderen Staaten. Es führt auch dazu, dass sich die Lösungen einer intuitiven Bedienung entziehen, wie es die Kunden beispielsweise von Amazon kennen. Hierdurch werden eGovernment-Angebote weniger in Anspruch genommen, was sich negativ auf Platzierungen in Rankings auswirkt. Diese Herausforderungen veranschaulichen, dass das eGovernment in Deutschland als Erfolg angesehen werden kann.

5. Die Skepsis der Deutschen und das eGovernment
   Es ist bemerkenswert, wenn es ein deutsches Wort in ein englisches Sprichwort schafft („German Angst"). Hiermit ist die verbreitete Skepsis der Deutschen verbunden, sich neuen Herausforderungen zu stellen und sich eher Bewährtem zuzuwenden Abschn. 14.5. Die Digitalisierung hat an vielen Stellen disruptiven Charakter, was am wenigsten zu den Neigungen der Deutschen passt. Durch Aus- und Fortbildungsangebote und Informationskampagnen kann der konservativen Haltung ein Stück weit begegnet werden. Zudem wächst eine neue Generation heran, die mit der Digitalisierung groß geworden ist. Ggf. löst sich das Problem daher von ganz allein. Aufgrund der demografischen Entwicklung und der dringend erforderlichen Basiskompetenzen (Abschn. 14.5) muss allerdings schnell gehandelt werden. Dieser Handlungsdruck ist so hoch, weil die Deutschen durch ihre Zurückhaltung und die Skepsis in der Öffentlichkeit, den internationalen Entwicklungen immer stärker hinterherrennen müssen. Betrachtet man unter diesen Bedingungen Platz 22 im EGDI-Ranking, dann kann das eGovernment in Deutschland als Erfolg gewertet werden.
6. Das Bildungssystem und das eGovernment
   Unser Bildungssystem hinkt im internationalen Vergleich hinterher Abschn. 14.5. Das ist eine schwierige Voraussetzung für eine digitale Bildung und digitale Bildungsangebote. Die vielerorts schlechte technische Ausstattung soll in diesem Zusammenhang außer Acht gelassen werden, da sie hoffentlich nur temporären Charakter hat. Es ist unverständlich, dass trotz des disruptiven Charakters der Digitalisierung auf dem Gebiet der Bildung bestenfalls wenig, im internationalen Vergleich nichts, passiert. Die Koalitionsverträge sind überschwemmt mit dem Begriff „Digitalisierung" und es vergeht kaum eine Fernsehsendung oder eine

Politikerrede, ohne dass von Digitalisierung gesprochen wird. Die Veränderungen sind bei den Arbeitnehmern längst angekommen, da die Unternehmen aus Wettbewerbsgründen alles digitalisieren müssen, was digitalisierbar ist. Trotzdem hinken wir bei digitaler Bildung deutlich zurück und es ist daher auch kein Wunder, dass Länder mit besserer Bildung auch im EGDI-Ranking vor uns liegen. In Anbetracht unseres Bildungssystems ist das eGovernment in Deutschland eine unvermutete Erfolgsgeschichte.

7. Die pro-bürokratische Einstellung in Politik/Verwaltung und das eGovernment
Wenn Politik und Verwaltung eine pro-bürokratische Einstellung haben (Abschn. 14.6), dann werden nicht nur eGovernment-Vorhaben teurer, risikoreicher und komplizierter. Sie sind auch von Beginn an damit belastet, dass Entscheider in den Lösungen vor allem ihre bürokratische Handschrift wiedererkennen wollen. Es ist ein wesentlicher Grund dafür, warum die Lösungen immer noch zu kompliziert (vgl. z. B. Jahn et al., 2023) und weit entfernt von Lösungen privater Anbieter, wie z. B. Amazon, sind. Die pro-bürokratische Einstellung hat mit dem Selbstverständnis von Bürokratie zu tun und wird sich in Deutschland nicht so einfach und auch nicht zeitnah verändern lassen. In Anbetracht dieser Situation kann davon gesprochen werden, dass das eGovernment in Deutschland eine Erfolgsgeschichte ist.
8. Die fehlende Kundenorientierung und das eGovernment
Es wurde herausgearbeitet, dass es der deutschen Verwaltung grundsätzlich an einer Kundenorientierung fehlt Abschn. 14.8. Hieran hat auch das New Public Management wenig geändert. Nach Umfragen finden rund 50 % der Befragten die Online-Angebote der Verwaltung schlecht und mehr als 50 % empfinden den Umgang mit den Verwaltungen als anstrengend. Diese Ergebnisse sind mehr als deutlich. Dass Deutschland im EGDI-Ranking trotzdem auf Rang 22 positioniert ist, muss unter diesen Umständen als Erfolg gewertet werden. Es kann daher davon gesprochen werden, dass das eGovernment in Deutschland eine unvermutete Erfolgsgeschichte ist.
9. Die Zusammenarbeit und das eGovernment
Auf den Föderalismus und seine vermeintlich negativen Auswirkungen auf das eGovernment wurde im Detail eingegangen Abschn. 14.11. Es hat sich gezeigt, dass es nicht am Föderalismus an sich liegt. Föderale Staaten schneiden im weltweiten Vergleich sogar besser ab Abschn. 8.2. Andere Länder, wie z. B. Schweden, machen uns Subsidiarität im

Rahmen der Authentifizierung für eGovernment-Lösungen vor. Es ist ein starkes Indiz dafür, dass bei uns etwas nicht stimmen kann, da die Subsidiarität eigentlich das deutsche Staatswesen bestimmt Abschn. 5.1. Erst durch die Einführung des Artikels 91c in das Grundgesetz und das Onlinezugangsgesetz konnten Fortschritte bei der Zusammenarbeit von Bund, Ländern und Kommunen erzielt werden. Bis heute ist diese Zusammenarbeit nicht optimal. Hieraus lässt sich schließen, dass das eGovernment in Deutschland unter diesen Bedingungen als Erfolgsgeschichte angesehen werden kann.

Literatur

Jahn, S., Kaste, S., Köhler, A., Müller, L.-S., van der Meyden, R., Helmut, K., . . . Pleger, S. (2023). *eGovernment Monitor 2023.* Initiative D21.

16 Reflexion der Forschungsarbeit

Zusammenfassung Der Titel dieser Veröffentlichung wirkt für viele verstörend. Doch wenn man sich mit der Materie befasst, dann wird deutlich, dass sich Deutschland an vielen Stellen selbst im Wege steht. Unter den Umständen, unter denen die Verwaltungen in Deutschland agieren müssen, ist es ein Wunder, dass man beim eGovernment überhaupt so weit gekommen ist. In diesem Kapitel werden die Gründe zugespitzt erläutert.

In diesem letzten Kapitel werden die Ergebnisse der Forschungsarbeit reflektiert, um Schlussfolgerungen ziehen und einen Ausblick geben zu können. Zwei Aspekte werden nachfolgend zunächst aufgegriffen, die nicht unmittelbar mit der Beantwortung der Forschungsfrage in Verbindung stehen. Sie wurden daher noch nicht thematisiert. Es handelt sich um interessante Nebenprodukte dieser Arbeit, die Potenziale für weitere Untersuchungen bieten.

Der erste Aspekt bezieht sich auf Auffälligkeiten in den Rankings. Die Dänen sind bekanntermaßen nicht nur die glücklichsten Menschen auf der Welt (vgl. Sustainable Development Solutions 2023), sie spielen auch den besten Handball. Sie liegen zudem in den dieser Arbeit zugrunde liegenden Rankings immer auf Spitzenplätzen (vgl. Anhang, EGDI: Rang 1, CPI: Rang 1, GEI: Rang 3, HDI: Rang 6, IEF: Rang 9, TiG: Rang 6). Hiervon ist Deutschland deutlich entfernt (EGDI: Rang 22, CPI: Rang 6, GEI: Rang 23, HDI: Rang 14, IEF: Rang 14, TiG: Rang 9). Ein ähnliches Ergebnis wie für Dänemark, lässt sich auch für das im EGDI-Ranking zweitplatzierte Finnland nachweisen. Es handelt sich bei der Auswertung lediglich um

A. Schmid, *eGovernment in Deutschland – eine unvermutete Erfolgsgeschichte*, Edition Innovative Verwaltung , https://doi.org/10.1007/978-3-658-44634-5_16

sechs Rankings. Gleichwohl ist es offensichtlich, dass das gute Abschneiden in einem Ranking nicht von ungefähr kommen kann. Bezogen auf Deutschland fällt z. B. auf, dass es im EGDI auf Platz 22 und im GEI auf Platz 23 liegt. Der Index bewertet u. a. Kompetenz, Effizienz, Stabilität und Organisation von Regierung und Verwaltungen. Es ist naheliegend, dass letztgenannte Eigenschaften von einem vergleichsweise schlechten eGovernment (EGDI-Ergebnis) negativ beeinflusst werden kann. Hieraus folgt, dass sich offensichtlich bestimmte staatliche Merkmale auf unterschiedliche Ranking-Ergebnisse positiv oder negativ auswirken. Es ist zu vermuten, dass sie sich auch gegenseitig verstärken oder abschwächen. Hieraus lässt sich schließen, dass die Eigenschaften eines Staates auf Effizienz und Effektivität ausgerichtet werden müssen, um auf „ganzer Linie" erfolgreich sein zu können. Es würde zudem erklären, warum eine hohe Staatsquote, die in Dänemark und Finnland sogar geringfügig über der deutschen liegt, nicht per se schlecht für die Effizienz und Effektivität eines Staates sein muss. Neoliberale Positionen dürften hierdurch in Erklärungsnot geraten. Es zeigt sich vor allem in Anbetracht der guten Ergebnisse in den unterschiedlichen Rankings, dass Politik und Gesellschaft für den Erfolg eines Staates entscheidend sind. Verwaltung und eGovernment fungieren hierbei als Scharnier. Für Deutschland lässt sich hieraus schließen, dass es sich offensichtlich selbst im Weg steht, wie es vor allem im Kap. 14 an unterschiedlichen Stellen zum Ausdruck gekommen ist. Die überschaubare Anzahl herangezogener Rankings begrenzt zwar die Belastbarkeit der Aussage, sie erscheint aber sachlogisch. Es würde zudem erklären, warum Deutschland nicht nur beim eGovernment zurückliegt.

Der zweite Aspekt bezieht sich darauf, dass bei einer Umsetzung der Empfehlungen (Kap. 14) nicht nur das staatliche Handeln mittels eGovernment effizienter und effektiver gestaltet werden könnte. Im Verlauf der Forschungsarbeit kristallisierte sich immer deutlicher heraus, welche positiven Auswirkungen sich für die Wirtschaft in Deutschland und damit den Wohlstand der Bevölkerung ergeben könnten. Selbstredend ist eine Verwaltung immer ein Erfolgsfaktor für eine Volkswirtschaft. Aber die großen Implikationen und Zusammenhänge sind im Rahmen dieser Arbeit noch deutlicher hervorgetreten. Die inhaltlichen Aspekte hängen dabei alle miteinander zusammen: Wenn das Policy-Making unzureichend ist, entsteht hieraus Bürokratismus, der das Vertrauen in den Staat gefährdet und dadurch die Bürgerinnen und Bürger frustriert etc.

Eine Erkenntnis ist daher, dass das eGovernment mit allen zur Verfügung stehenden Mitteln auf ein internationales Spitzenniveau gehoben werden muss. An verschiedenen Stellen ist auf die verbesserungsfähigen eGovernment-Angebote oder den Wunsch der Bürgerinnen und Bürger nach einem persönlichen Kontakt mit den Behörden eingegangen worden. Hierbei handelt es sich aber nur um Begleiterscheinungen. Das eGovernment muss auf ein völlig neues Niveau gehoben werden, da Deutschland unnötige Wohlstandsverluste erleidet. Sehr wahrscheinlich erleiden wir sie schon heute, z. B. durch eine überdimensionierte öffentliche Verwaltung, die durch ein adäquates eGovernment deutlich effizienter und effektiver agieren könnte. Es ist erschreckend, dass Politik und Verwaltung es nicht erkennen wollen und/oder können. Vermutlich liegt es an Letzterem, was die Sache nicht besser macht.

Einen Nachweis für diese Aspekte zu erbringen ist nicht einfach, da es viele Einflussfaktoren gibt. Hierzu gehören beispielsweise der Umfang und die Komplexität der Aufgabenwahrnehmung. Es muss daher weiter und bestenfalls mehr investiert werden, da beim eGovernment nicht nachgelassen werden darf. Leider läuft es im Winter 2023/2024 auf das Gegenteil hinaus. Die Investitionsbereitschaft ist nicht sehr ausgeprägt und es kommt zu Finanzierungskürzungen bei digitalen Vorhaben (vgl. z. B. Budras, 2023). Auch die Europäische Union ermahnt Deutschland zu mehr Investitionen in das Digitale, vor allem in die digitale Infrastruktur (vgl. z. B. Schmidt, 2023). Der deutsche Städte- und Gemeindebund beklagt in diesem Zusammenhang folgendes: „Die Finanzierung der Kommunen hat bislang nur unzureichend stattgefunden – trotz der drei Milliarden Euro aus dem Konjunkturpaket“ (vgl. Budras, 2023). Das Geld sei in übergreifende Projekte geflossen und habe dadurch die Kommunen nicht erreicht. Diese Entwicklung ist mehr als bedauerlich, da die Kommunen gegenüber den Kunden die meisten Leistungen erbringen und die intensivsten Kontakte mit ihnen pflegen. Daher müsste vor allem auf kommunaler Ebene investiert werden. Bekanntermaßen befinden sich viele kommunale Haushalte in einem desolaten Zustand, was die Investitionsfähigkeit automatisch beschränkt. Es kommt erschwerend hinzu, dass kommunale Entscheidungsträger zu recht das Wohl vor Ort im Blick haben, wie z. B. die Sanierung einer Schule oder die Verkehrsberuhigung einer Straße. Ihnen die eher abstrakten positiven Effekte des eGovernments schmackhaft zu machen, ist kein einfaches Unterfangen. Zudem landet eine eGovernment-Investitionsrendite nicht automatisch und nicht allein bei der Kommune selbst. Es gibt daher keinen naheliegenden Grund für Investitionen.

Die fehlende Bereitschaft ausreichend und an den richtigen Stellen zu investieren, ist zusammenfassend betrachtet ein bisher unterschätztes Risiko. Es kann zu Wohlstandsverlusten führen und Deutschland in den Rankings weiter abrutschen lassen. Es wird zumindest noch sehr viel länger dauern, bis wir ein eGovernment im Einsatz haben, welches Garsons Vision (Abschn. 5.3) nahekommt. Darüber hinaus stimmen weitere Aspekte wenig zuversichtlich. Es sind vor allem die pro-bürokratische Einstellung von Entscheidern in den Parlamenten und Verwaltungen und das damit in Verbindung stehende Policy-Making zu nennen. Es ist angesichts eines jahrzehntelang öffentlich beklagten Zustands unverständlich, warum sich hieran nichts ändert. Daher fehlt derzeit die Fantasie, wie sich in absehbarer Zeit hieran etwas verändern ließe. Es besteht allerdings die Hoffnung, dass eine neue Generation irgendwann die Schalthebel übernehmen und vieles infrage stellen wird. Bis dahin kann Deutschland allerdings ein nachhaltiger Schaden entstehen.

Vielleicht kommt es aber auch ganz anders. Der Personalmangel in der öffentlichen Verwaltung wird Deutschland sehr wahrscheinlich zu Leistungs- und Verwaltungsreformen zwingen. „Dem Staat fehlen mehr als 550.000 Beschäftigte und die Lage wird mit der Pensionierung der Babyboomer immer schlimmer" konstatiert der Chef des deutschen Beamtenbundes Ulrich Silberbach bei der Jahrestagung im Januar 2024 (vgl. Der Spiegel, 2024). Zur Kompensation nicht vorhandener Ressourcen müssen zum einen technische Unterstützungssysteme zum Einsatz kommen. Zum anderen wird man sich auf das Wesentliche, vor allem auf die Erbringung der Daseinsvorsorge, konzentrieren müssen. Dies übt Druck auf den Bürokratismus und das Policy-Making aus. Es hilft dem Gesetzgeber wenig, wenn er Gesetze erlässt, die er nicht umzusetzen kann. Eine solche Situation zwänge zudem zu einer engeren Zusammenarbeit auf allen staatlichen Ebenen, die ohnehin angezeigt ist Abschn. 14.11. Da es nicht am Föderalismus an sich liegt, sondern an seiner Umsetzung, bestehen keine unüberwindbaren verfassungsrechtlichen Hürden. Als ein Ergebnis dieser Arbeit lässt sich daher festhalten, dass sich Entscheider nicht länger hinter dem Föderalismus verstecken dürfen.

Darüber hinaus wurden viele unterschiedliche Maßnahmen und Entwicklungen herausgearbeitet, die Hoffnung machen. Erstmalig existiert mit dem elektronischen Personalausweis und der Ausweisapp ein Authentifizierungsverfahren, das diesen Namen auch verdient. Die Tatsache, dass das Verfahren inzwischen auch von privaten Anbietern zur Authentifizierung genutzt wird und zunehmend weitere staatliche Akteure ihre Angebote integrieren, spricht für sich. Hieraus kann sich eine Eigendynamik entwickeln, die für die weitere Akzeptanz von großer Bedeutung wäre. Es würde zudem positiven Druck ausüben, weiter voranzuschreiten und nicht nachzulassen.

Die begonnene Registermodernisierung ist ein weiterer wichtiger Schritt in die richtige Richtung. Hierdurch rückt „Once-Only" in greifbare Nähe. Eine Realisierung wäre wahrscheinlich einer der wichtigsten Meilensteine in der deutschen Verwaltungsgeschichte. Es würde in einem erheblichen

Maße Bürokratie abbauen und die Interaktion mit den Verwaltungen auf neues Niveau heben. Es ist daher wenig verwunderlich, dass das Bundesministerium für Justiz im Sonderbericht „Bessere Rechtsetzung und Bürokratieabbau" das Ziel bekräftigt, Once-Only schnellstmöglich umzusetzen (vgl. Bundesministerium Justiz, 2023, S. 9). Damit Registermodernisierung und Once-Only überhaupt gelingen können, müssen durchgängige Prozesse definiert und hinterlegt sein. Auch auf diesem Gebiet sind wichtige Schritte unternommen worden. Im neuen OZG 2.0 sind Regelungen zur vollständigen elektronischen Abwicklung (Ende-zu-Ende-Digitalisierung) wesentlicher Verwaltungsleistungen enthalten. Hieran zeigt sich auch, dass sich die vormalige Strategielosigkeit der Entscheider zumindest gebessert hat. Es wurden die richtigen Prioritäten gesetzt, die die Voraussetzung für einen langfristigen Erfolg sind.

Es tut sich darüber hinaus etwas im Bereich der Smart-Citys, offener Daten, Dashboards oder den Elektronischen Akten Abschn. 14.6. Der Digital-Check für Gesetze und die Elektronische Gesetzgebung in Verbindung mit der Gesetzesfolgenabschätzung (Abschn. 14.7) sind weitere nützliche Initiativen, um das eGovernment ganzheitlich voranzubringen. Es gesellen sich sehr erfreuliche Modellprojekte hinzu, wie z. B. das „Bürgeramt der Zukunft" oder die Erstanmeldung per Videoanruf Abschn. 14.8.

Summarisch betrachtet tut sich einiges, was nicht ganz so pessimistisch in die Zukunft schauen lässt. Dies gilt vor allem, wenn man berücksichtigt, was in Deutschland in den 20 Jahren vor dem OZG erreicht wurde. Diese abschließende Einschätzung deckt sich mit einer Aussage von Jörg Bogumil. Er antwortete auf die Frage, ob die öffentliche Verwaltung nicht ein wahnsinnig frustrierender Forschungsgegenstand sei: „Kurz gesagt: ja. Ich bin schon 30 Jahre dabei, habe so viel gesehen, so viele Vorschläge gemacht. Manchmal denkt man sich: Das ist mir alles zu mühsam. Allerdings bin ich in letzter Zeit ein kleines bisschen optimistischer, weil ich sehe: Da bewegt sich etwas. In würde nie versprechen, dass wir die Probleme in fünf Jahren vom Tisch haben. Aber es wird parteiübergreifend daran gearbeitet. Jetzt haben wir die Chance auf Veränderung" (vgl. Koperek, 2023, S. 53–55). Auch in der Wirtschaft finden sich zunehmend Optimisten. Ralf Wintergerst, Chef des Deutschen IT-Verbandes und des Münchner Technologiehauses Giesecke + Devrient lässt sich Anfang 2024 in der Frankfurter Allgemeinen Zeitung wie folgt zitieren: „Die öffentliche Verwaltung habe in Sachen Digitalisierung ihre Defizite erkannt und sei auf Besserung eingeschworen. Das könnte der Branche in den kommenden Monaten einen ordentlichen Impuls geben. Schließlich sei Deutschland hinter den USA und China der drittgrößte nationale IT-Markt in der Welt, auf dem im Jahr mehr als 220 Mrd. € erlöst werden. Nur falle so etwas beim vorherrschenden Pessimismus im Land rasch unter den Tisch" (Heeg et al., 2024). Dem ist in Anbetracht der Ergebnisse dieser Arbeit nichts hinzuzufügen.

Literatur

Bundesministerium der Justiz, (2023). *Sonderbericht Bessere Rechtsetzung und Bürokratieabbau.* Bundesministerium der Justiz.

Budras, C. (9. Oktober 2023). Union warnt vor „Anti-Digitalisierungspolitik" der Ampel. *Frankfurter Allgemeine Zeitung.* https://www.faz.net/aktuell/wirtschaft/haushaltskuerzungen-sorgen-um-digitalisierung-19228548.html.

Budras, C. (10. Oktober 2023). Ohne Druck keine Digitalisierung. Frankfurter Allgemeine Zeitung. https://www.faz.net/aktuell/wirtschaft/ozg-2-0-ohne-druck-keine-digitalisierung-19233504.html.

Der Spiegel. (8. Januar 2024). Beamtenbund warnt vor Schwächung des Staats durch Personalnot. Der Spiegel. https://www.spiegel.de/wirtschaft/soziales/beamtenbund-warnt-vor-schwaechung-des-staats-durch-personalnot-a-09e54531-a8ae-4d45-9e6d-250fba9f6861.

Heeg, T., Piller, T., Freytag, B., Fehr, M., Marx, U., Finsterbusch, S., . . . Fische, B. (4. Januar 2024). „Deutschland ist nicht der kranke Mann Europas". Frankfurter Allgemeine Zeitung. https://www.faz.net/aktuell/wirtschaft/unternehmen/wirtschaftsstandort-deutschland-2024-zeit-fuer-weniger-zweifel-19419506.html.

Koperek, L. (2023). Einfach einfacher. *Focus, 46*(2023), 53–55.

Sustainable Development Solutions Network. (20. Juli 2023). World Happiness Report. https://worldhappiness.report/data/.

Schmidt, H. (10. Oktober 2023). EU ermahnt Deutschland zu mehr Investitionen ins Digitale. *Frankfurter Allgemeine Zeitung.* https://www.faz.net/pro/d-economy/transformation/eu-setzt-deutschland-unter-druck-19215804.html.

Anhang 1: E-Government Development Index (EGDI) 2022

Country	EGDI-Ranking	Country	EGDI-Ranking
Denmark	1	Bolivia	98
Finland	2	Antigua and Barbuda	99
Republic of Korea	3	Jordan	100
New Zealand	4	Morocco	101
Iceland	5	Jamaica	102
Sweden	5	Egypt	103
Australia	7	Maldives	104
Estonia	8	India	105
Netherlands	9	Ghana	106
United States of America	10	Saint Vincent and the Grenadines	107
United Kingdom of Great Britain and Northern Ireland	11	Suriname	108
Singapore	12	Dominica	109
United Arab Emirates	13	Cabo Verde	110
Japan	14	Bangladesh	111
Malta	15	Algeria	112
Israel	16	Kenya	113
Norway	17	Saint Lucia	114
Spain	18	Bhutan	115
France	19	Gabon	116
Austria	20	El Salvador	117
Slovenia	21	Botswana	118
Germany	22	Rwanda	119
Switzerland	23	Côte d'Ivoire	120
Lithuania	24	Namibia	121
Liechtenstein	25	Lebanon	122
Luxembourg	26	Guyana	123
Cyprus	27	Tonga	124
Kazakhstan	28	Nepal	125
Latvia	29	Guatemala	126
Ireland	30	Cambodia	127
Saudi Arabia	31	Venezuela	128
Canada	32	Tajikistan	129
Greece	33	Nicaragua	130
Poland	34	Zambia	131
Uruguay	35	Palau	132
Chile	36	Belize	133
Italy	37	Myanmar	134
Portugal	38	Vanuatu	135
Belgium	39	Cuba	136
Serbia	40	Turkmenistan	137
Argentina	41	Zimbabwe	138
Russian Federation	42	Nauru	139
China	43	Nigeria	140
Croatia	44	Cameroon	141
Czech Republic	45	Eswatini	142
Ukraine	46	Senegal	143
Slovakia	47	Uganda	144
Türkiye	48	Lesotho	145
Brazil	49	Iraq	146
Oman	50	Timor-Leste	147
Hungary	51	Kiribati	148
Bulgaria	52	Benin	149
Malaysia	53	Pakistan	150
Bahrain	54	Togo	151
Thailand	55	Samoa	152
Costa Rica	56	United Republic of Tanzania	153
Romania	57	Sao Tome and Principe	154
Belarus	58	Honduras	155
Peru	59	Syrian Arab Republic	156
Georgia (Country)	60	Angola	157
Kuwait	61	Tuvalu	158
Mexico	62	Lao People's Democratic Republic	159
Albania	63	Marshall Islands	160
Armenia	64	Congo	161
South Africa	65	Guinea	162
Bahamas	66	Madagascar	163
Grenada	67	Micronesia (Federated States of)	164
Brunei Darussalam	68	Solomon Islands	165
Uzbekistan	69	Burkina Faso	166
Colombia	70	Malawi	167
Montenegro	71	Mali	168
Republic of Moldova	72	Libya	169
Monaco	73	Papua New Guinea	170
Mongolia	74	Burundi	171
Mauritius	75	Mauritania	172
Andorra	76	Mozambique	173
Indonesia	77	Gambia	174
Qatar	78	Democratic Republic of the Congo	175
Barbados	79	Sudan	176
North Macedonia	80	Liberia	177
Kyrgyzstan	81	Yemen	178
Panama	82	Ethiopia	179
Azerbaijan	83	Democratic People's Republic of Korea	180
Ecuador	84	Djibouti	181
Seychelles	85	Comoros	182
Viet Nam	86	Equatorial Guinea	183
Saint Kitts and Nevis	87	Afghanistan	184
Tunisia	88	Sierra Leone	185
Philippines	89	Guinea-Bissau	186
San Marino	90	Haiti	187
Iran (Islamic Republic of)	91	Niger	188
Dominican Republic	92	Chad	189
Trinidad and Tobago	93	Eritrea	190
Paraguay	94	Central African Republic	191
Sri Lanka	95	Somalia	192
Bosnia and Herzegovina	96	South Sudan	193
Fiji	97		

Abb. A.1 E-Government Development Index (EGDI)

A. Schmid, *eGovernment in Deutschland – eine unvermutete Erfolgsgeschichte,* Edition Innovative Verwaltung, https://doi.org/10.1007/978-3-658-44634-5

Anhang 2: Corruption Perceptions Index (CPI) 2021

Country / Territory	CPI score 2021	Country / Territory	CPI score 2021
Denmark	88	Suriname	39
New Zealand	88	Tanzania	39
Finland	88	Kosovo	39
Singapore	85	Vietnam	39
Sweden	85	North Macedonia	39
Norway	85	Argentina	38
Switzerland	84	Lesotho	38
Netherlands	82	Turkey	38
Luxembourg	81	Brazil	38
Germany	80	Serbia	38
United Kingdom	78	Indonesia	38
Hong Kong	76	Kazakhstan	37
Canada	74	Sri Lanka	37
Austria	74	Gambia	37
Estonia	74	Ecuador	36
Iceland	74	Peru	36
Ireland	74	Cote d'Ivoire	36
Australia	73	Panama	36
Belgium	73	Moldova	36
Japan	73	Albania	35
Uruguay	73	Thailand	35
France	71	Bosnia and Herzegovina	35
Seychelles	70	Mongolia	35
United Arab Emirates	69	Malawi	35
Bhutan	68	El Salvador	34
Taiwan	68	Sierra Leone	34
Chile	67	Algeria	33
United States of America	67	Philippines	33
Barbados	65	Egypt	33
Bahamas	64	Nepal	33
Qatar	63	Zambia	33
Korea, South	62	Eswatini	32
Portugal	62	Ukraine	32
Spain	61	Niger	31
Lithuania	61	Mexico	31
Israel	59	Gabon	31
Saint Vincent and the Grenadines	59	Papua New Guinea	31
Latvia	59	Bolivia	30
Cabo Verde	58	Kenya	30
Costa Rica	58	Azerbaijan	30
Slovenia	57	Laos	30
Poland	56	Togo	30
Saint Lucia	56	Dominican Republic	30
Italy	56	Paraguay	30
Fiji	55	Djibouti	30
Botswana	55	Mali	29
Georgia	55	Russia	29
Dominica	55	Liberia	29
Czechia	54	Angola	29
Malta	54	Pakistan	28
Mauritius	54	Mauritania	28
Cyprus	53	Myanmar	28
Rwanda	53	Uzbekistan	28
Grenada	53	Kyrgyzstan	27
Saudi Arabia	53	Uganda	27
Oman	52	Cameroon	27
Slovakia	52	Bangladesh	26
Namibia	49	Madagascar	26
Greece	49	Mozambique	26
Armenia	49	Guinea	25
Jordan	49	Guatemala	25
Malaysia	48	Iran	25
Croatia	47	Tajikistan	25
Cuba	46	Central African Republic	24
Montenegro	46	Lebanon	24
Sao Tome and Principe	45	Nigeria	24
Romania	45	Honduras	23
Vanuatu	45	Zimbabwe	23
China	45	Cambodia	23
Jamaica	44	Iraq	23
South Africa	44	Eritrea	22
Tunisia	44	Congo	21
Senegal	43	Guinea Bissau	21
Hungary	43	Nicaragua	20
Ghana	43	Chad	20
Kuwait	43	Comoros	20
Solomon Islands	43	Haiti	20
Bulgaria	42	Sudan	20
Bahrain	42	Burundi	19
Benin	42	Turkmenistan	19
Burkina Faso	42	Democratic Republic of the Congo	19
Belarus	41	Libya	17
Timor-Leste	41	Equatorial Guinea	17
Trinidad and Tobago	41	Afghanistan	16
Maldives	40	Korea, North	16
India	40	Yemen	16
Guyana	39	Venezuela	14
Morocco	39	Syria	13
Colombia	39	Somalia	13
Ethiopia	39	South Sudan	11

Abb. A.2 Corruption Perceptions Index (CPI) 2021

A. Schmid, *eGovernment in Deutschland – eine unvermutete Erfolgsgeschichte*, Edition Innovative Verwaltung, https://doi.org/10.1007/978-3-658-44634-5

Anhang 3: Governance Effectiveness Index (GEI) 2021

Country / Territory	GEI score 2021	Country / Territory	GEI score 2021
Singapore	1	Antigua and Barbuda	97
Switzerland	2	Ghana	98
Denmark	3	Tunisia	99
Finland	4	Russian Federation	100
Norway	5	Uzbekistan	101
Andorra	5	Benin	102
Netherlands	7	Ecuador	103
Luxembourg	8	Cuba	104
Sweden	9	Guyana	105
Iceland	10	Armenia	106
Canada	11	Peru	107
Austria	12	Palau	108
Liechtenstein	13	Mexico	109
Australia	14	El Salvador	110
Ireland	15	Kenya	111
Brunei Darussalam	16	Argentina	112
Republic of Korea	17	Nauru	113
Japan	18	Pakistan	114
United Arab Emirates	19	Republic of Moldova	115
Estonia	20	Ukraine	116
New Zealand	21	Cambodia	117
United States of America	22	Egypt	118
Germany	23	Brazil	119
Israel	24	Mongolia	120
United Kingdom of Great Brit	25	Tuvalu	121
France	26	Belize	122
Slovenia	27	Côte d'Ivoire	123
Belgium	28	Vanuatu	124
Qatar	29	Uganda	125
Czech Republic	30	Tajikistan	126
Lithuania	31	Ethiopia	127
Malaysia	32	Niger	128
Portugal	33	Lao People's Democratic Republic	129
Spain	34	Algeria	130
Seychelles	35	Paraguay	131
Malta	36	Bangladesh	132
Latvia	37	United Republic of Tanzania	133
Mauritius	38	Gambia	134
China	39	Suriname	135
Uruguay	40	Togo	136
Bhutan	41	Burkina Faso	137
Cyprus	42	Kyrgyzstan	138
Bahrain	43	Eswatini	139
Georgia (Country)	44	Bolivia	140
Hungary	45	Mauritania	141
Chile	46	Sao Tome and Principe	142
Fiji	47	Guatemala	143
Croatia	48	Timor-Leste	144
Barbados	49	Mozambique	145
Slovakia	50	Malawi	146
Saudi Arabia	51	Belarus	147
Bahamas	52	Honduras	148
Greece	53	Gabon	149
Samoa	54	Djibouti	150
Saint Kitts and Nevis	55	Zambia	151
Jamaica	56	Nicaragua	152
Maldives	57	Iran (Islamic Republic of)	153
Indonesia	58	Nepal	154
Italy	59	Cameroon	155
Botswana	60	Papua New Guinea	156
Saint Vincent and the Grenac	61	Solomon Islands	157
Poland	62	Lesotho	158
Tonga	63	Guinea	159
India	64	Turkmenistan	160
Viet Nam	65	Nigeria	161
Rwanda	66	Madagascar	162
Costa Rica	67	Bosnia and Herzegovina	163
Thailand	68	Angola	164
Azerbaijan	69	Sierra Leone	165
Jordan	70	Equatorial Guinea	166
Trinidad and Tobago	71	Mali	167
Panama	72	Zimbabwe	168
Micronesia (Federated States	73	Lebanon	169
Philippines	74	Iraq	170
Kazakhstan	75	Burundi	171
Namibia	76	Liberia	172
Senegal	77	Myanmar	173
Serbia	78	Guinea-Bissau	174
Cabo Verde	79	Chad	175
Dominican Republic	80	Marshall Islands	176
Grenada	81	Congo	177
Montenegro	82	Democratic People's Republic of Korea	178
Albania	83	Afghanistan	179
Kiribati	84	Sudan	180
Colombia	85	Central African Republic	181
South Africa	86	Eritrea	182
Kuwait	87	Democratic Republic of the Congo	183
Morocco	88	Libya	184
Sri Lanka	89	Syrian Arab Republic	185
North Macedonia	90	Comoros	186
Türkiye	91	Venezuela	187
Dominica	92	Somalia	188
Saint Lucia	93	Haiti	189
Oman	94	Yemen	190
Romania	95	South Sudan	191
Bulgaria	96		

Abb. A.3 Governance Effectiveness Index (GEI) 2021

A. Schmid, *eGovernment in Deutschland – eine unvermutete Erfolgsgeschichte*, Edition Innovative Verwaltung, https://doi.org/10.1007/978-3-658-44634-5

Anhang 4: Human Development Index (HDI) 2022

Ranking HDI	Country / Territory	Ranking HDI	Country / Territory
1	Switzerland	95	Ecuador
2	Norway	96	Mongolia
3	Iceland	97	Egypt
4	Hong Kong, China (SAR)	97	Tunisia
5	Australia	99	Fiji
6	Denmark	99	Suriname
7	Sweden	101	Uzbekistan
8	Ireland	102	Dominica
9	Germany	102	Jordan
10	Netherlands	104	Libya
11	Finland	105	Paraguay
12	Singapore	106	Palestine, State of
13	Belgium	106	Saint Lucia
13	New Zealand	108	Guyana
15	Canada	109	South Africa
16	Liechtenstein	110	Jamaica
17	Luxembourg	111	Samoa
18	United Kingdom	112	Gabon
19	Japan	112	Lebanon
19	Korea (Republic of)	114	Indonesia
21	United States	115	Viet Nam
22	Israel	116	Philippines
23	Malta	117	Botswana
23	Slovenia	118	Bolivia (Plurinational State of)
25	Austria	118	Kyrgyzstan
26	United Arab Emirates	120	Venezuela (Bolivarian Republic of)
27	Spain	121	Iraq
28	France	122	Tajikistan
29	Cyprus	123	Belize
30	Italy	123	Morocco
31	Estonia	125	El Salvador
32	Czechia	126	Nicaragua
33	Greece	127	Bhutan
34	Poland	128	Cabo Verde
35	Bahrain	129	Bangladesh
35	Lithuania	130	Tuvalu
36	Saudi Arabia	131	Marshall Islands
38	Portugal	132	India
39	Latvia	133	Ghana
40	Andorra	134	Micronesia (Federated States of)
40	Croatia	135	Guatemala
42	Chile	136	Kiribati
42	Qatar	137	Honduras
44	San Marino	138	Sao Tome and Principe
45	Slovakia	139	Namibia
46	Hungary	140	Lao People's Democratic Republic
47	Argentina	140	Timor-Leste
48	Türkiye	140	Vanuatu
49	Montenegro	143	Nepal
50	Kuwait	144	Eswatini (Kingdom of)
51	Brunei Darussalam	145	Equatorial Guinea
52	Russian Federation	146	Cambodia
53	Romania	146	Zimbabwe
54	Oman	148	Angola
55	Bahamas	149	Myanmar
56	Kazakhstan	150	Syrian Arab Republic
57	Trinidad and Tobago	151	Cameroon
58	Costa Rica	152	Kenya
58	Uruguay	153	Congo
60	Belarus	154	Zambia
61	Panama	155	Solomon Islands
62	Malaysia	156	Comoros
63	Georgia	156	Papua New Guinea
63	Mauritius	158	Mauritania
63	Serbia	159	Côte d'Ivoire
66	Thailand	160	Tanzania (United Republic of)
67	Albania	161	Pakistan
68	Bulgaria	162	Togo
68	Grenada	163	Haiti
70	Barbados	163	Nigeria
71	Antigua and Barbuda	165	Rwanda
72	Seychelles	166	Benin
73	Sri Lanka	166	Uganda
74	Bosnia and Herzegovina	168	Lesotho
75	Saint Kitts and Nevis	169	Malawi
76	Iran (Islamic Republic of)	170	Senegal
77	Ukraine	171	Djibouti
78	North Macedonia	172	Sudan
79	China	173	Madagascar
80	Dominican Republic	174	Gambia
80	Moldova (Republic of)	175	Ethiopia
80	Palau	176	Eritrea
83	Cuba	177	Guinea-Bissau
84	Peru	178	Liberia
85	Armenia	179	Congo (Democratic Republic of the)
86	Mexico	180	Afghanistan
87	Brazil	181	Sierra Leone
88	Colombia	182	Guinea
89	Saint Vincent and the Grenadines	183	Yemen
90	Maldives	184	Burkina Faso
91	Algeria	185	Mozambique
91	Azerbaijan	186	Mali
91	Tonga	187	Burundi
91	Turkmenistan	188	Central African Republic
		189	Niger
		190	Chad
		191	South Sudan

Abb. A.4 Human Development Index (HDI)

A. Schmid, *eGovernment in Deutschland – eine unvermutete Erfolgsgeschichte*, Edition Innovative Verwaltung, https://doi.org/10.1007/978-3-658-44634-5

Anhang 5: Index of Economic Freedom (IEF) 2023

Country / Territory	EFI score 2023	Country / Territory	EFI score 2023
Singapore	1	Philippines	89
Switzerland	2	Bhutan	90
Ireland	3	Madagascar	91
Taiwan	4	Kiribati	92
New Zealand	5	Jordan	93
Estonia	6	Honduras	94
Luxembourg	7	Oman	95
Netherlands	8	Moldova	96
Denmark	9	Morocco	97
Sweden	10	Saudi Arabia	98
Finland	11	Ghana	99
Norway	12	Fiji	100
Australia	13	The Gambia	101
Germany	14	Namibia	102
South Korea	15	Senegal	103
Canada	16	Turkey	104
Latvia	17	Guyana	105
Cyprus	18	Solomon Islands	106
Iceland	19	Greece	107
Lithuania	20	Kuwait	108
Czech Republic	21	Uzbekistan	109
Chile	22	Cambodia	110
Austria	23	Burkina Faso	111
United Arab Emirates	24	Djibouti	112
United States	25	Gabon	113
Mauritius	26	El Salvador	114
Uruguay	27	Kyrgyz Republic	115
United Kingdom	28	South Africa	116
Barbados	29	Mauritania	117
Portugal	30	Togo	118
Japan	31	Ecuador	119
Bulgaria	32	Eswatini	120
Slovakia	33	Nicaragua	121
Israel	34	Mali	122
Georgia	35	Bangladesh	123
Qatar	36	Nigeria	124
Slovenia	37	Russia	125
Samoa	38	Niger	126
Jamaica	39	Brazil	127
Poland	40	Comoros	128
Malta	41	Guinea	129
Malaysia	42	Angola	130
Belgium	43	India	131
Peru	44	Tunisia	132
Costa Rica	45	Malawi	133
Croatia	46	Mozambique	134
Cabo Verde	47	Kenya	135
Brunei Darussalam	48	Sri Lanka	136
Albania	49	Rwanda	137
Armenia	50	Chad	138
Spain	51	Cameroon	139
Botswana	52	Papua New Guinea	140
Romania	53	Lesotho	141
Hungary	54	Nepal	142
Panama	55	Uganda	143
North Macedonia	56	Argentina	144
France	57	Belarus	145
Serbia	58	Tajikistan	146
Saint Vincent and the Grenadines	59	Laos	147
Indonesia	60	Sierra Leone	148
Mexico	61	Haiti	149
Colombia	62	Liberia	150
Bosnia and Herzegovina	63	Egypt	151
Guatemala	64	Pakistan	152
Dominican Republic	65	Equatorial Guinea	153
Micronesia	66	China	154
The Bahamas	67	Ethiopia	155
Bahrain	68	Congo, Republic of	156
Italy	69	Congo, Democratic Republic of the Congo	157
Vanuatu	70	Zambia	158
Kazakhstan	71	Timor-Leste	159
Vietnam	72	Maldives	160
Mongolia	73	Turkmenistan	161
São Tomé and Príncipe	74	Burma	162
Azerbaijan	75	Suriname	163
Paraguay	76	Lebanon	164
Montenegro	77	Guinea-Bissau	165
Kosovo	78	Central African Republic	166
Saint Lucia	79	Bolivia	167
Thailand	80	Algeria	168
Côte d'Ivoire	81	Iran	169
Tonga	82	Burundi	170
Tanzania	83	Eritrea	171
Benin	84	Zimbabwe	172
Belize	85	Sudan	173
Dominica	86	Venezuela	174
Seychelles	87	Cuba	175
Trinidad and Tobago	88	North Korea	176

Abb. A.5 Index of Economic Freedom (IEF)

A. Schmid, *eGovernment in Deutschland – eine unvermutete Erfolgsgeschichte*, Edition Innovative Verwaltung, https://doi.org/10.1007/978-3-658-44634-5

Anhang 6: Bevölkerungsdichte

Country / Territory	Bevölkerungsdichte (gering - hoch)	Country / Territory	Bevölkerungsdichte (gering - hoch)
Mongolei	1	Marokko	55
Australien	2	Myanmar	55
Namibia	2	Côte d'Ivoire	56
Botsuana	3	Senegal	57
Guyana	3	Honduras	58
Island	3	Moldau, Republik	58
Kanada	3	Timor-Leste	58
Libyen	3	Irak	59
Suriname	3	Spanien	59
Mauretanien	4	Dominica	60
Kasachstan	5	Kambodscha	60
Zentralafrikanische Republik	6	Kenia	61
Gabun	7	Malaysia	62
Russische Föderation	7	Syrien, Arabische Republik	62
Bolivien, Plurinat. Staat	8	Costa Rica	63
Tschad	9	Albanien	64
Turkmenistan	9	Armenien	65
Norwegen	10	Äthiopien	65
Saudi-Arabien	11	Ägypten	66
Argentinien	12	Slowenien	66
Kongo	12	Ungarn	67
Mali	12	Kuba	68
Oman	12	Österreich	68
Belize	13	Benin	69
Finnland	13	Türkei	69
Paraguay	13	Portugal	70
Südsudan	13	Slowakei	70
Algerien	14	Sierra Leone	71
Neuseeland	14	Jordanien	72
Bhutan	15	Aserbaidschan	73
Niger	15	Frankreich	73
Papua-Neuguinea	15	Polen	73
Uruguay	15	Zypern	74
Sudan	16	Thailand	75
Salomonen	17	Cabo Verde	76
Sambia	17	Ghana	76
Brasilien	18	Tschechien	76
Chile	18	Vereinigte Arabische Emirate	77
Peru	18	Dänemark	78
Schweden	18	Indonesien	79
Somalia	18	Tonga	80
Vanuatu	18	China	81
Angola	19	Kiribati	81
Lettland	20	Togo	82
Estland	21	Guatemala	83
Laos, Dem. Volksrepublik	22	Andorra	84
Venezuela, Bolivarische Republik	23	Mikronesien, F. Staaten von	85
Kirgisistan	24	Italien	86
Eritrea	25	St. Kitts und Nevis	87
Vereinigte Staaten	25	Nepal	88
Simbabwe	26	Malawi	89
Bahamas	27	Korea, Dem. Volksrepublik	90
Palau	27	Seychellen	91
Kongo, Dem. Republik	28	Schweiz	92
Mosambik	28	Antigua und Barbuda	93
Dschibuti	29	Dominikanische Republik	94
Litauen	30	Nigeria	95
Belarus	31	São Tomé und Principe	96
Kolumbien	31	Uganda	97
Montenegro	31	Deutschland	98
Fidschi	32	Liechtenstein	99
Madagaskar	32	Kuwait	100
Südafrika	32	Gambia	101
Äquatorialguinea	33	Katar	102
Iran, Islamische Republik	33	Luxemburg	103
Liberia	34	Trinidad und Tobago	104
Guinea	35	Jamaika	105
Nicaragua	36	Vereinigtes Königreich	106
Jemen	37	St. Vincent und die Grenadinen	107
Kamerun	37	Pakistan	108
Panama	38	St. Lucia	109
Afghanistan	39	El Salvador	110
Bosnien und Herzegowina	40	Vietnam	111
Bulgarien	40	Marshallinseln	112
Georgien	41	Grenada	113
Mexiko	42	Japan	114
Eswatini	43	Sri Lanka	115
Kroatien	44	Philippinen	116
Tansania, Vereinigte Republik	44	Belgien	117
Tadschikistan	45	Tuvalu	118
Lesotho	46	Haiti	119
Samoa	46	Israel	120
Ecuador	47	Indien	121
Guinea-Bissau	47	Burundi	122
Irland	48	Komoren	122
Ukraine	49	Niederlande	123
Tunesien	50	Korea, Republik	124
Serbien	51	Ruanda	125
Burkina Faso	52	Nauru	126
Usbekistan	52	Mauritius	128
Nordmazedonien	53	Libanon	129
Griechenland	54	Barbados	130
Rumänien	54	Bangladesch	131
Brunei Darussalam	55	Malta	132
		Malediven	133
		Bahrain	134

Abb. A.6 Bevölkerungsdichte

A. Schmid, *eGovernment in Deutschland – eine unvermutete Erfolgsgeschichte*, Edition Innovative Verwaltung, https://doi.org/10.1007/978-3-658-44634-5

Anhang 7: Trust in Government (TiG) 2021

Ranking	Country	TiG score 2021
1	Switzerland	83.78
2	Luxembourg	78.02
3	Finland	77.54
4	Sweden	68.79
5	Norway	63.61
6	Denmark	63.54
7	Ireland	62.34
8	Austria	61.05
9	Germany	60.76
10	Costa Rica	60.01
11	Portugal	58.92
12	Belgium	57.24
13	Mexico	52.88
14	Iceland	51.53
15	New Zealand	51.39
16	South Africa	50.90
17	Estonia	50.85
18	Canada	50.67
19	Australia	49.91
20	Netherlands	47.23
21	Russia	45.70
22	Slovenia	45.07
23	Hungary	44.19
24	Israel	43.96
25	Korea	43.38
26	France	43.35
27	Japan	43.15
28	Türkiye	42.60
29	United Kingdom	39.48
30	Brazil	39.16
31	Spain	37.17
32	Italy	35.43
33	Poland	34.16
34	Czech Republic	34.08
35	United States	31.02
36	Lithuania	30.38
37	Colombia	29.68
38	Latvia	29.46
39	Chile	28.72
40	Greece	25.63
41	Slovak Republic	21.58

Abb. A.7 Trust in Government (TiG)

A. Schmid, *eGovernment in Deutschland – eine unvermutete Erfolgsgeschichte*, Edition Innovative Verwaltung, https://doi.org/10.1007/978-3-658-44634-5

Printed in the USA
CPSIA information can be obtained
at www.ICGtesting.com
LVHW022355140924
790992LV00003B/452

9 783658 446338